BLUME • STEIN

FRENCH
THREE YEARS
WORKBOOK

ELI BLUME
Former Chairman of the Foreign Language Department
Forest Hills High School
New York City

GAIL STEIN
Foreign Language Department
Martin Van Buren High School
New York City

When ordering this book, please specify either **R 588 W** or
BLUME/STEIN FRENCH THREE YEARS WORKBOOK

AMSCO SCHOOL PUBLICATIONS, INC.
315 Hudson Street / New York, N.Y. 10013

Cover photograph: Montmartre et Sacré-Cœur, by Kotoh/Zefa/H. Armstrong Roberts

Illustrations and maps by Susan Detrich

ISBN 0-87720-041-6

Printed in the United States of America

3 4 5 6 7 8 9 10 99 98 97 96

Preface

The BLUME/STEIN FRENCH THREE YEARS is designed to give students a comprehensive review and thorough understanding of the elements of the French language and the highlights of French culture. Abundant and varied exercises help students master each phase of the work.

ORGANIZATION

For ease of study and reference, the book is divided into five Parts. Parts One to Three are organized around related grammatical topics. Part Four covers the culture of France, dealing with language, geography, history, life-style, literature, art, music, architecture, and science. Part Five provides materials for comprehensive practice and testing of the speaking, listening, reading, and writing skills.

GRAMMAR

Each grammatical chapter deals fully with one major grammatical topic or several closely related ones. Explanations of structure are brief and clear. All points of grammar are illustrated by many examples, in which the key elements are typographically highlighted.

A book intended for third-level review of French assumes that students have completed a basic sequence. Care has been taken, however, especially in the critical *Part One: Verbal Structures*, to avoid the use of complex structural elements that are treated in other parts of the book. To enable students to concentrate on the structural practice, the vocabulary has been carefully controlled and systematically "recycled" throughout the grammatical chapters.

In order to enrich the scope of the book, a number of grammatical elements not usually found in books of this type are included. Among these elements are special uses of verbs (Chapter 16), expressions with prepositions (Chapter 23), comparative and superlative expressions (Chapter 25), and fractions and multiple numbers (Chapter 26).

EXERCISES

For maximum efficiency in learning, the exercises directly follow the points of grammar to which they apply. Carefully graded, the exercises proceed from simple assimilation to more challenging manipulation of elements and communication. To provide functional continuity of a grammatical topic, the exercises are set in communicative contexts. Many are also personalized to stimulate student response.

While the contents of the exercises afford extensive oral practice, the book's format also encourages reinforcement through written student responses, including English to French exercises intended to sharpen composition skills. The grammatical chapters conclude with Mastery Exercises, in which all grammatical aspects in the chapter are again practiced in recombinations of previously covered elements. All directions to exercises are in French.

FLEXIBILITY

The topical organization and the integrated completeness of each chapter permit the teacher to follow any sequence suitable to the objectives of the course and the needs of the students. This flexibility is facilitated by the detailed table of contents at the front of the book and the comprehensive grammatical index at the back. Teachers as well as students will also find the book useful as a reference source.

CULTURE

The cultural chapters in Part Four are entirely in French. Every effort was made to keep the narratives clear and readable. In addition to their wealth of cultural information, these narratives provide extensive reinforcement of structural and syntactical elements reviewed in Parts One through Three. To encourage students to read for comprehension with minimal interference from footnote referencing, footnoted meanings have been limited to unusual words and idioms. These footnotes are keyed by number to the text line in which the footnoted element occurs. Each cultural chapter includes exercises designed to test comprehension.

OTHER FEATURES

The Appendix features complete model verb tables and the principal parts of common irregular verbs, common reflexive verbs, prepositions, and basic rules of French punctuation and syllabication. French-English and English-French vocabularies and a comprehensive Index complete the book.

The BLUME/STEIN FRENCH THREE YEARS is a thoroughly revised and updated edition. With its comprehensive coverage of the elements of French, clear and concise explanations, extensive practice materials, functional vocabulary, and readable cultural narratives, the book will help students strengthen their skills in the French language. As students pursue proficiency, they will also gain valuable insights into the culture of France.

Contents

PART ONE
Verbal Structures

PART TWO
Noun Structures; Pronoun Structures; Prepositions

PART THREE
Adjective/Adverb and Related Structures

PART FOUR
Civilization

PART

Verbal Structures

ONE

1

Present Tense

A verb is a word that expresses an action or state of being.

1. Regular Verbs

a. Affirmative

The present tense of regular verbs is formed by dropping the infinitive ending **(-er, -ir, -re)**, and adding the following endings:

parl*er*	**chois*ir***	**vend*re***
I speak	*I choose*	*I sell*
je parl*e* **tu parl*es*** **il / elle parl*e*** **nous parl*ons*** **vous parl*ez*** **ils / elles parl*ent***	**je chois*is*** **tu chois*is*** **il / elle chois*it*** **nous chois*issons*** **vous chois*issez*** **ils / elles chois*issent***	**je vend*s*** **tu vend*s*** **il / elle vend** **nous vend*ons*** **vous vend*ez*** **ils / elles vend*ent***

NOTE: The third person singular of **rompre** and **interrompre** ends in **-t:**

il romp*t* **il interromp*t***

Exercice A

Décrivez ce qui se passe dans la classe de français de M. Leclerc:

EXEMPLE: le professeur / expliquer la leçon
Le professeur explique la leçon.

1. nous / étudier le vocabulaire

____

2. Hubert / regarder le tableau

____

3. je / saluer le professeur

____

4. les garçons / poser des questions

____

5. vous / chanter «Frère Jacques»

____

6. Anne / parler français

____

7. tu / goûter des spécialités françaises

____

8. les filles / écouter des disques français

____

Exercice B

Aujourd'hui, la classe de français déjeune au restaurant français. Qu'est-ce que les élèves remarquent? Complétez chaque phrase avec un verbe approprié de la liste suivante:

choisir	grossir	remplir	rougir
finir	maigrir	rôtir	garnir

1. Le serveur _______________ les verres.
2. Le chef _______________ un poulet.
3. Nous _______________ des plats français.
4. Tu _______________ parce que tu manges très peu.
5. Les garçons _______________ parce qu'ils mangent beaucoup.
6. Le garçon _______________ les tables avec des fleurs.
7. Je _______________ parce que je suis embarrassée.
8. Vous _______________ le dessert rapidement.

Exercice C

Votre voisine, Mme Laforêt, est malade. Elle demande à votre famille de l'aider. Décrivez ce qui se passe:

EXEMPLE: Mme Laforêt / attendre le médecin
Mme Laforêt attend le médecin.

1. je / entendre le médecin sonner à la porte

____

2. tu / descendre ouvrir la porte

____

3. Mme Laforêt / répondre aux questions du médecin

____

4. vous / interrompre le médecin

____

5. Mme Laforêt / perdre patience

____

6. nous / attendre la fin de la visite médicale

____

7. mes parents / rompre le silence

____

8. Mme Laforêt / entendre le diagnostic avec soulagement

____

b. Negative

In the negative, **ne** (**n'** before a vowel or vowel sound) precedes the conjugated verb and **pas** follows it:

Je ***ne* joue *pas*** au tennis.	*I don't play tennis.*
Ils ***ne* rougissent *pas*.**	*They aren't blushing.*

Exercice D

Votre petite sœur est très obstinée. Elle dit toujours le contraire de ce que vous dites. Exprimez ses réponses à vos remarques:

EXEMPLE: Jean-Luc joue bien de la guitare.
Jean-Luc **ne** joue **pas** bien de la guitare.

1. Pierre réussit toujours aux examens.

____

2. Nous déjeunons à midi.

____

3. Annette rompt sa promesse.

____

4. Les garçons finissent le match de base-ball.

____

5. Il embrasse la fille.

____

6. Les Dumont attendent leurs enfants.

____

7. Le professeur rend les examens aujourd'hui.

____

8. Elle désobéit à ses parents.

____

9. Elles restent à la maison.

____

10. Nous vendons nos jouets.

____

11. Henri quitte la maison.

____

12. Nous entendons la musique.

____

C. Interrogative with **est-ce que**

A question may be formed by beginning a sentence with **est-ce que. Est-ce que** becomes **est-ce qu'** before a vowel or vowel sound:

Elles dansent bien.	***Est-ce qu'*elles dansent bien?**
C'est ton manteau.	***Est-ce que* c'est ton manteau?**
Tu arrives tôt.	***Est-ce que* tu arrives tôt?**

Exercice E

***Un nouvel élève arrive dans votre classe. Posez-lui des questions en utilisant* est-ce que:**

EXEMPLE: tu / danser bien
Est-ce que tu danses bien?

1. vous / aimer les États-Unis

____

2. nous / finir les devoirs

____

3. ta sœur / travailler à la bibliothèque

____

4. je / répondre bien à tes questions

____

5. Pierre / t'attendre après l'école

____

6. tes parents / perdre souvent patience

____

7. les filles / te parler souvent

____

8. tu / réussir dans tous tes cours

____

d. Interrogative with inversion

A question may also be formed by inverting the subject pronoun and the verb and joining them with a hyphen. If the subject pronoun is **il, elle,** or **on,** and the verb ends in a vowel, a **-t-** is inserted between the verb and the pronoun*:

Tu travailles dur.	***Travailles-tu*** dur?
Ils finissent tard.	***Finissent-ils*** tard?
Elle présente son ami.	***Présente-t-elle*** son ami?
On parle anglais ici.	***Parle-t-on*** anglais ici?

When the subject of a question is a noun, the noun is retained before the inverted verb and pronoun:

Jean quitte la classe.	**Jean** ***quitte-t-il*** la classe?
Les fleurs poussent.	**Les fleurs** ***poussent-elles?***

NOTE:

1. In spoken French, as in spoken English, a question may be asked with regular word order and interrogative intonation:

Tu travailles dur?	*You work hard?*
Jean quitte la classe?	*Jean is leaving the class?*

2. Interrogative adverbs like **où, quand, pourquoi,** or **comment** are used either with inversion or **est-ce que** to form questions:

Quand **faites-vous** vos devoirs? ***Quand*** **est-ce que vous faites** vos devoirs?	*When do you do your homework?*
Comment **Paul va-t-il?** ***Comment*** **est-ce que Paul va?**	*How is Paul doing?*

Exercice F

Vous commencez l'année scolaire dans une nouvelle école et vous voulez mieux connaître les élèves. Posez les questions suivantes:

EXEMPLE: Pierre / étudier beaucoup
Pierre étudie-t-il beaucoup?

1. Marie / finir toujours son travail scolaire

____

2. les filles / pardonner à leurs ennemis

____

3. vous / attendre toujours votre sœur à la sortie des cours

____

4. Sylvie et Aline / obéir à leurs parents

____

*Inversion with the subject pronoun **je** is limited to a few verbs: **ai-je?** (*have I?*), **puis-je?** (*may I?, can I?*), **sais-je?** (*do I know?*), **suis-je?** (*am I?*).

5. Marie / conseiller ses amies

____

6. Jacques / interrompre souvent ses professeurs

____

7. tu / trahir tes amis

____

8. Robert / cacher la vérité

____

9. vous / travailler dur

____

10. les élèves / défendre leurs idées

____

11. Marianne / gaspiller son temps

____

12. elle / rompre toujours ses promesses

____

Exercice G

***Votre sœur parle avec son amie Anne au téléphone. Vous n'entendez que les réponses de votre sœur. Exprimez les questions qu'Anne lui pose en vous servant de* quand, où, comment *ou* pourquoi:**

Exemples: Anne: ***Comment* vas-tu?**
Votre sœur: Je vais très bien.

Anne: ***Pourquoi* ton téléphone est-il toujours occupé?**
Votre sœur: Mon téléphone est toujours occupé parce que je suis bavarde.

1. Anne: ______________________________
Votre sœur: La surprise-partie a lieu chez Nicole.

2. Anne: ______________________________
Votre sœur: Elle habite près du parc.

3. Anne: ______________________________
Votre sœur: Je vais chez elle avec Irène en métro.

4. Anne: ______________________________
Votre sœur: Je rencontre Irène à la station de métro.

5. Anne: ______________________________
Votre sœur: Je pense rentrer avant minuit.

6. Anne: ______________________________
Votre sœur: Je suis triste parce que Philippe ne vient pas.

e. Negative interrogative

In negative questions using inversion, **ne** and **pas** surround the inverted phrase:

Révisent-ils la leçon?	*Do they review the lesson?*
Ne* révisent-ils *pas la leçon?	*Don't they review the lesson?*
Parle-t-elle français?	*Does she speak French?*
Ne* parle-t-elle *pas français?	*Doesn't she speak French?*

Negative questions may also be expressed with regular word order and interrogative intonation:

Elle ne parle pas français?	*She doesn't speak French?*

Exercice H

Il y a un malentendu entre Luc et Jean-Paul et vous voulez savoir pourquoi. Posez des questions pour trouver ce qui se passe:

EXEMPLE: Jean-Paul / parler à Luc
Jean-Paul ***ne* parle-t-il *pas*** à Luc?

1. Luc / défendre sa position

____

2. les garçons / écouter leurs amis

____

3. vous / téléphoner aux garçons

____

4. les filles / agir

____

5. leurs amis / entendre la dispute

____

6. Jean-Paul / trahir son ami

____

7. vous / donner tout de suite votre opinion

____

8. Jean-Paul et Luc / réussir à faire la paix

____

9. Jean-Paul / continuer à se disputer

____

10. Luc / décider d'oublier la querelle

____

Exercice I

Avec un(e) camarade de classe menez le dialogue suivant:

1. Vous: Quels sports n'aimes-tu pas regarder à la télévision?

Camarade: ______________________________

2. Vous: Dans quel sport n'es-tu pas bon(ne)?

Camarade: ______________________________

3. Vous: Quel programme de télévision n'aimes-tu pas?

Camarade: ______________________________

4. Vous: À qui ne téléphones-tu pas souvent?

Camarade: ______________________________

5. Vous: Pourquoi n'étudies-tu pas l'espagnol?

Camarade: ______________________________

6. Vous: Quel genre de musique n'aimes-tu pas écouter?

Camarade: ______________________________

7. Vous: Quelle nourriture ne manges-tu pas du tout?

Camarade: ______________________________

8. Vous: Dans quelle matière n'es-tu pas fort(e)?

Camarade: ______________________________

2. Spelling Changes in Certain *-er* Verbs

a. Verbs ending in **-cer** change **c** to **ç** before **o** to keep the soft **c** sound:

prononcer (*to pronounce*): **je prononce, tu prononces, il/elle prononce,** ***nous prononçons,*** **vous prononcez, ils/elles prononcent**

Like **prononcer:**

annoncer *to announce*
avancer *to advance; to be fast* (of clocks and watches)
commencer *to begin*
effacer *to erase, efface*
lancer *to throw, launch*
menacer *to threaten*
placer *to place, set*
remplacer *to replace*
renoncer à *to give up, renounce*

Exercice J

Pendant la journée le directeur entre dans votre classe et vous pose des questions. Exprimez ses questions et les réponses des élèves:

EXEMPLES: prononcer bien les mots français (oui)
Le directeur: ***Prononcez-vous*** **bien les mots français?**
Les élèves: **Oui, *nous prononçons* bien les mots français.**

menacer le professeur (non)
Le directeur: ***Menacez-vous*** **le professeur?**
Les élèves: **Non, *nous ne menaçons pas* le professeur.**

1. lancer des avions en papier (non)

Le directeur: ______________________________

Les élèves: ______________________________

2. placer les livres sur la table (oui)

Le directeur: ______________________________

Les élèves: ______________________________

3. annoncer le résultat du match en classe (non)

Le directeur: ______________________________

Les élèves: ______________________________

4. effacer le tableau (oui)

Le directeur: ______________________________

Les élèves: ______________________________

5. commencer tout de suite la leçon (oui)

Le directeur: ______________________________

Les élèves: ______________________________

6. avancer l'horloge (non)

Le directeur: ______________________________

Les élèves: ______________________________

b. Verbs ending in **-ger** insert a mute **e** between the **g** and the **o** to keep the soft **g** sound:

voyager (*to travel*): **je voyage, tu voyages, il/elle voyage, *nous voyageons,* vous voyagez, ils/elles voyagent**

Like **voyager:**

arranger *to arrange*
ranger *to put away, put in order*
changer *to change*
corriger *to correct*
déménager *to move* (to another residence)
déranger *to disturb*
diriger *to direct*
manger *to eat*
nager *to swim*
neiger *to snow*
obliger *to oblige, compel*
partager *to share, divide*
plonger *to plunge, dive*
songer (à) *to think (of)*

Exercice K

Votre ami Grégoire vous demande ce que vous et votre famille faites en vacances. Utilisez les suggestions suivantes pour décrire vos activités:

SUGGESTIONS:	je	arranger le voyage d'avance
	nous	changer souvent de vêtements
	mes cousins	déranger tout le monde
	mon père	diriger les excursions
	nous	manger beaucoup
	mes parents	nager dans la piscine
	ma famille et moi, nous	partager la même chambre
	ma sœur	ranger les affaires de tout le monde
	mon frère et moi, nous	songer à apprendre un nouveau sport
	ma cousine	voyager en avion
	ma mère	changer d'habitudes

EXEMPLE: **Ma mère change d'habitudes.**

1. ______
2. ______
3. ______
4. ______
5. ______
6. ______
7. ______
8. ______
9. ______
10. ______

C. Verbs ending in **-yer** change **y** to **i** before mute **e:**

employer (*to use*): ***j'emploie, tu emploies, il/elle emploie,*** **nous employons, vous employez,** ***ils/elles emploient***

Like **employer:**

ennuyer *to bore, bother*
envoyer *to send*
essuyer *to wipe*
nettoyer *to clean*
renvoyer *to fire, send back, postpone*

NOTE: Verbs ending in **-ayer** may or may not change the **y** to **i** in all present-tense forms except **nous** and **vous:**

essayer (*to try*)

j'essaye or **j'essaie**	**nous essayons**
tu essayes or **tu essaies**	**vous essayez**
il/elle essaye or **il/elle essaie**	**ils/elles essayent** or **ils/elles essaient**

Exercice L

Nicolas aide Mme Junot. Exprimez les questions de Mme Junot et les réponses de Nicolas:

EXEMPLES: nettoyer les chambres (oui)
Mme Junot: **Nettoyez-vous les chambres?**
Nicolas: **Oui, je nettoie les chambres.**

envoyer Joseph faire les courses (non)
Mme Junot: **Envoyez-vous Joseph faire les courses?**
Nicolas: **Non, je n'envoie pas Joseph faire les courses.**

1. essuyer les tables (non)

Mme Junot: ______________________________

Nicolas: ______________________________

2. employer un balai (oui)

Mme Junot: ______________________________

Nicolas: ______________________________

3. renvoyer le jardinier (non)

Mme Junot: ______________________________

Nicolas: ______________________________

4. essayer de tout faire aujourd'hui (oui)

Mme Junot: ______________________________

Nicolas: ______________________________

5. ennuyer le chat (non)

Mme Junot: ______________________________

Nicolas: ______________________________

6. payer le livreur (oui)

Mme Junot: ______________________________

Nicolas: ______________________________

d. Verbs with mute **e** in the syllable before the infinitive ending change mute **e** to **è** when the next syllable contains another mute **e:**

mener (*to lead*): ***je mène, tu mènes, il/elle mène,*** **nous menons, vous menez,** ***ils/elles mènent***

Like **mener:**

acheter *to buy*
achever *to complete*
amener *to bring, lead to*
élever *to bring up, raise*
emmener *to lead away, take away*
enlever *to remove, take off*
geler *to freeze*
lever *to raise, lift*
peser *to weigh*
promener *to walk*

NOTE: Two verbs with mute **e, appeler** and **jeter,** and compounds of these verbs, double the consonant instead of adding the grave accent:

appeler (*to call*): ***j'appelle, tu appelles, il/elle appelle,*** **nous appelons, vous appelez,** ***ils/elles appellent***

jeter (*to throw, throw away*): ***je jette, tu jettes, il/elle jette,*** **nous jetons, vous jetez,** ***ils/elles jettent***

Exercice M

Madame Constant est le chef du personnel dans une grande société. Exprimez ce qu'elle demande à Philippe, son secrétaire, et ce qu'il lui répond:

EXEMPLE: jeter toujours les papiers inutiles
Mme Constant: **Jetez-vous toujours les papiers inutiles?**
Philippe: **Oui, je jette toujours les papiers inutiles.**

1. enlever toujours votre chapeau
   Mme Constant: ______________________________
   Philippe: ______________________________
2. acheter de nouveaux stylos
   Mme Constant: ______________________________
   Philippe: ______________________________
3. peser les paquets
   Mme Constant: ______________________________
   Philippe: ______________________________
4. appeler souvent le directeur
   Mme Constant: ______________________________
   Philippe: ______________________________
5. achever toujours le travail à faire
   Mme Constant: ______________________________
   Philippe: ______________________________
6. amener les employés dans la salle de conférence
   Mme Constant: ______________________________
   Philippe: ______________________________

e. Verbs with **é** in the syllable before the infinitive ending change **é** to **è** only before the mute endings **-e, -es, -ent:**

espérer (*to hope*): ***j'espère, tu espères, il/elle espère,*** **nous espérons, vous espérez,** ***ils/elles espèrent***

Like **espérer:**

célébrer *to celebrate*
posséder *to possess, own*
préférer *to prefer*
protéger *to protect*
répéter *to repeat, rehearse*

NOTE: Verbs ending in **-éer** keep the **é:**

créer (*to create*): **je crée, tu crées, il/elle crée, nous créons, vous créez, ils/elles créent**

Exercice N

Le professeur pose des questions à la classe. Exprimez les réponses des élèves en utilisant le verbe de la question:

EXEMPLE: — Que **créez-vous** pour la Fête française à l'école?

— Je ___**crée**___ un dessert français nouveau.
— Nous ___**créons**___ un spectacle de chansons.

1. — Quelle sorte de film **préférez-vous?**

   — Je ______________ les histoires d'amour.

   — Nous ______________ la science-fiction.

2. — Que **répétez-vous?**

   — Je ______________ ma chanson.

   — Nous ______________ les phrases en français.

3. — Que **célébrez-vous?**

   — Je ______________ mon anniversaire.

   — Nous ______________ la victoire de notre équipe.

4. — Quel cadeau **espérez-vous** recevoir?

   — J'______________ recevoir de l'argent.

   — Nous ______________ recevoir des vêtements.

5. — Qui **protégez-vous?**

   — Je ______________ mon petit frère.

   — Nous ______________ nos amis.

6. — Quelle voiture **possédez-vous?**

   — Je ______________ une Ferrari.

   — Nous ______________ une Renault.

3. Verbs Irregular in the Present Tense

The following verbs have irregular forms in the present tense:

aller (*to go*): ***je vais, tu vas, il/elle va,*** **nous allons, vous allez,** ***ils/elles vont***

asseoir (*to seat, sit*): ***j'assieds, tu assieds, il/elle assied, nous asseyons, vous asseyez, ils/elles asseyent****

avoir (*to have*): ***j'ai, tu as, il/elle a, nous avons, vous avez, ils/elles ont***

*Alternate present-tense forms: **j'assois**, etc.; **nous assoyons**, etc.

battre (*to beat*): ***je bats, tu bats, il/elle bat,*** **nous battons, vous battez, ils/elles battent**

boire (*to drink*): **je bois, tu bois,** ***il/elle boit, nous buvons, vous buvez, ils/elles boivent***

conduire (*to lead, drive*): **je conduis, tu conduis,** ***il/elle conduit, nous conduisons, vous conduisez, ils/elles conduisent***

Like **conduire:**

construire *to construct*
traduire *to translate*
produire *to produce*
inscrire *to enroll, register*

connaître (*to know, be acquainted with*): ***je connais, tu connais,*** **il/elle connaît,** ***nous connaissons, vous connaissez, ils/elles connaissent***

Like **connaître:**

disparaître *to disappear*
reconnaître *to recognize*
paraître *to appear*

courir (*to run*): ***je cours, tu cours, il/elle court, nous courons, vous courez, ils/elles courent***

craindre (*to fear*): ***je crains, tu crains, il/elle craint, nous craignons, vous craignez, ils/elles craignent***

Like **craindre:**

atteindre *to reach, attain*
éteindre *to extinguish, turn off*
joindre *to join*
peindre *to paint*
plaindre *to pity*

croire (*to believe*): **je crois, tu crois,** ***il/elle croit, nous croyons, vous croyez,*** **ils/elles croient**

devoir (*to owe, have to, be [supposed] to*): ***je dois, tu dois, il/elle doit, nous devons, vous devez, ils/elles doivent***

dire (*to say, tell*): **je dis, tu dis,** ***il/elle dit, nous disons, vous dites, ils/elles disent***

dormir (*to sleep*): ***je dors, tu dors, il/elle dort, nous dormons, vous dormez, ils/elles dorment***

Like **dormir:**

endormir *to put to sleep*
mentir *to lie*
partir *to go away, leave*
sentir *to feel, smell*
servir *to serve*
sortir *to go out, leave*

écrire (*to write*): **j'écris, tu écris,** ***il/elle écrit, nous écrivons, vous écrivez, ils/elles écrivent***

Like **écrire: décrire** (*to describe*)

être (*to be*): ***je suis, tu es, il/elle est, nous sommes, vous êtes, ils/elles sont***

faire (*to do, make*): **je fais, tu fais,** ***il/elle fait, nous faisons, vous faites, ils/elles font***

falloir (*to be necessary*): ***il faut***

lire (*to read*): **je lis, tu lis,** ***il/elle lit, nous lisons, vous lisez, ils/elles lisent***

mettre (*to put, put on*): ***je mets, tu mets, il/elle met,*** **nous mettons, vous mettez, ils/elles mettent**

Like **mettre:**

permettre *to permit*
promettre *to promise*
remettre *to put back, postpone; to deliver*

mourir (*to die*): ***je meurs, tu meurs, il/elle meurt, nous mourons, vous mourez, ils/elles meurent***

ouvrir (*to open*): ***j'ouvre, tu ouvres, il/elle ouvre, nous ouvrons, vous ouvrez, ils/elles ouvrent***

Like **ouvrir:**

couvrir *to cover*
découvrir *to discover*
offrir *to offer*
souffrir *to suffer*

plaire (*to please*): **je plais, tu plais,** ***il/elle plaît, nous plaisons, vous plaisez, ils/elles plaisent***

pleuvoir (*to rain*): ***il pleut***

pouvoir (*to be able*): ***je peux, tu peux, il/elle peut, nous pouvons, vous pouvez, ils/elles peuvent***

prendre (*to take*): **je prends, tu prends, il/elle prend,** ***nous prenons, vous prenez, ils/elles prennent***

Like **prendre:**

apprendre *to learn, teach*
comprendre *to understand, include*
reprendre *to take back*
surprendre *to surprise*

recevoir (*to receive*): ***je reçois, tu reçois, il/elle reçoit, nous recevons, vous recevez, ils/elles reçoivent***

Like **recevoir: apercevoir** (*to notice*); **concevoir** (*to conceive*)

rire (*to laugh*): **je ris, tu ris,** ***il/elle rit,*** **nous rions, vous riez, ils/elles rient**

Like **rire: sourire** (*to smile*)

savoir (*to know*): ***je sais, tu sais, il/elle sait, nous savons, vous savez, ils/elles savent***

suivre (*to follow*): ***je suis, tu suis, il/elle suit,*** **nous suivons, vous suivez, ils/elles suivent**

Like **suivre: poursuivre** (*to pursue, chase*)

taire (*to hush up; to conceal*): **je tais, tu tais,** ***il/elle tait, nous taisons, vous taisez, ils/elles taisent***

tenir (*to hold*): ***je tiens, tu tiens, il/elle tient, nous tenons, vous tenez, ils/elles tiennent***

Like **tenir:**

appartenir à *to belong to*
obtenir *to obtain*
retenir *to hold back*

valoir (*to be worth*): ***je vaux, tu vaux, il/elle vaut, nous valons, vous valez, ils/elles valent***

venir (*to come*): ***je viens, tu viens, il/elle vient, nous venons, vous venez, ils/elles viennent***

Like **venir: devenir** (*to become*); **revenir** (*to come back*)

vivre (*to live*): ***je vis, tu vis, il/elle vit,*** **nous vivons, vous vivez, ils/elles vivent**

Like **vivre: survivre** (*to survive*)

voir (*to see*): ***je vois, tu vois, il/elle voit, nous voyons, vous voyez, ils/elles voient***

Like **voir: revoir** (*to see again*)

vouloir (*to wish, want*): ***je veux, tu veux, il/elle veut, nous voulons, vous voulez, ils/elle veulent***

Exercice O

Vous conversez avec des camarades de classe. Complétez les phrases de chaque dialogue avec la forme correcte du verbe de la première phrase:

EXEMPLE: — **Voulez-vous** nous accompagner au cinéma?

— Non. Nous ne **voulons** pas vous y accompagner.

— Moi, je **veux** bien vous y accompagner.

1. — Pouvez-vous nous prêter votre livre de français?

— Non. Je ne ____________________ pas.

— Alors nous ne ____________________ pas faire nos devoirs.

2. — Connaissez-vous cette fille?

— Non. Je ne la ____________________ pas.

— Nous ne la ____________________ pas non plus.

3. — Qu'est-ce que vous promettez à vos parents?

— Je leur ____________________ de réussir.

— Et nous, nous leur ____________________ d'étudier beaucoup.

4. — Voulez-vous aller au parc aujourd'hui?

— Non. Je ____________________ rester à la maison.

— Nous, nous ____________________ jouer au base-ball, mais eux, ils ____________________ jouer au basket.

5. — À quelle heure partez-vous?

— Je ____________________ à 2 h.

— Nous ne ____________________ pas avant 2 h 15.

6. — Qu'est-ce que tu écris?

— J'____________________ une lettre à mes grands-parents.

— Pierre et moi, nous ____________________ une lettre à nos parents.

7. — Quand est-ce qu'il revient?

— Je ne sais pas. Moi, je ____________________ à midi.

— Nous, nous ____________________ à midi et demi.

8. — Qu'est-ce que vous prenez pour aller à l'école?

— Moi, je ____________________ le métro.

— Pierre et Luc ____________________-ils le métro aussi?

9. — Quel cadeau ouvres-tu d'abord?

— J'____________________ d'abord le cadeau de mon petit ami.

— Nous ____________________ le cadeau de notre cousin.

10. — De quel instrument sais-tu jouer?

— Je ____________________ jouer de la guitare.

— Nous ne ____________________ pas jouer d'un instrument.

11. — Est-ce que tu dis toujours la vérité?

— Bien sûr que je ____________ toujours la vérité! Et vous, Richard et Bernard, ____________-vous toujours la vérité?

— Nous ne ____________ jamais de mensonges!

12. — Qu'est-ce que vous buvez le matin?

— Nous ____________ du jus d'orange. Qu'est-ce que vos frères ____________?

— Henri ____________ du lait et André ____________ du café.

13. — Quel livre lis-tu pour le cours de littérature?

— Je ____________ «Le Rouge et le Noir».

— Nous, nous ____________ «Le Père Goriot».

14. — Avec qui sortez-vous?

— Nous ____________ avec Hughes et Monique.

— Quelle coïncidence! Je ____________ avec eux aussi!

Exercice P

Vous écrivez une composition intitulée «Une journée ennuyeuse». Complétez la composition avec la forme correcte du verbe:

Il ____________ (**1** pleuvoir) aujourd'hui et je ____________ (**2** mourir) d'ennui. Ma mère me ____________ (**3** dire): «Tu te ____________ (**4** plaindre) toujours. Tu te ____________ (**5** conduire) comme un bébé!» Elle a raison. Je me ____________ (**6** taire) et je réfléchis. Tout d'un coup, une idée formidable me ____________ (**7** venir) à l'esprit. Je téléphone aussitôt à Louis et je lui ____________ (**8** dire): «Tu ____________ (**9** venir) au cirque avec moi?» Louis répond: «Tu ____________ (**10** croire)?» J'insiste tellement qu'il accepte. Il dit: «Je ____________ (**11** courir) chez toi. Nous ____________ (**12** pouvoir) prendre le métro pour aller en ville. Je ____________ (**13** craindre) d'arriver en retard. N'oublie pas ton argent. Il te ____________ (**14** falloir) au moins vingt-cinq dollars. À tout de suite!» Quelle bonne idée! Mais avant de partir, je ____________ (**15** devoir) faire mon lit. Enfin, je ____________ (**16** mettre) mon manteau puis j'attends Louis. Il sonne et j'____________ (**17** ouvrir) la porte. Nous ____________ (**18** dire) au revoir à ma mère et nous ____________ (**19** partir). Ça ____________ (**20** valoir) parfois la peine de sortir quand il pleut.

4. Uses of the Present Tense

a. The present tense may have the following meanings in English:

Paul *sort*.	*Paul goes (is going) out.*
Ils *vont* au cinéma.	*They go (are going) to the movies.*
***Étudiez*-vous le français?**	*Do you study French? (Are you studying French?)*
Je ne *parle* pas français.	*I do not speak French. (I am not speaking French.)*

b. The present tense is often used instead of the future to ask for instructions or to refer to an action that will take place in the immediate future:

Je le *mets* ici?	*Shall I put it here?*
Je te *téléphone* dans quinze minutes.	*I'll call you in 15 minutes.*

c. The present tense + **depuis** + an expression of time expresses an action or event that began in the past and continues in the present. In such situations, the question is expressed by **Depuis combien de temps . . . ?** + present tense or **Depuis quand . . . ?** + present tense:

Je cherche Marc **depuis vingt minutes.**	*I have been looking for Marc for twenty minutes.*
J'habite ici **depuis 1979.**	*I have been living here since 1979.*
Depuis combien de temps *cherchez-vous* Marc?	*How long have you been looking for Marc?*
Depuis quand *habitez-vous* ici?	*Since when have you been living here?*

NOTE:

1. The construction **il y a** + expression of time + **que** + the present tense also expresses a past action or event that continues in the present. In such situations, the question is expressed by **Combien de temps y a-t-il que . . . ?** + present tense:

Combien de temps y a-t-il que *vous cherchez* Marc?	*How long have you been looking for Marc?*
Il y a vingt minutes que *je cherche* Marc.	*I have been looking for Marc for twenty minutes.*

2. The constructions **voilà . . . que** and **cela (ça) fait . . . que** + present tense may also be used in place of **depuis:**

Voilà dix ans que *j'habite* ici.	*I have been living here for ten years.*
Ça fait une heure que *j'attends*.	*I have been waiting for an hour.*

Exercice Q

Vous êtes le témoin d'un accident et vous aidez les victimes. Un journaliste arrive et vous pose des questions. Répondez-y:

EXEMPLE: Depuis quand êtes-vous ici? (20 minutes)
Je suis ici *depuis* vingt minutes.

1. Depuis quand travaillez-vous dans ce quartier? (4 ans)

____

2. Depuis quand attendez-vous la police? (20 minutes)

____

3. Depuis quand connaissez-vous les victimes? (3 mois)

____

4. Depuis quand réconfortez-vous les victimes? (un quart d'heure)

____

5. Depuis quand essayez-vous d'appeler un docteur? (5 minutes)

____

6. Depuis quand êtes-vous là? (45 minutes)

____

Exercice R

***Vous rencontrez un ami pour la première fois depuis longtemps. Posez-lui des questions en utilisant* combien de temps y a-t-il que:**

EXEMPLE: être ici
Combien de temps y a-t-il que tu **es** ici?

1. travailler dans cette compagnie

____

2. apprendre le français

____

3. étudier à l'université

____

4. conduire une voiture de sport

____

5. faire du karaté

____

6. vivre là-bas

____

Exercice S

Vous dites à un ami depuis quand vous avez abandonné certaines habitudes:

EXEMPLE: sucer mon pouce (dix ans)
Il y a dix ans que je ne **suce** pas mon pouce.
Je ne **suce** pas mon pouce **depuis dix ans.**

1. dormir avec la lumière allumée (onze ans)

____

____

2. faire des farces au téléphone (6 mois)

____

____

3. mâcher du chewing-gum (1 an)

____

____

4. manger des bonbons (3 semaines)

____

____

5. arriver en retard (1 mois)

____

____

6. jeter des papiers par terre (4 mois)

____

____

♦ MASTERY EXERCISES ♦

Exercice T

Tu es une personne très curieuse. Demande à un(e) camarade de classe de répondre à tes questions:

1. Tu: Qui nettoie ta maison?
   Camarade: ______________________________
2. Tu: Qu'est-ce que tu aimes manger?
   Camarade: ______________________________
3. Tu: Combien pèses-tu?
   Camarade: ______________________________
4. Tu: Combien d'argent gagnes-tu en été?
   Camarade: ______________________________
5. Tu: Qui emmènes-tu au cinéma?
   Camarade: ______________________________
6. Tu: Où est-ce que tu achètes tes vêtements?
   Camarade: ______________________________
7. Tu: Quand ranges-tu ta chambre?
   Camarade: ______________________________

8. Tu: Combien paies-tu pour un cadeau d'anniversaire?
Camarade: ______________________________

9. Tu: Quel sport préfères-tu?
Camarade: ______________________________

10. Tu: Combien de temps y a-t-il que tu étudies le français?
Camarade: ______________________________

Exercice U

Vos parents reviennent de la réunion de parents d'élèves. Exprimez ce qu'ils vous demandent en rentrant:

EXEMPLE: sortir avec Lucie (2 mois)
Vos parents: **Combien de temps y a-t-il que** tu **sors** avec Lucie?
Vous: **Il y a deux mois que** je **sors** avec Lucie.

1. recevoir de mauvaises notes (1 mois)
Vos parents: ______________________________
____
Vous: ______________________________
____

2. faire partie de l'équipe de basket (3 mois)
Vos parents: ______________________________
____
Vous: ______________________________
____

3. faire les devoirs de tes amis (4 jours)
Vos parents: ______________________________
____
Vous: ______________________________
____

4. manquer le cours de maths (1 semaine)
Vos parents: ______________________________
____
Vous: ______________________________
____

5. acheter ton déjeuner à l'école? (1 an)
Vos parents: ______________________________
____
Vous: ______________________________
____

Exercice V

Il y a une heure que vous attendez votre ami(e). Finalement, vous décidez de partir et de laisser un mot sur la porte où vous écrivez les choses suivantes en français:

you are furious because you have been waiting for him/her for an hour;
you do not understand why he/she is not here;
he/she always arrives on time;
you do not deserve this;
he/she must call you to explain;
he/she can call you after 8:00 P.M.

____

____

____

____

____

____

____

____

____

____

Exercice W

Renée décrit ce qui se passe dans sa classe de français. Exprimez en français ce qu'elle dit:

1. My friend asks: "How long have you been studying French?"

   ____

2. We have been studying French for two years.

   ____

3. We love the teacher and we help her.

   ____

4. We put everything in order.

   ____

5. Everyone cleans the desks.

   ____

6. We erase the chalkboard.

   ____

7. We begin the lesson on time.

   ____

8. We correct the homework in class.

   ____

2

Imperative

The imperative is a verb form used to give commands or make requests.

1. Imperative of Regular Verbs

a. The forms of the imperative (**l'impératif**) are the same as the corresponding forms of the present indicative, except for the omission of the subject pronouns **tu** and **vous:**

FAMILIAR		FORMAL	
travaille	*work*	**travaillez**	*work*
choisis	*choose*	**choisissez**	*choose*
attends	*wait*	**attendez**	*wait*

b. The first person plural of the present tense is used to express *Let us* (*Let's*):

Partons **tout de suite.** — *Let's leave right away.*
Jouons **au football maintenant.** — *Let's play soccer now.*
Allons **danser.** — *Let's go dancing.*

NOTE:

1. The familiar imperative of **-er** verbs drops the final **s:**

Explique **la règle.** — *Explain the rule.*
Regarde **ce livre.** — *Look at this book.*

2. In the negative imperative, **ne** and **pas** surround the verb:

Ne **travaillez** ***pas*** si dur. — *Don't work so hard.*
N'**attends** ***pas*** les autres. — *Don't wait for the others.*

Exercice A

Votre meilleur(e) ami(e) va passer l'été dans une colonie de vacances. Exprimez ce que vous lui conseillez de faire:

EXEMPLE: (jouer) **Joue** bien avec les autres.

1. (écouter) ________________ les moniteurs.
2. (nager) ________________ toujours avec un ami.
3. (profiter) ________________ de chaque jour.
4. (répondre) ________________ poliment.
5. (réfléchir) ________________ avant d'agir.

6. (téléphoner) ______________________ de temps en temps.

7. (choisir) ______________________ des activités sportives.

8. (manger) ______________________ bien.

Exercice B

Exprimez ce que vous conseillez à votre ami(e) de ne pas faire:

EXEMPLE: (fumer) **Ne fume pas.**

1. (désobéir) ______________________.

2. (perdre) ______________________ tes vêtements.

3. (téléphoner) ______________________ tous les jours.

4. (pleurer) ______________________.

5. (interrompre) ______________________ les moniteurs.

6. (choisir) ______________________ de souvenirs très chers.

7. (jurer) ______________________.

8. (dépenser) ______________________ tout ton argent.

Exercice C

Vos frères n'arrêtent pas de vous embêter pendant que votre amie vous rend visite. Exprimez ce que vous leur suggérez de faire pour qu'ils vous laissent tranquilles:

EXEMPLE: (jouer) **Jouez** au basket!

1. (finir) ______________________ vos devoirs!

2. (regarder) ______________________ un film!

3. (descendre) ______________________ en ville!

4. (profiter) ______________________ du beau temps!

5. (choisir) ______________________ un livre!

6. (écouter) ______________________ la radio!

7. (téléphoner) ______________________ à vos amis!

8. (dessiner) ______________________ quelque chose!

Exercice D

Exprimez ce que vous demandez à vos frères de ne pas faire:

EXEMPLE: (embêter) **N'embêtez pas** mon amie.

1. (toucher) ______________________ à mes affaires.

2. (rester) ______________________ dans ma chambre.

3. (prendre) ______________________ mon baladeur.

4. (agir) ______________________________ comme des enfants.

5. (songer) ______________________________ à rester avec nous.

6. (regarder) ______________________________ la télévision ici.

7. (utiliser) ______________________________ mon téléphone.

8. (crier) ______________________________.

Exercice E

Votre ami vous demande le chemin pour aller à la plage. Donnez-lui les instructions suivantes:

EXEMPLE: (commencer) **Commence** au carrefour des rues Jacques et Lacoste.

1. (remonter) ______________________________ la rue Jacques.

2. (prendre) ______________________________ la rue Royale jusqu'au parc.

3. (traverser) ______________________________ le parc.

4. (continuer) ______________________________ jusqu'au boulevard Printemps.

5. (tourner) ______________________________ à droite au feu.

6. (passer) ______________________________ devant l'église.

7. (choisir) ______________________________ la rue à gauche.

8. (descendre) ______________________________ jusqu'au bout de la rue et tu verras la plage.

Exercice F

Aujourd'hui il pleut et vous ne savez pas quoi faire. Votre ami(e) fait quelques suggestions, mais elles ne vous plaisent pas. Exécutez le dialogue suivant avec un(e) camarade de classe:

EXEMPLE: rester à la maison
Votre ami(e): **Restons** à la maison.
Vous: **Non, ne restons pas** à la maison.

1. écouter ces disques

Votre ami(e): ______________________________

Vous: ______________________________

2. regarder la télévision

Votre ami(e): ______________________________

Vous: ______________________________

3. préparer le dîner

Votre ami(e): ______________________________

Vous: ______________________________

4. visiter le musée

Votre ami(e): ______________________________

Vous: ______________________________

5. étudier nos leçons

Votre ami(e): ______________________________

Vous: ______________________________

6. aider nos parents

Votre ami(e): ______________________________

Vous: ______________________________

7. téléphoner à Janine

Votre ami(e): ______________________________

Vous: ______________________________

8. finir notre travail

Votre ami(e): ______________________________

Vous: ______________________________

2. Imperative of Irregular Verbs

The imperative of irregular verbs generally follows the same pattern as regular verbs:

aller:	***va, allez, allons***	**ouvrir:**	***ouvre, ouvrez, ouvrons***
dire:	***dis, dites, disons***	**recevoir:**	***reçois, recevez, recevons***

NOTE:

1. Verbs conjugated like **-er** verbs in the present indicative drop the final **s** in the familiar imperative:

***Offre* un cadeau à ta mère.**	*Offer a present to your mother.*
***Ouvre* la fenêtre.**	*Open the window.*

2. The verbs **avoir, être,** and **savoir** have irregular imperatives:

avoir:	***aie, ayez, ayons***
être:	***sois, soyez, soyons***
savoir:	***sache, sachez, sachons***

N'*aie* pas peur.	*Don't be afraid.*
***Soyons* heureux.**	*Let's be happy.*
***Sachez* bien votre leçon.**	*Know your lesson well.*

3. When linked to the pronouns **y** and **en,** all verbs, regular and irregular, retain the **s:**

Mange*s*-en la moitié.	*Eat half of it.*
Va*s*-y vite.	*Go there quickly.*

Exercice G

Vous allez passer un examen oral important et votre frère aîné vous donne quelques conseils. Complétez les phrases avec la forme correcte des verbes entre parenthèses:

EXEMPLE: (être) **Ne sois pas** nerveux/nerveuse.

1. (aller) ________________ directement à la salle des examens.
2. (faire) ________________ de ton mieux.
3. (offrir) N'________________ pas de détails superflus.
4. (dire) Ne ________________ pas de bêtises.
5. (avoir) ________________ de la patience.
6. (être) Ne ________________ pas intimidé(e).
7. (faire) ________________ attention à ta prononciation.
8. (être) ________________ poli(e).

Exercice H

C'est la rentrée des classes. La mère d'Étienne lui fait certaines recommandations. Exprimez ce qu'elle dit à son fils:

EXEMPLE: arriver à l'heure
Arrive à l'heure.

1. aller tout de suite en classe

____

2. faire ce qu'on te dit

____

3. dire «Bonjour» au professeur

____

4. ouvrir vite ton cahier

____

5. écrire bien

____

6. lire à voix basse

____

7. recevoir de bonnes notes

____

8. apprendre tes leçons

____

9. voir tes amis dans la cour

____

10. revenir à la maison à 3 h

____

Exercice I

Exprimez ce que la mère d'Étienne lui dit de ne pas faire:

EXEMPLE: mentir
Ne mens pas.

1. prendre le métro

____

2. courir dans les couloirs

____

3. manger pendant les cours

____

4. rire en classe

____

5. craindre le professeur

____

6. dormir durant les leçons

____

7. faire le clown

____

8. être timide

____

9. ouvrir la porte

____

10. avoir peur

____

Exercice J

M. Renoir est à l'hôpital. Vous êtes aide-soignant(e). Exprimez ce que vous lui dites de ne pas faire:

EXEMPLE: manger trop vite
Ne mangez pas trop vite.

1. boire beaucoup de café

____

2. courir

3. lire beaucoup

4. avoir peur

5. être inquiet

6. faire trop d'efforts physiques

7. sortir de votre chambre

8. aller dehors

9. recevoir trop de visites

10. craindre le docteur

Exercice K

Exprimez ce que vous lui dites de faire:

EXEMPLE: boire du thé
Buvez du thé.

1. ouvrir la fenêtre

2. savoir quand vous reposer

3. écrire des cartes postales

4. prendre tous vos médicaments

5. croire le docteur

6. dire la vérité au docteur

7. suivre les conseils des infirmières

8. envoyer une lettre à votre ami

____

9. promettre de bien manger

____

10. rire souvent

____

Exercice L

Vous faites une excursion à la campagne avec votre ami(e) qui est très indécis(e). Exprimez ses réponses quand vous lui suggérez certaines activités. Exécutez le dialogue suivant avec un(e) camarade de classe:

EXEMPLE: courir dans le champ
Vous: **Courons** dans le champ.
Votre ami(e): **Oui, mais ne courons pas** dans le champ tout de suite.

1. faire une promenade
   Vous: ______________________________
   Votre ami(e): ______________________________
2. aller dans le bois
   Vous: ______________________________
   Votre ami(e): ______________________________
3. déjeuner en plein air
   Vous: ______________________________
   Votre ami(e): ______________________________
4. suivre ce chemin
   Vous: ______________________________
   Votre ami(e): ______________________________
5. monter à cheval
   Vous: ______________________________
   Votre ami(e): ______________________________

Exercice M

Complétez ces instructions pour donner un coup de téléphone d'un ancien téléphone public à Paris:

1. (décrocher) ____________________ le récepteur.
2. (écouter) ____________________ la tonalité.
3. (introduire) ____________________ un jeton dans la fente.

4. (composer) ______________________ le numéro.
5. (attendre) ______________________ que quelqu'un vous parle.
6. (pousser) ______________________ le bouton.
7. (parler) ______________________ avec la personne.
8. (raccrocher) ______________________ le récepteur.

♦ MASTERY EXERCISES ♦

Exercice N

Utilisez les suggestions entre parenthèses pour exprimer vos réponses aux situations suivantes:

EXEMPLE: Anne: Il est déjà 8h et j'ai un rendez-vous à 8 h 15.
Vous: (marcher plus vite) **Marche plus vite.**

1. Robert: Regarde! Ton chien s'échappe.
   Vous: (venir ici, Fifi) ______________________
2. Marie: Papa a préparé un nouveau plat exotique.
   Vous: (en goûter un peu) ______________________
3. Charles: Je n'ai pas cassé la fenêtre. Ce n'est pas ma balle.
   Vous: (ne pas mentir) ______________________
4. Régine: L'école prépare un voyage en France.
   Vous: (y aller avec ta classe) ______________________
5. Suzette: Il y a un chien méchant par ici.
   Vous: (ne pas avoir peur) ______________________
6. Pauline: Je ne sais pas si je veux sortir avec Frédéric.
   Vous: (ne pas être timide) ______________________
7. Liliane: Les bonbons que Paul t'a donnés sont délicieux.
   Vous: (en manger un autre) ______________________
8. Gilles: Qu'est-ce que je dois faire de tout cet argent?
   Vous: (mettre cet argent sur la table) ______________________

Exercice O

Vos ami(e)s ont envie d'écrire une excellente composition. Donnez-leur des conseils pour réussir:

EXEMPLE: procéder lentement
Procédez lentement.

1. lire soigneusement les instructions

   ____

2. choisir votre sujet

____

3. faire un plan détaillé

____

4. écrire votre composition

____

5. faire attention au vocabulaire

____

6. relire ce que vous avez écrit

____

7. vérifier votre grammaire

____

8. corriger les fautes

____

Exercice P

Voici de bons conseils. Exprimez-les en français:

1. If you want to have good friends, be generous!

____

2. Listen to their problems!

____

3. Applaud their successes!

____

4. Buy them beautiful presents!

____

5. Remain faithful!

____

6. Don't lie to them!

____

7. Don't exaggerate!

____

8. Don't forget their birthdays!

____

9. Don't bother them!

____

10. Don't look for arguments!

____

3

Passé Composé

The **passé composé** (past indefinite) expresses an action or event completed in the past. The **passé composé** of most verbs is formed by combining the present tense of **avoir** and the past participle of the verb.

1. Verbs Conjugated With *avoir*

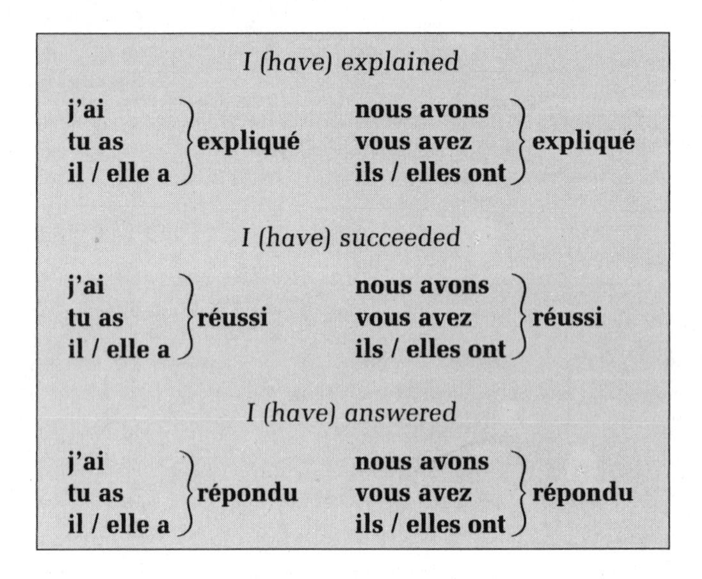

I (have) explained

j'ai **tu as** **il / elle a**	**expliqué**	**nous avons** **vous avez** **ils / elles ont**	**expliqué**

I (have) succeeded

j'ai **tu as** **il / elle a**	**réussi**	**nous avons** **vous avez** **ils / elles ont**	**réussi**

I (have) answered

j'ai **tu as** **il / elle a**	**répondu**	**nous avons** **vous avez** **ils / elles ont**	**répondu**

NOTE:

1. The past participle of regular verbs is formed by dropping the infinitive endings, and adding **é** for **-er** verbs, **i** for **-ir** verbs and **u** for **-re** verbs.

2. In a negative sentence in the **passé composé, ne** precedes and **pas** follows the helping verb:

   Je *n'*ai *pas* fini mon travail. — *I haven't finished my work.*
   Ils *n'*ont *pas* attendu les filles. — *They didn't wait for the girls.*

3. In an interrogative sentence in the **passé composé,** the subject pronoun and the helping verb are inverted:

   As-*tu* fini la leçon? — *Did you finish the lesson?*
   La fille a-*t-elle* copié son adresse? — *Has the girl copied his address?*

4. In a negative interrogative sentence in the **passé composé, ne** and **pas** surround the inverted helping verb and subject pronoun:

   ***N'*avez-vous *pas* dansé?** — *Didn't you dance?*
   ***N'*as-tu *pas* oublié quelque chose?** — *Haven't you forgotten something?*

Exercice A

Le week-end dernier, Joël et ses amis sont allés en pique-nique. Exprimez ce qu'ils ont fait:

EXEMPLE: je / parler à mes amies
J'ai parlé à mes amies.

1. je / allumer le feu

 ____

2. tu / griller des hamburgers

 ____

3. vous / préparer de bonnes salades

 ____

4. Christian / nager dans le lac

 ____

5. nous / raconter des histoires drôles

 ____

6. Lucie / participer à une course de bicyclettes

 ____

7. les filles / marcher dans le bois

 ____

8. Gilbert et Viviane / jouer au frisbee

 ____

Exercice B

Chaque élève de votre classe a présenté un exposé oral. Exprimez les réactions de chacun en vous servant des suggestions données:

SUGGESTIONS:

saisir l'occasion	réagir aux commentaires
applaudir	choisir un sujet intéressant
remplir son but	accomplir beaucoup de recherches
finir tout de suite	établir la liste des événements
réussir cet exposé	

EXEMPLE: **Henri a fini tout de suite.**

1. J'______________________________.
2. Nous ______________________________.
3. Les garçons ______________________________.
4. Cécile ______________________________.
5. Vous ______________________________.
6. Les filles ______________________________.

7. Le professeur ____.

8. Tu ____.

Exercice C

Vous avez passé le week-end à faire du ski en montagne. Malheureusement, votre amie Colette s'est cassé la jambe. Exprimez ce qui est arrivé:

EXEMPLE: je / entendre du bruit
J'ai entendu du bruit.

1. tu / tendre l'oreille

____

2. vous / entendre les cris de Colette

____

3. je / interrompre ma conversation avec Paul

____

4. les garçons / répondre à son appel tout de suite

____

5. les instructeurs / défendre à Colette de bouger

____

6. elle / perdre un ski

____

7. nous / attendre l'ambulance

____

8. le directeur / rendre le prix de l'excursion à Colette

____

Exercice D

C'est la rentrée des classes. De retour chez vous, votre mère vous pose les questions suivantes. Répondez-lui négativement:

EXEMPLE: As-tu oublié ton livre?
Non, je n'ai pas oublié mon livre.

1. As-tu parlé en classe?

____

2. As-tu désobéi au professeur?

____

3. As-tu perdu ton argent?

____

4. As-tu joué en classe?

___

5. As-tu fini tes devoirs en classe?

___

6. As-tu interrompu la leçon?

___

Exercice E

Vos amis et vous partez en voyage. Vous devez arriver à l'aéroport à l'heure. Exprimez ce que chaque personne n'a pas encore fait:

EXEMPLE: vous / téléphoner à votre grand-mère
Vous n'avez pas téléphoné à votre grand-mère.

1. Thierry / finir le ménage

___

2. tu / terminer de faire tes valises

___

3. les garçons / confirmer le vol

___

4. nous / descendre les poubelles

___

5. Liliane / trouver son passeport

___

6. je / sortir le chien

___

7. vous / vérifier l'horaire du bus pour l'aéroport

___

8. elles / entendre la météo

___

Exercice F

Votre mère vous demande de faire certaines choses à la maison pendant qu'elle fait les courses. Répondez négativement aux questions qu'elle vous pose en rentrant. Exécutez le dialogue suivant avec un(e) camarade de classe:

EXEMPLE: préparer le dîner
Votre mère: **As-tu préparé** le dîner?
Vous: **Je regrette, mais je *n'*ai *pas encore* préparé** le dîner.

1. repasser les chemises
   Votre mère: ______________________________
   Vous: ______________________________
2. finir tes devoirs
   Votre mère: ______________________________
   Vous: ______________________________
3. répondre à sa lettre
   Votre mère: ______________________________
   Vous: ______________________________
4. ranger ta chambre
   Votre mère: ______________________________
   Vous: ______________________________
5. brosser le chien
   Votre mère: ______________________________
   Vous: ______________________________
6. couper les légumes
   Votre mère: ______________________________
   Vous: ______________________________

Exercice G

Vos amis et vous discutez d'une surprise-partie à laquelle vous avez assisté. Posez des questions au sujet de cette fête:

EXEMPLE: Paul / laisser tomber son verre d'eau
Paul a-t-il laissé tomber son verre d'eau?

1. tu / chanter en français
   ____
2. Chantal / jouer de la guitare
   ____
3. vous / perdre votre bracelet
   ____
4. Robert et Simon / écouter de la musique
   ____
5. nous / embarrasser l'hôtesse
   ____
6. Olivier / crier
   ____

7. Agnès et Irène / finir le gâteau

____

8. je / répondre poliment à l'hôtesse

____

Exercice H

Il y a un examen d'histoire aujourd'hui. Vous en discutez avec un ami et vous lui posez des questions:

EXEMPLE: Hancock / signer la Déclaration d'Indépendance
Hancock n'a-t-il pas signé la Déclaration d'Indépendance?

1. George Washington / couper le cerisier

____

2. Abraham Lincoln / libérer les esclaves

____

3. Benedict Arnold / trahir son pays

____

4. Alexander Graham Bell / inventer le téléphone

____

5. Pierre et Marie Curie / consacrer leur vie à l'étude du radium

____

6. Les Français / bâtir Notre-Dame de Paris en quatre-vingt-deux ans

____

7. Jonas Salk / trouver un vaccin contre la polio

____

8. Neil Armstrong / explorer la lune

____

2. Irregular Verbs Conjugated With *avoir*

a. Past participles ending in **-u**:

avoir:	***eu***	**lire:**	***lu***	**taire:**	***tu***
boire:	***bu***	**plaire:**	***plu***	**tenir:**	***tenu***
connaître:	***connu***	**pleuvoir:**	***plu***	**valoir:**	***valu***
courir:	***couru***	**pouvoir:**	***pu***	**vivre:**	***vécu***
croire:	***cru***	**recevoir:**	***reçu***	**voir:**	***vu***
devoir:	***dû****	**savoir:**	***su***	**vouloir:**	***voulu***
falloir:	***fallu***				

*The following past-participle forms of **devoir** do not take a circumflex accent: **due, dues, dus.**

b. Past participles ending in **-i:**

rire:	***ri***	**suivre:**	***suivi***

c. Past participles ending in **-is:**

asseoir:	***assis***	**mettre:**	***mis***	**prendre:**	***pris***

d. Past participles ending in **-it:**

conduire:	***conduit***	**dire:**	***dit***	**écrire:**	***écrit***

e. Irregular past participles:

craindre:	***craint***	**faire:**	***fait***
être:	***été***	**ouvrir:**	***ouvert***

Exercice I

Exprimez ce que ces personnes ont fait et n'ont pas fait hier:

EXEMPLE: il (dire un mensonge / finir ses devoirs)
Il a dit un mensonge. **Il n'a pas fini** ses devoirs.

1. je (lire un livre / voir le film)

____

2. nous (courir / conduire la voiture)

____

3. il (recevoir une mauvaise note / ouvrir son livre)

____

4. vous (être triste / avoir le temps de jouer)

____

5. elles (vouloir marcher / prendre le taxi)

____

6. tu (devoir rester chez toi / pouvoir sortir)

____

7. il (craindre la réaction du professeur / faire ses devoirs)

____

8. elle (écrire une lettre / mettre les timbres sur l'enveloppe)

____

Exercice J

Complétez la composition de Jean-Claude intitulée: «Une mauvaise idée» avec le passé composé du verbe entre parenthèses:

Hier, malgré la pluie, j'__________ (1 avoir) envie d'aller au cinéma. J'__________ (2 boire) une tasse de thé puis j'__________ (3 écrire) un mot à mes parents. J'__________ (4 dire) au revoir à mon frère et, enfin, j'__________ (5 mettre) mon imperméable. J'__________ (6 prendre) les clés de ma voiture. (J'__________ (7 recevoir) cette voiture pour mon anniversaire.) J'__________ (8 courir) à ma voiture, j'__________ (9 ouvrir) la porte et j'__________ (10 pouvoir) démarrer tout de suite. J'__________ (11 devoir) conduire très lentement. J'______ toujours ______ (12 croire) que la pluie n'était pas dangereuse, mais j'avais tort. J'__________ (13 suivre) ma route habituelle. Mais, tout à coup, je n'______ pas ______ (14 voir) le virage. Je n'______ pas ______ (15 pouvoir) tourner à temps et ma voiture n'______ pas ______ (16 tenir) la route. J'__________ (17 être) pris de panique. J'__________ (18 vouloir) éviter une autre voiture, mais je n'______ pas ______ (19 savoir) comment et j'__________ (20 avoir) un accident. Je ne savais pas quoi faire. Paniqué, j'__________ (21 craindre) le pire. Il m'__________ (22 falloir) aller aider l'autre conducteur. Heureusement, l'accident n'était pas grave, sa voiture était un peu abîmée, mais il n'était pas blessé. Il __________ (23 comprendre) ce qui s'est passé. Je lui __________ (24 promettre) de faire plus attention et, finalement, j'__________ (25 reprendre) la route de la maison. Après tout, il y avait un bon film à la télévision!

3. Agreement of Past Participles

Past participles of verbs conjugated with **avoir** agree in gender and number with a preceding direct object, usually a pronoun:

Il a lavé *sa chemise* et il *l'*a repassée.	*He washed his shirt and he ironed it.*
***Les robes?* Non, je ne *les* ai pas prises.**	*The dresses? No, I didn't take them.*
Il a essayé *ces pantalons* puis il *les* a achetés.	*He tried on these pants, then he bought them.*
Il *nous* a vus au cinéma.	*He saw us at the movies.*

NOTE:

1. A past participle also agrees with a preceding direct object noun or antecedent element that represents a direct object:

Combien de *livres* as-tu lus?	*How many books have you read?*
Quelle *robe* avez-vous portée?	*Which dress did you wear?*
Voici les *cadeaux* qu'elle a reçus.	*Here are the gifts she received.*
Elle va remplacer les *bagues* qu'elle a perdues.	*She's going to replace the rings she lost.*

2. Past participles already ending in **-s** remain unchanged when preceded by a masculine plural direct object:

Il a mis le gant.	**Il *l'*a mis.**
Il a mis les gants.	**Il *les* a mis.**

3. There is no agreement with preceding indirect objects:

Il a écrit à Marie.	**Il lui a écrit.**
Il a téléphoné à Jean et à moi.	**Il nous a téléphoné.**

4. The past participle of a verb conjugated with **avoir** remains unchanged before an infinitive with its own direct object:

Quelles belles chansons! **Je *les* ai entendu *chanter*** hier.	*What beautiful songs! I heard them sung yesterday.*
C'est ***la fille* que j'ai cru *voir*.**	*It's the girl that I thought I saw.*
Voici ***les cadeaux* que ma mère a décidé *d'acheter*.**	*Here are the gifts my mother decided to buy.*

In these examples, the direct object belongs to the infinitive, not to the conjugated verb.

Exercice K

Vos parents rentrent ce soir d'un séjour en Europe et votre frère et vous essayez de remettre la maison en ordre. Votre frère vous demande si vous avez tout fait. Répondez à ses questions:

EXEMPLE: As-tu fait la vaisselle?
Oui, je *l'*ai faite.

1. As-tu rangé ta chambre?

____

2. As-tu acheté les journaux?

____

3. As-tu fait les courses?

____

4. As-tu monté tes vêtements?

____

5. As-tu nettoyé la maison?

____

6. As-tu ouvert les fenêtres?

____

7. As-tu lavé la voiture?

____

8. As-tu mis les provisions dans le frigo?

____

Exercice L

Tout le monde est fier du travail accompli. Exprimez ce que chaque personne dit:

EXEMPLE: voici les dessins / il a peint
Voici les dessins **qu'il a peints.**

1. voici les disques / Pierre a enregistré

____

2. as-tu lu les livres / elle a écrit

____

3. montrez-moi les photos / vous avez pris

____

4. c'est l'histoire / nous avons traduit

____

5. on parle des lois / ils ont établi

____

6. où sont les médailles / tu as reçu

____

7. avez-vous écouté le morceau de musique / j'ai composé

____

8. nous avons goûté les gâteaux / elles ont préparé

____

Exercice M

M. Rouleau aide tout le monde. Expliquez comment en complétant la phrase avec la forme correcte du verbe au passé composé:

1. (envoyer) Voici le cadeau qu'il m'______________.
2. (écrire) Il nous ______________ une carte postale de Paris.
3. (réparer) Il a emprunté ma bicyclette puis il l'______________.
4. (écouter) Il t'______________ quand tu avais beaucoup de problèmes.
5. (conduire) Il nous ______________ à l'hôpital.
6. (donner) Ce sont les bonbons qu'il vous ______________.

7. (planter) As-tu vu les fleurs qu'il ______________________?
8. (enseigner) Il lui ______________________ la natation.
9. (conseiller) Il m'______________________ de finir mes études.
10. (vendre) Il leur ______________________ sa voiture.

Exercice N

Exprimez ce que vous avez fait dans ces circonstances:

EXEMPLE: Votre camarade de classe a laissé tomber ses livres. (les ramasser)
Je les ai ramassés.

1. Une vieille dame est tombée dans la rue. (l'aider tout de suite)

____

2. Votre ami est allé à l'hôpital. (l'accompagner)

____

3. Vos sœurs ont voulu manger. (leur préparer un sandwich)

____

4. Votre père a perdu ses clefs. (les chercher)

____

5. Hier, votre meilleure amie a célébré son anniversaire. (lui envoyer des fleurs)

____

6. Votre sœur a annoncé qu'elle va épouser Jean. (l'embrasser)

____

4. Verbs Conjugated With *être*

a. The **passé composé** of some verbs is formed by combining the present tense of **être** and the past participle of the verb. Most of these verbs express motion or change of place, state, or condition:

Il *est* rentré très tard. — *He came home very late.*
Nous *sommes* allés au cinéma samedi soir. — *We went to the movies Saturday night.*

b. Past participles of verbs conjugated with **être** agree in gender and number with the subject:

MASCULINE SUBJECTS	FEMININE SUBJECTS
je suis tombé	**je suis tombée**
tu es tombé	**tu es tombée**
il est tombé	**elle est tombée**
nous sommes tombés	**nous sommes tombées**
vous êtes tombé*(s)*	**vous êtes tombée*(s)***
ils sont tombés	**elles sont tombées**

***Sa femme* est née** en Afrique. — *His wife was born in Africa.*
Quand **sont-*ils* sortis?** — *When did they leave?*

C. Verbs conjugated with ***être:***

aller:	***allé***	**monter:**	***monté***	**tomber:**	***tombé***
venir:	***venu***	**descendre:**	***descendu***	**rester:**	***resté***
arriver:	***arrivé***	**passer:**	***passé***	**devenir:**	***devenu***
partir:	***parti***	**revenir:**	***revenu***	**naître:**	***né***
entrer:	***entré***	**retourner:**	***retourné***	**mourir:**	***mort***
sortir:	***sorti***	**rentrer:**	***rentré***		

NOTE: The interrogative and negative forms of the **passé composé** of verbs conjugated with **être** are:

Elle *n'*est *pas* arrivée. — *She didn't arrive.*
Est-*elle* arrivée? — *Did she arrive?*
***N'*est-elle *pas* arrivée?** — *Didn't she arrive?*

Exercice O

Hier, il a beaucoup neigé et toutes les routes étaient bloquées. En vous servant des suggestions données, exprimez ce qui est arrivé:

SUGGESTIONS:
tomber
descendre du bus
revenir plus tôt
entrer dans un café
rentrer à la maison
retourner chez Michel
arriver à l'école en retard
partir pour l'école de bonne heure
sortir du lycée avant trois heures

EXEMPLE: **Nous sommes arrivés à l'école en retard.**

1. Lucien ______________________________.
2. Vous ______________________________.
3. Alice ______________________________.
4. André et Richard ______________________________.
5. Nous ______________________________.
6. Je ______________________________.
7. Élise et Colette ______________________________.
8. Tu ______________________________.

Exercice P

Vous venez de rentrer de colonie de vacances. Votre ami(e) veut savoir si vous avez passé de bonnes vacances. Exprimez ses questions et répondez négativement:

EXEMPLE: aller à la campagne
Votre ami(e): **Es-tu allé(e)** à la campagne?
Vous: **Non, je ne suis pas allé(e)** à la campagne.

1. partir en avion

Votre ami(e): ______________________________

Vous: ______________________________

2. sortir sans les autres

Votre ami(e): ____________________

Vous: ____________________

3. descendre à la plage tous les jours

Votre ami(e): ____________________

Vous: ____________________

4. tomber amoureux (amoureuse)

Votre ami(e): ____________________

Vous: ____________________

5. devenir expert(e) en planche à voile

Votre ami(e): ____________________

Vous: ____________________

6. arriver à apprendre à nager

Votre ami(e): ____________________

Vous: ____________________

7. rester au camp tout le temps

Votre ami(e): ____________________

Vous: ____________________

8. revenir par le train

Votre ami(e): ____________________

Vous: ____________________

Exercice Q

Vous discutez avec vos amis d'une fête qui a eu lieu samedi dernier et vous n'êtes pas sûr(e) de certains détails. Exprimez vos questions en utilisant la forme négative:

EXEMPLE: tu / revenir tout de suite avec Anne
N'es-tu pas revenu(e) tout de suite avec Anne?

1. nous / partir avant minuit

____

2. il / rester avec ses amis

____

3. elles / monter pour chercher des disques

____

4. vous / sortir avant les autres

____

5. ils / venir avec leurs cousines

____

6. tu / aller à la fête avec Michelle

____

7. elle / rentrer de bonne heure

____

5. Special Verbs

Descendre, monter, passer, rentrer, retourner, and **sortir** are conjugated with **avoir** when they are used with a direct object. Note the changed meanings:

Il est descendu du train. *He got off the train.*	**Il a descendu** ***sa valise.*** *He took his suitcase downstairs.* **Il a descendu** ***l'escalier.*** *He came downstairs.*
Elle est montée dans sa chambre. *She went up to her room.*	**Elle a monté** ***l'escalier.*** *She went upstairs.* **Elle a monté** ***ses vêtements.*** *She took her clothes upstairs.*
Elles sont rentrées tard. *They came home late.*	**Elles ont rentré** ***le chien.*** *They brought in the dog.*
Je suis retourné(e) en France. *I returned to France.*	**J'ai retourné** ***la robe*** au magasin. *I returned the dress to the store.*
Quand es-tu sorti(e) avec Paul? *When did you go out with Paul?*	**Quand as-tu sorti** ***ton argent?*** *When did you take out your money?*
Je suis passé(e) chez toi. *I passed by your house.*	**J'ai passé** ***un mois*** en France. *I spent a month in France.*

Exercice R

Exprimez ce que Martine a fait aujourd'hui:

1. (descendre) Martine _______________ et elle _______________ ses affaires en même temps.
2. (sortir) Elle _______________ ses gants et elle _______________ de la maison.
3. (rentrer) Elle _______________ parce qu'il a commencé à neiger et elle _______________ son chien du jardin.
4. (retourner) Elle _______________ dans la cuisine et elle _______________ l'omelette dans la poêle.
5. (monter) Elle _______________ se coucher et elle _______________ l'escalier en courant.
6. (passer) Elle _______________ l'après-midi chez moi, et après elle _______________ à la bibliothèque.

♦ MASTERY EXERCISES ♦

Exercice S

Vous rentrez de l'école, mais votre mère n'est pas à la maison. Vous trouvez une liste de ce qu'elle devait faire pendant la journée. Exprimez ce qu'elle a fait:

11 h. aller chez le docteur
1 h. déjeuner avec ma mère
faire la lessive
mettre le couvert
écrire au professeur de français
téléphoner à l'électricien
aller à la banque
laver la voiture
sortir le chien
lire la composition de Marc
Dr. Blanc

1. ______________________________
2. ______________________________
3. ______________________________
4. ______________________________
5. ______________________________
6. ______________________________
7. ______________________________
8. ______________________________
9. ______________________________
10. ______________________________

Exercice T

Expliquez en français le problème que vous avez eu avec un cadeau que vous avez acheté:

1. Last week I bought a birthday gift for my cousin Eric.

____

2. He was born on May 3, 1974.

____

3. I bought Eric a radio. It cost me $55.

____

4. I worked hard to earn the money.

____

5. When I returned home, I turned the radio on and it didn't work.

____

6. My friend tried to fix it, but he wasn't able to.

____

7. I returned the radio to the store where I bought it.

____

8. They told me that I broke it.

____

9. I asked to speak to the manager.

____

10. He told me to send the radio to the manufacturer.

____

11. I returned the radio and fortunately received a new one.

____

12. I gave it to Eric two weeks after his birthday.

____

4

Imperfect Tense

The imperfect tense expresses a continuing state or an incomplete action in the past.

1. Forms of the Imperfect

a. The imperfect tense **(l'imparfait)** of regular verbs is formed by dropping the **-ons** ending of the **nous** form of the present tense and adding **-ais, -ais, -ait, -ions, -iez, -aient:**

chant*er*	**fin*ir***	**répond*re***
I was singing *I used to sing* *I sang*	*I was finishing* *I used to finish* *I finished*	*I was answering* *I used to answer* *I answered*
je chant*ais* **tu chant*ais*** **il / elle chant*ait*** **nous chant*ions*** **vous chant*iez*** **ils / elles chant*aient***	**je finiss*ais*** **tu finiss*ais*** **il / elle finiss*ait*** **nous finiss*ions*** **vous finiss*iez*** **ils / elles finiss*aient***	**je répond*ais*** **tu répond*ais*** **il / elle répond*ait*** **nous répond*ions*** **vous répond*iez*** **ils / elles répond*aient***

Quand *j'étais* petite, *je chantais* à la chorale. — *When I was young I used to (would) sing in the choir.*

***Il finissait* ses devoirs avant le dîner.** — *He finished (used to finish) his homework before dinner.*

***Vous répondiez* toujours à ses questions.** — *You always answered his questions.*

b. The imperfect of irregular verbs, with few exceptions, is formed in the same way:

INFINITIVE	PRESENT **nous** FORM	IMPERFECT
boire:	***buv*ons**	**je *buvais,* tu *buvais,* il / elle *buvait* . . .**
craindre:	***craign*ons**	**je *craignais,* tu *craignais,* il / elle *craignait* . . .**
faire:	***fais*ons**	**je *faisais,* tu *faisais,* il / elle *faisait* . . .**
voir:	***voy*ons**	**je *voyais,* tu *voyais,* il / elle *voyait* . . .**

NOTE:

1. The imperfect forms of **être, falloir,** and **pleuvoir** are as follows:

être: **j'*étais***	**falloir:** **il *fallait***	**pleuvoir:** **il *pleuvait***

2. Verbs that end in **-ions** in the present indicative have forms ending in **-iions** and **-iiez** in the imperfect: **nous étudi*ions*, vous étudi*iez*; nous ri*ions*, vous ri*iez*.**

Exercice A

Exprimez ce que ces personnes avaient l'habitude de faire quand elles étaient jeunes:

EXEMPLE: Nous préparons les gâteaux le samedi.
Nous préparions les gâteaux le samedi.

1. Nous travaillons dur tout le temps.

____

2. Je finis toujours mes devoirs.

____

3. Vous étudiez chaque après-midi.

____

4. Lise et Marc rentrent souvent tard.

____

5. Les garçons perdent souvent leurs affaires.

____

6. Les filles choisissent des vêtements à la mode.

____

7. Tu défends toujours tes frères.

____

8. Suzanne joue au tennis tous les jours.

____

9. J'obéis généralement à mes parents.

____

10. Paul et Henriette réussissent à chaque examen.

____

Exercice B

Exprimez ce que chacune de ces personnes était en train de faire à six heures hier soir:

EXEMPLE: nous / regarder la télévision
Nous regardions la télévision.

1. tu / attendre ton ami

____

2. Daphnée / préparer le dîner

____

3. Henri / descendre du train

4. nous / étudier pour un examen

5. Marie et Hélène / travailler

6. je / nourrir le bébé

7. vous / jouer du piano

8. Philippe et Paul / finir leurs devoirs

Exercice C

Vous posez des questions à votre grand-mère au sujet de son adolescence. Donnez ses réponses:

1. Où habitais-tu quand tu étais jeune?

2. Avec qui jouais-tu?

3. Avais-tu beaucoup de petits amis?

4. Tes frères, tes sœurs et toi, travailliez-vous après l'école?

5. Tes parents te punissaient-ils souvent?

6. Que faisais-tu le samedi soir?

7. Lisais-tu des romans d'amour?

8. Tes amies et toi, assistiez-vous à beaucoup de fêtes?

9. Quels vêtements étaient à la mode?

10. Voulais-tu visiter d'autres pays?

Exercice D

Vous parlez à votre grand-père de sa vie dans les années trente. Choisissez un camarade de classe pour jouer le rôle de votre grand-père et exécutez le dialogue suivant selon l'exemple:

EXEMPLE: tu / danser la valse
Vous: **Dansais-tu la valse?**
je / danser le Charleston
Votre grand-père: **Non, je dansais le Charleston.**

1. tu / prendre souvent l'avion

Vous: ______________________________

les avions / être rares

Votre grand-père: ______________________________

2. tu / regarder beaucoup la télévision

Vous: ______________________________

la télévision / ne pas exister

Votre grand-père: ______________________________

3. que faire / tu pour passer le temps

Vous: ______________________________

je / écouter la radio

Votre grand-père: ______________________________

4. où acheter / tu le lait

Vous: ______________________________

le laitier / livrer le lait avec une charrette

Votre grand-père: ______________________________

5. combien coûter / les vêtements

Vous: ______________________________

un costume / valoir vingt dollars

Votre grand-père: ______________________________

6. combien payer / tu un hamburger

Vous: ______________________________

je / acheter un hamburger pour cinq cents

Votre grand-père: ______________________________

7. ta famille / avoir une chaîne stéréo

Vous: ______________________________

nous / avoir un gramophone

Votre grand-père: ______________________________

8. combien coûter / un billet de cinéma

Vous: ______________________________

on / aller au cinéma pour dix cents

Votre grand-père: ______________________________

9. que faire / tu avec tes amis après l'école

Vous: ______________________________

nous / jouer aux quilles

Votre grand-père: ______________________________

10. combien gagner / les jeunes gens

Vous: ______________________________

beaucoup de jeunes gens / ne gagner que dix dollars par semaine

Votre grand-père: ______________________________

2. Spelling Changes in the Imperfect of Certain *-er* Verbs:

a. Verbs ending in **-cer** change **c** to **ç** before **a** or **o** to keep the soft **c** sound:

prononcer: je prononç*a*is, tu prononç*a*is, il/elle prononç*a*it, nous prononcions, vous prononciez, ils/elles prononç*a*ient

b. Verbs ending in **-ger** insert mute **e** between **g** and **a** or **o** to keep the soft **g** sound:

voyager: je voyag*ea*is, tu voyag*ea*is, il/elle voyag*ea*it, nous voyagions, vous voyagiez, ils/elles voyag*ea*ient

Exercice E

Henri, Luc et Anne se rappellent leur classe de français au lycée il y a dix ans. Exprimez leurs souvenirs:

EXEMPLE: la classe / commencer à dix heures
La classe commençait à dix heures.

1. nous / menacer toujours Paul Jaubert

____

2. je / placer les livres sur les tables

____

3. Jacqueline / effacer le tableau tous les jours

____

4. Maurice et Serge / lancer des avions en papier

____

5. vous / prononcer mal les mots de vocabulaire

6. le professeur / annoncer les résultats des tests

7. tu / avancer ta montre

8. les filles / commencer les exercices tout de suite

Exercice F

D'après les faits donnés, exprimez ce que les membres de la famille Morpeau faisaient habituellement:

EXEMPLE: M. Morpeau allait souvent en Europe. (voyager beaucoup)
Il voyageait beaucoup.

1. Nous parlions beaucoup. (déranger nos parents)

2. Jean et Louis allaient souvent à la plage. (nager tous les jours)

3. J'étais très généreux. (partager mes bonbons avec mon frère)

4. Vous nettoyiez bien la maison. (ranger toutes les chambres)

5. Maman voulait maigrir. (manger très peu)

6. Tu étais inconstant. (changer souvent d'opinion)

7. Annick et Odette voulaient réussir. (songer à devenir riches)

8. Papa était le gérant d'une grande entreprise. (diriger toutes les affaires)

3. Uses of the Imperfect Tense

The imperfect tense expresses continuous, habitual, or repeated past actions, events, or situations. It is also used to describe the circumstances surrounding a past action or event.

a. The imperfect is used to describe what was happening, used to happen, or happened repeatedly in the past:

Les oiseaux *chantaient.*	*The birds were singing.*
Nous habitions ce quartier.	*We used to live in that neighborhood.*
Il arrivait **souvent** en retard.	*He would (used to) often arrive late.*
Je lisais **pendant qu'*il écrivait.***	*I was reading (read) while he was writing (wrote).*
D'habitude, *j'allais* en France **tous les étés.**	*Usually, I went to France every summer.*

b. The imperfect is used to describe persons, things, or conditions in the past:

Elle était **blonde** et ***avait*** **les yeux bleus.**	*She was blond and had blue eyes.*
Il faisait **du vent** et ***il neigeait.***	*It was windy and it was snowing.*
La neige *recouvrait* la terre.	*The snow covered the earth.*

c. The imperfect expresses a physical or mental state or condition in progress in the past, often with the verbs **aimer, croire, désirer, espérer, être, penser, pouvoir, préférer, regretter, savoir, vouloir:**

Ils croyaient (pensaient, savaient) que c'était important.	*They believed (thought, knew) that it was important.*
Nous voulions acheter une voiture.	*We wanted to buy a car.*
Je savais bien danser.	*I knew how to dance well.*
Vous préfériez lire des poèmes.	*You used to prefer (preferred) reading poems.*
Elle espérait devenir docteur.	*She hoped to become a doctor.*

d. The imperfect expresses the day, the month, and the time of day in the past:

C'était **jeudi.**	*It was Thursday.*
C'était **le mois de janvier.**	*It was January.*
Il était **deux heures.**	*It was 2 o'clock.*

e. The imperfect describes a situation that was going on in the past when another past action or event expressed in the **passé composé** occurred:

Je quittais **la maison quand le téléphone a sonné.**	*I was leaving the house when the phone rang.*
Pendant que *j'attendais* le bus, j'ai vu un accident.	*While I was waiting for the bus, I saw an accident.*

NOTE: Two actions going on simultaneously are both expressed in the imperfect:

Elle chantait **pendant que *je jouais* du piano.**	*She sang (was singing) while I played (was playing) the piano.*

Exercice G

Vos amis parlent du temps qu'il faisait pendant leur voyage. Exprimez ce qu'ils disent:

EXEMPLE:

Il faisait beau.

1. ____

2. ____

3. ____

4. ____

5. ____

6. ______________________________

Exercice H

Décrivez les noces de Madeleine Vartan et de Roger Bonnard:

EXEMPLE: Madeleine / porter une jolie robe blanche
Madeleine portait une jolie robe blanche.

1. il / faire beau
____
2. les oiseaux / chanter
____
3. tout le monde / complimenter le jeune couple
____
4. Mme Vartan / pleurer de joie
____
5. M. Bonnard / sourire
____
6. je / avoir ma caméra vidéo
____
7. vous / vouloir embrasser les jeunes mariés
____
8. tu / espérer attraper le bouquet
____

Exercice I

En vous servant des suggestions données, exprimez ce que chacun était en train de faire avant la panne d'électricité:

SUGGESTIONS:

dormir	préparer le dîner
lire le journal	étudier pour un examen
aller sortir	conduire sa voiture
faire le ménage	manger une pomme
écrire une lettre	

EXEMPLE: **Luc préparait le dîner.**

1. Marianne ______________________________.
2. Nous ______________________________.
3. Je ______________________________.
4. Gilles et Christophe ______________________________.
5. Vous ______________________________.
6. Raymond ______________________________.
7. Gisèle et Isabelle ______________________________.
8. Tu ______________________________.

Exercice J

Imaginez que vous avez été le témoin d'un vol et que la police vous demande de décrire le crime et le criminel:

EXEMPLE: il / être grand
Il était grand.

1. ce / être mardi

____

2. il / être trois heures de l'après-midi

____

3. le soleil / briller

____

4. il / faire très chaud

____

5. le voleur / vouloir voler la bijouterie

____

6. je / être dans le magasin

____

7. il / porter un pantalon bleu et une chemise blanche

____

8. il / paraître une vingtaine d'années

____

9. il / porter des lunettes

____

10. il / avoir les yeux bruns et les cheveux blonds

____

11. il / peser à peu près cent kilos

____

12. il / avoir une cicatrice sur la joue

____

13. je / vouloir me sauver

____

14. je / craindre d'être blessé

____

15. je / espérer m'en sortir sain et sauf

____

4. Imperfect With Expressions of Time

The imperfect tense is used with **depuis** + an expression of time to describe an action or event that began in the past and continued for some time in the past. In such situations, the question is expressed by **Depuis combien de temps . . . ?** + imperfect tense or **Depuis quand . . . ?** + imperfect tense:

Je cherchais le livre **depuis vingt minutes** quand je l'ai finalement trouvé.	*I had been looking for the book for twenty minutes when I finally found it.*
Depuis combien de temps est-ce que ***tu habitais*** en France avant ton mariage?	*How long had you been living in France before your marriage?*
Depuis quand est-ce que ***tu attendais*** la lettre que tu as reçue aujourd'hui?	*Since when had you been waiting for the letter you received today?*

NOTE:

1. The construction **il y avait** + expression of time + **que** + the imperfect tense is also used to express an action begun and continued in the past. In such situations, the question is expressed by **Combien de temps y avait-il que . . . ?** + imperfect tense:

Il y avait vingt minutes que *je cherchais* le livre.	*I had been looking for the book for twenty minutes.*
Combien de temps y avait-il que *tu cherchais* son adresse?	*How long had you been looking for his address?*

2. The constructions **cela (ça) faisait . . . que** + imperfect tense may also be used in place of **depuis:**

Ça faisait dix ans que *j'habitais* Paris.	*I had been living in Paris for ten years.*

Exercice K

***Antoine veut savoir depuis quand ses amis faisaient certaines choses. Exprimez les questions d'Antoine en employant les expressions* Depuis quand . . . ? *et* Combien de temps y avait-il que . . . ?:**

EXEMPLE: Marie / jouer du violon
Depuis quand jouait-elle du violon?
Combien de temps y avait-il qu'elle jouait du violon?

1. Georges / travailler dans un supermarché

2. Étienne / conduire sa propre voiture

3. Anne et Yvette / voyager ensemble

4. tu / courir le marathon

5. nous / être amis

6. Alice / partager sa chambre avec Lucie

7. vous / suivre un régime

8. Alain et Bernard / adopter les animaux perdus

Exercice L

Répondez aux questions de l'exercice K en employant les renseignements donnés:

EXEMPLE: (cinq ans) **Elle jouait** du violon **depuis cinq ans.**
Il y avait cinq ans qu'elle jouait du violon.

1. (trois mois)

2. (une semaine)

3. (un an)

4. (deux ans)

5. (dix ans) ____

____

6. (un mois) ____

____

7. (quatre semaines) ____

____

8. (sept mois) ____

____

♦ MASTERY EXERCISES ♦

Exercice M

En employant les expressions données, décrivez ce que ces personnes faisaient:

EXPRESSIONS:	tous les jours	le samedi après-midi
	chaque week-end	le dimanche
	tous les soirs	deux fois par semaine

EXEMPLE:

Arthur et Jean jouaient au tennis chaque week-end.

1. 

M. Dubellay ____.

2. 

Suzanne et Marie ____.

3.

Robert ______________________________.

4.

Les enfants ______________________________.

5.

Les frères Gérard ______________________________.

6.

Maman ______________________________.

Exercice N

Imaginez que vous êtes un auteur célèbre. Répondez aux questions qu'un journaliste vous pose:

1. Vous: Quel âge aviez-vous quand vous êtes arrivé dans ce pays?

   Auteur: ______________________________

2. Vous: Où habitiez-vous?
   Auteur: ____________________

3. Vous: Saviez-vous parler anglais avant d'arriver?
   Auteur: ____________________

4. Vous: Étudiiez-vous beaucoup?
   Auteur: ____________________

5. Vous: Étiez-vous un élève sérieux?
   Auteur: ____________________

6. Vous: Alliez-vous souvent au musée?
   Auteur: ____________________

7. Vous: Depuis quand vouliez-vous être écrivain?
   Auteur: ____________________

8. Vous: Qu'écriviez-vous quand vous étiez jeune?
   Auteur: ____________________

9. Vous: Cherchiez-vous l'aide de vos professeurs?
   Auteur: ____________________

10. Vous: Où trouviez-vous les sujets de vos contes?
    Auteur: ____________________

11. Vous: Comment gagniez-vous votre vie avant de devenir célèbre?
    Auteur: ____________________

12. Vous: Depuis combien de temps écriviez-vous avant de publier votre premier livre?
    Auteur: ____________________

Exercice O

Émile a reçu une carte d'un ami qui étudiait à Montréal. Exprimez en français ce que cet ami a écrit:

Dear Emile,

(1) Last week in Montreal the sun was shining every day. **(2)** The weather was beautiful, and the birds were singing. **(3)** Every day my alarm clock rang very early because I liked to see the sunrise. **(4)** Then I would take a shower and decide what clothes to wear. **(5)** I always went out for breakfast to a small café that was close to the university. **(6)** Each day I ate the same breakfast: croissants and coffee. **(7)** Then I would go to my classes. **(8)** My classmates and I usually ate lunch every day in the cafeteria of the university. **(9)** In the afternoon, I generally went to the library. **(10)** In the evenings, we always went out. **(11)** Sometimes we would go to the theater or to the movies or we would chat at a café. **(12)** I used to return to the dormitory at about 8:30 p.m., and I would have dinner with my friends. What a great week!

Your friend,
Paul

1. ______________________________

____

2. ______________________________

____

3. ______________________________

____

4. ______________________________

____

5. ______________________________

____

6. ______________________________

____

7. ______________________________

____

8. ______________________________

____

9. ______________________________

____

10. ______________________________

____

11. ______________________________

____

12. ______________________________

____

____

____

5

Passé Composé and Imperfect Tenses Compared

The basic uses of the **passé composé** and the imperfect tenses are summarized in the chart below:

PASSÉ COMPOSÉ

1. Expresses specific actions or events that were started and completed at a definite point in the past:

   ***Elle a préparé* le dîner.**
   She prepared dinner.

2. Expresses a specific action or event at a specific point in past time:

   Aujourd'hui *il est sorti* à 8 h.
   Today he went out at 8 o'clock.
   ***Elle a joué* du piano hier matin.**
   She played the piano yesterday morning.

IMPERFECT

1. Describes ongoing or continuous actions or events in the past:

   ***Elle préparait* le dîner.**
   She was preparing dinner.

2. Describes habitual or repeated actions or events in the past:

   ***Il sortait* d'habitude à 8 h.**
   He customarily went out at 8 o'clock.
   ***Elle jouait* du piano chaque jour.**
   She played (would play) the piano every day.

3. Describes persons, things, conditions, or state of mind:

   ***Il était* triste.**
   He was sad.
   Le ciel *était* bleu.
   The sky was blue.
   ***Elle voulait* étudier la musique.**
   She wanted to study music.
   ***Il avait* mal aux dents.**
   He had a toothache.

NOTE:

1. The **passé composé** is usually equivalent to an English simple past and the imperfect to English *was (were) . . . ing, used to,* and *would* (meaning *used to*):

   Hier *il a plu* toute la journée. — *Yesterday it rained all day.*
   ***Il pleuvait* pendant qu'*ils jouaient* au tennis.** — *It was raining while they played (were playing) tennis.*
   ***Il pleuvait* beaucoup en avril.** — *It used to rain (would rain) a lot in April.*

2. The **passé composé** expresses an action or event repeated a specific number of times in the past:

   La semaine dernière Henri *est allé* au cinéma *quatre fois*. — *Last week Henri went to the movies four times.*

But:

Henri *allait* au cinéma *tous les dimanches.*	*Henri went (used to go) to the movies every Sunday.*

3. The following words and expressions often require the use of the **passé composé:**

l'année passée (dernière) *last year*
avant-hier *the day before yesterday*
d'abord *at first*
enfin *finally*
ensuite *then, next*
l'été (l'hiver) passé *last summer (winter)*
finalement *finally*
une (deux . . .) fois *once, one (two) time(s)*
plusieurs fois *several times*
hier *yesterday*
hier soir *last night*
l'autre jour *the other day*
ce jour-là *that day*
un jour *one day*
le mois passé (dernier) *last month*
la semaine passée (dernière) *last week*
soudain *suddenly*
tout à coup *suddenly, all of a sudden*

4. The imperfect is generally used with the following adverbial expressions, which may imply repetition:

autrefois *formerly*
chaque jour (semaine, mois, année) *each day (week, month, year)*
de temps à autre *from time to time*
de temps en temps *from time to time*
d'habitude *usually*
d'ordinaire *usually, ordinarily*
en ce temps-là *at that time*
en général *generally*
fréquemment *frequently*
généralement *generally*
habituellement *habitually*
parfois *sometimes, every now and then*
quelquefois *sometimes*
souvent *often*
toujours *always*
tous les jours (mois) *every day (month)*
tout le temps *all the time*

5. The imperfect tense is used to describe a situation that was going on in the past when another action or event took place. The action or event that took place is in the **passé composé:**

***Je faisais* mes devoirs quand le téléphone *a sonné*.**	*I was doing my homework when the telephone rang.*
J'*avais* tellement mal aux dents que j'*ai dû* aller chez le dentiste.	*I had such a toothache that I had to go to the dentist.*

6. The imperfect is used with verbs that express a state of mind in progress in the past:

aimer *to like, love*
croire *to believe*
désirer *to desire*
espérer *to hope*
être *to be*
penser *to think*
pouvoir *to be able, can*
préférer *to prefer*
regretter *to regret, be sorry*
savoir *to know (how)*
vouloir *to wish, want*

***Il pensait* toujours à elle.**	*He always thought of her.*
***Je savais* qu'*il* ne *pouvait* pas venir.**	*I knew he couldn't come.*

When these verbs express a state of mind occurring at a specific point in the past, the **passé composé** is used:

Pour ce travail **il *a* tout de suite *pensé* à elle.**	*For this job, he immediately thought of her.*
Il n'*a* pas *pu* venir hier.	*He couldn't come yesterday.*

Exercice A

Qu'est-ce qui s'est passé à la fête de Régine? Lisez l'histoire et choisissez la forme correcte du verbe, au passé composé ou à l'imparfait:

C'__________ (**1** a été, était) samedi soir. Tout le monde __________ (**2** a été, était) à la fête de Régine. Je/j'__________ (**3** ai dansé, dansais) avec Roger quand tout d'un coup j'__________ (**4** ai entendu, entendais) quelqu'un sonner à la porte. Je __________ (**5** me suis excusée, m'excusais) et je/j'__________ (**6** suis allée, allais) répondre. Quand j'__________ (**7** ai ouvert, ouvrais) la porte, je/j'__________ (**8** ai vu, voyais) le garçon de mes rêves. Il __________ (**9** a été, était) grand et mince. Il __________ (**10** a eu, avait) les cheveux blonds bouclés et les yeux verts. Je l'__________ (**11** ai invité, invitais) à entrer et je/j'__________ (**12** ai commencé, commençais) à lui parler. J'__________ (**13** ai appris, apprenais) qu'il s'__________ (**14** est appelé, appelait) Paul et qu'il __________ (**15** a été, était) le cousin de Régine. Il me/m'__________ (**16** a demandé, demandais) si je/j'__________ (**17** ai voulu, voulais) danser et, naturellement, je/j'__________ (**18** ai répondu, répondais) oui. Nous __________ (**19** sommes restés, restions) ensemble toute la soirée. À minuit il me/m'__________ (**20** a raccompagnée, raccompagnait) chez moi et nous __________ (**21** avons échangé, échangions) nos numéros de téléphone. Cette nuit-là, je me __________ (**22** suis sentie, sentais) si amoureuse que je __________ (**23** n'ai pas pu, ne pouvais pas) dormir.

Exercice B

Complétez cette composition de Marie avec la forme correcte du passé composé ou de l'imparfait:

Quand je/j'__________ (**1** être) petite, je/j'__________ (**2** passer) l'été chez ma tante Mathilde qui __________ (**3** habiter) un petit village en Bretagne. Tous les vendredis je/j'__________ (**4** aller) à la bibliothèque pour emprunter des livres. Je/j'__________ (**5** choisir) toujours des livres de science-fiction parce qu'ils me/m'__________ (**6** passionner). Mais un jour, j'en __________ (**7** avoir) assez de ce sujet. Le vendredi suivant, je/j'__________ (**8** prendre) mon petit déjeuner puis je __________ (**9** partir) à la bibliothèque. Quand j'y __________ (**10** entrer), le bibliothécaire __________ (**11** être) en train de ranger les best-sellers. Je lui __________ (**12** demander) quels livres il __________ (**13** pouvoir) me recommander.

D'abord, il ______ (14 suggérer) un livre d'Isaac Asimov. Je lui ______ (15 expliquer) que je/j'en ______ (16 avoir) assez des histoires de science-fiction. Alors il me/m'______ (17 proposer) une histoire d'amour ridicule que je/j'______ (18 refuser). Les livres qu'il me/m'______ (19 montrer) ensuite ______ (20 être) trop érudits. Finalement, il me/m'______ (21 offrir) un recueil de poèmes ennuyeux. Du coup, je/j'______ (22 finir) par choisir un livre de science-fiction comme d'habitude.

Exercice C

Décrivez la journée de Luc et de son ami Paul. Mettez les verbes en caractères gras au passé composé ou à l'imparfait:

C'**est** une belle journée d'été. Il **fait** beau. Le soleil **brille.** Je n'**ai** pas grand-chose à faire quand, tout d'un coup, le téléphone **sonne.** J'y **réponds.** C'**est** mon ami Paul. Il me **demande** si je **veux** aller à la plage avec lui. Je **dis:** «Oui, avec plaisir!» Alors je **pars** le chercher à 11 h chez lui et nous **allons** à la plage en voiture. Le ciel **est** bleu et l'eau **est** très claire. Nous **trouvons** un endroit pour nous installer et nous **allons** dans l'eau tout de suite. Nous **passons** tout l'après-midi à nager, à parler de nos amis et à nous amuser. L'après-midi **est** formidable.

____

____

____

____

____

____

____

____

____

____

Exercice D

Expliquez pourquoi chaque personne a fait les choses suivantes. Combinez les phrases en utilisant le passé composé et l'imparfait:

EXEMPLE: Je reste chez moi. Je suis malade.
Je suis resté chez moi parce que j'étais malade.

1. Arthur tombe. Il ne fait pas attention.

____

2. Tu téléphones à Marc. Tu as envie d'aller au parc.

____

3. Elle achète un billet. Elle veut voir la pièce.

4. Je vais chez le dentiste. J'ai mal aux dents.

5. Nous plongeons dans le lac. Il fait chaud.

6. Ils écrivent à leurs parents. C'est leur anniversaire de mariage.

7. Elles demandent pardon. Elles regrettent leurs actions.

8. Il sort son traîneau. Il neige beaucoup.

9. Je travaille chez moi. C'est samedi.

10. Elle gagne la compétition. Elle est la meilleure.

Exercice E

Vous avez eu la grippe et vous ne pouviez pas sortir. Décrivez comment vous avez passé le temps. Utilisez les verbes au passé composé ou à l'imparfait:

1. je / décider d'ouvrir la fenêtre pour regarder dehors

2. il / faire chaud

3. tous mes amis / être dans la rue

4. ils / jouer au football américain

5. ils / essayer d'attraper le ballon

6. tout d'un coup Lucien / pousser Nicolas

7. Nicolas / tomber

8. il / ne pas arriver à se lever

9. il / commencer à pleurer

____

10. il / être furieux contre Lucien

____

11. il / ne plus pouvoir marcher

____

12. une ambulance / arriver

____

13. les infirmiers / emmener Nicolas à l'hôpital

____

14. cet accident / interrompre leur partie de football

____

Exercice F

Décrivez la malchance des personnes suivantes. Utilisez le passé composé ou l'imparfait. Attention à l'accord du participe passé:

EXEMPLE: (partir / éclater) Janine **partait** en vacances quand un orage **a éclaté**.

1. (rouler / arrêter) Denis _______________ très vite quand la police l'_______________.

2. (sortir / attaquer) Les Pierrot _______________ de la banque quand un voleur les _______________.

3. (gronder / ouvrir) Michelle _______________ sa sœur au moment où sa mère _______________ la porte.

4. (monter / sonner) Tu _______________ l'escalier quand on _______________.

5. (manger / trouver) Je _______________ dans un bon restaurant et j'_______________ une mouche dans ma soupe.

6. (voyager / éclater) Mes cousins _______________ en Europe au moment où la guerre _______________.

7. (courir / tomber) Vous _______________ quand vous _______________.

8. (aller / perdre) Nous _______________ acheter des vêtements quand j'_______________ mon porte-monnaie.

9. (couper / piquer) Louise _______________ des fleurs lorsqu'une abeille l'_______________.

10. (lire / remarquer) Paul _______________ une bande dessinée en classe quand le professeur l'_______________.

Exercice G

Répondez aux questions que votre père vous pose au sujet d'une fenêtre brisée chez un voisin:

1. Où étais-tu cet après-midi?

 ____

2. Avec qui jouais-tu?

 ____

3. Tes amis et toi, à quoi jouiez-vous?

 ____

4. À qui était la balle?

 ____

5. As-tu vu la balle casser la fenêtre?

 ____

6. Qu'est-ce que tu as fait ensuite?

 ____

7. Pourquoi ne m'as-tu rien dit quand je suis rentré cet après-midi?

 ____

8. Qui a cassé la fenêtre?

 ____

♦ MASTERY EXERCISES ♦

Exercice H

Dix ans après avoir achevé vos études, vous allez à une réunion des anciens élèves du lycée. Racontez à vos amis ce que vous avez fait pendant ces dix ans:

____

____

____

____

____

____

____

____

Exercice I

Racontez l'histoire suivante à un(e) ami(e) qui ne parle que le français:

1. Richard thought that it was impossible to win the lottery.

2. Nevertheless, every week he bought a lottery ticket.

3. He knew that, even if he didn't win, the government used the money for education.

4. One day, while he was waiting for the bus, he saw an old woman who was selling lottery tickets in the street.

5. The line for the bus was very long, but he left it and talked to the old woman.

6. She sold a lottery ticket to Richard.

7. When he returned to the bus stop, there was no room on the bus.

8. He had to wait for another bus.

9. That evening he waited anxiously for the announcement of the winning number.

10. When he heard the number he could not believe it.

11. He jumped with joy and called all his friends.

12. On the following day he returned to the street where he bought the ticket.

13. He looked for the old woman, but he couldn't find her.

____

____

14. He asked all the shopkeepers if they knew her.

____

15. He wanted to share the prize with her.

____

Exercice J

Racontez la fin de l'histoire de l'exercice précédent en français:

1. ______________________________

____

2. ______________________________

____

3. ______________________________

____

4. ______________________________

____

5. ______________________________

____

6

Passé Simple

1. *Passé Simple* of Regular Verbs

The **passé simple** (past definite) is formed by dropping the infinitive ending and adding the personal endings:

for all **-er** verbs: **-ai, -as, -a, -âmes, -âtes, -èrent**
for regular **-ir** and **-re** verbs: **-is, -is, -it, -îmes, -îtes, -irent**

parl*er*	**fin*ir***	**perd*re***
I talked	*I finished*	*I lost*
je parl*ai* tu parl*as* il / elle parl*a* nous parl*âmes* vous parl*âtes* ils / elles parl*èrent*	**je fin*is* tu fin*is* il / elle fin*it* nous fin*îmes* vous fin*îtes* ils / elles fin*irent***	**je perd*is* tu perd*is* il / elle perd*it* nous perd*îmes* vous perd*îtes* ils / elles perd*irent***

The **passé simple** occurs primarily in formal, literary, and historical writings expressing a completed past action.*

Exercice A

Exprimez les accomplissements de ces artistes français en changeant le passé composé en passé simple:

EXEMPLE: Claude Monet a saisi dans sa peinture de multiples effets de lumière.
Claude Monet **saisit** dans sa peinture de multiples effets de lumière.

1. David a défini le style néo-classique.

____

2. Ingres a exécuté de splendides portraits.

____

3. Delacroix a employé des couleurs extraordinaires.

____

4. Degas a choisi comme sujet les danseuses de l'Opéra.

____

*In conversation and informal writing, the **passé composé** is used to express a completed past action.

5. Picasso et Braque ont lancé le cubisme.

____

6. Gauguin a représenté des scènes tahitiennes.

____

7. Watteau a créé de nombreuses scènes pastorales.

____

8. Toulouse-Lautrec a vendu des affiches de music-hall.

____

9. Houdon a réalisé les bustes de personnages célèbres.

____

10. Bartholdi a sculpté «La Liberté éclairant le monde».

____

11. Rodin a exprimé dans ses sculptures les émotions et la force de la vie.

____

12. Le Corbusier, architecte célèbre, a cherché des solutions à l'habitat moderne.

____

2. Spelling Changes in the *Passé Simple*

a. Verbs ending in **-cer** change **c** to **ç** before **a** to keep the soft **c** sound:

prononcer: je prononç*ai*, tu prononç*as*, il/elle prononç*a*, nous prononç*âmes*, vous prononç*âtes*, ils/elles prononcèrent

b. Verbs ending in **-ger** insert mute **e** between **g** and **a** to keep the soft **g** sound:

voyager: je voyag*eai*, tu voyag*eas*, il/elle voyag*ea*, nous voyag*eâmes*, vous voyag*eâtes*, ils/elles voyagèrent

Exercice B

La littérature du dix-huitième siècle est une littérature militante et philosophique. Exprimez ce qui s'est passé à cette époque en utilisant le passé simple:

EXEMPLE: Voltaire / voyager
Voltaire voyagea.

1. François Marie Arouet / changer son nom en Voltaire

____

2. Voltaire / dénoncer des erreurs judiciaires

____

3. Jean-Jacques Rousseau / avancer des idées nouvelles sur l'éducation

____

4. Montesquieu / rédiger «Les Lettres persanes»

____

5. Diderot et d'Alembert / diriger la publication de «L'Encyclopédie»

____

6. les philosophes / exercer une grande influence sur le peuple

____

3. Verbs Irregular in the *Passé Simple*

avoir: ***j'eus, tu eus, il/elle eut, nous eûmes, vous eûtes, ils/elles eurent***
boire: ***je bus, tu bus, il/elle but, nous bûmes, vous bûtes, ils/elles burent***
connaître: ***je connus, tu connus, il/elle connut, nous connûmes, vous connûtes, ils/elles connurent***
construire: ***je construisis, tu construisis, il/elle construisit, nous construisîmes, vous construisîtes, ils/elles construisirent***
courir: ***je courus, tu courus, il/elle courut, nous courûmes, vous courûtes, ils/elles coururent***
croire: ***je crus, tu crus, il/elle crut, nous crûmes, vous crûtes, ils/elles crurent***
devoir: ***je dus, tu dus, il/elle dut, nous dûmes, vous dûtes, ils/elles durent***
dire: ***je dis, tu dis, il/elle dit, nous dîmes, vous dîtes, ils/elles dirent***
écrire: ***j'écrivis, tu écrivis, il/elle écrivit, nous écrivîmes, vous écrivîtes, ils/elles écrivirent***
être: ***je fus, tu fus, il/elle fut, nous fûmes, vous fûtes, ils/elles furent***
faire: ***je fis, tu fis, il/elle fit, nous fîmes, vous fîtes, ils/elles firent***
lire: ***je lus, tu lus, il/elle lut, nous lûmes, vous lûtes, ils/elles lurent***
mettre: ***je mis, tu mis, il/elle mit, nous mîmes, vous mîtes, ils/elles mirent***
mourir: ***je mourus, tu mourus, il/elle mourut, nous mourûmes, vous mourûtes, ils/elles moururent***
naître: ***je naquis, tu naquis, il/elle naquit, nous naquîmes, vous naquîtes, ils/elles naquirent***
plaire: ***je plus, tu plus, il/elle plut, nous plûmes, vous plûtes, ils/elles plurent***
pouvoir: ***je pus, tu pus, il/elle put, nous pûmes, vous pûtes, ils/elles purent***
prendre: ***je pris, tu pris, il/elle prit, nous prîmes, vous prîtes, ils/elles prirent***
recevoir: ***je reçus, tu reçus, il/elle reçut, nous reçûmes, vous reçûtes, ils/elles reçurent***
savoir: ***je sus, tu sus, il/elle sut, nous sûmes, vous sûtes, ils/elles surent***
tenir: ***je tins, tu tins, il/elle tint, nous tînmes, vous tîntes, ils/elles tinrent***
traduire: ***je traduisis, tu traduisis, il/elle traduisit, nous traduisîmes, vous traduisîtes, ils/elles traduisirent***
venir: ***je vins, tu vins, il/elle vint, nous vînmes, vous vîntes, ils/elles vinrent***
vivre: ***je vécus, tu vécus, il/elle vécut, nous vécûmes, vous vécûtes, ils/elles vécurent***
voir: ***je vis, tu vis, il/elle vit, nous vîmes, vous vîtes, ils/elles virent***
vouloir: ***je voulus, tu voulus, il/elle voulut, nous voulûmes, vous voulûtes, ils/elles voulurent***

Exercice C

Exprimez les travaux réalisés par ces Français en mettant les verbes des phrases suivantes au passé composé:

1. Jacques Cartier découvrit le Saint-Laurent. ____________________
2. Ferdinand de Lesseps construisit le canal de Suez. ____________________
3. Jacques Daguerre perfectionna la photographie. ____________________
4. Pierre et Marie Curie découvrirent le radium. ____________________
5. Irène et Frédéric Joliot-Curie poursuivirent des recherches sur la structure de l'atome. ____________________
6. Jean-François Champollion traduisit les hiéroglyphes égyptiens de la pierre de Rosette. ____________________
7. Louis Pasteur mit au point le vaccin contre la rage. ____________________
8. Jean-Baptiste Lully créa l'opéra français. ____________________
9. Jean-Philippe Rameau aida à définir la science de l'harmonie. ____________________
10. Jean de La Fontaine écrivit des fables. ____________________

Exercice D

Vous écrivez une rédaction sur la vie d'Albert Camus. Complétez les phrases avec les verbes suivants:

attrapa	donna	fit	naquit
consacra	écrivit	fonda	perdit
devint	éleva	mourut	reçut

Albert Camus ____________ (1) en Algérie en 1913. Il ____________ (2) son père pendant la première guerre mondiale et sa mère l'____________ (3) dans un quartier populaire d'Alger. Il ____________ (4) son diplôme d'études supérieures en 1936. Malheureusement, il ____________ (5) ensuite la tuberculose. Une fois guéri, il ____________ (6) une troupe de théâtre. Il ____________ (7) ensuite journaliste à Alger, puis à Paris. Il ____________ (8) partie de la résistance sous l'occupation allemande. Après la guerre, il se ____________ (9) à sa carrière d'écrivain. Camus ____________ (10) «L'Étranger» en 1942 et «La Peste» en 1947. On lui ____________ (11) le Prix Nobel de littérature en 1957. Il ____________ (12) en 1960 dans un accident de voiture.

Exercice E

Exprimez au passé simple ce qui se passa lors de l'entrevue de Daniel pour un poste de professeur dans une école privée:

Tout d'abord, l'école me ____________ (1 sembler) immense. Une cloche ____________ (2 sonner) et j'____________ (3 entendre) des bruits de pas indiquant la fin des classes. Le portier ____________ (4 venir) vers moi et me ____________ (5 demander) de le suivre. Nous ____________ (6 monter) un grand escalier. Le portier me ____________ (7 dire) que le directeur était très exigeant. Quelques minutes plus tard, nous nous ____________ (8 arrêter) devant la porte du bureau du directeur. Il ____________ (9 frapper) à la porte et le directeur ____________ (10 répondre) aussitôt. Nous ____________ (11 entrer). Le portier me ____________ (12 présenter) puis il ____________ (13 partir). Le directeur ____________ (14 avancer) vers moi. Il s'____________ (15 écrier): «Comme vous êtes jeune!» Je ____________ (16 prendre) peur. Je ____________ (17 croire) que je n'avais aucune chance d'obtenir ce poste. Mais le directeur ____________ (18 lire) ma lettre de recommandation, me ____________ (19 poser) plusieurs questions et m'____________ (20 offrir) le poste. En fait, ce ____________ (21 être) très facile.

Exercice F

Récrivez les paragraphes suivants au passé simple:

1. Charlemagne, ou Charles 1er le Grand, a été le souverain le plus puissant du Moyen Âge. En 800, à Rome, le pape l'a couronné empereur d'Occident. Il a gouverné un empire immense en Europe occidentale. Il a promulgué des lois bonnes et justes. Protecteur des arts et des lettres, il a encouragé l'enseignement en créant de nombreuses écoles. Malheureusement, après sa mort, son vaste empire a été démembré.

____

____

____

____

____

____

____

____

2. Héroïne nationale de la France, Jeanne d'Arc est née en 1412 à Domrémy, en Lorraine. Elle a cru entendre des voix qui lui ont ordonné de délivrer la France de l'invasion anglaise. À la tête de l'armée française, elle a battu les Anglais à Orléans. Puis elle a fait couronner Charles VII roi de France. Mais elle a été trahie et vendue aux Anglais qui l'ont brûlée vive à Rouen. Après sa mort, les Français ont chassé les Anglais de France.

____

____

____

____

____

____

____

____

3. Le cardinal Richelieu a été un grand homme d'état qui a établi l'absolutisme royal. Il a amélioré l'économie et a réformé les finances et la législation françaises. Richelieu a fondé l'Académie française en 1635. Il a fait de la France une nation puissante.

____

____

____

____

____

____

Exercice G

Récrivez les paragraphes suivants au passé composé:

1. Après avoir vécu dans la misère pendant des années, les habitants de Paris commencèrent à se révolter contre Louis XVI et sa femme, Marie-Antoinette. Le 14 juillet 1789, ils attaquèrent la Bastille et prirent d'assaut cette prison qui fut longtemps le symbole du pouvoir absolu. Cet événement historique marqua le début de la Révolution française. En 1793, le roi et la reine furent condamnés à être guillotinés.

____

____

____

____

____

____

____

____

2. Napoléon Bonaparte naquit en Corse en 1769. Il commença sa carrière comme capitaine puis devint général. Il participa à un coup d'État qui lui permit de devenir Premier consul. Plus tard, il fut couronné Empereur des Français. Il essaya de conquérir l'Europe, mais il perdit la guerre en 1814 et les ennemis envahirent la France. Le Sénat obligea Napoléon à abdiquer et il partit à l'île d'Elbe. Quelques mois plus tard, il revint en France. Il fut vaincu à Waterloo en 1815 et les Anglais l'exilèrent à Sainte-Hélène où il mourut en 1821.

♦ MASTERY EXERCISES ♦

Exercice H

Il était une fois un petit prince qui habitait une toute petite planète et qui voulait visiter la terre. Exprimez au passé composé ses préparatifs pour le départ:

EXEMPLE: Je décidai de quitter ma planète.
J'ai décidé de quitter ma planète.

1. Je mis ma planète en ordre.

2. Je nettoyai ma maison.

3. Je ramonai mes volcans.

4. J'arrachai les dernières pousses des mauvais arbres.

5. Tous ces travaux familiers me rendirent nostalgique.

6. J'arrosai une dernière fois ma meilleure amie, la fleur.

7. Je la mis sous un globe.

8. Je lui dis au revoir.

9. Elle toussa un peu.

10. Puis elle me répondit: «Je t'aime».

11. Je répétai «au revoir».

12. Elle me sourit.

13. Je fus surpris par sa réaction.

14. Je profitai d'une migration d'oiseaux sauvages pour partir.

Exercice I

Saint-Martin est une belle île caraïbe, moitié française, moitié hollandaise. Racontez l'histoire de cette île en français en utilisant le passé simple:

1. Columbus discovered St. Martin in 1493.

2. He claimed the island for Spain.

3. He named it San Marino.

4. Then he left.

5. The French and the Dutch arrived in 1630.

6. They cultivated tobacco.

7. King Phillip of Spain sent troops to punish these people.

8. He increased the price of salt.

9. Then he forgot about the island.

____

10. In 1644, Peter Stuyvesant, a Dutchman, attacked the Spanish.

____

11. He lost the battle.

____

12. Four years later, the Spanish abandoned the island.

____

13. Four Frenchmen and five Dutchmen remained on the island.

____

14. They decided to divide the land.

____

7

Future Tense

The future tense expresses an action that will take place in future time.

1. Future Tense of Regular Verbs

travaill*er*	fin*ir*	répond*re*
I will work	*I will finish*	*I will answer*
je travailler*ai* tu travailler*as* il / elle travailler*a* nous travailler*ons* vous travailler*ez* ils / elles travailler*ont*	**je finir*ai* tu finir*as* il / elle finir*a* nous finir*ons* vous finir*ez* ils / elles finir*ont***	**je répondr*ai* tu répondr*as* il / elle répondr*a* nous répondr*ons* vous répondr*ez* ils / elles répondr*ont***

NOTE:

1. The future tense of regular verbs is formed by adding the following endings to the infinitive: **-ai, -as, -a, -ons -ez, -ont.**
2. **-re** verbs drop the final **e** before the future ending.

Exercice A

Exprimez ce que ces personnes accompliront demain:

EXEMPLE: (assister) Lucie **assistera** à une conférence.

1. (téléphoner) Pierre ________________ à Sophie.
2. (répondre) Ma mère ________________ au courrier.
3. (accomplir) Suzanne ________________ les travaux ménagers.
4. (disputer) Mes amis ________________ un match de football.
5. (finir) Je ________________ mes devoirs.
6. (descendre) Tu ________________ en ville.
7. (obéir) François et moi, nous ________________ en classe.
8. (regarder) Régine et Anne ________________ les feuilletons à la télé.

9. (choisir) Mon père ____________ une nouvelle voiture.

10. (vendre) Les enfants ____________ de la citronnade.

Exercice B

Utilisez les suggestions pour exprimer quand vous comptez réaliser les choses suivantes:

SUGGESTIONS:		
	finir l'école	dans deux ans
	voyager à l'étranger	l'année prochaine
	travailler	dans dix ans
	gagner beaucoup d'argent	dans huit ans
	louer mon propre appartement	l'été prochain
	prendre des vacances	dans un mois
	choisir une profession	dans cinq ans

EXEMPLE: Je travaillerai dans cinq ans.

1. ____________
2. ____________
3. ____________
4. ____________
5. ____________
6. ____________

2. Spelling Changes in Certain *-er* Verbs

a. Some verbs with infinitive ending in **-yer** change **y** to **i** in the future:

employer: j'emplo*i*erai, tu emplo*i*eras, il/elle emplo*i*era, nous emplo*i*erons, vous emplo*i*erez, ils/elles emplo*i*eront

NOTE: Verbs ending in **-ayer** may or may not change the **y** to **i** in all future-tense forms:

essayer *(to try)*: **j'essa*y*erai** or **j'essa*i*erai,** etc.

b. Verbs with mute **e** in the syllable before the infinitive ending change mute **e** to **è** in the future:

mener: je mènerai, tu mèneras, il/elle mènera, nous mènerons, vous mènerez, ils/elles mèneront

Verbs with mute **e** like **appeler** and **jeter** double the consonant in the future:

appeler: j'appe*ll*erai, tu appe*ll*eras, il/elle appe*ll*era, nous appe*ll*erons, vous appe*ll*erez, ils/elles appe*ll*eront

jeter: je je*tt*erai, tu je*tt*eras, il/elle je*tt*era, nous je*tt*erons, vous je*tt*erez, ils/elles je*tt*eront

Exercice C

Vous travaillez au pair chez les Vincent. Exprimez ce que vous accomplirez demain:

EXEMPLE: préparer les repas
Je préparerai les repas.

1. commencer à travailler à 7 h

____

2. nettoyer la maison

____

3. payer le boucher

____

4. appeler quelques amis

____

5. jeter les vieux magazines

____

6. acheter de la nourriture

____

7. ranger la chambre de Jacques

____

8. avancer vite dans mon travail

____

9. changer les draps

____

10. emmener les enfants à l'école

____

11. essuyer la vaisselle

____

12. essayer de me reposer

____

Exercice D

Exprimez ce qui se passera à votre fête:

EXEMPLE: (emmener) J' **emmènerai** les chiens dehors.

1. (célébrer) Je _______________ mon anniversaire.
2. (commencer) La fête _______________ à six heures.
3. (manger) Nous _______________ beaucoup de bonnes choses.
4. (amener) Jacques _______________ des amis sympathiques.
5. (essayer) Pierre _______________ de danser avec Gisèle.
6. (lever) Mon frère _______________ son verre.
7. (rappeler) Il nous _______________ quelques bons souvenirs.
8. (achever) Ma sœur _______________ ce toast.

9. (jeter) Tu ______________ les papiers d'emballage.

10. (répéter) Chacun me ______________ ses souhaits d'anniversaire.

3. Verbs Irregular in the Future

The following verbs have irregular stems in the future:

INFINITIVE	FUTURE	INFINITIVE	FUTURE
aller:	**j'*irai***	**mourir:**	**je *mourrai***
asseoir:	**j'*assiérai*** / **j'*assoirai***	**pleuvoir:**	**il *pleuvra***
		pouvoir:	**je *pourrai***
avoir:	**j'*aurai***	**recevoir:**	**je *recevrai***
courir:	**je *courrai***	**savoir:**	**je *saurai***
devoir:	**je *devrai***	**tenir:**	**je *tiendrai***
envoyer:	**j'*enverrai***	**valoir:**	**je *vaudrai***
être:	**je *serai***	**venir:**	**je *viendrai***
faire:	**je *ferai***	**voir:**	**je *verrai***
falloir:	**il *faudra***	**vouloir:**	**je *voudrai***

NOTE: The irregularities in the future of listed verbs also occur in related verbs: **renvoyer, refaire, retenir, revenir, revoir,** and the like.

Exercice E

Votre sœur vient d'avoir un bébé dont elle est très fière. Exprimez ce qu'elle prédit pour son enfant:

EXEMPLE: Il **sera** (être) grand et beau.

Il ______________ (1 avoir) les yeux bleus et les cheveux noirs. Comme il ______________ (2 être) très intelligent, il ______________ (3 aller) à l'une des meilleures universités où il ______________ (4 recevoir) de nombreux diplômes. Il ______________ (5 faire) beaucoup de sport et ______________ (6 courir) très vite. Il ______________ (7 pouvoir) gagner des compétitions. Bien sûr, il ______________ (8 devoir) s'entraîner avant. ______________ (9 vouloir)-il devenir médecin, avocat ou ingénieur? On ______________ (10 voir). J'espère qu'il ______________ (11 devenir) très riche et qu'il nous ______________ (12 envoyer) de l'argent!

Exercice F

Laure va chez une voyante pour connaître son avenir. Exprimez ce que cette voyante lui prédit:

EXEMPLE: vous / être heureuse
Vous serez heureuse.

1. un garçon/ vous envoyer des lettres d'amour
____
2. il/ être beau
____
3. il/ aller à l'université
____
4. il/ falloir qu'il étudie loin de chez vous
____
5. vous/ devoir attendre son retour
____
6. cela/ valoir la peine de l'attendre
____
7. vous/ mourir d'ennui pendant son absence
____
8. il/ revenir quatre ans plus tard
____
9. il/ venir vous voir tout de suite
____
10. vous/ courir dans ses bras
____
11. il/ vouloir vous épouser
____
12. vous/ être heureuse d'accepter
____
13. il/ pleuvoir le jour de votre mariage
____
14. vous/ recevoir beaucoup de cadeaux
____
15. vous/ pouvoir trouver un bon travail
____
16. vous/ avoir deux enfants
____

Exercice G

Répondez aux questions de votre ami(e) à propos de votre rendez-vous samedi prochain:

1. Quels vêtements porteras-tu?

____

2. Comment viendra-t-il (elle) chez toi?

____

3. À quelle heure sera-t-il (elle) là?

____

4. Où irez-vous?

____

5. Que ferez-vous ensuite?

____

6. Pourras-tu l'amener à ma fête?

____

7. Me téléphoneras-tu dimanche matin?

____

8. Me diras-tu ce qui est arrivé?

____

4. Uses of the Future

a. The future tense is used in French, as in English, to express what will happen:

Il travaillera demain.	*He will work tomorrow.*
Quand **partirez-vous?**	*When will you leave?*

b. The future is used after **quand** (*when*), **lorsque** (*when*), **aussitôt que** (*as soon as*), and **dès que** (*as soon as*) if the action refers to the future, even though the present tense may be used in English:

Faites-lui mes amitiés **lorsque *vous la verrez.***	*Give her my regards when you see her.*
Nous partirons **aussitôt qu'*ils arriveront.***	*We shall leave as soon as they arrive.*
Quand *j'irai* en France, je visiterai ma famille.	*When I go to France, I will visit my family.*

NOTE: **Aller** + infinitive may be used to express the near future:

Je vais bientôt **partir.**	*I am going to leave soon.*
Ils vont faire leurs devoirs après le dîner.	*They are going to do their homework after dinner.*

Exercice H

Expliquez ce que Nicole fera quand elle ira en France rendre visite à sa correspondante:

1. Je ____________ (partir) quand je ____________ (recevoir) mon passeport.
2. Aussitôt que j'____________ (avoir) assez d'argent, j' ____________ (acheter) mon billet d'avion.
3. Dès que je ____________ (savoir) la date de mon départ, je vous ____________ (téléphoner).
4. Je t'____________ (appeler) quand j'____________ (arriver) à l'aéroport.
5. Je ____________ (parler) français lorsque je ____________ (être) en France.
6. Dès que tu ____________ (pouvoir), tu m'____________ (emmener) visiter Paris.
7. Nous ____________ (aller) à Versailles dès que nous ____________ (revenir) de Paris.
8. Nous ____________ (jouer) quand nous ____________ (être) ensemble.
9. Lorsque je ____________ (partir), je ____________ (remercier) tes parents.
10. Je t'____________ (écrire) une lettre aussitôt que je ____________ (rentrer) chez moi.

Exercice I

Exprimez ce que vous ferez dans les circonstances suivantes:

EXEMPLE: Que ferez-vous quand vous rentrerez?
(regarder la télévision, écouter la radio, manger une glace)
Quand je rentrerai, je regarderai la télévision, j'écouterai la radio et je mangerai une glace.

1. Que ferez-vous dès que vous finirez vos cours?
(rentrer à la maison, faire mes devoirs, étudier)

____

____

2. Que ferez-vous quand vous serez à la campagne?
(faire du camping, dormir dans un sac de couchage, cuisiner en plein air)

____

____

3. Que ferez-vous aussitôt que vous arriverez à la plage?
(prendre un bain de soleil, nager, mettre de la crème solaire)

____

____

4. Que ferez-vous lorsque vous irez à la discothèque?
(acheter un billet d'entrée, rencontrer mes amis, danser)

____

____

5. Que ferez-vous dès que vous arriverez à l'aéroport?
(enregistrer mes bagages, réserver mon siège, aller à la porte d'embarquement)

____

____

Exercice J

Combinez les éléments avec* quand, dès que, lorsque *et* aussitôt que *pour exprimer ce que chaque personne fera:

je	parler au téléphone	finir ses devoirs
nous	aider ses parents	avoir le temps
mes amis	faire le ménage	arriver à la maison
tu	dormir	être libre(s)
ma sœur	regarder la télé	être couché(e)(s)
mon frère	manger	rentrer
vous	partir	recevoir le télégramme
elles	envoyer ce paquet	descendre en ville
	aller au magasin	acheter des timbres

EXEMPLE: **J'aiderai mes parents dès que je rentrerai.**

1. ____

2. ____

3. ____

4. ____

5. ____

6. ____

7. ____

8. ____

♦ MASTERY EXERCISES ♦

Exercice K

Comment sera le monde quand vous aurez trente ans? Répondez aux questions:

1. En quelle année aurez-vous trente ans?

____

2. Que recevrez-vous en cadeau lors de cet anniversaire?

3. Où habiterez-vous?

4. Comment gagnerez-vous votre vie?

5. Quelle sorte de vêtements porterez-vous?

6. Quelle sorte de musique sera à la mode?

7. Pour quelles maladies y aura-t-il une cure?

8. Vers quelles planètes voyagera-t-on?

9. Quel travail feront les robots?

10. Quel genre de nourriture mangera-t-on?

Exercice L

Votre amie va faire un voyage à Québec. Aidez-la à écrire une lettre en français à sa famille d'accueil:

1. I will leave Baton Rouge Monday morning at 8 A.M.

2. I hope that it will not rain.

3. My parents will bring me to the airport.

4. Will you be at the airport to meet me?

5. I will have three suitcases.

6. How will we go from the airport to your house?

7. Will it be necessary to take a taxi?

8. I will be able to stay in Quebec for one month.

____

9. I will want to visit all the interesting places.

____

10. I will use my French dictionary.

____

11. I will try to speak French when I go out.

____

12. I know that you and I will spend a lot of time together.

____

8

Conditional

The conditional expresses or implies what would happen given a certain condition or supposition.

1. Conditional of Regular Verbs

The conditional of regular verbs is formed with the same stem used for the future tense. The conditional endings are the same as those of the imperfect indicative: **-ais, -ais, -ait, -ions, -iez, -aient.**

travaill*er*	**fin*ir***	**répond*re***
I would work *I should work*	*I would finish* *I should finish*	*I would answer* *I should answer*
je travailler*ais* **tu travailler*ais*** **il / elle travailler*ait***	**je finir*ais*** **tu finir*ais*** **il / elle finir*ait***	**je répondr*ais*** **tu répondr*ais*** **il / elle répondr*ait***
nous travailler*ions* **vous travailler*iez*** **ils / elles travailler*aient***	**nous finir*ions*** **vous finir*iez*** **ils / elles finir*aient***	**nous répondr*ions*** **vous répondr*iez*** **ils / elles répondr*aient***

Exercice A

Qu'est-ce que vos amis et vous feriez si vous ne deviez plus aller à l'école?

EXEMPLE: (visiter) Je **visiterais** le Japon.

1. (nourrir) Tu ______________ ceux qui ont faim.
2. (travailler) Janine et Laure ______________ en ville.
3. (participer) Jean-Paul ______________ à toutes les compétitions.
4. (aider) Nous ______________ les personnes âgées.
5. (suivre) Je ______________ des cours de musique.
6. (ouvrir) Vous ______________ une boutique élégante.
7. (choisir) Claude et Lisette ______________ d'apprendre à danser.
8. (défendre) Marie ______________ les droits des enfants pauvres.

9. (dormir) Joseph et Paul ______________________ tard tous les jours.

10. (vivre) Mélanie ______________________ à la campagne.

Exercice B

Vous n'avez pas entendu le bulletin de la météo. Exprimez ce que vous feriez ou non s'il faisait beau ou s'il faisait mauvais demain. Utilisez les suggestions données:

SUGGESTIONS:

regarder la télévision	marcher dans le parc
rouler à bicyclette	jouer au tennis
travailler au jardin	ranger votre chambre
nager dans la piscine	lire un roman
étudier pour un examen	dormir jusqu'à midi
descendre en ville	finir les devoirs

EXEMPLES: **S'il faisait beau, je ne rangerais pas ma chambre, je nagerais dans la piscine.**

S'il faisait mauvais, je ne descendrais pas en ville, je finirais mes devoirs.

1. S'il faisait beau, ____
____.

2. S'il faisait beau, ____
____.

3. S'il faisait beau, ____
____.

4. S'il faisait mauvais, ____
____.

5. S'il faisait mauvais, ____
____.

6. S'il faisait mauvais, ____
____.

2. Spelling Changes in Certain *-er* Verbs

-er verbs with spelling changes in the future have similar spelling changes in the conditional.

a. Verbs with infinitives ending in **-yer** change **y** to **i** in the conditional:

employer: j'emplo*i*erais, tu emplo*i*erais, il/elle emplo*i*erait, nous emplo*i*erions, vous emplo*i*eriez, ils/elles emplo*i*eraient

NOTE: Verbs ending in **-ayer** may or may not change the **y** to **i** in all conditional forms:

essayer (*to try*): **j'essa*y*erais** or **j'essa*i*erais,** etc.

b. Verbs with mute **e** in the syllable before the infinitive ending change mute **e** to **è** in the conditional:

mener: je mènerais, tu mènerais, il/elle mènerait, nous mènerions, vous mèneriez, ils/elles mèneraient

Verbs with mute **e** like **appeler** and **jeter** double the consonant instead of adding the grave accent:

appeler: j'appe*ll*erais, tu appe*ll*erais, il/elle appe*ll*erait, nous appe*ll*erions, vous appe*ll*eriez, ils/elles appe*ll*eraient

jeter: je je*tt*erais, tu je*tt*erais, il/elle je*tt*erait, nous je*tt*erions, vous je*tt*eriez, ils/elles je*tt*eraient

Exercice C

Si vous aviez une dispute avec votre meilleur ami, que feriez-vous pour vous réconcilier?

EXEMPLE: (partager) Je **partagerais** la responsabilité.

1. (commencer) Je ______________ par penser aux conséquences.
2. (rappeler) Je me ______________ nos bons moments ensemble.
3. (peser) Je ______________ le pour et le contre.
4. (rejeter) Je ______________ l'idée de ne plus être amis.
5. (essayer) J'______________ d'aller lui parler.
6. (espérer) J'______________ me réconcilier avec lui.
7. (emmener) J'______________ mon ami au café pour discuter.
8. (acheter) Je lui ______________ un cadeau.

Exercice D

Complétez les phrases avec les verbes donnés pour exprimer ce que M. Michel exigerait des membres de sa famille s'il voulait garder sa maison dans un parfait état de propreté:

achever	employer	jeter
commencer	enlever	nettoyer
essayer	essuyer	ranger

EXEMPLE: Chacun **nettoierait** la maison tous les jours.

1. Ma femme ______________ par la cuisine.
2. Mes enfants ______________ leurs chambres.
3. Je ______________ les restes du repas.
4. Marianne ______________ la poussière des meubles.
5. Paul ______________ la vaisselle.
6. Tu ______________ ton temps à nettoyer.
7. Vous ______________ de garder la maison propre.
8. Nous ______________ vite les travaux ménagers.

3. Verbs Irregular in the Conditional

The following verbs have irregular stems in the conditional. Note that these verb stems are the same as those of the future tense:

INFINITIVE	CONDITIONAL	INFINITIVE	CONDITIONAL
aller:	**j'*irais***	**mourir:**	**je *mourrais***
asseoir:	**j'*assiérais*** / **j'*assoirais***	**pleuvoir:**	**il *pleuvrait***
		pouvoir:	**je *pourrais***
avoir:	**j'*aurais***	**recevoir:**	**je *recevrais***
courir:	**je *courrais***	**savoir:**	**je *saurais***
devoir:	**je *devrais***	**tenir:**	**je *tiendrais***
envoyer:	**j'*enverrais***	**valoir:**	**je *vaudrais***
être:	**je *serais***	**venir:**	**je *viendrais***
faire:	**je *ferais***	**voir:**	**je *verrais***
falloir:	**il *faudrait***	**vouloir:**	**je *voudrais***

NOTE: The irregularities in the conditional of the listed verbs also occur in related verbs: **renvoyer, refaire, retenir, revenir, revoir,** and the like.

Exercice E

Que feriez-vous si vous aviez le choix? Exprimez votre choix en utilisant le conditionnel:

EXEMPLE: faire un voyage en Afrique ou en Europe?
Je ferais un voyage en Afrique.

1. avoir une voiture de sport ou une villa sur la Côte d'Azur?

____

2. savoir danser ou chanter?

____

3. être beau (belle) ou intelligent(e)?

____

4. voir un film d'amour ou un film de science-fiction?

____

5. faire du ski ou du bateau à voiles?

____

6. envoyer des fleurs ou des chocolats à votre ami(e)?

____

7. aller à un concert ou au théâtre?

____

8. devenir médecin ou joueur de base-ball?

____

9. recevoir un Prix Nobel ou un Oscar?

____

10. pouvoir conduire une voiture ou piloter un avion?

____

11. vouloir étudier l'histoire ou la musique?

____

12. courir le marathon ou le cent mètres?

____

Exercice F

Expliquez ce que vous feriez si vous aviez un million de dollars. Employez les suggestions données ou vos propres idées:

SUGGESTIONS: les mettre à la banque
faire don de l'argent
voyager à l'étranger
acheter une grande maison
partager l'argent avec votre famille
aider les pauvres
vivre sur une île tropicale

EXEMPLE: **J'aiderais les pauvres.**

1. ______________________________

2. ______________________________

3. ______________________________

4. ______________________________

5. ______________________________

6. ______________________________

Exercice G

Qu'est-ce que votre meilleur(e) ami(e) et vous feriez si vous pouviez faire tout ce que vous vouliez? Utilisez les suggestions données ou vos propres idées:

SUGGESTIONS: aller à travers le monde
acheter un château
sortir tout le temps
conduire une voiture de sport
rentrer très tard le soir
devenir riche
avoir votre propre appartement

EXEMPLE: **Nous aurions notre propre appartement.**

1. ______________________________

2. ______________________________

3. ______________________________

4. ______________________________

5. ______________________________

6. ______________________________

Exercice H

Expliquez ce que vous feriez dans les cas suivants:

EXEMPLE: Si votre mère attendait des invités et avait besoin d'aide. (mettre la table)
Je mettrais la table.

1. Si c'était l'anniversaire d'un de vos amis et vous vouliez le lui souhaiter. (lui envoyer un cadeau)

____

2. Si vous comptiez aller à la plage avec vos amis, mais il commençait à pleuvoir. (ne pas aller à la plage)

____

3. Si votre grand-mère ne pouvait pas aller en ville aujourd'hui parce qu'elle était malade. (faire les courses pour elle)

____

4. Si vos parents vous demandaient de rentrer chez vous avant dix heures. (revenir de bonne heure)

____

5. Si vos parents sortaient et ne voulaient pas laisser votre petite sœur toute seule. (devoir la surveiller)

____

4. Uses of the Conditional

a. The conditional expresses what would happen under certain conditions:

J'irais peut-être en France. — *I would perhaps go to France.*

NOTE:

1. When *would* has the sense of *used to,* the imperfect is used in French:

   ***Elle* nous *rendait* souvent visite.** — *She would (used to) visit us often.*

2. When *would* has the sense of *to be willing (to want),* the imperfect or **passé composé** of the verb **vouloir** is used in French:

   ***Il* ne *voulait* pas payer la facture.**
   ***Il* n'*a* pas *voulu* payer la facture.** — *He wouldn't (wasn't willing to, didn't want to) pay the bill.*

3. When *could* has the sense of *should be able to,* the conditional of the verb **pouvoir** is used. When *could* means *was able to,* the imperfect or **passé composé** of **pouvoir** is used:

   ***Nous pourrions* faire le travail.** — *We could (should be able to) do the work.*

   ***Nous* ne *pouvions* pas faire le travail.**
   ***Nous* n'*avons* pas *pu* faire le travail.** — *We couldn't (weren't able to) do the work.*

b. The conditional is used to make a request or a demand more polite:

***Je voudrais* vous voir.**	*I would like to see you.*
***Elle aimerait* partir.**	*She would like to leave.*
***Pourriez-vous* m'aider?**	*Could you help me?*

Exercice I

Vos camarades voudraient aller en Europe. Exprimez les questions que vous aimeriez leur poser:

EXEMPLE: combien d'argent / emporter
Combien d'argent emporteriez-vous?

1. quels pays / vouloir visiter

____

2. combien de temps / pouvoir rester en Europe

____

3. avec qui / aller

____

4. quel moyen de transport / prendre

____

5. en quelle saison / faire ce voyage

____

6. où / aimer rester

____

7. quels souvenirs / acheter

____

8. quand / revenir aux États-Unis

____

Exercice J

C'est la fin de l'année scolaire. Exprimez cinq choses que vous feriez différemment si vous pouviez recommencer:

EXEMPLE: **J'apprendrais toutes mes leçons par cœur.**

1. _______________
2. _______________
3. _______________
4. _______________
5. _______________

5. Conditional Sentences

A conditional sentence consists of a condition clause (**si** clause) and a result clause.

a. Real conditions

A condition that describes what is possible or likely is called a real condition:

***Si vous envoyez* la lettre ce matin, *elle arrivera* à l'heure.**	*If you send the letter this morning, it will arrive on time.*

To express a real condition, French uses the present indicative in the **si** clause and the present, future, or imperative in the result clause:

***Si tu veux, tu peux* m'accompagner au cinéma.**	*If you want, you can accompany me to the movies.*
Nous* ne *sortirons* pas *s'il pleut.	*We will not go out if it rains.*
***Si elle veut* réussir, *dites-lui* d'étudier davantage.**	*If she wants to succeed, tell her to study more.*

NOTE: **Si** becomes **s'** only before **il** and **ils**:

si + il(s) = s'il(s) But: **si + elle(s) = si elle(s)**

Exercice K

Exprimez les projets d'avenir de ces personnes en utilisant la forme correcte du verbe entre parenthèses:

EXEMPLE: Elle **sera** (être) heureuse si elle **trouve** (trouver) le garçon de ses rêves.

1. Il ______________ (devenir) docteur s'il ______________ (réussir) à ses examens.
2. Si nous ______________ (gagner) beaucoup d'argent, nous ______________ (acheter) une voiture de sport.
3. Si elles ______________ (recevoir) une bourse, elles ______________ (aller) à la Sorbonne.
4. Tu ______________ (faire) le tour du monde si tu ______________ (apprendre) à piloter un avion.
5. Elle ______________ (obtenir) un bon poste si elle ______________ (faire) de son mieux.
6. Vous ______________ (être) riche si vous ______________ (travailler) dur.
7. Si je ______________ (pouvoir) passer ma vie avec Paul, je ______________ (être) heureuse.
8. S'ils ______________ (manger) bien, ils ______________ (rester) en bonne santé.

Exercice L

Alice ne va pas bien aujourd'hui. Donnez-lui des conseils:

EXEMPLE: la grippe / rester au lit
Si tu as la grippe, reste au lit.

1. mal à la tête / prendre des aspirines

____

2. un rhume / manger de la soupe

____

3. une allergie / prendre des médicaments

____

4. mal à la gorge / boire du thé

____

5. mal au ventre / ne pas manger

____

6. de la fièvre / appeler le docteur

____

Exercice M

Exprimez en quelle occasion vous réagissez de la façon suivante:

EXEMPLE: Tu dis pardon. (avoir tort)
Je dis pardon si j'ai tort.

1. Tu trembles. (avoir peur)

____

2. Tu dors longtemps. (avoir très sommeil)

____

3. Tu bois un grand verre d'orangeade. (avoir soif)

____

4. Tu manges un énorme sandwich. (avoir faim)

____

5. Tu enlèves ton pull. (avoir chaud)

____

6. Tu mets un manteau. (avoir froid)

____

7. Tu es fier. (avoir une bonne note)

____

8. Tu rougis. (avoir honte)

____

Exercice N

Combinez les éléments de chaque colonne pour exprimer comment ces personnes agiront:

je	content	avoir besoin de se calmer
tu	de bonne humeur	dire toute la vérité
il	de mauvaise humeur	dormir mal
elle	dynamique	élever la voix
elles	en colère	faire rire tout le monde
nous	fatigué	ne pas parler
Marc	franc	pleurer à chaudes larmes
Liliane	inquiet	poser beaucoup de questions
mes amis	intéressé	remettre le travail à demain
mes amies	intimidé	rougir
Paul et Luc	nerveux	sourire
Anne et Marie	triste	travailler beaucoup

EXEMPLE: **Si elle est franche, elle dira toute la vérité.**

1. ______________________________

2. ______________________________

3. ______________________________

4. ______________________________

5. ______________________________

6. ______________________________

7. ______________________________

8. ______________________________

9. ______________________________

10. ______________________________

11. ______________________________

b. Contrary-to-Fact Conditions

A conditional sentence that describes a situation that is unlikely is called "unreal" or "contrary to fact":

***Si vous partiez* à cinq heures du matin, *vous arriveriez* avant eux.**	*If you left (were to leave) at five in the morning, you would arrive before them.*

To express a contrary-to-fact condition, French uses the imperfect in the **si** clause and the conditional in the result clause:

***S'il pleuvait, nous* ne *sortirions* pas.**	*If it rained (were to rain), we would not go out.*
***Si je gagnais* le gros lot, *je m'achèterais* une voiture de sport.**	*If I won the lottery, I would buy myself a sports car.*

Exercice O

Exprimez ce que ces personnes feraient si elles avaient le choix:

EXEMPLE: Si elles **étaient** (être) bonnes en maths, elles **suivraient** (suivre) le cours de physique.

1. Si nous ______ (savoir) taper à la machine, nous ______ (être) secrétaires.
2. Si tu ______ (vouloir) t'occuper des malades, tu ______ (devenir) médecin.
3. Il ______ (apprendre) le piano s'il ______ (avoir) le temps.
4. Elles ______ (construire) des ponts si elles ______ (être) ingénieurs.
5. Si j' ______ (avoir) envie de couper les cheveux, j' ______ (étudier) la coiffure.
6. Si elle ______ (décider) de devenir avocate, elle ______ (devoir) apprendre le droit.
7. Si vous ______ (préférer) enseigner les enfants, vous ______ (choisir) le métier d'instituteur.
8. Ils ______ (faire) un stage de mécanicien s'ils ______ (désirer) réparer les voitures.

Exercice P

Expliquez ce que vous feriez dans les circonstances suivantes:

EXEMPLE: Si je gagnais un voyage,
(être très content[e], faire tout de suite mes valises, inviter mes amis à m'accompagner)
Si je gagnais un voyage, **je serais très content(e), je ferais tout de suite mes valises et j'inviterais mes amis à m'accompagner.**

1. Si mon ami oubliait notre rendez-vous,
(être fâché[e], lui téléphoner, pleurer)

______

______

______

2. Si mon réveil ne sonnait pas,
(être en retard, courir après le bus, manquer l'école)

______

______

______

3. Si je gagnais à la loterie,
(aller en Chine, m'acheter un château, vivre heureux/heureuse)

4. Si j'oubliais l'anniversaire de mon ami(e),
(être désolé[e], lui faire mes excuses, lui envoyer un cadeau)

5. Si on volait mon portefeuille,
(appeler la police, porter plainte, téléphoner à ma mère)

Exercice Q

Exprimez ce que feraient ces personnes dans les circonstances suivantes:

EXEMPLE: M. Restaud est un professeur sérieux. Les élèves lui font une farce. Il est en colère.
Si les élèves lui faisaient une farce, il serait en colère.

1. Marie est une fille très travailleuse. Elle rate son examen. Elle pleure.

2. Mme Sagan est toujours très élégante. Un garçon de café renverse du thé sur sa robe. Elle part furieuse.

3. André est fort comme un bœuf. Un camarade de classe l'insulte. Il lui donne un coup de poing.

4. M. Bertrand est toujours en retard au bureau. Un jour il arrive en avance. Son patron applaudit.

5. M. François est très vaniteux. Il devient chauve. Il achète une perruque.

6. Mme Panier est une personne distraite. Elle oublie ses clefs dans la voiture. Elle doit ouvrir la portière avec un fil de fer.

7. Les Dubois mangent souvent dans un restaurant chic. Ils trouvent une mouche dans leur soupe. Ils refusent de payer et partent.

8. Josette est amoureuse. Elle reçoit un cadeau de son petit ami. Elle lui écrit une lettre d'amour.

Exercice R

Exprimez ce que vous feriez dans les situations suivantes:

EXEMPLE: S'il y avait un accident de voiture, **j'aiderais les victimes.**

1. S'il y avait un incendie à l'école, ______________________________.
2. S'il y avait un tremblement de terre, ______________________________.
3. S'il y avait une panne d'électricité chez moi, ______________________________.
4. S'il y avait un chien perdu dans la rue, ______________________________.
5. S'il y avait une tempête de neige, ______________________________.
6. S'il y avait une souris dans la salle de classe, ______________________________.

Exercice S

Exprimez ce que ces personnes feraient dans les circonstances suivantes:

EXEMPLE: je (riche / cesser de travailler)
Si j'étais riche, je cesserais de travailler.

1. il (professeur de français / ne pas donner de devoirs)

____

2. nous (célèbres / signer des autographes)

____

3. elles (voyantes / prédire l'avenir)

____

4. tu (président / travailler pour la paix)

____

5. ils (magiciens / faire apparaître des lapins)

____

6. vous (astronaute / voyager dans l'espace)

____

7. elle (en vacances / lire toute la journée)

____

8. je (invisible / faire beaucoup de farces)

____

Exercice T

Donnez cinq réponses à chacune des questions:

1. Si un Martien arrivait sur Terre, que ferait-il?

____

____

____

____

____

2. Si vous étiez président(e), comment amélioreriez-vous le monde?

____

____

____

____

____

6. Summary of Tenses

SI CLAUSE	MAIN or RESULT CLAUSE
Present	Present Future Imperative
Imperfect	Conditional

Je peux* t'aider si *tu veux. — *I can help you if you want.*

S'*il fait* chaud, *nous irons* à la plage. — *If the weather is hot, we will go to the beach.*

Si *tu es* fatigué, *repose-toi.* — *If you are tired, rest.*

S'*il avait* le temps, *il pourrait* m'aider. — *If he had the time, he could help me.*

NOTE: In conditional sentences, **si** always means *if*. When **si** means *whether*, it may be followed by any tense, just as in English:

Savez-vous *si* elle le *fera?* — *Do you know whether she will do it?*

Nous ne savions pas *si* elle le *ferait.* — *We didn't know whether she would do it.*

Je ne sais pas *si* elle l'*a fait.* — *I don't know whether she did it.*

Exercice U

Marianne téléphone à Janine, la sœur de son petit ami Jean-Luc, pour apprendre ce qu'il a fait hier. Donnez les réponses de Janine:

EXEMPLE: aller chez Marc avec André
Je ne sais pas s'il est allé chez Marc avec André.

1. amener sa camionnette au garage

____

2. aller chez Marc le matin ou l'après-midi

____

3. faire réparer sa camionnette

____

4. finir son travail

____

5. essayer de téléphoner à la maison

____

6. partir de bonne heure

____

♦ MASTERY EXERCISES ♦

Exercice V

Répondez aux questions par des phrases complètes:

EXEMPLE: Qui serait en colère si tu ne réussissais pas à l'école?
Si je ne réussissais pas à l'école, mes parents seraient en colère.

1. Dans quel restaurant dîneras-tu si tu veux fêter le Nouvel An en ville?

____

2. Quelle voiture achèterais-tu si ton grand-père te donnait tout l'argent nécessaire?

____

3. Quel genre de film vas-tu voir si c'est toi qui décides?

____

4. Quelle ville habiterais-tu si tu avais le choix?

____

5. Dans quel pays irais-tu si tu pouvais partir demain?

____

6. Si tu finis tôt tes devoirs, quel programme regarderas-tu?

____

7. Quels vêtements porterais-tu si tu allais à un mariage?

____

8. De quel instrument jouerais-tu si tu faisais partie d'un orchestre?

____

9. Si tu veux voir le plus haut gratte-ciel du monde, où dois-tu aller?

____

10. Quelles villes iras-tu visiter si tu vas passer tes vacances en France?

____

Exercice W

Complétez les phrases suivantes selon votre choix:

1. Si je pouvais faire la connaissance d'une personne célèbre, je ______________________ .

2. Si j'ai le temps demain, je ______________________ .

3. Si je pouvais voyager, je ______________________ .

4. Si je suis libre l'été prochain, je ______________________ .

5. Si je pouvais choisir où vivre, je ______________________ .

6. Si mes parents le permettent, je ______________________ .

7. Si je pouvais faire tout ce que je voulais, je ______________________ .

8. Si je deviens riche, je ______________________ .

Exercice X

Un(e) ami(e) et vous voudriez passer l'été au Canada où vous suivriez des cours. Exprimez en français ce que vous écririez au directeur du programme:

1. A friend and I would like to take a trip to Montreal.

____

2. We would want to travel in a group.

____

3. We would study in a summer program.

____

4. We would be able to spend two months in Montreal.

____

5. We would prefer to live with a Canadian family.

____

6. How many courses should we take?

____

7. How much would the trip cost?

____

8. How many credits would we receive for the summer program?

____

Exercice Y

Votre ami vous fait rêver de choses impossibles. D'abord exprimez en français les questions qu'il vous pose puis répondez-y:

EXEMPLE: If you were an animal, what animal would you be?
Ami: **Si tu étais un animal, quel animal serais-tu?**
Vous: **Je serais un aigle.**

1. If you were another person for one day, who would you be?
   Ami: _______________
   Vous: _______________
2. Where would you live if you lived in another country?
   Ami: _______________
   Vous: _______________
3. If you could travel in time, what year would you choose?
   Ami: _______________
   Vous: _______________
4. What would you invent if you were a scientist?
   Ami: _______________
   Vous: _______________
5. If you were an astronaut, which planet would you visit?
   Ami: _______________
   Vous: _______________
6. What would you do if you didn't have to go to school anymore?
   Ami: _______________
   Vous: _______________

9

Pluperfect, Future Perfect, and Past Conditional Tenses

1. Simple and Compound Tenses Compared

For each of the following simple tenses, there is a corresponding compound tense:

SIMPLE TENSE			COMPOUND TENSE		
Imperfect:	**je parlais**	*I spoke* *I was speaking*	Pluperfect:	**j'avais parlé**	*I had spoken* *I had been speaking*
Future:	**je parlerai**	*I will speak* *I shall speak*	Future perfect:	**j'aurai parlé**	*I will have spoken* *I shall have spoken*
Conditional:	**je parlerais**	*I would speak*	Past conditional:	**j'aurais parlé**	*I would have spoken*

NOTE: Compound tenses are formed by combining the appropriate tense of the helping verb **avoir** or **être** and the past participle. For choice of helping verb, formation of negative/interrogative sentences, and for agreement of past participle, compound tenses follow the rules of the **passé composé** (see Chapter 3).

1. In forming the negative and interrogative of compound tenses, only the helping verb is affected:

Nous n'avions pas travaillé.	*We hadn't worked.*
Serait-elle partie?	*Would she have left?*
N'auront-ils pas fini avant deux heures?	*Won't they have finished before two o'clock?*

2. Past participles conjugated with **avoir** agree in gender and number with a preceding direct object:

Voici *la lettre* que tu avais écrite.	*Here is the letter that you had written.*
***Quels livres* aurais-tu lus?**	*Which books would you have read?*

3. Past participles conjugated with **être** agree in gender and number with the subject:

***Elles* seraient tombées.**	*They would have fallen.*

2. Pluperfect

The pluperfect **(le plus-que-parfait)** is formed as follows:

imperfect of **avoir** or **être** + past participle

I had eaten (finished, sold)

j'avais **tu avais** **il / elle avait**	**mangé (fini, vendu)**	**nous avions** **vous aviez** **ils / elles avaient**	**mangé (fini, vendu)**

I had entered

j'étais entré(e)	**nous étions entré(e)s**
tu étais entré(e)	**vous étiez entré(e)(s)**
il était entré	**ils étaient entrés**
elle était entré(e)	**elles étaient entrées**

NOTE: The pluperfect is used to describe an action that had been completed in the past before another past action took place:

Je vous ai apporté les livres que *vous aviez demandés.*	*I brought you the books that you had asked for.*
J'avais faim parce que *je n'avais rien mangé de la journée.*	*I was hungry because I hadn't eaten anything all day.*

Exercice A

Exprimez ce que ces personnes avaient fait avant l'arrivée des invités à la fête:

EXEMPLE: (décorer) Anne **avait décoré** la salle.

1. (apporter) Richard ______________ à manger.
2. (découper) Gabrielle et Alphonse ______________ la viande.
3. (acheter) Marie ______________ les couverts en plastique.
4. (arranger) J'______________ les tables.
5. (cuisiner) Tu ______________ des spécialités françaises.
6. (ranger) Charles ______________ le salon.
7. (faire) Ma mère ______________ le gâteau.
8. (choisir) Daniel et moi, nous ______________ les disques.
9. (descendre) Mon père ______________ son tourne-disque.
10. (mettre) Georgette ______________ les plats sur la table.

Exercice B

Donnez la cause des situations suivantes en utilisant le plus-que-parfait:

EXEMPLES: Hervé était heureux. (aller à une fête)
Il était allé à une fête.

Charlotte avait mal au ventre. (trop manger)
Elle avait trop mangé.

1. Un enfant pleurait. (perdre son chien)

____

2. Denise a reçu une contravention. (conduire trop vite)

____

3. Les Ricard étaient fâchés contre leurs fils. (rentrer trop tard)

____

4. Marcel et Guy ont eu mal aux dents. (manger trop de bonbons)

____

5. Le professeur a puni Claire. (parler en classe)

____

6. Mme Picard marchait avec peine. (tomber)

____

7. Simone et Isabelle étaient épuisées. (travailler dur)

____

8. Luc et Didier étaient tristes. (recevoir de mauvaises notes)

____

9. Yvette était décoiffée. (sortir sans chapeau)

____

10. Maurice a eu mal aux yeux. (utiliser l'ordinateur trop longtemps)

____

Exercice C

C'est le bicentenaire du fondateur de la ville. Exprimez ses accomplissements en complétant les phrases avec le plus-que-parfait:

EXEMPLE: (fonder) Voici l'université qu'il **avait fondée** .

1. (construire) Voici la maison qu'il ______________ pour ses parents.
2. (bâtir) Voici la première usine qu'il ______________.
3. (écrire) Voilà quelques poèmes qu'il ______________ quand il était jeune.
4. (recevoir) Voici les médailles qu'il ______________ après la guerre.
5. (habiter) Voilà la maison qu'il ______________ pendant son enfance.
6. (créer) Voilà le centre de recherche qu'il ______________.
7. (donner) Voici la collection d'art qu'il ______________ au musée de la ville.
8. (commander) Voilà le monument qu'il ______________ au grand sculpteur de l'époque.

3. Future Perfect

The future perfect **(le futur antérieur)** is formed as follows:

future of **avoir** or **être** + past participle

I will have eaten (finished, sold)

j'aurai **tu auras** **il / elle aura**	**mangé (fini, vendu)**	**nous aurons** **vous aurez** **ils / elles auront**	**mangé (fini, vendu)**

I will have left

je serai parti(e)	**nous serons parti(e)s**
tu seras parti(e)	**vous serez parti(e)(s)**
il sera parti	**ils seront partis**
elle sera partie	**elles seront parties**

Quand *j'aurai fini* mon travail, je ferai la sieste. — *When I (will) have finished my work, I will take a nap.*

The future perfect is used to describe an action or event that will have been completed in the future:

***Vous aurez fini* d'ici deux heures.** — *You will have finished two hours from now.*

N'appelez pas avant midi parce que *je n'aurai pas encore reçu de nouvelles.* — *Don't call before noon because I will not have received any news yet.*

NOTE:

1. Often the future perfect is used after the conjunctions **quand, lorsque, dès que, aussitôt que, après que:**

   ***Dès qu'ils auront mangé,* nous sortirons.** — *As soon as they (will) have eaten, we will go out.*
   Le ferez-vous *après que nous serons rentrés?* — *Will you do it after we (will) have returned?*

2. The future perfect is used to express probability or supposition in the past:

   Il est en retard. *Il aura perdu* l'adresse. — *He's late. He must have lost the address.* / *He's late. He probably lost the address.*

   ***Il sera arrivé* quelque chose.** — *Something must have happened.*

Exercice D

Qu'est-ce qu'on aura accompli d'ici l'an 2100? Posez des questions pour essayer de le savoir:

EXEMPLE: les hommes / éliminer la violence
Les hommes **auront-ils éliminé** la violence?

1. le monde / trouver une solution aux problèmes écologiques

____

2. les hommes de science / guérir toutes les maladies

____

3. les astronomes / découvrir la vie extra-terrestre

____

4. nous / établir la paix dans le monde

____

5. la pauvreté / disparaître

____

6. la pollution / diminuer

____

7. les hommes / installer une colonie sur la lune

____

8. les savants / mettre au point une machine à voyager dans le temps

____

Exercice E

Exprimez ce que ces personnes auront fait d'ici l'heure indiquée:

EXEMPLES: je / finir mes devoirs / avant minuit
J'aurai fini mes devoirs avant minuit.

elle / revenir avant la semaine prochaine
Elle sera revenue avant la semaine prochaine.

1. d'ici neuf heures Mme Rameau / faire les courses

____

2. tu / rentrer avant demain

____

3. d'ici là vous / lui parler

____

4. avant un mois M. Renaud / terminer son projet

____

5. Georgette et Paul / revenir avant la fin de l'année

____

6. je / aller à l'étranger avant mes vingt ans

____

7. dans six ans nous / achever nos études universitaires

8. dans dix ans elle / ouvrir son propre magasin

9. ils / rester célibataires jusqu'à trente ans

10. dès l'âge de quarante ans elles / gagner beaucoup d'argent

11. d'ici mes cinquante ans je / écrire vingt livres

12. d'ici six mois notre professeur / prendre sa retraite

Exercice F

Exprimez ce que les sujets indiqués auront fait lors d'un week-end passé chez des amis:

EXEMPLE: tu / porter ton nouveau pull
Tu auras porté ton nouveau pull.

1. elle / prendre son sac de sport

2. je / bien manger

3. il / faire assez de provisions

4. ils / nager dans le lac

5. nous / jouer au tennis

6. vous / rencontrer des jeunes gens

7. elles / passer la journée au bord du lac

8. tu / dépenser tout ton argent

9. Marie / oublier de nous téléphoner

10. Lucien / préparer des gâteaux

4. Past Conditional

The past conditional **(le conditionnel passé)** is formed as follows:

conditional of **avoir** or **être** + past participle

I would have eaten (finished, sold)

j'aurais / **tu aurais** / **il / elle aurait**	**mangé (fini, vendu)**	**nous aurions** / **vous auriez** / **ils / elles auraient**	**mangé (fini, vendu)**

I would have left

je serais parti(e)	**nous serions parti(e)s**
tu serais parti(e)	**vous seriez parti(e)(s)**
il serait parti	**ils seraient partis**
elle serait partie	**elles seraient parties**

The past conditional is used to describe an action or event that would have taken place in the past had something else happened:

Avec plus de temps, *j'aurais achevé l'examen.* — *Given more time, I would have finished the exam.*

***Je t'aurais dit bonjour,* mais je ne t'ai pas vu.** — *I would have said hello, but I didn't see you.*

Exercice G

Exprimez ce que vous auriez fait dans ces circonstances:

EXEMPLE: S'il y avait eu un accident de voiture. (téléphoner à la police)
J'aurais téléphoné à la police.

1. Si un vieillard était tombé dans la rue. (l'aider)

____

2. Si votre père avait oublié d'acheter du lait. (aller au magasin en acheter)

____

3. Si un ami avait été à l'hôpital. (le visiter)

____

4. Si votre mère n'avait pas voulu répondre au téléphone. (dire qu'elle n'était pas à la maison)

____

5. Si votre frère cadet avait eu très faim. (lui préparer un sandwich)

____

6. Si un de vos amis avait célébré son anniversaire. (lui acheter un cadeau)

____

7. Si un de vos amis n'avait pas eu assez d'argent pour aller au cinéma avec vous. (lui prêter dix dollars)

____

8. Si un petit enfant avait perdu sa mère au grand magasin. (la chercher avec lui)

____

Exercice H

Exprimez ce que ces personnes auraient fait si elles avaient pu. Choisissez l'expression correcte:

rire	aller dormir	arriver à l'heure	conduire en ville
nager	tomber	partir en vacances	finir ce travail

EXEMPLE: J' **aurais dansé**, mais j'avais mal aux pieds.

1. Mme Bollert ______________________, mais sa voiture était en panne.
2. Elles ______________________ si elles n'avaient pas raté leur train.
3. Je ______________________, mais je n'étais pas fatigué.
4. Vous ______________________ si la mer avait été calme.
5. Ils ______________________ s'ils avaient eu les outils nécessaires.
6. L'enfant ______________________ si sa mère ne l'avait pas saisi à temps.
7. Nous ______________________ si le film avait été drôle.
8. Tu ______________________, mais tu n'avais pas assez d'argent.

Exercice I

Complétez les phrases suivantes avec le conditionnel passé:

EXEMPLES: (suivre) «Dallas» est un feuilleton que **j'aurais suivi** tous les soirs.

(choisir) L'espagnol et l'algèbre sont des cours que **je n'aurais pas choisis**.

1. (enregistrer) «La Guerre des étoiles» et «Bambi» sont des films que ______________________.
2. (souhaiter) Susan B. Anthony est une femme que ______________________ connaître.
3. (acheter) «Chansons de Noël» de Johnny Mathis est un disque que ______________________.
4. (aimer) Les Beatles sont un groupe que ______________________ aller voir en concert.
5. (adorer) Laurence Olivier est un acteur que ______________________ voir jouer au théâtre.

6. (choisir) L'italien est la langue que ______________ au lieu du français.
7. (vouloir) Ginger Rogers et Fred Astaire sont des danseurs que ______________ voir.
8. (désirer) Kennedy est un président que ______________ rencontrer.

5. Compound Tenses in Conditional Sentences

To express a contrary-to-fact condition in the past, French uses the pluperfect in the **si** clause and the past conditional in the result clause:

Si + Pluperfect → Past conditional

Si j'avais eu le temps, **je t'aurais appelé.**	*If I had had time, I would have called you.*
Ils auraient reçu une bonne note ***s'ils avaient étudié.***	*They would have received a good grade if they had studied.*

Exercice J

Exprimez ce que ces personnes auraient fait hier s'il avait fait un temps différent:

EXEMPLE: faire beau / je / nager dans la piscine
S'il avait fait beau, **j'aurais nagé** dans la piscine.

1. faire du vent / Luc / faire voler son cerf-volant
____
2. faire frais / nous / jouer au football
____
3. faire chaud / Alice et Marie / aller à la plage
____
4. pleuvoir / je / rentrer chez moi
____
5. faire froid / Sylvie et Jean / rester à la maison
____
6. faire du soleil / Mme Dubois / promener son chien
____
7. neiger / tu / lancer des boules de neige
____
8. faire mauvais / vous / lire un livre
____

Exercice K

Exprimez ce que les membres de la famille Rodier auraient fait si chacun avait fait un effort:

1. Si Liliane et Louise ______________ (partir) plus tôt, elles ______________ (arriver) à l'école à l'heure.
2. Janine ______________ (réussir) sa composition si ses parents l'______________ (encourager).
3. Si Éric ______________ (faire) la vaisselle, papa ______________ (réparer) sa bicyclette.
4. Si Janine et Paul ______________ (vouloir) faire le ménage, ils ______________ (pouvoir) aller au cinéma hier soir.
5. Si j'______________ (aider) maman, elle m'______________ (acheter) un cadeau.
6. Si tu ______________ (préparer) le dîner, j'______________ (mettre) le couvert.
7. J'______________ (repasser) les vêtements si vous ______________ (faire) la lessive.

Exercice L

Après deux ans de fiançailles, Émile vient de rompre avec Sylvie. Régine, sa meilleure amie, essaie de la consoler en lui faisant les remarques suivantes:

EXEMPLES: franc / expliquer sa conduite
S'il avait été franc, **il aurait expliqué** sa conduite.

gentil / devenir moins exigeant
S'il avait été gentil, **il serait devenu** moins exigeant.

1. vraiment amoureux / rester avec toi

____

2. plus sensible / comprendre tes soucis

____

3. honnête / te dire la vérité

____

4. juste / reconnaître ses erreurs

____

5. fidèle / sortir seulement avec toi

____

6. sincère / te parler franchement

____

7. moins égoïste / essayer de résoudre vos problèmes

____

8. sérieux / t'épouser

____

Exercice M

Exprimez vos regrets en combinant les éléments des deux colonnes:

accompagner Peter Pan	trouver le trésor d'un géant
acheter la poule aux œufs d'or	devenir riche
avoir un tapis volant	être la plus belle de toutes les filles
arriver à l'autre bout de l'arc-en-ciel	faire la connaissance d'un prince
avoir une fée pour marraine	rester enfant
embrasser un crapaud	trouver une marmite remplie d'or
frotter la lampe d'Aladin	voir tous mes désirs se réaliser
planter des haricots magiques	faire apparaître un bon génie
faire un vœu en voyant une étoile filante	voyager autour du monde

EXEMPLE: **Si j'avais fait** un vœu en voyant une étoile filante, **j'aurais vu** tous mes désirs se réaliser.

1. ____

2. ____

3. ____

4. ____

5. ____

6. ____

7. ____

8. ____

♦ MASTERY EXERCISES ♦

Exercice N

Employez le temps utilisé dans chaque phrase pour exprimer les activités possibles des personnes suivantes:

EXEMPLE: **Elle aurait écouté** ses disques.
(jouer de la guitare, partir)
Elle aurait joué de la guitare.
Elle serait partie.

1. **Elle aurait travaillé** chez elle.
(rester au lit, écrire à sa correspondante)

____

____

2. **Vous aviez regardé** la télévision.
(faire le ménage, voir un film)

____

____

3. **Tu aurais joué** au tennis.
(lire un roman, aller au théâtre)

____

____

4. **Ils auront fini** avant minuit.
(réviser leurs leçons, rentrer)

____

____

5. **Seront-elles parties** de bonne heure?
(prendre un taxi, faire les courses)

____

____

6. **Je n'aurais pas étudié** chez moi le dimanche.
(rester, cuisiner)

____

____

7. **Aurons-nous** assez **dansé?**
(préparer assez de tartines, sortir)

____

____

8. **N'était-il pas rentré** de bonne heure?
(finir la partie de cartes, écrire sa composition)

____

____

Exercice O

Complétez les phrases suivantes avec vos opinions personnelles:

1. Si nous avions vécu au dix-neuvième siècle, ______________________________
____.

2. Si mes parents étaient nés en France, ______________________________
____.

3. Si ____,
j'aurais reçu un A en français.

4. Si j'étais milliardaire, ______________________________
____.

5. Si ____,
j'aurais été la personne la plus heureuse au monde.

6. J'aurais donné ma vie pour mon meilleur ami si ______________________________
____.

7. Si j'avais connu mon arrière-grand-père, ______________________________
____.

8. Je serais totalement indépendant(e) si ______________________________
____.

Exercice P

Donnez trois réponses à chacune des questions:

1. En quoi votre vie et votre personnalité auraient-elles été différentes si vous aviez été un garçon (une fille)?
____
____
____

2. Si vous aviez vécu à l'époque du Moyen Âge, quelles aventures auriez vous vécues?
____
____
____

3. En quoi votre vie aurait-elle été différente si vous étiez né(e) dans une famille royale?
____
____
____

Exercice Q

Vous devez remettre vos plans d'entrer à l'université à l'année prochaine. Exprimez en français tout ce que vous aviez fait avant de changer de plans:

1. I had been thinking about a university in California.

 ____

2. I had written and they had sent me their catalogues.

 ____

3. My parents had asked precisely how much it would have cost.

 ____

4. The four years would have cost more than thirty thousand dollars.

 ____

5. My parents thought that was a lot of money.

 ____

6. They were sure that it would have cost less.

 ____

7. My sister's friend had recommended another university.

 ____

8. But that university would have been very expensive as well.

 ____

9. This year I will work and by next September I will have earned at least $10,000.

 ____

10. If I had received a scholarship, I could have started college this September.

 ____

10

Present and Perfect Participles

The present participle for all French verbs ends in **-ant** (equivalent to English *-ing*).

1. Forms of the Present Participle

a. The present participle of almost all French verbs is formed by replacing the **-ons** of the **nous** form of the present tense with **-ant:**

INFINITIVE	**nous** FORM	PRESENT PARTICIPLE	
parler:	***parl*ons**	**parl*ant***	*speaking*
finir:	***finiss*ons**	**finiss*ant***	*finishing*
vendre:	***vend*ons**	**vend*ant***	*selling*
ouvrir:	***ouvr*ons**	**ouvr*ant***	*opening*
commencer:	***commenç*ons**	**commenç*ant***	*starting*
nager:	***nage*ons**	**nage*ant***	*swimming*
acheter:	***achet*ons**	**achet*ant***	*buying*
appeler:	***appel*ons**	**appel*ant***	*calling*
jeter:	***jet*ons**	**jet*ant***	*throwing*
payer:	***pay*ons**	**pay*ant***	*paying*

NOTE: The present participle is used much less in French than in English. Many English words ending in *-ing* are not equivalent to French present participles:

Voir c'est **croire.** — *Seeing is believing.*
J'adore **la natation.** — *I love swimming.*

b. Irregular present participles:

avoir:	***ayant***	*having*
être:	***étant***	*being*
savoir:	***sachant***	*knowing*

2. Uses of the Present Participle

a. Some present participles may be used as adjectives. They generally follow the noun or pronoun they modify and agree with them in gender and number:

Henri a raconté **une histoire *amusante.***	*Henry told an amusing anecdote.*
Vous faites **des progrès *étonnants.***	*You are making amazing progress.*
Elles sont tout à fait ***charmantes.***	*They are quite charming.*

b. The present participle, when preceded by the preposition **en,** is often equivalent to *while, by, in, upon* + an English present participle:

***En* nettoyant** sa chambre, il a retrouvé sa bague.	*While cleaning his room, he found his ring.*
Il siffle ***en* travaillant.**	*He whistles while working.*
C'est ***en* parlant** que vous apprendrez le français.	*It's by speaking that you will learn French.*
J'ai écouté les informations ***en* rentrant** à la maison.	*I listened to the news upon returning home.*

NOTE: The word **tout** is sometimes used before the preposition **en** to add emphasis:

Elle étudie ***tout* en regardant** la télé.	*She studies even while watching television.*
Il a terminé ses études ***tout* en travaillant** à plein temps.	*He finished his studies all the while working full time.*

c. The present participle may also be used without the preposition **en:**

Étant très occupé, je n'ai pas répondu au téléphone.	*Being very busy, I didn't answer the telephone.*
Voulant finir le travail, nous nous sommes dépêchés.	*Wanting to finish the work, we hurried.*
Elle a fermé la porte, **laissant** les clefs à l'intérieur.	*She closed the door, leaving the keys inside.*
Il partit, **oubliant** son chapeau.	*He left, forgetting his hat.*

NOTE:

1. When the present participle has a verbal function, it is invariable. There is no agreement of the present participle with the subject. Compare:

Il a écrit **une composition *amusante.***	*He wrote an amusing composition.*
Elle **est entrée *criant très fort.***	*She came in screaming very loudly.*

2. The present participle may be used to replace a relative clause (**qui** + verb), although this usage is infrequent:

Une femme **qui porte** un manteau rouge ouvre la porte.	Une femme **portant** un manteau rouge ouvre la porte.

Exercice A

Exprimez les opinions de cette personne en utilisant le participe présent:

EXEMPLE: Ces remarques m'irritent.
Je trouve ces remarques irritantes.

1. Ces articles m'intéressent.

____

2. Ces enfants me charment.

3. Ces critiques m'énervent.

4. Cette pièce m'amuse.

5. Ces nouvelles m'étonnent.

6. Ce travail me stimule.

7. Cette émission me captive.

8. Ces conseils me rassurent.

9. Ce film me passionne.

10. Cet homme me menace.

11. Ces élèves m'obéissent.

12. Cette fille m'intimide.

Exercice B

Vous faites la queue devant le cinéma pendant que les gens en sortent. Décrivez leur réaction au film qu'ils viennent de voir:

EXEMPLE: Marie / rire
Marie sort en riant.

1. les enfants / courir

2. Édouard / sourire

3. Mme Renard / critiquer le metteur en scène

4. tu / analyser l'histoire

5. Daniel et Lucien / discuter du film

6. Jean / pleurnicher

Exercice C

Exprimez ce que chacune de ces personnes fait à la fois:

EXEMPLE: Elle mange son petit déjeuner et elle écoute la radio.
Elle mange son petit déjeuner **en écoutant la radio.**

1. Je fais mes devoirs et je bavarde avec mes amies.

2. Il écoute les informations et il parle au téléphone.

3. Nous faisons la cuisine et nous regardons la télévision.

4. Elles dansent et elles chantent.

5. Vous buvez du soda et vous conduisez la voiture.

6. Elle lit le journal et elle mange un sandwich.

7. Tu manges et tu travailles.

8. Ils discutent de politique et ils jouent aux échecs.

Exercice D

Exprimez en français ce qui est arrivé à ces personnes:

EXEMPLE: Elle quittait la classe et elle a oublié son sac.
En quittant la classe elle a oublié son sac.

1. Ils jouaient au football et ils sont tombés dans la boue.

2. Tu marchais dans la rue et tu as rencontré Marcel.

3. Elle écoutait des cassettes. Elle a appris l'italien.

4. Nous allions à la campagne et nous sommes tombés en panne.

____

5. Il versait du lait et il a fait tomber la bouteille.

____

6. Vous couriez à l'école et vous avez perdu votre livre.

____

7. Je patinais et j'ai perdu l'équilibre.

____

8. Elles nageaient dans l'océan et elles ont trouvé un énorme coquillage.

____

Exercice E

Exprimez ce que ces personnes ont réussi à faire au même temps:

EXEMPLE: il est sorti / parler
Il est sorti **tout en parlant.**

1. elle parlait / manger

____

2. ils ont couru vers leur mère / pleurer

____

3. vous avez rougi / éclater de rire

____

4. je marchais / lire le journal

____

5. nous préparions le repas / regarder la télévision

____

6. tu as étudié tes leçons / écouter la radio

____

3. Perfect Participle

The perfect participle is formed with the present participle of the appropriate helping verb and the past participle:

finir:	***ayant fini***	*having finished*
partir:	***étant parti***	*having left*

Ayant fini son travail, Marianne a allumé la télé. — *Having finished her work, Marianne turned on the TV.*

Étant partis à six heures, ils ont évité les embouteillages. — *Having left at 6 o'clock, they avoided the traffic jams.*

NOTE:

1. The perfect participle is used instead of the present participle to show that one action occurred before another:

***Ayant fini ses devoirs,* elle est sortie.**	*Having finished her homework, she went out.*

2. Past participles in this construction follow the regular rules of agreement:

Étant parti*es* à six heures, ***elles*** ont évité les embouteillages.

Exercice F

Exprimez ce qui est arrivé au bureau:

EXEMPLE: **Étant enrhumée** _____, elle a décidé de ne pas aller au bureau aujourd'hui.

1. ________________ (partir) très tard, elles ont pris un taxi.

2. ________________ (arriver) de bonne heure, le secrétaire a pris un café.

3. ________________ (finir) son travail, elle est partie.

4. ________________ (entendre) des coups de feu, tout le monde est sorti de l'immeuble en courant.

5. ________________ (oublier) l'adresse du fournisseur, il lui a téléphoné.

6. ________________ (terminer) leur travail, elles ont quitté le bureau de bonne heure.

7. ________________ (avoir) le même problème, elle a pu donner de bons conseils à son collègue.

8. ________________ (trouver) les documents nécessaires, ils ont commencé à préparer leur rapport.

♦ MASTERY EXERCISES ♦

Exercice G

Exprimez ce que ces personnes font à la fois:

EXEMPLE: Elle pense à son ami. Elle travaille.
Elle pense à son ami **en travaillant.**

1. Ils regardent les vitrines. Ils attendent leurs amis.

____

2. Tu souris. Tu racontes cette histoire.

____

3. Elle pleure. Elle écrit la lettre.

____

4. Vous chantez. Vous prenez votre bain.

____

5. Elles apprennent. Elles jouent.

____

6. Je ris. Je pense à toi.

____

7. Nous élevons la voix. Nous parlons de cette affaire.

____

8. Il fait tomber sa montre. Il la pose sur la commode.

____

Exercice H

Exprimez en français ce que le professeur dit à ses élèves à la fin de l'année scolaire:

1. Having done well, you deserve a good vacation.

____

2. Upon leaving, don't forget my advice.

____

3. By reading as much as you can this summer, you will be better prepared for your studies in the fall.

____

____

4. While traveling in France, take many photographs.

____

5. By working in the summer, you can earn a lot of money.

____

6. While reading a lot, you can increase your vocabulary.

____

7. By helping others, you can learn a lot.

____

8. By doing volunteer work this summer, you can gain some experience.

____

11

Reflexive Verbs

1. Reflexive Constructions in Simple Tenses

In a reflexive construction, the action is performed by the subject on itself. The reflexive verb has a reflexive pronoun as its object. Thus, the subject and the pronoun object refer to the same person(s) or thing(s): *he hurt himself; we will enjoy ourselves.*

PRESENT TENSE	
I wash (am washing) myself	
je *me* lave	**nous *nous* lavons**
tu *te* laves	**vous *vous* lavez**
il (elle) *se* lave	**ils (elles) *se* lavent**

IMPERFECT
I washed (was washing, used to wash) myself
je *me* lavais, tu *te* lavais, etc.

FUTURE
I shall (will) wash myself
je *me* laverai, tu *te* laveras, etc.

CONDITIONAL
I would wash myself
je *me* laverais, tu *te* laverais, etc.

PASSÉ SIMPLE
I washed myself
je *me* lavai, tu *te* lavas, etc.

NOTE:

1. The reflexive pronouns **me, te, se, nous,** and **vous,** like other personal object pronouns, normally precede the conjugated verb.
2. In inverted questions and negative sentences, reflexive pronouns remain before the conjugated verb:

S'amusent-ils?	*Are they enjoying themselves?*
***Ils* ne *s'amusent* pas.**	*They are not enjoying themselves.*
Ne *s'amusent-ils* pas?	*Aren't they enjoying themselves?*
Vous levez-vous tôt?	*Do you get up early?*
***Je* ne *me lève* pas** tôt.	*I don't get up early.*
Ne *vous levez-vous* pas tôt?	*Don't you get up early?*

3. A list of common reflexive verbs appears in the Appendix, pages 570–572.

Exercice A

Exprimez qui fait quoi le matin chez vous:

je	se réveiller de bonne heure
ma mère	se raser
mon père	se brosser les dents
mes parents	s'habiller rapidement
ma sœur	se peigner avec soin
mon frère	se brosser les cheveux pendant une heure
nous	se lever avec difficulté
tu	se dépêcher de prendre son petit déjeuner
	se préparer à partir à huit heures

EXEMPLE: **Nous nous réveillons de bonne heure.**

1. ______________________________

2. ______________________________

3. ______________________________

4. ______________________________

5. ______________________________

6. ______________________________

7. ______________________________

8. ______________________________

Exercice B

Le week-end tout le monde abandonne ses habitudes de la semaine. Exprimez ce que chacun ne fait pas:

EXEMPLE: Mon père n'utilise pas son rasoir.
Mon père ne se rase pas.

1. Je ne mets pas mes vêtements rapidement.

____

2. Nous n'allons pas au lit à 10 h.

____

3. Ma sœur ne met pas de mascara.

____

4. Mes parents ne sont pas fâchés.

____

5. Je n'utilise pas la brosse à cheveux.

____

6. Vous n'utilisez pas la brosse à dents.

____

7. Mon frère ne sort pas du lit avant midi.

____

8. Les enfants ne courent pas pour arriver à l'école à l'heure.

____

Exercice C

Posez des questions personnelles à un/une camarade de classe. Demandez-lui:

EXEMPLE: comment il/elle s'appelle
Comment t'appelles-tu?

1. à quoi il/elle s'amuse

____

2. à quelle heure il/elle se couche

____

3. dans quelle classe il/elle s'ennuie

____

4. quand il/elle se fâche

____

5. à quelle heure il/elle se lève

____

6. avec qui il/elle se promène

____

7. où il/elle se repose

____

8. pourquoi il/elle se plaint souvent

____

Exercice D

Vous interviewez votre professeur de français. Demandez-lui:

EXEMPLE: à quelle heure il/elle se réveille
À quelle heure **vous réveillez-vous?**

1. à quelle heure il/elle se lève
____

2. en quelle occasion il/elle s'ennuie
____

3. pourquoi il/elle se fâche contre les étudiants
____

4. comment il/elle s'entend avec ses élèves
____

5. à quelle heure il/elle s'arrête de travailler
____

6. quand il/elle s'amuse
____

7. où il/elle se promène après l'école
____

8. comment il/elle se repose
____

Exercice E

Utilisez les verbes donnés pour exprimer ce qui se passe dans les cas suivants:

s'en aller	se blesser	se dépêcher	s'endormir
s'ennuyer	se fâcher	se souvenir de	se tromper
se trouver			

EXEMPLE: Roger doit partir. Maintenant il **s'en va**.

1. J'oublie la date de l'examen, mais heureusement Paulette _______________ cette date importante.
2. Quand les petits enfants tombent, ils _______________ souvent au genou.
3. Comme nous sommes en retard pour la fête, nous _______________.
4. Quand un film n'est pas intéressant, vous _______________ en le regardant.
5. Les touristes demandent où _______________ la tour Eiffel et la cathédrale Notre-Dame.
6. Tu es tellement fatigué que tu _______________ tout de suite.
7. Pierre utilise la nouvelle voiture. Papa _______________ et devient furieux.
8. Je ne donne pas la réponse correcte quand je _______________.

2. Reflexive Constructions in Compound Tenses

Compound tenses of reflexive verbs are formed with **être:**

PASSÉ COMPOSÉ	
I washed (have washed) myself	
je *me* suis lavé*(e)*	**nous *nous* sommes lavé*(e)s***
tu *t'*es lavé*(e)*	**vous *vous* êtes lavé*(e)(s)***
il (elle) *s'*est lavé*(e)*	**ils (elles) *se* sont lavé*(e)s***

PLUS-QUE-PARFAIT
I had washed myself
je *m'*étais lavé*(e)*, tu *t'*étais lavé*(e)*, etc.

FUTUR ANTÉRIEUR
I shall (will) have washed myself
je *me* serai lavé*(e)*, tu *te* seras lavé*(e)*, etc.

CONDITIONNEL PASSÉ
I would have washed myself
je *me* serais lavé*(e)*, tu *te* serais lavé*(e)*, etc.

NOTE:

1. In compound tenses, the reflexive pronoun precedes the helping verb. In the negative, **ne** precedes the reflexive pronoun and **pas** follows the helping verb:

Je ne *me suis* pas amusé(e).	*I didn't have fun.*
Nous ne *nous étions* pas amusé(e)s.	*We didn't have fun.*

2. In the interrogative, the subject pronoun and the helping verb are inverted and the reflexive pronoun remains before the helping verb:

***T'es-tu* amusé(e)?**	*Did you have fun?*
Ne *s'étaient-ils* pas amusés?	*Didn't they have fun?*

3. When the reflexive pronoun represents a direct object, the past participle agrees with the reflexive pronoun:

Elle *s'*est coupé*e*.	*She cut herself.*
Ils *se* sont rencontré*s* hier.	*They met (each other) yesterday.*
Les enfants *se* sont couvert*s* de feuilles pour se cacher.	*The children covered themselves with leaves in order to hide.*

When the reflexive pronoun represents an indirect object, the past participle remains unchanged:

Elle s'est coupé le doigt.	*She cut her finger.*
Elle s'est coupé du pain.	*She cut some bread for herself.*

Ils se sont téléphoné.	*They telephoned each other.*
Nous nous sommes écrit ***une longue lettre.****	*We wrote a long letter to each other.*

When the reflexive pronoun represents neither a direct nor an indirect object, the past participle generally agrees with the subject:

Nous* nous sommes *aperçus de l'heure.	*We noticed the hour.*
***Les professeurs* se sont souvenus** des règles.	*The professors remembered the rules.*
Elle* s'est *moquée de vous.	*She made fun of you.*

Exercice F

Racontez l'histoire de ce jeune couple amoureux:

EXEMPLE: se retrouver dans la même classe
Ils se sont retrouvés dans la même classe.

1. se rencontrer au café

____

2. se mettre à discuter

____

3. s'amuser

____

4. se promener dans le parc

____

5. se voir chaque jour

____

6. se parler au téléphone tous les soirs

____

7. s'écrire des lettres d'amour

____

8. s'embrasser tendrement

____

9. se dire: «Je t'aime»

____

10. se fiancer

____

*Note, however, that a preceding direct object requires the agreement of the past participle in a clause with an indirect reflexive object pronoun:

J'ai relu *les lettres que* nous nous sommes écrites.	*I reread the letters that we wrote to each other.*

11. se préparer pour l'avenir

____

12. se marier

____

Exercice G

Expliquez ce qui est arrivé dans les circonstances suivantes. Utilisez les verbes donnés ou d'autres de votre choix:

s'attendre *(to expect)*
s'échapper *(to escape)*
s'intéresser *(to take an interest in)*
se dépêcher *(to hurry)*
se disputer *(to quarrel)*
se fâcher *(to get angry)*
se rappeler *(to remember)*
se reposer *(to rest)*
se sentir *(to feel)*

EXEMPLE: Il avait beacoup de talent, alors nous **nous sommes intéressés** à lui.

1. La grenouille ______________ de sa boîte quand j'ai enlevé le couvercle.
2. Charles ______________ parce qu'il a attendu Marie pendant une heure.
3. Tu ______________ parce que tu n'as pas entendu ton réveil sonner.
4. Je ______________ son numéro de téléphone parce que je l'ai noté sur mon carnet.
5. Robert et André ______________, mais ils ne se sont pas battus.
6. Elle a passé l'après-midi à faire du sport et le soir elle ______________.
7. Tu as reçu une bonne note alors tu ______________ à être récompensé.
8. Hier j'ai eu de la fièvre et je ______________ mal.

Exercice H

Exprimez comment les filles s'étaient préparées pour le grand bal:

EXEMPLES: se réveiller très tôt
Elles s'étaient réveillées très tôt.

se laver les cheveux
Elles s'étaient lavé les cheveux.

1. s'acheter de jolies robes

____

2. s'exercer à danser

____

3. se téléphoner

____

4. se reposer l'après-midi

____

5. se préparer avec soin

____

6. se maquiller

____

7. se regarder dans la glace

____

8. se brosser les dents

____

9. s'habiller lentement

____

10. se mettre en route à huit heures

____

Exercice I

Ce matin le réveil n'a pas sonné et tout le monde est en retard. Exprimez ce que chacun de vous n'a pas fait:

EXEMPLE: nous / se réveiller à l'heure
Nous ne nous sommes pas réveillés à l'heure.

1. je / me lever de bonne heure

____

2. les filles / se maquiller

____

3. Marcel / s'amuser en route

____

4. tu / se servir à déjeuner

____

5. vous / s'habiller avec soin

____

6. nous / s'occuper du ménage

____

7. les garçons / se raser

____

8. tu / se peigner

____

Exercice J

Utilisez les situations données pour poser des questions au conditionnel passé:

EXEMPLE: Si Luc était resté chez lui pendant les vacances. (s'ennuyer)
Se serait-il ennuyé?

1. Si Guy et Didier s'étaient disputés. (se battre)

2. Si tu étais tombée en faisant du ski. (se casser la jambe)

3. Si nous n'avions pas su l'adresse exacte. (se tromper)

4. Si vous n'aviez pas entendu votre réveil. (se réveiller à l'heure)

5. Si Nicolas avait perdu son argent. (s'inquiéter)

6. Si vous n'aviez pas fait attention. (se couper le doigt)

7. Si Renée avait dû attendre son amie pendant une heure. (s'impatienter)

8. Si les filles étaient allées danser. (s'amuser)

Exercice K

En utilisant le futur antérieur exprimez ce que chacune de ces personnes aura fait pour préparer les fêtes de fin d'année:

EXEMPLE: Mme Renard / se préparer à l'avance
Mme Renard se sera préparée à l'avance.

1. je / se mettre à économiser

2. nous / se souvenir d'acheter des cadeaux à tout le monde

3. Grégoire / s'amuser à décorer la maison

4. ils / s'occuper de trouver un arbre de Noël

5. tu / se dépêcher de faire ses achats

6. vous / s'inquiéter d'avoir oublié quelque chose

____

7. je / se plaindre de ne pas avoir assez de temps

____

8. nous / se rappeler d'écrire les cartes de nouvel an

____

3. Reflexive Commands

In negative commands, reflexive pronouns precede the verb. In affirmative commands, they follow the verb. After the verb, **toi** is used instead of **te:**

NEGATIVE IMPERATIVE	
ne *te lave* pas	*don't wash yourself*
ne *vous lavez* pas	*don't wash yourself (yourselves)*
ne *nous lavons* pas	*let's not wash ourselves (get washed)*

AFFIRMATIVE IMPERATIVE	
lave-toi	*wash yourself*
lavez-vous	*wash yourself (yourselves)*
lavons-nous	*let's wash ourselves (get washed)*

Exercice L

Votre ami(e) est toujours en retard pour l'école. Suggérez-lui comment mieux répartir son temps:

EXEMPLE: (se réveiller) **Réveille-toi** à 7 h.
Ne te réveille pas à 7 h 30.

1. (se lever) _______________ à 7 h 15.
_______________ à 7 h 45.

2. (se laver) _______________ à 7 h 20.
_______________ à 7 h 50.

3. (se brosser les dents) _______________ à 7 h 25.
_______________ à 7 h 55.

4. (se brosser les cheveux) _______________ à 7 h 30.
_______________ à 8 h.

5. (s'habiller) _______________ à 7 h 35.
_______________ à 8 h 05.

6. (se promener) _______________ en rentrant.
_______________ en partant.

7. (se coucher) ________________________________ à 10 h.

________________________________ à 11 h.

8. (s'amuser) ________________________________ l'après-midi.

________________________________ le soir.

Exercice M

Sylvie et sa sœur n'écoutent jamais leur mère. Exprimez ce que leur mère leur demande:

EXEMPLE: (s'endormir sur le sofa)
Ne vous endormez pas sur le sofa.
(s'endormir dans son lit)
Endormez-vous dans votre lit.

1. (s'habiller dans la cuisine)

____

(s'habiller dans sa chambre)

____

2. (s'amuser dans le salon)

____

(s'amuser dans le jardin)

____

3. (se laver dans la cuisine)

____

(se laver dans la salle de bains)

____

4. (se maquiller dans sa chambre)

____

(se maquiller dans la salle de bains)

____

5. (se brosser les cheveux dans la cuisine)

____

(se brosser les cheveux dans la salle de bains)

____

6. (se promener dans la rue)

____

(se promener dans le parc)

____

7. (s'en aller à 9 h)

____

(s'en aller à 8 h)

____

8. (se reposer sur le divan)

____

(se reposer sur le lit)

____

Exercice N

Utilisez le verbe entre parenthèses pour exprimer les conseils ou les instructions que vous donneriez selon chaque cas. Utilisez l'impératif à l'affirmatif ou au négatif:

EXEMPLE: Votre frère veut quitter la maison, mais vous voulez qu'il reste. (s'en aller)
Ne t'en va pas.

1. Vous gardez des enfants et ils ont très sommeil. (se coucher)

____

2. Vous étudiez et votre frère ne s'arrête pas de bavarder. (se taire)

____

3. C'est la première fois que Martine part en colonie de vacance. (s'amuser)

____

4. Vous n'avez pas réussi à votre examen de mathématiques et vous le dites à vos parents. (se fâcher)

____

5. Une amie et sa mère arrivent chez vous. Vous les invitez à entrer. (s'asseoir)

____

6. Vous êtes dans un parc d'attractions et vous allez monter sur les montagnes russes avec un ami qui a peur. (s'inquiéter)

____

7. Votre ami et vous, vous venez de finir un match de tennis. Vous allez manger et vous avez les mains sales. (se laver les mains)

____

8. Vous allez à une fête avec des amis. Vous allez arriver trop tôt. (se dépêcher)

____

4. Reflexive Constructions With Infinitives and Participles

a. When used with an infinitive, the reflexive pronoun precedes the infinitive:

J'allais ***m'*amuser**.	*I was going to enjoy myself.*
Il ne va pas **s'amuser**.	*He is not going to enjoy himself.*
Allons-nous ***nous* amuser?**	*Are we going to enjoy ourselves?*

b. When used with a present or perfect participle, the reflexive pronoun precedes the participle:

Il s'est coupé **en *se* rasant.**	*He cut himself while shaving.*
S'étant couchées tôt hier soir, elles avaient l'air reposées.	*Having gone to bed early last night, they looked rested.*

Exercice O

Exprimez ce que chacun fait au lieu indiqué:

EXEMPLE: Je vais dans la salle de bains. (se raser)
Je vais me raser dans la salle de bains.

1. Ils vont à la discothèque. (s'amuser)

____

2. Je vais dans ma chambre. (se coucher)

____

3. Tu vas dans la salle de bains. (se laver)

____

4. Maman va dans le salon. (se reposer)

____

5. Nous allons dans la cuisine. (se servir un verre d'eau)

____

6. Vous allez au parc. (se promener)

____

Exercice P

Pourquoi ces personnes sont-elles irritées? Exprimez ce qu'elles ne peuvent pas faire:

EXEMPLE: Jean n'a pas d'argent.
Il ne peut pas s'amuser.

1. Papa n'a pas son rasoir.

____

2. Les filles n'ont pas leur maquillage.

____

3. Je n'ai pas ma brosse à dents.

____

4. Nous n'avons pas nos vêtements.

____

5. Tu n'as pas ta brosse à cheveux.

____

6. Vous n'avez pas votre savon.

____

Exercice Q

Vos amis se plaignent. Utilisez les suggestions données pour leur demander ce qu'ils veulent faire:

SUGGESTIONS:	se réconcilier	se reposer	se coucher
	s'asseoir	se dépêcher	s'amuser
	se laver		

EXEMPLE: Je suis épuisé.
Veux-tu te coucher?

1. J'ai mal aux pieds.

   ____

2. Je vais être en retard.

   ____

3. Je m'ennuie.

   ____

4. Je me suis disputé avec lui.

   ____

5. J'ai fini tout mon travail.

   ____

6. Je suis sale.

   ____

Exercice R

Vos parents travaillent dur. Qu'est-ce qu'ils veulent faire maintenant? Posez-leur des questions:

EXEMPLE: (se reposer)
Voulez-vous vous reposer?

1. (s'asseoir)

   ____

2. (s'en aller)

   ____

3. (se mettre à table)

   ____

4. (se promener)

   ____

5. (s'amuser)

   ____

6. (s'arrêter de travailler)

   ____

5. Summary of the Position of Reflexive Pronouns

SIMPLE TENSES	**Tu *te* laves.** **Vous *vous* laviez.**	*You wash yourself.* *You washed yourself (yourselves).*
COMPOUND TENSES	**Tu *t'*es lavé*(e)*.** **Vous *vous* étiez lavé*(e)(s)*.**	*You washed yourself.* *You had washed yourself (yourselves).*
INFINITIVE	**Tu veux *te* laver.** **Vous vouliez *vous* laver.**	*You want to wash yourself (get washed).* *You wanted to wash yourself (yourselves).*
PRESENT PARTICIPLE PERFECT PARTICIPLE	**En *se* lavant . . .** ***S'*étant lavé*(e)* . . .**	*While washing (getting washed) . . .* *Having washed . . .*
COMMANDS	**Lave-*toi*.** **Lavez-*vous*.** **Ne *te* lave pas.** **Ne *vous* lavez pas.**	*Wash yourself.* *Wash yourself (yourselves).* *Don't wash yourself.* *Don't wash yourself (yourselves).*

6. Uses of Reflexive Verbs

a. Most French verbs that take an object, direct or indirect, may be made reflexive. Compare:

La mère *habille* sa petite fille.
The mother dresses her little girl.

La petite fille *s'habille*.
The little girl gets dressed (dresses herself).

J'*achète* un chapeau à mon père.
I buy a hat for my father.

Je *m'achète* un chapeau.
I buy a hat for myself.

Exercice S

Exprimez ce que fait chaque personne en utilisant le verbe approprié:

appeler/s'appeler
coucher/se coucher
laver/se laver
maquiller/se maquiller
promener/se promener
réveiller/se réveiller

1. La vieille dame ______________ au parc quand elle ______________ ses chiens.
2. Les parents ______________ à six heures du matin puis ils ______________ leurs enfants.
3. Le soir, vous ______________ d'abord les enfants puis vous ______________.
4. Nous ______________ notre voiture puis nous ______________.
5. Je ______________ Jean et j'______________ mon chien Fifi.
6. Tu ______________ ta copine pour le carnaval puis tu ______________.

b. Some verbs have special meanings when used reflexively:

BASIC MEANING	REFLEXIVE MEANING
agir *to act*	**(il) s'agir de** *to be a question of*
apercevoir *to see, notice*	**s'apercevoir de** *to realize*
attendre *to wait for*	**s'attendre à** *to expect*
battre *to beat*	**se battre** *to fight*
changer *to replace; to alter*	**se changer** *to change clothes*
demander *to ask*	**se demander** *to wonder*
douter de *to doubt, question*	**se douter de** *to suspect*
occuper *to occupy*	**s'occuper de** *to take care of*
passer *to pass, spend time*	**se passer de** *to do without*
rappeler *to call again*	**se rappeler** *to remember, recall*
servir *to serve*	**se servir de** *to use*
tromper *to deceive*	**se tromper** *to be mistaken*

Exercice T

Il y a un dîner important au restaurant «Chez Pierre». Complétez les phrases en utilisant le verbe correct:

EXEMPLE: (passer, se passer de) Les clients **passent** l'heure du déjeuner «Chez Pierre» parce qu'ils ne peuvent pas **se passer** de ses spécialités.

1. (agir, s'agir de) Les employés ____________ sérieusement parce qu'il ____________ clients importants.
2. (passer, se passer de) Les garçons ____________ beaucoup de temps à servir les clients parce qu'ils ne veulent pas ____________ leurs pourboires.
3. (servir, se servir de) Le garçon ____________ un grand plateau parce qu'il ____________ beaucoup de clients.
4. (changer, se changer) Une fois le travail terminé, le garçon ____________ les couverts puis ____________ avant de rentrer chez lui.
5. (attendre, s'attendre à) Le garçon ____________ avec patience parce qu'il ____________ recevoir un bon pourboire.
6. (demander, se demander) Une cliente ____________ si elle peut ____________ le prix des spécialités.
7. (apercevoir, s'apercevoir) Le garçon ____________ qu'il y a un problème quand il ____________ une jeune fille qui pleure.
8. (occuper, s'occuper de) Les Manon ____________ une table près de la fenêtre pour que leur garçon préféré ____________ eux.
9. (rappeler, se rappeler) M. Dutard ____________ le garçon parce qu'il vient de ____________ qu'il voulait commander autre chose.
10. (battre, se battre) M. Renard ____________ du poing sur la table parce qu'il ne veut pas que ses enfants ____________.

c. Some verbs are always used reflexively in French but not usually in English:

s'écrier *to exclaim*	**se fier à** *to trust*
s'écrouler *to collapse*	**se lamenter** *to lament, grieve*
s'efforcer de *to strive to*	**se méfier de** *to distrust*
s'empresser de *to hasten to*	**se moquer de** *to make fun of*
s'en aller *to leave, go away*	**se soucier de** *to care about*
s'enfuir *to flee*	**se souvenir de** *to remember*
s'évanouir *to faint*	

d. A verb that is reflexive in French need not be reflexive in English:

Vous vous trompez.	*You are mistaken.*
Qu'est-ce qui se passe?	*What is happening?*

e. In a reflexive construction, the definite article is used instead of the possessive adjective with parts of the body to indicate possession:

Il s'est cassé *la* jambe.	*He broke his leg.*
Je me brosse *les* cheveux.	*I brush my hair.*

Exercice U

Richard vient de construire une étagère qu'il est très fier de montrer à ses amis. Complétez les phrases avec les verbes donnés:

s'écrier	s'empresser de	se méfier
s'écrouler	s'en aller	se moquer de
s'efforcer de	s'enfuir	

1. Richard ______________________________ montrer son étagère à ses amis.
2. Ses amis ______________________________ car elle n'a pas l'air très solide.
3. Richard pose un gros livre sur une planche et toute l'étagère se met à trembler. Richard ______________________________: «Attention!»
4. Ses amis rient et ______________________________ lui.
5. Et, tout à coup, l'étagère ______________________________!
6. Ses amis ______________________________ de la pièce pour ne pas recevoir les planches sur la tête.
7. Richard ______________________________ rester calme.
8. Ses amis ______________________________ et le laissent seul pour tout remettre en ordre.

f. Reflexive verbs in the plural may express reciprocal action corresponding to English *each other, one another:*

Nous nous aidons.	*We help one another.*
Ils ne s'écrivent pas.	*They do not write to each other.*

NOTE: The phrase **l'un(e) l'autre** (*each other*) or **les un(e)s les autres** (*one another*) may be added to clarify or reinforce the meaning of the reflexive pronoun:

Les filles se regardent.	{ *The girls look at each other.* *The girls look at themselves.*
Les filles se regardent *les unes les autres*.	*The girls look at each other.*

Exercice V

En vous servant des suggestions données, exprimez comment les sujets de votre choix montrent leurs sentiments les uns pour les autres:

SUGGESTIONS:		
	Georges et Liliane	se parler tout le temps au téléphone
	Mon petit ami et moi, nous	s'écrire des lettres d'amour
	Roger et Anne	se voir tous les jours
	Paul et toi, vous	se parler à voix basse
	André et Christine	s'entendre à merveille
	Jean-Paul et moi, nous	s'embrasser souvent
	Annette et toi, vous	se rencontrer tous les jours après l'école

EXEMPLE: **Roger et Anne se parlent à voix basse.**

1. ______________________________
2. ______________________________
3. ______________________________
4. ______________________________
5. ______________________________
6. ______________________________

♦ MASTERY EXERCISES ♦

Exercice W

Répondez à ces questions personnelles par une phrase complète:

1. À quelle heure t'es-tu levé dimanche dernier?

____

2. Combien de fois par jour te brosses-tu les dents?

____

3. Comment s'appellait ton(ta) meilleur(e) ami(e) quand tu avais 10 ans?

____

4. Te dépêches-tu pour aller à l'école?

____

5. À qui te fierais-tu si tu avais des problèmes?

____

6. De qui te méfies-tu?

____

7. Avec qui te disputes-tu?

____

8. T'en iras-tu en vacances cet été?

____

9. Quand te couches-tu de bonne heure?

____

10. Pourquoi t'étais-tu fâché la dernière fois?

____

Exercice X

Remplacez dans chaque phrase l'expression en caractères gras par un verbe approprié de la liste ci-dessous:

s'apercevoir	se marier avec	se reposer
s'habiller	se mettre à	se servir de
se dépêcher	se promener	se tromper

EXEMPLE: Marthe **a commencé** à faire ses devoirs.
Marthe **s'est mise** à faire ses devoirs.

1. Tu **avais remarqué** que la fenêtre était ouverte.

____

2. Didier et Laure **ne font jamais d'erreurs.**

____

3. Si nous avions eu le temps, nous **aurions fait une promenade.**

____

4. Le professeur **a utilisé** mon livre parce qu'il avait oublié le sien.

____

5. Je **mettais mes vêtements** quand le téléphone a sonné.

____

6. Lucie **aura épousé** Marcel d'ici l'année prochaine.

____

7. Vous **courez** pour ne pas être en retard.

____

8. Si nous le pouvions, nous **ferions la sieste** tous les après-midi.

____

Exercice Y

Claude explique ce qu'il fait en colonie de vacances pendant l'été. Aidez-le à s'exprimer:

1. At 6:00 a.m. the counselor screams: "Wake Up!"

____

2. I never get up immediately. Sometimes I fall asleep again.

____

3. My friends and I wash ourselves and go to the dining room to eat breakfast.

4. Everyone has a good time and no one complains.

5. If you don't pay attention when you play, you can break your arm or your leg.

6. I never get bored and I never get angry.

7. In the afternoon we put on our bathing suits and we swim in the lake.

8. Sometimes we take walks in the woods.

9. The counselor always says: ''Don't make fun of the rules.''

10. The food is awful and I often wonder if I can ask for a steak.

11. When they serve us dinner, they use paper plates.

12. At night we wash our clothes and then we fall asleep quickly.

13. My friends and I write to each other twice a week.

14. At the end of the summer, I usually don't want to leave.

12

Passive Constructions

In the active voice, the subject generally performs some action. In the passive voice, the subject is acted upon:

ACTIVE: **L'élève *achète* un livre.** *The student buys a book.*

PASSIVE: **Le livre *est acheté par* l'élève.** *The book is bought by the student.*

1. Forms and Use of the Passive

The passive construction in French is similar to English: subject + form of **être** + past participle + **par** + agent (doer) if the agent is mentioned:

Elle *a été renversée par* une voiture. *She was knocked down by a car.*
La maison *avait été vendue par* ma mère. *The house had been sold by my mother.*
Les chaises *seront recouvertes.* *The chairs will be covered.*
Cette église *fut construite* au XVe siècle. *That church was built in the 15th century.*

NOTE:

1. In the passive, since the past participle is conjugated with **être,** it agrees in gender and number with the subject.
2. The agent is preceded by **par.** With certain verbs, **par** may be replaced by **de:**

Il était respecté *de* tous ses collègues. *He was respected by all of his colleagues.*
Elle sera accompagnée *de* son frère. *She will be accompanied by her brother.*
Il est aimé *de* tous. *He is loved by all.*

Exercice A

***Hélène est très fière du rôle de sa famille dans le développement de la ville où elle habite. Exprimez ce qu'elle dit à une nouvelle amie pendant une promenade en ville. Utilisez les verbes* construire, créer, dédier, donner, offrir, payer, planter, réaliser:**

EXEMPLE:

Ce gratte-ciel a été construit par mon grand-père.

1. 

2. 

3. 

4. 

5. 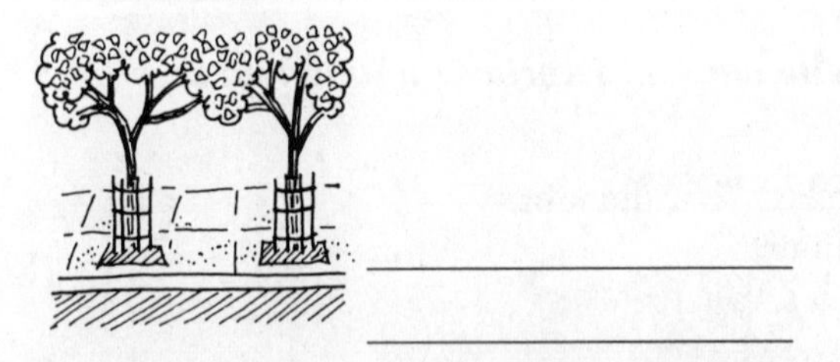

6. 

7. 

8. 

Exercice B

Exprimez par qui ces choses ont été faites:

EXEMPLE: Champlain a fondé la ville de Québec.
La ville de Québec a été fondée par Champlain.

1. Georges Bizet a composé l'opéra «Carmen».

____

2. Auguste Rodin a sculpté «Le Penseur».

____

3. Georges Braque a fondé l'école cubiste.

____

4. Honoré de Balzac a écrit «La Comédie humaine».

____

5. Louis XIV a dit: «L'État, c'est moi».

____

6. La Salle a exploré le Mississippi.

____

7. Henri Becquerel a découvert la radioactivité.

____

8. Jean-François Millet a peint «Les Glaneuses».

____

Exercice C

La famille Arnaud se fait bâtir une nouvelle maison. Exprimez quand tout sera fini:

EXEMPLE: La salle de bains **sera finie** demain.
(finir)

1. L'électricité _______________ lundi.
(brancher)
2. La climatisation _______________ la semaine prochaine.
(installer)
3. Les murs _______________ vendredi.
(tapisser)
4. Le garage _______________ le mois prochain.
(faire)
5. Le grenier _______________ dans deux semaines.
(aménager)
6. La cuisine _______________ bientôt.
(terminer)
7. Les fleurs _______________ mercredi.
(planter)
8. Tous les travaux _______________ avant la fin de l'été.
(achever)

2. Substitute Constructions for the Passive

The passive is used less frequently in French than in English. The following active constructions are generally substituted for the passive.

a. An active construction with the pronoun **on** followed by the third-person singular of the verb:

Ici *on parle* anglais.	*English is spoken here.*
Est-ce qu'*on a* tout *fait?*	*Has everything been done?*
***On avait vendu* la maison.**	*The house had been sold.*
***On entendra* la cloche.**	*The bell will be heard.*
***Peut-on* le guérir?**	*Can he be cured?*

Exercice D

La maison des Legrand a été cambriolée. Exprimez dans quel état les inspecteurs ont trouvé la maison:

EXEMPLE: vider les tiroirs
On a vidé les tiroirs.

1. renverser les meubles
____

2. fouiller dans tous les papiers
____

3. prendre le poste de télévision et la stéréo
____

4. jeter les vêtements par terre
____

5. laisser des empreintes digitales sur les murs
____

6. voler tous les bijoux
____

7. ouvrir le coffre-fort
____

8. laisser l'argent sous le matelas
____

Exercice E

Exprimez les sentiments de ces personnes:

EXEMPLE: Pierre est furieux. (voler le portefeuille)
On lui a volé son portefeuille.

1. Annette est fière. (donner une bourse)
____

2. Rémy est intrigué. (envoyer un télégramme)
____

3. Nancy est contente. (offrir une augmentation de salaire)

____

4. Thierry est malheureux. (faire des reproches)

____

5. Liliane est reconnaissante. (promettre un bon poste)

____

6. Roger est mécontent. (mentir)

____

7. Pauline est heureuse. (faire des compliments)

____

8. Jacques est triste. (apporter une mauvaise nouvelle)

____

Exercice F

Les membres d'un club secret ont fait des farces. Exprimez ce qu'ils ont fait:

EXEMPLE: Des chocolats au poivre ont été servis à la cantine de l'école.
On a servi des chocolats au poivre à la cantine de l'école.

1. La mascotte de l'équipe de football a été volée.

____

2. La statue devant la mairie a été peinte en rouge.

____

3. De la musique de danse a été jouée partout dans la ville à minuit.

____

4. La façade du centre commercial a été escaladée.

____

5. Les résultats ont été annoncés avant le match.

____

6. La photo d'une soucoupe volante a été publiée dans le journal.

____

7. Le pont a été recouvert de tissu.

____

8. Un terrain de base-ball a été utilisé pour atterrir en parachute pendant le match.

____

b. Some passive constructions may be replaced by a reflexive verb:

Est-ce que les billets *se vendent* ici?	*Are tickets sold here?*
Il *s'appelle* Alain.	*He is called (His name is) Alain.*
Le français *se parle* en Belgique.	*French is spoken in Belgium.*
Beaucoup d'arbres *se voyaient* le long de la route.	*Many trees were seen along the road.*
Tout à coup la porte *s'est ouverte*.	*Suddenly the door was opened.*

Exercice G

Expliquez avec quoi on prépare ces spécialités françaises:

EXEMPLE: la mousse / du chocolat
La mousse se fait avec du chocolat.

1. la salade niçoise / du thon

____

2. la bouillabaisse / du poisson

____

3. le ragoût / du bœuf

____

4. la quiche / du fromage

____

5. une bombe / de la glace

____

6. la choucroute garnie / du porc

____

7. le pâté / du foie

____

8. une bavaroise / de la crème

____

Exercice H

Exprimez ce que Gilbert remarque pendant son voyage en France en changeant les phrases selon le modèle:

EXEMPLE: L'anglais est parlé partout.
L'anglais se parle partout.

1. Les cartes oranges sont vendues dans le métro.

____

2. Le restaurant le plus célèbre de Paris est appelé «Maxim's».

____

3. Le dîner est pris entre sept et huit heures.

____

4. Les banques sont ouvertes à neuf heures.

____

5. Les boutiques sont fermées entre midi et deux heures.

____

6. Les timbres sont achetés au bureau de tabac.

____

7. L'école est terminée le 30 juin.

____

8. La fête nationale est célébrée le 14 juillet.

____

♦ MASTERY EXERCISES ♦

Exercice I

Votre amie française vous parle de ses grands-parents. Mettez les phrases suivantes à la forme active:

1. Mes grands-parents seront toujours admirés par tout le monde.

____

2. J'ai été fortement influencée par eux.

____

3. J'ai toujours été gâtée par mes grands-parents.

____

4. Toute ma famille a été inspirée par leur courage et leur générosité.

____

5. Leur maison avait été occupée pendant la guerre.

____

6. Leur ville avait été totalement détruite par les bombardements.

____

7. Les orphelins de guerre ont été énormément aidés par la bonté et l'altruisme de mes grands-parents.

____

8. Le journal de guerre de mon grand-père sera publié en anglais l'année prochaine.

____

Exercice J

Exprimez ce qui se fait en France:

EXEMPLE: On termine les cours à 5 h.
Les cours se terminent à 5 h.

1. On boit du vin blanc avec le poisson.

____

2. On ouvre les magasins à 9 heures du matin.

____

3. On vend les cartes postales au bureau de tabac.

____

4. On trouve des cafés partout.

____

5. On comprend l'anglais dans les grands magasins.

____

6. On mange la salade à la fin du repas.

____

7. On dispute le Tour de France en juillet.

____

8. On porte des vêtements très chics toute la journée.

____

Exercice K

Exprimez ce qui se passera aux noces de Marie et de David en changeant les phrases:

EXEMPLE: Le maire lira l'acte de mariage.
L'acte de mariage sera lu par le maire.

1. Un chauffeur conduira la famille de Marie.

____

2. Le garçon d'honneur apportera les alliances.

____

3. Les fiancés échangeront les vœux de mariage.

____

4. À la sortie les invités jetteront du riz.

____

5. À neuf heures le restaurateur servira le dîner.

____

6. Les jeunes mariés recevront beaucoup de cadeaux.

____

Exercice L

Léon raconte à son frère ce qu'il a lu dans un article à propos de l'orage d'hier soir. Exprimez ce qu'il dit en français:

1. The city was surprised by a storm last night.

 ____

2. Many trees were destroyed by the rain.

 ____

3. Fires were caused by lightning.

 ____

4. The streets were flooded by the river.

 ____

5. The schools were closed by the authorities.

 ____

13

Subjunctive

1. Subjunctive in French

Chapters 1 through 12 in this book deal with verb constructions in the indicative mood. The term mood describes the form of the verb showing the subject's attitude. In this and the next two chapters, you will see how the subjunctive mood enables speakers of French to express a variety of attitudes through different verb forms and constructions.

a. The indicative and the subjunctive

The indicative mood states facts and expresses certainty or reality. The subjunctive mood expresses uncertainty, doubt, wishes, desires, conjecture, suppositions, and conditions that are unreal or contrary to fact. The subjunctive occurs much more frequently in French than in English.

b. Use of the subjunctive

In French, the subjunctive normally occurs in dependent clauses introduced by a conjunction containing **que** or by a relative pronoun (usually **qui** or **que**):

Téléphonez-moi **avant que** ***je parte.***	*Call me before I leave.*
Nous cherchons une secrétaire **qui** ***sache*** parler arabe.	*We are looking for a secretary who knows how to speak Arabic.*
Je doute **que** ***vous compreniez.***	*I doubt (that) you understand.*

NOTE:

1. Verbs in the present subjunctive may express actions that take place in the present or in the future:

Il faut que ***tu partes.***	*It is necessary that you leave. (You must leave.)*
Il est possible que ***nous perdions*** le match.	*It is possible that we will loose the match.*

2. French subjunctive forms may have various English equivalents. Compare all examples in Chapters 13, 14, and 15 carefully.

2. Present Subjunctive of Regular Verbs

The present subjunctive of most verbs is formed by dropping the **-ent** ending of the third person plural (**ils** form) of the present indicative and adding **-e, -es, -e, -ions, -iez, -ent:**

parl*er*	**fin*ir***	**vend*re***
je parl*e*	**je finiss*e***	**je vend*e***
tu parl*es*	**tu finiss*es***	**tu vend*es***
il / elle parl*e*	**il / elle finiss*e***	**il / elle vend*e***
nous parl*ions*	**nous finiss*ions***	**nous vend*ions***
vous parl*iez*	**vous finiss*iez***	**vous vend*iez***
ils / elles parl*ent*	**ils / elles finiss*ent***	**ils / elles vend*ent***

NOTE:

1. This pattern also applies to most verbs that have irregular forms in the present indicative:

   Il faut que *tu mettes* les bottes. — *It is necessary that you put on the boots.*
   Je doute que *nous sortions*. — *I doubt that we will go out.*
   Il est possible que *je connaisse* Marc. — *It is possible that I know Marc.*

2. The **nous** and **vous** forms of the present subjunctive are identical to the **nous** and **vous** forms of the imperfect indicative.

Exercice A

Exprimez ce qu'il reste à faire aux employés du bureau avant la fin de la journée:

EXEMPLE: je / parler à mon client
Il faut que je parle à mon client.

1. nous / finir notre travail

____

2. Adrien / signer le contrat

____

3. Annie et Claire / fournir les renseignements demandés

____

4. vous / répondre au courrier

____

5. tu / réussir à contacter l'ingénieur

____

6. Jean et Paul / rendre leur rapport

____

7. je / attendre le messager

____

8. Lise / classer les documents importants

____

3. Present Subjunctive of Verbs With Two Stems

Some verbs use two different stems to form the present subjunctive:

the third person plural stem of the present indicative (**ils** form) for **je, tu, il/elle, ils/elles**

the first person plural stem of the present indicative (**nous** form) for **nous** and **vous:**

INFINITIVE	**ils** FORM	**nous** FORM	SUBJUNCTIVE	
boire	**ils *boi*vent**	**nous *buv*ons**	**je boive tu boives il / elle boive**	**nous buv*ions* vous buv*iez* ils / elles boiv*ent***
venir	**ils *vienn*ent**	**nous *ven*ons**	**je vienne tu viennes il / elle vienne**	**nous ven*ions* vous ven*iez* ils / elles vienn*ent***
recevoir	**ils *reçoi*vent**	**nous *recev*ons**	**je reçoive tu reçoives il / elle reçoive**	**nous recev*ions* vous recev*iez* ils / elles reçoiv*ent***

Other verbs with two stems:

apercevoir:	**j'*aperçoive***	**nous *apercev*ions**	**mener:**	**je *mène***	**nous *men*ions**
appeler:	**j'*appelle***	**nous *appel*ions**	**mourir:**	**je *meure***	**nous *mour*ions**
acheter:	**j'*achète***	**nous *achet*ions**	**payer:**	**je *paie****	**nous *pay*ions**
croire:	**je *croie***	**nous *croy*ions**	**préférer:**	**je *préfère***	**nous *préfér*ions**
devoir:	**je *doive***	**nous *dev*ions**	**prendre:**	**je *prenne***	**nous *pren*ions**
ennuyer:	**j'*ennuie***	**nous *ennuy*ions**	**répéter:**	**je *répète***	**nous *répét*ions**
envoyer:	**j'*envoie***	**nous *envoy*ions**	**tenir:**	**je *tienne***	**nous *ten*ions**
employer:	**j'*emploie***	**nous *employ*ions**	**voir:**	**je *voie***	**nous *voy*ions**
jeter:	**je *jette***	**nous *jet*ions**			

Exercice B

Exprimez ce que ces personnes doivent faire pour préparer leur fête:

EXEMPLE: Il faut que je **voie** (voir) le fleuriste.

1. Il faut que Marc ______________ (envoyer) les invitations.

2. Il est nécessaire que vous ______________ (appeler) le pâtissier.

3. Il est important que je ______________ (acheter) tout à l'avance.

4. Il est essentiel que Janine ______________ (venir) m'aider.

*Verbs ending in **-ayer** also have present-subjunctive forms that retain the **y: je *paye*.**

5. Il est préférable que nous ______________________ des assiettes en papier.
(employer)

6. Il est bon que les garçons ______________________ leur voiture.
(prendre)

7. Il faut que tu ______________________ les invités toi-même.
(recevoir)

8. Il est gentil que mes parents ______________________ tout.
(payer)

Exercice C

Exprimez ce que cette personne au régime doit faire en complétant cette interview avec la forme correcte du verbe au subjonctif:

1. (s'apercevoir)

De quoi faut-il que vous vous ______________________ avant de commencer ce programme?

Il faut que je m'______________________ que j'ai de très mauvaises habitudes alimentaires.

2. (prendre)

À quoi faut-il que vous ______________________ part si vous suivez ce programme?

Il faut que je ______________________ part à toutes les réunions.

3. (boire)

Pourquoi est-il nécessaire que vous ______________________ du jus de légumes?

Il est nécessaire que j'en ______________________ pour ne pas manquer de vitamines.

4. (payer)

Combien faut-il que vous ______________________?

Il faut que je ______________________ cinquante dollars à chaque visite.

5. (voir)

Est-il essentiel que vous ______________________ souvent le docteur?

Oui, il est essentiel que je le ______________________ une fois par semaine.

6. (jeter)

Qu'est-il important que vous ______________________ à la poubelle?

Il est important que je ______________________ tous mes bonbons à la poubelle.

7. (croire)

Est-il impératif que vous ______________________ en ce programme pour réussir?

Oui, il est impératif que je ______________________ en ce programme.

8. (répéter)

Que faut-il que vous vous ______________________ souvent?

Il faut que je me ______________________: «Je vais maigrir!»

4. Subjunctive After Impersonal Expressions

The subjunctive is used after impersonal expressions of doubt, emotion, and opinion:

il est amusant *it is amusing*	**il est nécessaire** *it is necessary*
il est bon *it is good*	**il est normal** *it is normal*
il est dommage *it is a pity, it is too bad*	**il est possible** *it is possible*
il est douteux *it is doubtful*	**il est préférable** *it is preferable*
il est essentiel *it is essential*	**il est surprenant** *it is surprising*
il est étonnant *it is amazing*	**il est temps** *it is time*
il est gentil *it is nice, it is kind*	**il est urgent** *it is urgent*
il est impératif *it is imperative*	**il est utile** *it is useful*
il est important *it is important*	
il est impossible *it is impossible*	**il convient** *it is fitting (proper)*
il est indispensable *it is indispensable*	**il faut** *it is necessary*
il est injuste *it is unfair*	**il se peut** *it is possible*
il est juste *it is fair*	**il semble** *it seems*
il est intéressant *it is interesting*	**il suffit** *it is enough*
il est ironique *it is ironic*	**il vaut mieux** *it is better*

Il est urgent *que tu voies* le médecin. — *It is urgent that you see the the doctor.*
Il vaut mieux *que nous disions* la vérité. — *It is better that we tell the truth.*

NOTE: Most of the impersonal expressions listed above may also be used with **c'est** in place of **il est:**

C'est dommage *qu'il pleuve.* — *It's too bad that it rains.*

Exercice D

Une amie et vous parlez d'une fête que vous allez donner chez vous. Exprimez vos opinions:

EXEMPLE: il se peut / Roger / ne pas assister à la fête
Il se peut que Roger n'assiste pas à la fête.

1. il faut / maman / acheter plein de desserts

____

2. il est douteux / Hélène / apporter quelque chose

____

3. il est important / tu / arriver chez moi à l'heure

____

4. il est possible / je / inviter la voisine

____

5. il vaut mieux / mes frères / sortir ce soir-là

____

6. il est nécessaire / nous / cuisiner pour vingt personnes

____

7. il convient / je / aider ma mère

____

8. il est essentiel / tout le monde / s'amuser

____

Exercice E

Imaginez que vous faites un voyage en avion. Exprimez les précautions qu'il convient de prendre. Employez les expressions suggérées:

il faut	les gens	prendre note des sorties de secours
il est important	les passagers	suivre les conseils de sécurité
il convient	les enfants	prêter attention aux annonces
il vaut mieux	tout le monde	prendre sa place tout de suite
il est nécessaire	nous	rester assis(e,es)
il est essentiel	tu	mettre son sac sous le siège
il est utile	je	boucler sa ceinture de sécurité

EXEMPLE: **Il est essentiel que nous mettions notre sac sous le siège.**

1. ____
2. ____
3. ____
4. ____
5. ____
6. ____

Exercice F

Exprimez cinq choses que vous estimez nécessaires pour améliorer les conditions de vie dans la ville où vous habitez. Utilisez une expression impersonnelle dans chaque phrase:

EXEMPLES: **Il est urgent que le maire loge les sans-abri.**
Il faut qu'on nourrisse les pauvres.

1. ____
2. ____
3. ____
4. ____
5. ____

Exercice G

Commentez ces situations sociales. Choisissez l'expression impersonnelle convenable:

EXEMPLE: on / combattre la pollution
Il est important qu'on combatte la pollution.

1. l'assurance médicale / coûter si cher

____

2. les adultes / abuser les enfants

____

3. certains préjugés / exister encore de nos jours

____

4. les nations / réduire leur stock d'armes nucléaires

____

5. les groupes intéressés / essayer de sauver les espèces en voie de disparition

____

____

6. le gouvernement / augmenter les impôts

____

7. on / punir les criminels

____

8. les jeunes / voter

____

9. les chercheurs scientifiques / trouver un remède contre la grippe

____

10. le gouvernement / nourrir les pauvres

____

Exercice H

Donnez votre opinion en utilisant le plus d'expressions possible de la liste:

il est bon	il est indispensable	il est utile
il est douteux	il est juste	il faut
il est essentiel	il est préférable	il se peut
il est étonnant	il est temps	il vaut mieux

EXEMPLE: étudier davantage
Il est temps que j'étudie davantage.

1. devenir riche

____

2. recevoir une bourse

____

3. réussir à tous mes examens

____

4. apprendre une langue étrangère

____

5. étudier à l'université

____

6. obéir au règlement de l'école

____

7. rendre service

____

8. dire la vérité

____

5. Present Subjunctive of Irregular Verbs

These verbs have irregular subjunctive forms:

a. Verbs with one stem:

faire: ***je fasse, tu fasses, il/elle fasse, nous fassions, vous fassiez, ils/elles fassent***

pouvoir: ***je puisse, tu puisses, il/elle puisse, nous puissions, vous puissiez, ils/elles puissent***

savoir: ***je sache, tu saches, il/elle sache, nous sachions, vous sachiez, ils/elles sachent***

falloir: ***il faille***

pleuvoir: ***il pleuve***

b. Verbs with two stems:

aller	
j'aille	nous allions
tu ailles	vous alliez
il / elle aille	ils / elles aillent

avoir	
j'aie	nous ayons
tu aies	vous ayez
il / elle ait	ils / elles aient

être	
je sois	nous soyons
tu sois	vous soyez
il / elle soit	ils / elles soient

valoir	
je vaille	nous valions
tu vailles	vous valiez
il / elle vaille	ils / elles vaillent

vouloir	
je veuille	nous voulions
tu veuilles	vous vouliez
il / elle veuille	ils / elles veuillent

Exercice I

Complétez les phrases avec la forme correcte du verbe au subjonctif:

1. (aller) Il est nécessaire que j'________________ en ville.

2. (avoir) Il faut que nous ________________ le temps de finir notre travail.

3. (savoir) Il est important que Robert ________________ exactement quand les Dupont vont arriver.

4. (être) Il faut que Janine et Luc ________________ à l'heure ce soir.

5. (pouvoir) Il est essentiel que tu ________________ m'accompagner à la conférence.

6. (faire) Il vaut mieux que vous ________________ le ménage maintenant.

7. (vouloir) Il est gentil que Laurent et Michel ________________ garder les enfants ce soir.

Exercice J

Complétez les opinions de ces personnes en utilisant la forme correcte du verbe au subjonctif:

aller	être	falloir	pouvoir
avoir	faire	pleuvoir	valoir

1. La terre est très aride. Il faut qu'il ________________.

2. Il faut que nous ________________ attention à l'environnement.

3. Il est nécessaire que je ________________ inscrit pour voter.

4. Il est possible qu'un jour il ________________ abandonner les voitures à essence au profit des voitures électriques.

5. Il est improbable que nous ________________ habiter sur Mars avant la fin du siècle.

6. Il est dommage que l'on ne ________________ pas avoir la paix dans le monde tout de suite.

7. Il est essentiel que tous les enfants ________________ les mêmes chances de réussir.

8. Il est regrettable qu'une maison ________________ si cher de nos jours.

Exercice K

Quand vous rentrez, vous vérifiez les messages qu'on a laissés sur votre répondeur téléphonique. Exprimez ce que vous entendez en combinant un élément de chaque colonne:

Il est douteux		aller à la réunion ensemble
Il est essentiel		avoir l'occasion de me rappeler
Il est important	elle	être à l'heure ce soir
Il est impossible	ils	faire le travail tout de suite
Il est indispensable	je	te voir ce week-end
Il est nécessaire	nous	obtenir les renseignements nécessaires
Il est possible	tu	pleuvoir le jour de notre rendez-vous
Il est urgent	vous	pouvoir te rencontrer plus tard
Il faut	il	savoir quand tu seras libre
Il se peut		valoir la peine d'aller en ville
Il vaut mieux		vouloir m'aider samedi

EXEMPLE: **Il vaut mieux que je te voie ce week-end.**

1. ______
2. ______
3. ______
4. ______
5. ______
6. ______
7. ______
8. ______
9. ______
10. ______

♦ MASTERY EXERCISES ♦

Exercice L

Exprimez vos opinions en complétant les phrases suivantes:

1. Il est urgent que je ______.
2. Il faut que je ______.
3. Il est important que je ______.
4. Il convient que je ______.
5. Il est étonnant que je ______.
6. Il est surprenant que je ______.
7. Il vaut mieux que je ______.
8. Il est normal que je ______.
9. Il suffit que je ______.
10. Il est bon que je ______.

Exercice M

En vous servant du subjonctif, exprimez trois solutions possibles à chacun des problèmes suivants:

Pour protéger notre environnement:

1. ______
2. ______
3. ______

Pour diminuer la délinquance des jeunes:

4. ______

5. ______

6. ______

Pour limiter le chômage:

7. ______

8. ______

9. ______

Exercice N

Cet après-midi vous avez une entrevue de travail pour un poste de caissier. Votre oncle vous donne des conseils. Exprimez en français ce qu'il vous dit:

1. It is not necessary for you to wear a suit, but it is better that you not wear jeans.

______

2. It is normal for you to be nervous.

______

3. It is better that you arrive early for the interview.

______

4. It is important that you do your best.

______

5. It is essential that you appear confident.

______

6. It is useful that you bring your references.

______

7. It is possible that you will not get the job.

______

8. It is time for you to leave for the interview.

______

14

Subjunctive (continued)

1. Past Subjunctive

The past subjunctive is formed with the present subjunctive of **avoir** or **être** and the past participle:

défendre	tomber	s'amuser
j'aie défendu tu aies défendu il / elle ait défendu	je sois tombé(e) tu sois tombé(e) il / elle soit tombé(e)	je me sois amusé(e) tu te sois amusé(e) il / elle se soit amusé(e)
nous ayons défendu vous ayez défendu ils / elles aient défendu	nous soyons tombé(e)s vous soyez tombé(e)(s) ils / elles soient tombé(e)s	nous nous soyons amusé(e)s vous vous soyez amusé(e)(s) ils / elles se soient amusé(e)s

NOTE: Like the **passé composé,** the past subjunctive is used to express an action that has already taken place:

Il est dommage qu'*il* n'*ait* pas *étudié.* — *It is a pity that he didn't study.*

Il semble qu'*ils soient sortis.* — *It seems they have gone out.*

Exercice A

Exprimez les opinions des étudiants au sujet de la vie de Napoléon en vous servant du passé du subjonctif:

EXEMPLE: il est remarquable / il / presque conquérir l'Europe entière
Il est remarquable qu'il ait presque conquis l'Europe entière.

1. il est dommage / son empire / tomber à cause de son orgueil

____

2. il est étonnant / Napoléon / se couronner empereur

____

3. il est important / il / devenir empereur

____

4. il est juste / on / le reconnaître comme un homme de génie et d'imagination

____

5. il est amusant / il / recevoir le surnom de «Petit Caporal»

____

6. il est intéressant / il / être si petit et si puissant

____

7. il est injuste / 500.000 jeunes hommes / mourir à cause de son ambition

____

8. il est ironique / il / terminer sa vie seul et exilé

____

2. Subjunctive After Expressions of Command, Wishing, Doubt, Emotion

a. The subjunctive is used after verbs and expressions of command, demand, desire, permission, preference, prohibition, request, wanting, and wishing:

aimer mieux *to prefer*	**exiger** *to demand*
commander *to order*	**insister** *to insist*
consentir *to consent*	**interdire** *to prohibit*
défendre *to forbid*	**ordonner** *to order*
demander *to ask, demand*	**permettre** *to permit*
désirer *to desire*	**préférer** *to prefer*
empêcher *to prevent*	**souhaiter** *to wish*
vouloir *to wish, want*	

J'aime mieux *que tu fasses* tout.	*I prefer that you do everything.*
Son père défend *qu'elle devienne* actrice.	*Her father forbids her to become an actress.*
Nous exigeons *que vous alliez* à la conférence.	*We demand that you go to the conference.*
Préférez-vous *que nous restions* ici?	*Do you prefer that we stay here?*
Je veux *que tu fasses* de ton mieux.	*I want you to do your best.*

NOTE:

1. The subjunctive in French is often equivalent to an infinitive in English:

Sa mère veut *qu'il fasse* la vaisselle.	*His mother wants him to wash the dishes.*
Mes parents défendent *que je fume.*	*My parents forbid me to smoke.*

2. In all of the examples above, the verb in the main clause and the verb in the dependent clause have different subjects. If the subjects in both clauses are the same, **que** is omitted and the infinitive is used instead of the subjunctive. Compare:

***Elles* voudraient** que ***nous* allions** à la fête.	*They would like us to go to the party.*
***Elles* voudraient aller** à la fête.	*They would like to go to the party.*
***Mon frère* préfère** que ***je* fasse** la vaisselle.	*My brother prefers that I do the dishes.*
***Mon frère* préfère faire** la vaisselle.	*My brother prefers to do the dishes.*

Exercice B

Exprimez les commentaires de Robert sur ces personnes:

ma mère	aimer mieux	vous	laver la voiture
mon père	demander	je	finir les devoirs
mes parents	désirer	ma sœur	se coucher tôt
le professeur	exiger	mes frères	sortir ce soir
vous	interdire	les élèves	répondre avec respect
tu	ordonner	nous	aller au supermarché
je	permettre	il	faire le ménage
nous	préférer	elles	être poli
le directeur	souhaiter	tu	avoir une bonne attitude
mes grands-parents	défendre		voir ce film
	vouloir		quitter l'école sans permission

EXEMPLE: **Mon père interdit que je sorte ce soir.**

1. ______________________________
2. ______________________________
3. ______________________________
4. ______________________________
5. ______________________________
6. ______________________________
7. ______________________________
8. ______________________________
9. ______________________________
10. ______________________________

b. The subjunctive is used after verbs and expressions of feeling or emotion, such as fear, joy, sorrow, regret, and surprise:

être
- **agacé** *to be annoyed*
- **content** *to be happy, glad*
- **désolé** *to be sorry, distressed*
- **embarrassé** *to be embarrassed*
- **enchanté** *to be delighted*
- **énervé** *to be irritated*
- **ennuyé** *to be annoyed*
- **étonné** *to be astonished*
- **fâché** *to be angry*
- **fier** *to be proud*
- **flatté** *to be flattered*
- **furieux** *to be furious*
- **gêné** *to be bothered*
- **heureux** *to be happy*
- **irrité** *to be irritated*

être
- **malheureux** *to be unhappy*
- **mécontent** *to be displeased*
- **ravi** *to be delighted*
- **surpris** *to be surprised*
- **triste** *to be sad*

avoir
- **crainte** *to be afraid*
- **honte** *to be ashamed*
- **peur** *to be frightened*

- **craindre** *to fear*
- **regretter** *to be sorry*
- **s'étonner** *to be astonished*
- **se fâcher** *to be angry*
- **se réjouir** *to rejoice, be happy*

Vous êtes content *que nous venions.*	*You are happy (that) we are coming.*
Nous regrettons *que vous ayez attendu.*	*We are sorry (that) you waited.*
Il s'étonne *que j'aie gagné* la compétition.	*He is astonished (that) I won the competition.*
Elles sont tristes *qu'ils ne puissent pas* y aller.	*They are sad (that) they can't go there.*
Je crains *qu'elle ne tombe.*	*I fear (that) she may fall.*

NOTE: Expressions of fear in affirmative sentences generally take **ne** with the subjunctive:

***Nous avons peur* qu'ils *ne* se fâchent.**	*We are afraid (that) they may get angry.*

If the verb of fearing is negative or interrogative, **ne** is not used:

Je *ne* crains *pas* qu'elle tombe.	*I'm not afraid (that) she may (will) fall.*
Avez-vous peur qu'il découvre la vérité?	*Are you afraid (that) he may (will) find out the truth?*

Exercice C

Éric et Anne ne sont jamais d'accord. Exprimez ce que chacun dit de leur prochain voyage:

EXEMPLE: Les Dupont vont en France avec nous.
Éric: **Je suis ravi qu'ils aillent** en France avec nous.
Anne: **Je suis désolée qu'ils aillent** en France avec nous.

1. Papa et maman veulent aller à Paris.

Éric: ______________________________

Anne: ______________________________

2. Nous pouvons les accompagner.

Éric: ______________________________

Anne: ______________________________

3. Marie vient aussi.

Éric: ______________________________

Anne: ______________________________

4. Nous faisons le voyage cet été.

Éric: ______________________________

Anne: ______________________________

5. Nous prenons le Concorde.

Éric: ______________________________

Anne: ______________________________

6. Il faut rentrer en août.

Éric: ______________________________

Anne: ______________________________

7. Nous avons deux mois de vacances.

Éric: ______________________________

Anne: ______________________________

8. Nous allons visiter de la famille.

Éric: ______________________________

Anne: ______________________________

Exercice D

Utilisez les éléments de chaque colonne pour former des phrases au passé du subjonctif:

maman	être triste	je	finir tard
mon petit ami	être désolé	ma sœur	maigrir
nos parents	être ennuyé	Mme Lévêque	sortir avec ses amis
tu	être enchanté	nous	être malade
Véronique	être fâché	tu	rentrer si tard
je	être ravi	un ami	réussir
vous	être content	le professeur	refuser de l'aider
nous	regretter	Henri	croire votre histoire
elles	s'étonner		manquer le match

EXEMPLE: **Véronique est ennuyée qu'un ami ait refusé de l'aider.**

1. ______________________________

2. ______________________________

3. ______________________________

4. ______________________________

5. ______________________________

6. ______________________________

7. ______________________________

8. ______________________________

Exercice E

Exprimez ce que les membres de la famille Rougon craignent:

EXEMPLE: la grand-mère / son mari / tomber malade
La grand-mère craint que son mari ne tombe malade.

1. M. Rougon / sa société / faire faillite

____

2. Mme Rougon / son mari / oublier son rendez-vous chez le dentiste

____

3. Jean / un monstre / se cacher sous son lit

____

4. Grégoire / son amie / rater le cours d'histoire

____

5. les filles / leurs parents / être fâchés

____

6. Micheline / sa meilleure amie / arriver en retard au concert

____

7. les garçons / leurs grands-parents / être trop fatigués pour venir

____

8. le grand-père / il / pleuvoir à verse

____

C. (1) The indicative is used after expressions of certainty:

je suis sûr(e) *I am sure*
je suis certain(e) *I am certain*
il est certain *it is certain*
il est clair *it is clear*
il est évident *it is evident*
il est exact *it is exact*
il paraît *it appears*
il est probable *it is probable*
il est sûr *it is sure*
il est vrai *it is true*

Je suis sûr qu'*elle viendra.*	*I'm sure she will come.*
Il est vrai qu'*ils ont gagné* à la loterie.	*It's true that they won the lottery.*

When these expressions are used negatively or interrogatively, thereby implying uncertainty or doubt, the subjunctive is used in the dependent clause that follows:

Je ne suis pas sûr qu'*elle vienne.*	*I'm not sure she will come.*
Est-il vrai qu'*ils aient gagné* à la loterie?	*Is it true that they won the lottery?*

(2) The verbs **croire, espérer,** and **penser** are followed by the indicative when used affirmatively (expressing certainty) and by the subjunctive when used negatively or interrogatively (implying uncertainty or doubt):

J'espère qu'*il paiera* la facture à temps. — **Je ne pense pas qu'*il puisse* la payer avant la fin du mois.**	*I hope he will pay the bill on time. — I don't think he can pay it before the end of the month.*
Pensez-vous *que Jacques soit arrivé?* — Oui, **je pense *qu'il est arrivé*** ce matin.	*Do you think Jacques has arrived? — Yes, I think he arrived this morning.*

NOTE: In the interrogative and negative, the verbs **croire** and **penser** may be followed by the indicative when there is little or no doubt in the speaker's mind:

Je ne crois pas *qu'elle viendra.*	*I do not believe she will come.* [She probably won't come.]
Je ne crois pas *qu'elle vienne.*	*I do not believe she will come.* [She might not come.]

Croyez-vous *que Marie dit* la vérité? — *Do you believe Marie is telling the truth?* [Speaker has no doubt Marie is telling the truth.]

Croyez-vous *que Marie dise* la vérité? — *Do you believe Marie is telling the truth?* [Speaker doubts Marie is telling the truth.]

Exercice F

Votre frère cadet ne dit pas toujours la vérité. Exprimez vos réponses:

EXEMPLE: Marie connaît Michael Jackson.
Je doute qu'elle connaisse Michael Jackson.

1. Nous allons en France.

___

2. Édouard joue au tennis tous les jours.

___

3. Le professeur de français fera un voyage sur la lune.

___

4. Cette bague vaut plus de mille dollars.

___

5. Il y a une émission épatante à la télévision.

___

6. Un martien atterrira sur la Terre aujourd'hui.

___

7. Toi et moi, nous préparons le dîner ce soir.

___

8. Élise reçoit un cadeau de Marc.

___

9. Lise sort avec Georges ce soir.

___

10. Maman punira Suzanne.

___

Exercice G

Exprimez ce que Charles pense en écoutant le bulletin météo:

EXEMPLE: L'orage peut causer beaucoup de dégâts. (il semble)
Il semble que l'orage puisse causer beaucoup de dégâts.

1. L'orage commencera vers 7 h. (il est possible)

___

2. Les vents seront très forts. (je doute)

____

3. Vous ne devrez pas sortir. (est-il vrai)

____

4. Il y aura du tonnerre et des éclairs. (il se peut)

____

5. L'orage touchera toute la région. (je ne crois pas)

____

6. La pluie inondera les rues. (il est impossible)

____

7. Il y aura beaucoup de dommages. (je ne suis pas certain)

____

8. L'orage durera longtemps. (il n'est pas sûr)

____

9. Les lignes téléphoniques seront endommagées. (il n'est pas probable)

____

10. L'électricité sera coupée. (je ne pense pas)

____

11. Nous devons prendre des précautions. (il n'est pas clair)

____

12. C'est un bulletin correct. (il est douteux)

____

Exercice H

Exprimez qui doute ou croit les choses suivantes. Employez le subjonctif ou l'indicatif, selon le cas:

je sais	Roger finit ses cours à quatre heures.
elle doute	Je reçois de bonnes notes.
vous êtes certain	Sophie cherche un autre poste.
nous ne sommes pas sûrs	Vous savez parler allemand.
il est douteux	Nous allons à la plage demain.
il est possible	Tu me prêtes ta nouvelle voiture.
il est probable	Charles vend sa bicyclette.
ils croient	Nous nous rappelons la date.
elle ne pense pas	Elles peuvent le faire.
espères-tu	Elle achète cette robe.
est-il vrai	Vous êtes intelligent.

EXEMPLES: Ils croient que Charles vend sa bicyclette.
Il est douteux que Charles vende sa bicyclette.

1. ______________________________

2. ______________________________
3. ______________________________
4. ______________________________
5. ______________________________
6. ______________________________
7. ______________________________
8. ______________________________
9. ______________________________
10. ______________________________

Exercice I

Bernard est très en retard ce soir et sa petite amie s'inquiète. Exprimez ce qu'elle pense:

EXEMPLE: rater son train
Il est possible qu'il ait raté son train.

1. travailler tard ce soir

____

2. oublier notre rendez-vous

____

3. avoir un accident

____

4. aller faire des courses

____

5. se faire mal

____

6. rencontrer un ami

____

7. sortir avec ses copains

____

8. se mettre en route très tard

____

♦ MASTERY EXERCISES ♦

Exercice J

Complétez ces paragraphes avec la forme correcte des verbes entre parenthèses:

1. La mère de Jean attend des invités ce soir. Elle veut que Jean l'______________ (1 aider). Il faut d'abord qu'il ______________ (2 mettre) le couvert. Ensuite, il est nécessaire que Jean

________________ au supermarché. Jean veut ________________ sa bicyclette,
3 (aller) **4** (prendre)
mais sa mère défend qu'il y ________________ à bicyclette. Il est dommage que Jean ne
5 (aller)
________________ pas y aller à bicyclette parce que sa mère veut ________________.
6 (pouvoir) **7** (se dépêcher)

2. C'est aujourd'hui un jour horrible pour Robert. Il faut qu'il ________________ chez le
8 (aller)
dentiste. Il est essentiel qu'il ________________ examiner ses dents, sinon il va avoir
9 (faire)
des caries. Robert craint que le dentiste ne lui ________________ une dent. Sa mère lui
10 (arracher)
ordonne de ________________ chez le dentiste. Il souhaite que le cabinet
11 (partir)
________________ fermé ce jour-là. Malheureusement, ce n'est pas le cas. La secrétaire
12 (être)
le reçoit. Elle regarde le registre et dit: «Il semble qu'il y ________________ un pro-
13 (avoir)
blème. Il est possible que nous ________________ oublié de noter votre rendez-vous. Je
14 (avoir)
ne vois pas votre nom et le dentiste est trop occupé pour qu'il ________________ vous
15 (pouvoir)
voir aujourd'hui. Il faut que vous ________________ un autre rendez-vous.» Robert re-
16 (prendre)
grette qu'il lui ________________ fixer une autre date. Puis il repart chez lui, heureux. Il
17 (falloir)
semblerait qu'aujourd'hui ________________ son jour de chance!
18 (être)

3. C'est une journée intéressante au tribunal. Le juge a ordonné que l'accusé

________________ contre les charges portées contre lui. Il est surprenant que l'accusé
19 (se défendre)
________________ innocent. Son avocat jure qu'il ________________ la vérité. Il
20 (se dire) **21** (dire)
est évident que les jurés ne le ________________ pas quand il donne sa version des faits.
22 (croire)
Le verdict est rendu. Le jury a estimé qu'il était juste que l'accusé ________________ en
23 (rester)
prison cinq ans. Il est douteux que l'avocat ________________ appel parce qu'il est im-
24 (faire)
possible qu'il ________________ de nouveaux témoins.
25 (trouver)

4. Il est possible que le jour de la rentrée des classes ne ________________ pas facile pour
26 (être)
Louis. Cette année, il faut qu'il ________________ un programme très difficile. Le pro-
27 (suivre)
fesseur exige que ses étudiants ________________ dur et il est rare qu'un élève
28 (travailler)
________________ de bonnes notes. Ses amis insistent sur le fait qu'il ne
29 (recevoir)
________________ jamais manquer de classe parce que le professeur n'aime pas que les
30 (devoir)

étudiants ______ (31 être) absents. Il est certain que Louis ______ (32 devoir) beaucoup étudier cette année.

5. Les jeunes espèrent que la neige ______ (33 recouvrir) bientôt les montagnes d'un manteau blanc. Ils veulent ______ (34 aller) faire du ski et, pour ce faire, il faut qu'il y ______ (35 avoir) beaucoup de neige. Joseph demande que ses parents lui ______ (36 prêter) cent dollars pour l'excursion. Son père sait qu'il est douteux que Joseph lui ______ (37 rendre) l'argent un jour, mais il veut que son fils ______ (38 profiter) de ses vacances. Il exige seulement qu'il ______ (39 faire) attention parce qu'il est possible que les montagnes ______ (40 être) couvertes de glace. Mais il est naturel que ces jeunes gens ______ (41 vouloir) s'amuser.

Exercice K

En employant les expressions données, composez huit phrases d'une lettre où vous acceptez l'invitation d'un(e) ami(e) à la mer pendant une semaine:

1. Je suis content(e) que ______.
2. Crois-tu que ______?
3. Ma sœur est ravie que ______.
4. Je doute que ______.
5. Je suis désolé(e) que ______.
6. Je suis surpris(e) que ______.
7. Je préfère que ______.
8. Mes parents veulent que ______.

Exercice L

Exprimez en français les critiques que les élèves vont publier dans une édition spéciale du journal de l'école:

1. The president of the student association wishes students to be more active.

______

______

2. We want teachers to inform students of important administrative decisions.

______

______

3. We don't think that parents have participated enough in school decisions. We insist that parents be more active.

4. It is certain that Mr. Durer, our Latin teacher, will be fired. We demand that the administration tell us why.

5. We are furious that library hours have been reduced. We demand that the library stay open until 8 p.m.

6. Students fear that the administration will raise the price of school lunches.

7. It seems that the administration has refused to buy computers for the math department. We think that this is a terrible decision.

8. The school will no longer allow students to play sports after 6 o'clock in the evening.

15

Subjunctive (continued)

1. Subjunctive After Certain Conjunctions

a. Conjunctions that express time:

en attendant que } *until*
jusqu'à ce que }

avant que *before*

Je lui dirai au revoir **avant qu'*elle ne parte.*** — *I will tell her good-bye before she leaves.*

b. Conjunctions that express purpose:

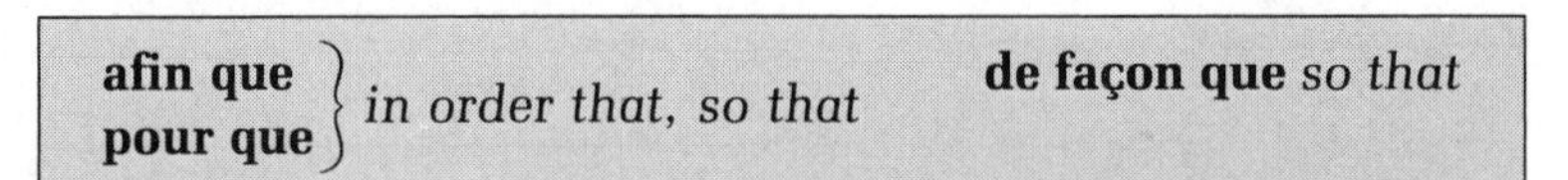

afin que } *in order that, so that*
pour que }

de façon que *so that*

Le professeur parle lentement **afin que** ***les élèves puissent*** le comprendre. — *The teacher speaks slowly so that the students can understand him.*

c. Conjunctions that express condition:

à condition que } *provided that*
pourvu que }

à moins que *unless*

Elle réussira **pourvu qu'*elle fasse*** attention. — *She will succeed provided that she pays attention.*

d. Conjunctions that express concession:

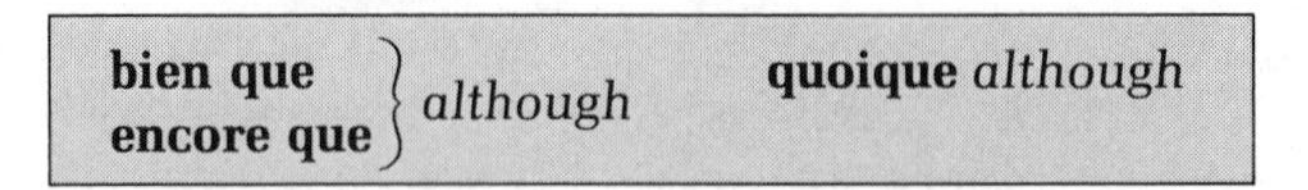

bien que } *although*
encore que }

quoique *although*

Bien qu'*il fasse* mauvais temps, nous viendrons. — *Although the weather is bad, we will come.*

e. Conjunctions that express negation:

sans que *without*

Je peux le faire **sans que** ***vous m'aidiez.*** — *I can do it without your helping me.*

f. Conjunctions that express fear:

de crainte que **de peur que**	*for fear that*

Tu te dépêches **de crainte qu'*elle ne t'attende.*** — *You hurry for fear that she is waiting for you.*

NOTE:

1. **À moins que, avant que, de peur que,** and **de crainte que** are generally followed by **ne** before the verb unless the sentence is negative.
2. The following conjunctions are followed by the indicative:

   après que *after*
   aussitôt que *as soon as*
   dès que *as soon as*
   parce que *because*
   pendant que *while*
   peut-être que *perhaps*
   puisque *since*
   tandis que *while, whereas*

3. If the subjects of the main and the dependent clauses are the same, an infinitive construction is used instead of the subjunctive:

   Je lui parlerai *avant de venir.* — *I will speak to him before I come (before coming).*
   Nous avons attendu *afin de le voir.* — *We waited in order to see him.*
   Je me lave toujours les mains *avant de manger.* — *I always wash my hands before I eat (before eating).*
   Il est parti *sans dire au revoir.* — *He left without saying good-bye.*

Exercice A

Mme Laurent et son fils Bernard sont chez le docteur et attendent leur tour dans la salle d'attente. Exprimez ce que Mme Laurent dit à l'infirmière:

EXEMPLE: Il rira. Le docteur l'examine. (jusqu'à ce que)
Il rira jusqu'à ce que le docteur l'examine.

1. Il lira un livre. Le docteur le reçoit. (en attendant que)

____

2. Il jouera. Vous l'appelez. (avant que)

____

3. Il sourira. Je lui dis d'entrer dans le cabinet du docteur. (avant que)

____

4. Il attendra le docteur. Elle est prête. (jusqu'à ce que)

____

5. Il pleurera. Elle lui fait une piqûre. (de peur que)

____

6. Il vous regardera. Vous lui donnez une sucette. (en attendant que)

____

Exercice B

Exprimez en français pourquoi les membres de votre famille font les choses suivantes:

EXEMPLE: maman nous réveille / afin que / nous / arriver à l'école à l'heure
Maman nous réveille afin que nous arrivions à l'école à l'heure.

1. nous sortons de la chambre / pour que / notre petit frère / pouvoir dormir

____

2. papa donne de l'argent à Luc / afin que / il / aller au supermarché

____

3. j'amène mon frère au zoo / pour que / il / voir les animaux

____

4. ma sœur parle à voix basse / afin que / je / ne pas pouvoir l'entendre

____

5. mes grands-parents se dépêchent / pour que / je / les emmener en ville en voiture

____

6. mon cousin téléphone / afin que / nous / aller le chercher à la gare

____

7. papa me dit de bien travailler / pour que / je / réussir dans mes examens

____

Exercice C

Guillaume a du mal à suivre son cours de français. Vous voulez l'aider. Exprimez ce que vous dites à Guillaume:

EXEMPLE: Je te téléphonerai chaque jour pour que tu **puisses** (pouvoir) me poser des questions.

1. Je t'aiderai à condition que tu _______________ (étudier) beaucoup.
2. Je ne viendrai pas chez toi à moins que tu ne _______________ (promettre) d'être sérieux.
3. Je te prêterai mes livres jusqu'à ce que tu n'en _______________ (avoir) plus besoin.
4. Je t'aiderai pourvu que tu _______________ (faire) de ton mieux.
5. Je corrigerai tout ton travail pour que tu _______________ (rendre) des devoirs bien faits.
6. Tu ne me paieras pas à moins que tu ne _______________ (réussir).
7. Je parlerai avec toi lentement de façon que tu _______________ (comprendre).

Exercice D

Exprimez ce que font les personnes suivantes malgré leurs difficultés:

EXEMPLE: Ils jouent au tennis. Ils ont 80 ans. (encore que)
Ils jouent au tennis encore qu'ils aient 80 ans.

1. J'apprends à nager. J'ai peur de l'eau. (quoique)

____

2. Nous allons participer au championnat. Nous savons que nous allons perdre. (bien que)

____

3. Tu cours le 100 mètres. Tu souffres de la cheville. (encore que)

____

4. Marc et Jacques vont à la piscine. Ils sont enrhumés. (quoique)

____

5. Vous faites beaucoup de sport. Vous êtes handicapé. (bien que)

____

6. Viviane va au cours de karaté. Elle se sent fatiguée. (encore que)

____

Exercice E

***Répondez aux questions qu'un(e) ami(e) vous pose en employant l'expression* sans que:**

EXEMPLE: As-tu demandé la permission à ton père?
Non, il est parti sans que je lui aie demandé la permission.

1. As-tu parlé à Charles?

____

2. As-tu donné l'argent à Jean?

____

3. As-tu montré la photo à Pierre?

____

4. As-tu lu la lettre à Alexandre?

____

5. As-tu expliqué le problème à Nancy?

____

6. As-tu prêté ton livre à Michelle?

____

Exercice F

***Exprimez ce que font ces personnes pour éviter les problèmes. Employez l'expression* de crainte que:**

EXEMPLE: Les Martin ne font pas de ski. Leurs enfants se font mal.
Les Martin ne font pas de ski de crainte que leurs enfants ne se fassent mal.

1. Les Caron ne sortent pas. M. Caron attrape un rhume.

____

____

2. Mme Poiraud ne donne pas de chocolat à son fils. Il grossit.

____

____

3. M. Lenoir ne donne pas d'argent à sa fille. Elle dépense tout.

____

____

4. Mme Maupin ne permet pas à son fils de conduire sans elle. Il va trop vite.

____

____

5. M. Junot ne laisse pas de détergents en évidence. Son enfant en boit.

____

____

6. Mme Dutour aide toujours sa mère. Elle se fatigue trop.

____

____

Exercice G

Utilisez les expressions données et complétez les phrases selon votre choix:

à condition que	afin que	jusqu'à ce que	pourvu que
à moins que	bien que	pour que	quoique

1. J'achèterai un baladeur ______________________.

2. J'offrirai une montre à mon père ______________________.

3. Je te rendrai ce service ______________________.

4. Je ne t'aiderai pas ______________________.

5. Je te conduirai à l'école ______________________.

6. Je te prêterai de l'argent ______________________.

7. Je t'attendrai ______________________.

8. Je te parlerai de cette affaire ______________________.

Exercice H

Combinez les phrases avec les expressions indiquées:

EXEMPLE: Elles appellent le médecin. (de peur) Anne est très malade.
Elles appellent le médecin de peur qu'Anne ne soit très malade.

Elles appellent le médecin. (de peur) Elles sont très malades.
Elles appellent le médecin de peur d'être très malades.

1. Nous irons au cinéma. (à condition) Tu finis tes devoirs.

____

Nous irons au cinéma. (à condition) Nous finissons nos devoirs.

____

2. Vous êtes allés au restaurant. (afin) Jean peut manger du ragoût.

____

Vous êtes allés au restaurant. (afin) Vous pouvez manger du ragoût.

____

3. M. Rameau a apporté un manteau. (de crainte) Sa femme attrape froid.

____

M. Rameau a apporté un manteau. (de crainte) Il attrape froid.

____

4. Elle quitte le magasin. (sans) Sa fille essaie les chaussures.

____

Elle quitte le magasin. (sans) Elle essaie les chaussures.

____

5. Nous allons aller au Louvre. (avant) Il quitte Paris.

____

Nous allons aller au Louvre. (avant) Nous quittons Paris.

____

Exercice I

Choisissez la forme convenable du verbe pour compléter chaque phrase:

Pendant qu'ils ______________ (**1** (étaient, aient été)) au cinéma, des voleurs sont entrés dans la maison des Dupont. Bien que leur domicile ______________ (**2** (est, soit)) bien gardé, les criminels sont entrés aussitôt que la maison ______________ (**3** (a été, ait été)) vide. Ils ont choisi cette maison parce que tout le monde ______________ (**4** (sait, sache)) que Mme Dupont a des bijoux

formidables. Elle les garde enfermés de façon qu'un voleur ne ________ pas
5 (peut, puisse)

les trouver. Malheureusement, quoiqu'elle ________ de son mieux pour les
6 (a fait, ait fait)

cacher, les voleurs ont trouvé tous ses bijoux. En plus, comme M. Dupont ________
7 (est, soit)

riche, les voleurs espéraient également trouver beaucoup d'argent chez lui. Peut-être que M.

Dupont ________ s'acheter un coffre-fort. Après qu'ils ________
8 (devrait, doive) 9 (sont revenus, soient revenus)

du cinéma, les Dupont ont découvert le vol. Mme Dupont a pleuré pendant que M. Dupont

________ à la police. Quel malheur!
10 (téléphonait, ait téléphoné)

2. Subjunctive in Relative Clauses

The subjunctive is used in relative clauses if the antecedent person or thing in the main clause is indefinite, nonexistent, or desired but not yet found:

SUBJUNCTIVE	INDICATIVE
Elle cherche un appartement qui *soit* confortable. *She is looking for an apartment that is comfortable.* [She may never find one.]	**Elle a un appartement qui *est* confortable.** *She has an apartment that is comfortable.* [She has one.]
Connaissez-vous quelqu'un qui *veuille* travailler? *Do you know anyone who wants to work?* [indefinite]	**Il connaît quelqu'un qui *veut* travailler.** *He knows someone who wants to work.* [definite person]
Je ne peux trouver personne qui *puisse* m'aider. *I can't find anyone who can help me.* [Such a person may not exist.]	**J'ai trouvé quelqu'un qui *peut* m'aider.** *I found someone who can help me.* [There is such a person.]

Exercice J

Les Poussin viennent d'acheter une résidence secondaire. Exprimez ce que M. Poussin demande à son nouveau voisin et les réponses de celui-ci:

EXEMPLE: un plombier / pouvoir réparer mon lavabo
Connaissez-vous un plombier qui puisse réparer mon lavabo?
Je connais un plombier qui peut réparer votre lavabo.

1. un maçon / vouloir construire un garage

____

____

2. un mécanicien / être honnête

3. un électricien / tenir ses promesses

4. un tapissier / poser le papier peint correctement

5. un ingénieur / vérifier les fondations des maisons

6. quelqu'un / faire le ménage

7. un jardinier / prendre soin des fleurs

8. un bricoleur / avoir les outils nécessaires

Exercice K

Vous faites du tourisme en France. Demandez à votre guide:

EXEMPLE: un magasin / prendre l'argent américain
Y a-t-il un magasin qui prenne l'argent américain?

1. un théâtre / mettre en scène des pièces américaines

2. un kiosque / recevoir le «New York Times»

3. un restaurant / servir des plats diététiques

4. un pharmacien / faire des produits à base de plantes

5. un bus / aller à Versailles

6. un hôtel / être climatisé

____

7. un étudiant / vouloir apprendre l'anglais

____

8. un interprète / pouvoir m'aider

____

Exercice L

Vous êtes président(e) d'une société en plein développement et vous cherchez de nouveaux employés. Vous dites à vos associés:

EXEMPLE: un employé / apprendre vite
Nous cherchons un employé qui apprenne vite.

1. une secrétaire / connaître le traitement de texte

____

2. un comptable / être minutieux

____

3. une directrice / s'entendre bien avec les employés

____

4. un chef de personnel / comprendre les besoins de notre société

____

5. une dactylo / taper vite à la machine

____

6. un homme d'affaires / établir de bons contrats

____

7. une gérante / avoir au moins dix ans d'expérience

____

8. une vendeuse / savoir parler anglais

____

3. Subjunctive After Superlative Expressions

The subjunctive is used after superlative expressions generally showing an opinion or an emotion: **le premier** *(the first)*, **le dernier** *(the last)*, **le seul** *(the only)*, **l'unique** *(the only)*, and **ne . . . que** *(only)* when it is used as a superlative:

C'est le meilleur café qu'*on puisse acheter*.	*That's the best coffee you can buy.*
C'est la seule personne qui *sache le faire*.	*That's the only person who knows how to do it.*

Ce sont les plus beaux vases que *j'aie jamais vus*. — *They are the most beautiful vases I have ever seen.*

Il n'y a qu'une personne ici qui *sache parler chinois*. — *There is only one person here who knows how to speak Chinese.*

Exercice M

Complétez les opinions de ces personnes:

1. La Citroën est la seule voiture que je ______________________. (vouloir)

2. «Love Me Tender» est le disque le plus récent que ma mère ______________________. (avoir)

3. Paris est la plus belle ville que je ______________________. (connaître)

4. La mousse est le meilleur dessert que mon père ______________________. (faire)

5. Le président est le seul qui ______________________ la vérité. (savoir)

6. Il n'y a que les films de Hitchcock qui ______________________ intéressants. (être)

Exercice N

Exprimez votre opinion en répondant aux questions:

1. Qui est le meilleur comédien que vous ayez jamais vu jouer?

____

2. Qui est le meilleur chanteur que vous soyez jamais allé(e) voir en concert?

____

3. Qui est la plus belle actrice que vous ayez jamais vue?

____

4. Qui est le personnage historique le plus important que vous ayez jamais étudié?

____

5. Quelle est la plus jolie ville que vous ayez jamais visitée?

____

6. Quel est le sport le plus épuisant que vous ayez jamais pratiqué?

____

7. Quel est le plat le plus délicieux que vous ayez jamais goûté?

____

8. Quel est le livre le plus intéressant que vous ayez jamais lu?

____

4. Subjunctive in Third-Person Commands

The subjunctive is used in indirect imperatives or independent clauses expressing commands or wishes:

Qu'elle le fasse tout de suite!	*Let her do it at once!*
Qu'il entre!	*Let him come in!*
Qu'ils réussissent!	*May they succeed!*
Vive la France!	*Long live France!*

Exercice O

M. et Mme Sommier viennent d'avoir un enfant. Exprimez ce que leurs amis leur disent:

EXEMPLE: vivre longtemps
Qu'il vive longtemps!

1. rendre votre vie heureuse

____

2. grandir en bonne santé

____

3. pouvoir réaliser ses rêves

____

4. être intelligent

____

5. réussir dans la vie

____

6. avoir de la chance

____

7. accomplir de grandes choses

____

8. devenir célèbre

____

Exercice P

Jeanne vient de passer une demi-heure dans le bureau du directeur de l'école à cause de sa mauvaise conduite. Exprimez ce que le directeur dit au professeur de Jeanne:

EXEMPLE: se conduire bien
Qu'elle se conduise bien!

1. aller en classe à l'heure

____

2. apprendre ses leçons

____

3. faire ses devoirs

____

4. se mettre à travailler sérieusement

____

5. obéir

____

6. être attentive

____

7. obtenir de bons résultats

____

8. se souvenir de mes recommandations

____

♦ MASTERY EXERCISES ♦

Exercice Q

Complétez cette histoire avec les formes correctes des verbes entre parenthèses:

M. Vautrin, chef du personnel de la Société Jules, cherche un employé qui _______________ **1** (apprendre) vite, qui _______________ **2** (pouvoir) rédiger des lettres et qui _______________ **3** (savoir) utiliser un ordinateur. Aujourd'hui, Monique Latour a rendez-vous avec M. Vautrin à deux heures. Bien qu'elle _______________ **4** (être) à l'heure, il lui faut _______________ **5** (attendre) M. Vautrin vingt minutes. Elle s'impatiente et _______________ **6** (devenir) très nerveuse. Elle sait qu'elle _______________ **7** (devoir) rester calme en attendant que le chef du personnel l'_______________ **8** (appeler). Pendant qu'elle _______________ **9** (attendre), elle fait quelques exercices de respiration afin de _______________ **10** (se détendre) un peu. Finalement, M. Vautrin dit: «Que Mlle Latour _______________ **11** (aller) dans la salle de conférence». Monique y va et l'entrevue commence. Monique parle lentement de peur de _______________ **12** (faire) des fautes. Bien qu'elle _______________ **13** (être) toujours nerveuse, elle s'exprime correctement. M. Vautrin est très impressionné par cette jeune fille capable mais modeste. Après l'entrevue il s'exclame: «C'est la meilleure secrétaire que je ________ (14 pouvoir) trouver. Voici une jeune fille qui ________ (15 réussir) dans la vie». M. Vautrin offre le poste à Monique qui décide de l'accepter pourvu qu'elle ________ (16 recevoir) un bon salaire. M. Vautrin lui fait une offre difficile à refuser et dit: «Que Mlle Latour ________ (17 se mettre) au travail immédiatement!»

Exercice R

Exprimez en français ce que le guide dit à un touriste qui fait une excursion avec lui:

1. I would like you to be happy.

____

2. As soon as we arrive at the hotel, we will be able to rest.

____

3. You can have a cup of coffee provided that you return in ten minutes.

____

____

4. It is evident that you are hungry and thirsty.

____

5. Since everyone is here, we will leave now.

____

6. Are you looking for a store that sells souvenirs?

____

7. I don't know if that store accepts traveler's checks.

____

8. In that bookstore you can buy a map of the city.

____

9. Yesterday one man left without taking his change.

____

10. That is the best bakery that I know.

____

11. We will wait here until the last person comes out of the store.

____

12. Let them have a good time.

____

16

Special Uses of Verbs

1. *Devoir*

a. The verb **devoir** (*to have to, be [supposed] to*) expresses primarily obligation:

Je *dois* partir. { *I have to leave.* / *I must leave.* / *I am (supposed) to leave.* }

Je *devais* partir à une heure, mais le vol est en retard.	*I was supposed to leave at one, but the flight is late.*

b. **Devoir** also expresses probability or supposition:

Il *doit* être malade.	*He must be sick (He is probably sick).*
Il *a dû* manquer le train.	*He must have missed the train.*

c. The conditional form of **devoir** means *ought to* or *should*, expressing obligation:

Je *devrais* lui écrire.	*I should (ought to) write to him.*
J'*aurais dû* l'appeler.	*I should (ought to) have called him.*

d. When followed by a noun, **devoir** means *to owe:*

Ils lui doivent *cent dollars*.	*They owe him one hundred dollars.*

Exercice A

Vos amis et vous devriez faire autre chose que regarder la télévision. En vous servant des suggestions données, exprimez ce que chaque personne devrait faire:

SUGGESTIONS:		
	je	travailler
	Pierre	laver la voiture
	nous	aller au supermarché
	tu	faire le ménage
	Alice	étudier
	vous	terminer ses devoirs
	les garçons	préparer le dîner

EXEMPLE: **Pierre devrait étudier.**

1. ______________________________

2. ______________________________

3. ______________________________

4. ______________________________

5. ______________________________

6. ______________________________

Exercice B

Jean-François vient d'avoir un accident de voiture. Exprimez les différentes réactions des observateurs:

EXEMPLE: il / bouleversé
Il doit être bouleversé.

1. tu / anxieux

____

2. les passagers / fâchés

____

3. sa mère / inquiète

____

4. vous / ennuyés

____

5. je / émue

____

6. nous / calmes

____

Exercice C

Henriette prête toujours de l'argent à ses amis. Maintenant il faut lui rendre cet argent. Exprimez combien chacun lui doit:

EXEMPLE:

Pierre **lui doit cent cinquante francs.**

1. 

Alain ______________________________

______________________________.

2. 

Nous ______________________________

______________________________.

3.

Cécile et Mireille ______________________________

____.

4.

Tu ____

____.

5.

Vous ____

____.

6.

Je ____

____.

2. Falloir

The impersonal verb **falloir** *(to be necessary, must)* expresses primarily necessity.

a. With the infinitive:

***Il faut* le faire.** { *It is necessary to do it.* / *It has to be done.* / *One must do it.* }

***Il* ne *faudrait* pas dire cela.** — *We shouldn't say that.*

b. With an indirect object pronoun and the infinitive:

Il *lui* faudra le *faire*. — *He (She) will have to do it.*
Il *me* fallait *partir*. — *I had to leave.*

c. With the subjunctive (see Chapter 14):

Il a fallu *que je travaille*. — *I had to work.*
Il aurait fallu *que nous partions*. — *We should have left.*

d. **Falloir** and **devoir** often express the same idea, although **falloir** is stronger than **devoir:**

Vous devez étudier.
Il faut que vous étudiiez.
Il vous faut étudier.
} *You must study.*

e. When followed by a noun, **falloir** means *to need:*

Il me faut *l'argent* que vous me devez. — *I need the money you owe me.*
Il lui faudra *de l'énergie*. — *He will need energy.*

Exercice D

Roger part à l'étranger. Exprimez ce qu'il faudra faire avant le départ:

EXEMPLE: aller à la pharmacie
Il faudra aller à la pharmacie.

1. acheter les billets

   ____

2. aller à la banque

   ____

3. changer de l'argent

   ____

4. chercher son passeport

   ____

5. faire les valises

   ____

6. prendre un taxi pour aller à l'aéroport

   ____

Exercice E

Exprimez ce qu'il vous faut avant de faire un voyage:

EXEMPLE: de nouvelles valises
Il me faut de nouvelles valises.

1. un billet d'avion

   ____

2. de l'argent

   ____

3. un visa

   ____

4. de nouveaux vêtements

   ____

5. un permis de conduire international

   ____

6. un dictionnaire bilingue

   ____

3. *Pouvoir*

a. The verb **pouvoir** (*to be able to, can*) expresses ability:

Il** ne **peut **pas nager aujoud'hui, il s'est cassé le bras.**	*He cannot swim today, he has broken his arm.*
Elle a cherché partout, mais *elle n'a pas pu* trouver ses clés.	*She looked everywhere but she wasn't able to (couldn't) find her keys.*
Pourras-tu **lire sans lunettes?**	*Will you be able to read without glasses?*

b. **Pouvoir** may express permissibility or possibility:

Est-ce que *je peux* le voir?	*May I see it?*
Il peut **venir demain.**	*He may be able to come tomorrow.*

c. The conditional form of **pouvoir** means *might, could:*

Je pourrais **le faire cet après-midi.**	*I could (might) do it this afternoon.*

d. **Pouvoir** in idiomatic expressions:

Je n'y peux rien.	*I can't help it (It's beyond my control).*
Je n'en peux plus.	*I'm exhausted (worn out).*

Exercice F

Denis a une grande dispute avec ses parents. Exprimez les conséquences de cette dispute:

EXEMPLE: vous / lui parler
Vous ne pouvez pas lui parler.

1. je / lui téléphoner

____

2. il / quitter sa maison

____

3. nous / jouer au base-ball avec Denis

____

4. il / aller à la surprise-partie ce soir

____

5. tu / sortir avec lui

____

6. vous / aller chez lui

____

Exercice G

Beaucoup d'élèves ne se sentent pas bien. Exprimez ce qu'ils pourraient avoir:

EXEMPLE: les garçons / un rhume
Les garçons pourraient avoir un rhume.

1. tu / de la fièvre

___

2. Yves et Sylvain / une indigestion

___

3. vous / la grippe

___

4. je / une inflammation de la gorge

___

5. Élise / la varicelle

___

6. nous / une allergie

___

4. *Savoir*

a. The verb **savoir** *(to be able, know how)* expresses mental ability or know-how:

***Il* ne *sait* pas nager.**	*He doesn't know how to swim.*
Elle est trop jeune pour *savoir* lire.	*She is too young to know how to read.*

b. In the **passé composé, savoir** means *to find out, learn about* something:

***Je* l'*ai su* trop tard.**	*I found out too late.*

c. Idiomatic use of **savoir** in the conditional:

***Sauriez-vous* me dire où il habite?**	*Could you (would you be able to) tell me where he lives?*
***Je* ne *saurais* vous le dire.**	*I couldn't (wouldn't know how to) tell you.*

Exercice H

Votre classe organise une fête française où chaque élève prépare un plat spécial. Exprimez ce que chaque élève sait préparer:

EXEMPLE: je / la mousse au chocolat
Je sais préparer la mousse au chocolat.

1. vous / la bouillabaisse

___

2. ils / les escargots

___

3. je / les crêpes

___

4. elles / la ratatouille

____

5. tu / le canard à l'orange

____

6. nous / les omelettes

____

Exercice I

Complétez les phrases suivantes en utilisant le verbe* savoir *au temps qui convient:

1. Il _______________ où se trouve le restaurant, mais il ne _______________ pas vous indiquer la route.
2. Mon frère _______________ toute la journée que j'avais réussi l'examen. Moi, je ne le (l') _______________ que le soir.
3. Tu _______________ trop tard qu'il y avait une fête, autrement tu serais venu.
4. Je ne _______________ pas te dire où il habite car il vient de déménager.

5. *Vouloir*

The verb **vouloir** *(to wish, want; will)* expresses volition:

a. The present tense of **vouloir** generally expresses strong will, similar to a command:

«*Je veux* le faire», dit le président.	*"I want to (will) do it," the president said.*
***Elle* ne *veut* pas vous écouter.**	*She will not (does not want to) listen to you.*

b. The conditional of **vouloir,** a more courteous form, often replaces the present:

***Je voudrais* lui parler.**	*I wish (would like) to speak to him.*

c. The imperative form **veuillez** is used with the infinitive to express a polite command:

***Veuillez fermer* la porte.**	*Kindly (Would you) close the door.*
Veuillez* nous *excuser.	*Please (Would you) excuse us.*

d. The expression **vouloir bien** means *to be willing, be good enough to:*

***Je veux bien* partir maintenant.**	*I am willing to leave now.*
***Voulez-vous bien* m'attendre?**	*Will you be good enough to wait for me?*

Exercice J

Les enfants à l'école maternelle veulent toujours n'en faire qu'à leur tête. Exprimez ce qu'ils disent à leur maîtresse:

EXEMPLE: je / courir
Je veux courir maintenant.

1. tu / jouer

____

2. Micheline et Serge / manger

____

3. nous / dormir

____

4. je / danser

____

5. vous / jouer au basket

____

6. Thomas / écouter de la musique

____

Exercice K

Mme Pascal, maîtresse à l'école maternelle, voudrait enseigner la politesse à ses élèves. Elle leur fait répéter ce qu'ils veulent faire d'une manière plus polie. Exprimez ce que les enfants disent:

EXEMPLE: Je veux courir maintenant.
Je voudrais courir maintenant.

1. Nous voulons manger maintenant.

____

2. Jacques et Michelle veulent jouer maintenant.

____

3. Je veux dormir maintenant.

____

4. Richard veut écouter des disques maintenant.

____

5. Hélène et moi, nous voulons chanter maintenant.

____

6. Je veux danser maintenant.

____

Exercice L

Mme Laplanche est très fatiguée et veut se reposer un peu. Exprimez ce qu'elle demande à ses enfants:

EXEMPLE: parler doucement
Veuillez parler doucement.

1. fermer la porte

____

2. m'excuser

____

3. éteindre la télévision

____

4. répondre au téléphone

____

5. mettre le couvert

____

6. me réveiller à six heures

____

6. *Faire* + Infinitive

a. ***Faire*** followed by an infinitive is causative: the subject causes an action to be done by someone else. The English equivalent is "to have (make) someone do something" or "to have something done":

Cet acteur *fait rire* les spectateurs.	*This actor makes the audience laugh.*
***Je fais faire* un manteau.**	*I am having a coat made.*
Les Dupont *font construire* une maison.	*The Duponts are having a house built.*

NOTE:

1. **Faire** + infinitive forms a unit that usually cannot be broken. Nouns follow the infinitive and object pronouns generally precede **faire:**

Ma mère **fait laver *la vaisselle à mon frère.***	*My mother makes my brother do the dishes.*
Ma mère ***lui* fait laver *la vaisselle.***	*My mother makes him do the dishes.*
Il vaut mieux que **tu fasses venir *tes amis*** ici.	*It's better that you have your friends come here.*
Il vaut mieux que **tu *les* fasses venir** ici.	*It's better that you have them come here.*

2. When two objects are expressed with **faire** + infinitive, the object of the infinitive is direct and the object of **faire** is indirect. Two object pronouns precede **faire:**

Le professeur **fait réciter *le poème à Paul.***	*The teacher has Paul read the poem.*
Le professeur ***le lui* fait réciter.**	*The teacher has him read it.*
Nous ferons lire *ces documents à nos avocats.*	*We will have our lawyers read these documents.*
Nous *les leur* ferons lire.	*We will have them read them.*

3. In compound tenses, the past participle of **faire** followed by an infinitive does not agree with the preceding direct object:

J'ai *fait* laver *ma voiture.*	*I had my car washed.*
Je *l'*ai *fait* laver.	*I had it washed.*
L'avocat avait *fait* venir *ses clients* au bureau.	*The lawyer had his clients come to the office.*
L'avocat *les* avait *fait* venir au bureau.	*The lawyer had them come to his office.*

Exercice M

Décrivez l'effet qu'ont les choses suivantes:

grossir	rêver	rougir
maigrir	rire	travailler
pleurer		

EXEMPLE: Les bonbons **font grossir**.

1. La cuisine minceur ______________________.
2. Le professeur de français ______________________.
3. Les compliments ______________________.
4. Les critiques ______________________.
5. Les clowns ______________________.
6. Les stars de cinéma ______________________.

Exercice N

Les Renaud viennent d'acheter une maison. Exprimez ce qu'il faut qu'ils fassent faire avant d'y habiter:

EXEMPLE: remplacer le lavabo
Il faut qu'ils le fassent remplacer.

1. réparer le lave-vaisselle

____

2. vérifier les fils électriques

____

3. redécorer le salon

____

4. peindre toute la maison

____

5. nettoyer la cheminée

____

6. agrandir la cuisine

____

Exercice O

***Combinez les éléments suivants et expliquez ce que chacune de ces personnes* fait, a fait *ou* fera:**

EXEMPLES: lundi prochain, ils / nettoyer leur voiture
Lundi prochain, **ils feront nettoyer** leur voiture.

hier, elle / planter les rosiers
Hier, **elle a fait planter** les rosiers.

1. aujourd'hui, je / venir le plombier

____

2. l'année passée, nous / construire cette maison

____

3. demain, il / sortir la poubelle

____

4. la semaine passée, vous / réparer votre moto

____

5. en ce moment, tu / faire cette veste

____

6. dans un moment, elles / rire le professeur

____

7. dans une heure, je / étudier les enfants

____

8. jeudi dernier, ils / écrire une lettre au directeur

____

b. In affirmative commands, nouns follow the infinitive and pronouns come immediately after an imperative of **faire** and are joined to it by a hyphen:

Faites *partir les enfants*.	*Make (Have) the boys leave.*
Faites-*les* partir.	*Make (Have) them leave.*
But:	
***Ne les* faites *pas* partir.**	*Don't make them leave.*
Fais *cuire ce dessert* vingt minutes.	*Cook this dessert twenty minutes.*
Fais-*le* cuire vingt minutes.	*Cook it twenty minutes.*
But:	
***Ne le* fais *pas* cuire** vingt minutes.	*Don't cook it twenty minutes.*

c. **Se faire** + infinitive is used to show that the subject is having something made or done for himself/herself. Compare:

Elle *s'est coupé* les cheveux.	*She cut her hair (herself).*
Elle *s'est fait couper* les cheveux.	*She had her hair cut (by someone).*

Exercice P

Exprimez ce que M. Breton dit à ses enfants en remplaçant le nom en caractères gras par un pronom:

EXEMPLE: Faites réparer **la voiture** ce matin.
Faites-la réparer ce matin.

1. Faites cuire **le poulet** dans le micro-ondes.

____

2. Faites nettoyer **ces vêtements.**

____

3. Ne faites pas venir **l'électricien** aujourd'hui.

____

4. Faites peindre **ces murs** avant la fin de la semaine.

____

5. Ne faites pas laver **ces vestes.**

____

6. Ne faites pas entrer **les chiens.**

____

Exercice Q

Exprimez ce que ces personnes ont fait aux lieux indiqués:

arracher une dent	expliquer comment maigrir
chercher un livre	faire un pantalon
couper les cheveux	prédire l'avenir
examiner les yeux	photographier

EXEMPLE: Vous êtes allé chez le dentiste.
Vous vous êtes fait arracher une dent.

1. Je suis allée chez le couturier.

____

2. Nous sommes allés chez l'opticien.

____

3. Elles sont allées chez le coiffeur.

____

4. Tu es allé chez le photographe.

____

5. Il est allé chez le diététicien.

____

6. Ils sont allés chez une voyante.

____

♦ MASTERY EXERCISES ♦

Exercice R

Répondez à ces questions que le professeur vous pose:

1. Savez-vous danser?

____

2. Pouvez-vous rentrer après une heure du matin?

____

3. Que faut-il faire pour réussir dans un sport?

____

4. Voudriez-vous voyager à l'étranger?

____

5. Qu'est-ce qu'il vous faut pour jouer au tennis?

____

6. Qu'est-ce que vous ne savez pas faire?

____

7. Que devez-vous faire d'habitude après l'école?

____

8. Que pourriez-vous faire si vous n'aviez pas de devoirs?

____

9. Devez-vous de l'argent? À qui?

____

10. Que voudriez-vous faire samedi soir?

____

Exercice S

Exprimez en français ce que vous faites pendant votre temps libre:

1. Friday nights, I don't have to do any homework.

____

2. On weekends, I sleep until noon because I need energy.

____

3. I could spend the whole day reading science-fiction novels.

____

4. I like to watch Laurel and Hardy. They make me laugh.

____

5. I like to drive in my free time, but I'm not able to because my parents won't let me drive their car.

____

____

6. If I owe money, I try to do some work for my neighbors on weekends.

____

7. I know how to cook, and on Sunday my mother makes me cook lunch for the family.

____

8. I am willing to help my mother on Saturday, but I never have to because she never wants my help.

____

____

9. I am happy when I can do as I wish.

____

10. I would like to have a lot of free time.

____

17

Negation

1. Negative Forms

a. The most common negatives are:

ne . . . pas *not*	**ne . . . rien** *nothing*
ne . . . pas du tout *not at all*	**ne . . . personne** *no one, nobody*
ne . . . point *not, not at all*	**ne . . . ni . . . ni** *neither . . . nor*
ne . . . jamais *never*	**ne . . . que** *only*
ne . . . plus *no more, no longer*	**ne . . . aucun (aucune)** *no, none*
ne . . . guère *hardly, scarcely*	**ne . . . nulle part** *nowhere*

b. In simple and compound tenses, **ne** precedes the conjugated verb and pronoun objects; the second part of the negative generally follows the conjugated verb (or the subject pronoun in inverted questions):

Sa sœur ***n*'habite *plus*** ici. — *His sister doesn't live here anymore.*

Ces enfants ***ne* sont *jamais* sortis** seuls. — *These children have never gone out alone.*

Nous ***ne* les verrons *pas du tout.*** — *We will not see them at all.*

Ne* vous faudrait-il *pas étudier? — *Shouldn't you study?*

Il ***n*'a *rien* entendu** à cause du bruit. — *He didn't hear anything because of the noise.*

Pourquoi Charles ***n*'a-t-il *guère* étudié?** — *Why has Charles hardly studied?*

Je ***n*'aurais *point* passé** mon temps à dormir. — *I wouldn't have spent my time sleeping.*

Il ***ne* va *jamais*** la revoir. — *He is never going to see her again.*

NOTE:

1. **Personne** and **nulle part** follow the past participle:

   Je ***n*'ai rencontré *personne*** à la bibliothèque. — *I didn't meet anyone at the library.*

   Ils ***n*'auraient parlé à *personne.*** — *They wouldn't have spoken to anyone.*

   Il ***ne* l'a trouvé *nulle part.*** — *He didn't find it anywhere.*

2. ***Que*** precedes the word or words stressed:

   Il n'a acheté ***que* des petits pains.** — *He bought only rolls.*

   Je ne vais le répéter ***qu*'une fois.** — *I am going to repeat it only once.*

3. Each part of the **ni . . . ni** construction precedes the word or words stressed:

L'eau n'était ***ni*** **chaude** ***ni*** **froide.**	*The water was neither hot nor cold.*
Je n'ai ***ni*** **vu le film** ***ni*** **lu le roman.**	*I've neither seen the film nor read the novel.*
Il n'a mangé **ni le sandwich** ***ni*** **les fruits.**	*He ate neither the sandwich nor the fruits.*

4. **Aucun(e)** is always used in the singular and precedes the noun it modifies:

Il n'a voulu poser ***aucune*** **question.**	*He didn't want to ask any questions.*

5. When an infinitive is negated, both **ne** and the second element of the negative precede the infinitive:

Il s'était arrêté pour ***ne pas*** **tomber.**	*He had stopped in order not to fall.*
Il vaut mieux ***ne rien*** **dire.**	*It is better to say nothing.*

But **personne** and **nulle part** follow the infinitive:

Il a préféré ***ne*** **voir** ***personne.***	*He preferred not to see anyone.*
Il vaut mieux ***n'*****aller** ***nulle part.***	*It's better not to go anywhere.*

Exercice A

C'est bientôt Noël et les membres de la famille Ricard veulent faire un effort pour améliorer leur conduite pendant le mois de décembre. Exprimez les résolutions de chacun:

EXEMPLE: Janine / fumer
Janine ne fumera pas.

1. papa / conduire vite

____

2. maman et Berthe / manger beaucoup de bonbons

____

3. je / téléphoner pendant des heures

____

4. André et vous / écouter la radio jour et nuit

____

5. tu / laisser la télévision allumée toute la nuit

____

6. nous / sortir tous les soirs

____

Exercice B

Tout le monde a de bonnes intentions. Exprimez de quelles mauvaises habitudes ces personnes ont l'intention de se débarrasser:

EXEMPLE: je / critiquer mes amis
Je ne critiquerai plus mes amis.

1. les enfants / laisser la lumière allumée toute la nuit

____

2. vous / vous ronger les ongles

____

3. ils / manger avec les doigts

____

4. elle / sucer son pouce

____

5. je / étudier devant la télé

____

6. tu / tirer les cheveux de ton frère

____

Exercice C

Expliquez ce que ces personnes ne faisaient pas quand elles avaient douze ans:

EXEMPLE: Il était fauché. (acheter / rien)
Il n'achetait rien.

1. Elles étaient timides. (parler / guère)

____

2. Vous êtiez égoïste. (partager / rien)

____

3. Nous étions malades. (manger / plus)

____

4. Tu étais sage. (ennuyer / personne)

____

5. J'étais paresseux. (finir / rien)

____

6. Il était impoli. (s'excuser / jamais)

____

Exercice D

Vous trouvez surprenants les commentaires suivants. Formulez des questions avec* ne . . . aucun(e) *selon le modèle:

EXEMPLE: Ce magasin n'a pas voulu accepter de cartes de crédit!
Ce magasin **n'a voulu accepter aucune carte de crédit?**

1. Ce café ne sert pas de sandwiches!

____

2. Ce restaurant ne servait pas de plats de viande!

____

3. Ce magasin ne vend pas de produits laitiers!

____

4. Cette boutique n'a pas offert de rabais!

____

5. Cette librairie n'avait pas de plans de la ville!

____

6. Cette banque ne prend pas les chèques étrangers!

____

Exercice E

Hervé aime raconter combien il est sportif, mais son frère est là pour rétablir la vérité. Exprimez ce qu'il dit:

EXEMPLE: Je fais de la musculation tous les matins.
Tu ne fais jamais de musculation.

1. Je cours dix kilomètres tous les jours.

____

2. Je nage à la piscine tous les jours.

____

3. Je fais toujours beaucoup de gym.

____

4. Je joue au tennis tous les jours.

____

5. Je fais du footing tous les soirs.

____

6. Je participe tous les ans au marathon.

____

Exercice F

***Exprimez pourquoi ces personnes ne sont pas contentes. Remplacez* seulement *par* ne . . . que:**

EXEMPLE: Marie-Hélène gagne seulement cent dollars par semaine.
Marie-Hélène ne gagne que cent dollars par semaine.

1. Je reçois seulement une lettre par mois de ma correspondante.

____

2. Nous avons mérité seulement un D en biologie.

____

3. Les vacances de Louis auront duré seulement une semaine.

____

4. Elles faisaient seulement une heure de gym par semaine.

____

5. Vous allez m'aider seulement cet après-midi.

____

6. Nous sortons ensemble seulement une fois par semaine.

____

7. Tu as eu seulement dix minutes pour tout finir.

____

Exercice G

***Les personnes suivantes sont déprimées. Décrivez leur comportement et remplacez l'expression* à peine *par* ne . . . guère:**

EXEMPLE: Pierre travaille à peine.
Pierre ne travaille guère.

1. Tu dormais à peine.

____

2. Marie aura à peine parlé.

____

3. Nous rions à peine.

____

4. J'avais à peine écouté mes amis.

____

5. Vous vous êtes à peine reposés.

____

6. Les garçons avaient à peine mangé.

____

Exercice H

M. Roland a été misanthrope toute sa vie. Décrivez quelle a été son attitude envers le monde:

EXEMPLES: aimer
Il n'a aimé personne.

écrire à
Il n'a écrit à personne.

1. écouter

____

2. embrasser

____

3. aider

____

4. se fier à

____

5. parler à

____

6. s'intéresser à

____

Exercice I

Exprimez ce que ces personnes ont promis:

EXEMPLE: Josette / pas fumer
Josette a promis de ne pas fumer.

1. tu / plus gaspiller de temps

____

2. les filles / rien acheter

____

3. vous / jamais mentir

____

4. je / aller nulle part sans permission

____

5. il / plus emprunter d'argent

____

6. nous / jamais être en retard

____

7. Anne / critiquer personne

____

8. ils / manger aucune sucrerie

____

c. **Rien** and **personne** may be used as subjects, preceding the verb; **ne** retains its position before the conjugated verb:

***Rien n'*est arrivé.**	*Nothing happened.*
***Personne ne* savait** prononcer le mot.	*No one knew how to pronounce the word.*

d. The construction **ne . . . jamais** as well as **jamais** used independently of a clause mean *never*. But **jamais** without **ne** in a clause means *ever:*

Avez-vous *jamais* traversé la Manche? — Non, je *ne* l'ai *jamais* traversée. — *Jamais?*	*Have you ever crossed the English Channel? — No, I have never crossed it. — Never?*

e. **Pas** may be omitted with the verbs **cesser, oser,** and **pouvoir** when they are followed by an infinitive. **Pas** may also be omitted after **savoir** + infinitive when **savoir** means *to know* but not when it means *to know how:*

Elles ***ne* cessent** de bavarder.	*They don't stop chattering.*
Nous ***n'*osons** le lui dire.	*We don't dare tell him.*
Je ***ne* peux** vous comprendre.	*I can't understand you.*
Il ***ne* sait** où aller.	*He doesn't know where to go.*

But:

Il ***ne* sait *pas*** nager.	*He doesn't know how to swim.*

f. The second part of a negative may be used alone:

Voulez-vous nous y accompagner? — **Certainement *pas!***	*Do you want to accompany us there? — Certainly not!*
Qu'a-t-elle répondu? — ***Rien* du tout.**	*What did she answer? — Nothing at all.*
Plus d'argent.	*No more money.*
Qui mérite le prix? — ***Ni* lui *ni* elle.**	*Who deserves the prize? — Neither he nor she.*

g. In the negative, the partitives **du, de la, de l',** and **des** become **de:**

Elle a *du* pain, mais elle *n'*a *pas de* beurre.	*She has (some) bread but she doesn't have any butter.*
Il *n'*a *guère d'*amis.	*He has hardly any friends.*

NOTE:

1. After **ne . . . que, de** is used with the article, provided there is no plural adjective preceding a plural noun:

Je **ne** mange **que *de la tarte.***	*I eat only pie.*
Je **ne** mange **que *des tartes.***	*I eat only pies.*
Je **ne** mange **que *de la bonne tarte.***	*I eat only good pie.*

But:

Je **ne** mange **que *de* bonnes tartes.**	*I eat only good pies.*

2. After **ni . . . ni,** the partitive is omitted:

Est-ce que tu veux **du lait ou du jus de fruit?**	*Do you want milk or fruit juice?*
Je ne veux ***ni* lait *ni* jus de fruit.**	*I want neither milk nor fruit juice.*

h. **Si** *(yes)* is used to contradict a negative statement or question:

Vous *n'*avez *pas* fini le travail? — *Si,* je l'ai fini.	*You haven't finished the work? — Yes, I have.*
Ne* joue-t-elle *pas* d'instrument? — Mais *si!	*Doesn't she play an instrument? — Why, yes!*

Exercice J

Julien est un garçon fort curieux. Formulez les questions qu'il pose à ses amis:

EXEMPLE: voyager en Europe
As-tu jamais voyagé en Europe?

1. conduire une voiture

____

2. aller à un concert de musique rock

____

3. voir une soucoupe volante

____

4. goûter la cuisine japonaise

____

5. embrasser ton professeur de français

____

6. rester éveillé(e) toute la nuit

____

Exercice K

Votre mère se plaint parce que votre sœur et vous ne voulez pas l'aider à faire le ménage. Exprimez ce qu'elle dit à votre père:

EXEMPLE: vouloir sortir les poubelles
Personne ne veut sortir les poubelles.

1. avoir le temps de passer l'aspirateur

____

2. vouloir ranger sa chambre

____

3. pouvoir laver la voiture

____

4. avoir envie de faire la lessive

____

5. désirer promener le chien

____

6. m'aider à faire la vaisselle

____

Exercice L

Julien aime tout dans la vie tandis que son frère Jacques n'aime rien. Exprimez comment Jacques répond aux commentaires de son frère:

EXEMPLE: Tout est formidable.
Rien n'est formidable.

1. Tout est facile.

____

2. Tout est amusant.

____

3. Tout est drôle.

____

4. Tout est intéressant.

____

5. Tout est beau.

____

6. Tout est parfait.

____

Exercice M

Richard est un enfant qui n'aime rien faire. Exprimez ce qu'il répond aux questions de son ami:

EXEMPLE: Aimes-tu courir ou marcher?
Je n'aime ni courir ni marcher.

1. Aimes-tu danser ou chanter?

____

2. Aimes-tu dessiner ou sculpter?

____

3. Aimes-tu jouer ou te reposer?

____

4. Aimes-tu sortir ou rester à la maison?

____

5. Aimes-tu regarder la télévision ou écouter des disques?

____

6. Aimes-tu aller au cinéma ou aller au parc?

____

Exercice N

En vous servant d'un seul mot négatif, répondez aux questions qu'une amie vous pose:

EXEMPLE: Qui va te rendre visite?
Personne.

1. Qu'est-ce que tu veux faire cet après-midi?

____

2. Quand mens-tu?

____

3. Qui va te téléphoner?

____

4. Quand fumes-tu?

____

5. Qu'est-ce que tu manges?

____

6. Qui t'aide avec tes devoirs?

____

Exercice O

Didier vient de faire la connaissance d'Yvette. Il lui pose des questions afin de mieux la connaître. Formulez les réponses d'Yvette en utilisant la forme affirmative:

EXEMPLE: N'aimes-tu pas les bals?
Mais si, j'aime les bals.

1. N'habites-tu pas la grande maison bleue?

____

2. N'es-tu jamais allée écouter un concert de rock?

____

3. N'auras-tu acheté aucun livre français pendant l'année?

____

4. Ne parlais-tu pas français en classe?

____

5. Ne vas-tu jamais en vacances?

____

6. Ne conduis-tu pas cette voiture rouge?

____

Exercice P

Lisette pose des questions à son amie Blanche au sujet de ses voyages. Exprimez les réponses de Blanche:

EXEMPLE: As-tu vu la tour Eiffel? (jamais)
Je n'ai jamais vu la tour Eiffel.

1. As-tu été en France auparavant? (jamais)

____

2. As-tu parlé à quelqu'un en anglais? (personne)

____

3. As-tu visité des châteaux ou des forteresses? (ni . . . ni)

____

4. Où as-tu voyagé seule? (nulle part)

____

5. As-tu fait des croisières? (aucune)

____

6. T'es-tu acheté quelque chose? (rien)

____

7. As-tu souvent contacté ta famille? (guère)

____

8. As-tu fait des photos ou des vidéocassettes? (ni . . . ni)

____

9. Regrettes-tu d'avoir tant voyagé? (pas du tout)

____

10. Est-ce que tu as un pays favori? (pas)

____

Exercice Q

Votre ami et vous êtes partis en vacances. Malheureusement vous êtes tombé malade. À la rentrée, vous décrivez vos vacances à des amis:

EXEMPLE: Ami: J'ai fait du bateau à voiles. (pas)
Vous: **Je n'ai pas fait de** bateau à voiles.

1. Ami: J'ai tout visité. (rien)
   Vous: ______________________________
2. Ami: J'ai beaucoup mangé. (guère)
   Vous: ______________________________
3. Ami: J'ai fait de la pêche sous-marine et de la planche à voile. (ni . . . ni)
   Vous: ______________________________
4. Ami: J'ai goûté des spécialités françaises. (aucune)
   Vous: ______________________________
5. Ami: J'ai nagé dans la mer. (pas)
   Vous: ______________________________
6. Ami: J'ai pris des bains de soleil sur la plage. (pas du tout)
   Vous: ______________________________
7. Ami: Je suis allé à la piscine. (jamais)
   Vous: ______________________________
8. Ami: J'ai discuté avec tout le monde. (personne)
   Vous: ______________________________
9. Ami: Je suis allé partout. (nulle part)
   Vous: ______________________________
10. Ami: J'ai trouvé un coquillage. (que)
    Vous: ______________________________

2. Common Negative Expressions

ça ne fait rien *it doesn't matter*

Je doute qu'il nous attende. — **Ça ne fait rien.** — *I doubt that he will wait for us. — It doesn't matter.*

de rien / il n'y a pas de quoi *you're welcome*

Merci de tout ce que vous avez fait. — **De rien.** — *Thank you for all that you did. — You're welcome.*

Merci beaucoup. — **Il n'y a pas de quoi.** — *Thanks a lot. — You're welcome.*

jamais de la vie! *never! out of the question! not on your life!*

Voulez-vous vendre ce chef-d'œuvre? — **Jamais de la vie!**	*Do you want to sell this masterpiece? — Never!*

(ni . . .) non plus *not . . . either; nor . . .*

Je n'irai pas au match. — **(Ni) Moi non plus.**	*I won't go to the match. — Nor will I.*
Lui non plus, il n'ira pas au match.	*He won't go to the match either.*

n'en pouvoir plus *to be exhausted*

À la fin de la journée, **je n'en peux plus.**	*At the end of the day, I'm exhausted.*

n'importe qui (quand, où) *no matter who (when, where)*

Où veux-tu déjeuner? — **N'importe où.**	*Where do you want to have lunch? — It doesn't matter where.*

pas encore *not yet*

As-tu vu sa nouvelle voiture? — **Pas encore.**	*Have you seen his new car? — Not yet.*

Exercice R

Complétez ces situations en utilisant une des expressions négatives de la liste ci-dessus:

1. Votre frère cadet vous demande de l'aider à faire ses devoirs. Mais vous êtes si fatigué que vous dormez debout.

Vous répondez: ______________________________

2. Vous allez faire des courses en ville avec vos parents. Votre père vous demande si vous êtes prêt(e).

Vous répondez: ______________________________

3. Après un grand dîner, un ami et vous allez voir un film. Quand vous passez devant le marchand de bonbons au cinéma votre ami vous dit: «Je n'ai plus faim.»

Vous répondez: ______________________________

4. Vous venez d'acheter un nouveau pantalon bleu. Votre sœur vous demande si elle peut le porter ce soir.

Vous répondez: ______________________________

5. Vous demandez à votre ami s'il pourra vous aider à étudier pour l'examen d'histoire. Il répond «bien sûr» et il vous demande quel moment vous conviendrait:

Vous répondez: ______________________________

6. Vous avez gardé les enfants de M. et Mme Moreau. Ils vous remercient.

Vous répondez: ______________________________

7. Votre amie vous dit qu'elle a oublié son livre de français chez elle. Vous vous rappelez qu'il y a un examen aujourd'hui et que vous n'avez pas besoin du livre.

Vous répondez: ______________________________

♦ MASTERY EXERCISES ♦

Exercice S

Répondez négativement aux questions de votre camarade:

1. Est-ce que tes parents te donnent toujours beaucoup de travail à faire?

 ____

2. As-tu jamais fait du ski?

 ____

3. As-tu bavardé avec quelqu'un aujourd'hui?

 ____

4. Y a-t-il quelque chose qui te gêne?

 ____

5. Aimes-tu la musique classique ou le jazz?

 ____

6. Quelqu'un t'aide-t-il à faire tes devoirs?

 ____

7. Qu'est-ce que tu as promis de ne plus faire?

 ____

8. S'est-il passé quelque chose de spécial en classe hier?

 ____

9. N'as-tu pas envie d'aller au cinéma ce soir?

 ____

10. Qui va te téléphoner ce soir?

 ____

Exercice T

Pourquoi Mme Watteau est-elle heureuse? Complétez les phrases avec les expressions suivantes en employant chacune une seule fois:

aucun	jamais	nulle part	personne	que
guère	ni . . . ni	pas	plus	rien

1. ______________ ma fille ______________ mon fils n'ont raté leurs examens.
2. ______________ ne me donne jamais de problèmes.
3. Mon mari m'adore tellement qu'il n'irait ______________ sans moi.

4. ____________________ de mes enfants ne me donne de souci.

5. ____________________ ne me fait jamais perdre ma bonne humeur.

6. Je ne suis que rarement triste et donc je ne pleure ____________________.

7. Mon mari et moi, nous n'avons ____________________ un seul désir: que nos enfants soient aussi heureux que nous.

8. Je ne romps ____________________ mes promesses.

9. Je ne refuse ____________________ mon aide à mes amis.

10. Je n'ai peut-être ____________________ vingt ans, mais je me sens jeune!

Exercice U

Émile raconte à son ami l'histoire de sa cousine qui s'est enfuie avec son petit ami. Exprimez les circonstances:

1. Their parents didn't want them to marry.

____

2. No one knew what they were going to do.

____

3. They never discussed their plans with anyone.

____

4. Nothing could stop them.

____

5. He wanted to tell his family, but he decided not to say anything to either his parents or his brother.

____

____

6. When their parents learned the news, they said nothing.

____

____

7. When I spoke to them, they said that it didn't bother them at all.

____

____

8. They received only two presents.

____

9. My aunt wanted to buy them something, but finally she bought nothing.

____

____

10. Did you ever hear such a sad story?

____

PART

Noun Structures
Pronoun Structures
Prepositions

TWO

18

Articles and Nouns

There are two types of articles: the definite article indicates a specific person or thing (*the* cat); the indefinite article refers to persons and objects not specifically identified (*a* cat, *an* owl).

A noun is a word used to name a person, place, thing, or quality.

1. Forms of the Definite Article

a. In French, the definite article has four forms corresponding to English *the:*

	MASCULINE	FEMININE
SINGULAR	***le* train** ***l'*avion**	***la* voiture** ***l'*automobile**
PLURAL	***les* trains** ***les* avions**	***les* voitures** ***les* automobiles**

NOTE:

1. The article **l'** is used before a singular noun of either gender beginning with a vowel or silent **h.** The vowel of the article is retained before ***le* héros, *la* honte.**
2. The article is expressed in French before each noun, even though it may be omitted in English:

   ***les* fruits et *les* légumes** — *the fruits and vegetables*

b. Contractions with the definite article:

The prepositions **à** and **de** contract with **le** and **les:**

***à* + *le* magasin = *au* magasin**
***à* + *les* endroits = *aux* endroits**

***de* + *le* magasin = *du* magasin**
***de* + *les* endroits = *des* endroits**

Allons ***au* cinéma.** — *Let's go to the movies.*
Il parle ***aux* actrices.** — *He speaks to the actresses.*
Je cherche le propriétaire ***du* vélo.** — *I am looking for the owner of the bike.*
J'ai appris tous les mots ***des* leçons.** — *I've learned all the words of the lessons.*

NOTE: There are no contractions with **la** or **l'**.

Exercice A

Identifiez ce que vous voyez en vous promenant en ville:

EXEMPLE: pharmacie **la pharmacie**

1. boucherie __________
2. pâtisserie __________
3. cinéma __________
4. épicerie __________
5. stade __________
6. supermarché __________
7. musée __________
8. arrêt d'autobus __________
9. jardin __________
10. place centrale __________
11. hôpital __________
12. école primaire __________
13. restaurant __________
14. église __________
15. parc __________
16. café __________
17. université __________
18. bureau de poste __________
19. lycée __________
20. grand magasin __________

2. Forms of the Indefinite Article

There are two forms of the indefinite article in French corresponding to English *a (an)*:

	MASCULINE	FEMININE
SINGULAR	**un**	**une**

The indefinite plural article **des** has no direct English equivalent but may mean *some* or *any:*

Le marchand a ***des* fraises.**	*The storekeeper has strawberries.*
Je lui ai donné **des *photos*.**	*I gave him some pictures.*
Il m'a prêté ***des stylos*.**	*He lent me some pens.*
Voyez-vous ***des* oiseaux?**	*Do you see any birds?*

Exercice B

Vous allez fêter le premier anniversaire de votre cousine. Faites une liste de tout ce qu'il faut acheter pour la fête que vous organisez:

EXEMPLES: assiettes **des assiettes**
robe **une robe**

1. gâteau __________
2. serviettes __________
3. jouets __________
4. glaces __________
5. cuillères en plastique __________
6. fourchettes en plastique __________

7. couteaux en plastique ______________________
8. petits cadeaux ______________________
9. invitations ______________________
10. bougie ______________________
11. tasses en papier ______________________
12. décorations ______________________
13. nappe en papier ______________________
14. ballons ______________________
15. bouteilles de soda ______________________

Exercice C

Exprimez ce que Marc sort de sa valise quand il arrive chez ses grands-parents:

Marc sort de sa valise ______________________

____

____

______________________.

3. Uses of the Definite Article

a. With nouns used in a general or abstract sense:

***L'acier* est plus dur que *le fer*.**	*Steel is harder than iron.*
Nous aimons *les petits pois*.	*We like peas.*
Vive *la liberté!*	*Long live freedom!*

b. With names of languages, except immediately after **parler**, after **en**, and in an adjective phrase with **de:**

Comprenez-vous *le grec?*	*Do you understand Greek?*
***Le russe* n'est pas facile.**	*Russian is not easy.*
Je parle très bien *le chinois*.	*I speak Chinese very well.*

But:

Ici on *parle espagnol*.	*Spanish is spoken here.*
J'ai écrit la lettre *en italien*.	*I wrote the letter in Italian.*
Où est votre livre *de français?*	*Where is your French book?*

c. In place of the possessive adjective, with parts of the body when the possessor is clear:

Il ne peut pas tourner *la tête.*	*He cannot turn his head.*
Fermez *les yeux.*	*Close your eyes.*
Je me suis fait mal *au bras.*	*I hurt my arm.*

NOTE: When the part of the body is modified, the possessive adjective is used:

Elle a mis ***ses* petites *mains* sur mes épaules.**	*She put her little hands on my shoulders.*

d. With titles of rank or profession followed by a name, except when addressing the person:

le président Lincoln	*President Lincoln*
la reine Élisabeth	*Queen Elizabeth*
le professeur Brunot	*Professor Brunot*

But:

«Bonsoir, docteur Marais.»	"Good evening, Doctor Marais."

e. With proper nouns that are modified:

***le Paris* du XXe siècle**	*twentieth-century Paris*
la* belle *Vénus	*(the) beautiful Venus*

f. With days of the week in a plural sense:

***Le dimanche* je me lève tard.**	*On Sunday(s) I get up late.*
Nous allons à l'école *le samedi.*	*We go to school on Saturday(s).*

NOTE: If the day mentioned is a specific day, the article is omitted:

Le mariage a eu lieu *dimanche.*	*The marriage took place Sunday.*
Appelez-moi *mardi.*	*Call me (on) Tuesday.*

g. With names of seasons and colors, except after **en:**

Je préfère *le printemps.*	*I prefer spring.*
Aimez-vous *le vert?*	*Do you like green?*

But:

Il fait chaud *en été.*	*It's hot in (the) summer.*
On peindra la maison *en blanc.*	*We will paint the house (in) white.*

h. With nouns of weight and measure where English uses *a, an,* or *per:*

Elle a payé deux dollars *la douzaine.*	*She paid two dollars a dozen.*
Cette soie coûte dix francs *le mètre.*	*This silk costs ten francs per meter.*

NOTE: With expressions indicating frequency of time, **par** is used without the article:

On mange trois fois *par jour.*	*We eat three times a day.*

i. In certain common expressions of time or place:

à l'école *to (in) school*
à l'église *to (in) church*
à la maison *at home, home*
le matin *in the morning*
l'après-midi *in the afternoon*
le soir *in the evening*
le mois prochain *next month*
la semaine dernière *last week*
l'année passée *last year*

j. With dates:

C'est aujourd'hui *le premier mai.*	*Today is May first.*
On est *le onze février.*	*It is February 11.*

k. With names of most countries, states, mountains, and rivers:

La France* est presque de la même superficie que *le Texas.	*France is almost the same size as Texas.*
Je fais du ski dans *les Alpes.*	*I go skiing in the Alps.*
***La Seine* traverse Paris.**	*The Seine crosses Paris.*

NOTE: The article is not used with masculine singular names of islands:

***Haïti* est une île francophone.** *Haiti is a French-speaking island.*

Exercice D

Complétez le dialogue avec la forme correcte de l'article défini, s'il est nécessaire:

Jim: D'où es-tu?

Jean-Luc: Je suis de ____ (1) Montréal. ____ (2) Canada est un beau pays.

Jim: Quelle langue parles-tu?

Jean-Luc: Je parle ____ (3) français.

Jim: Étudies-tu ____ (4) anglais?

Jean-Luc: Bien sûr! ____ (5) anglais est une langue importante.

Jim: Quelle saison préfères-tu?

Jean-Luc: Je préfère ____ (6) été.

Jim: Pourquoi?

Jean-Luc: En ____ (7) été il n'y a pas de classes et je peux aller à ____ (8) plage tous ____ (9) jours.

Jim: Comment est-ce que tu t'amuses?

Jean-Luc: ____ (10) films me passionnent. Je vais toujours au cinéma ____ (11) samedi soir avec ma cousine.

Jim: Qui est cette femme là-bas?

Jean-Luc: C'est ____ (12) professeur Manon, ma conseillère. Lundi prochain, ____ (13) vingt et un septembre, tous les élèves vont

se réunir à ______________ école pour raconter ce qu'ils ont fait ici
14

à ______________ New York.
15

Jim: Oh là là! Il est déjà ______________ huit heures. Je me sauve. ______________
16 **17**

cours d'histoire commence dans trois minutes et ______________
18

professeur Leclerc nous attend avec impatience. À tout à l'heure.

Jean-Luc: Au revoir, Jim.

Exercice E

Répondez aux questions d'un(e) élève qui fait une enquête:

EXEMPLES: Quel mois de l'année aimes-tu le plus?
J'aime juin le plus.

Quel est ton jeu préféré?
Le Scrabble est mon jeu préféré.

1. Quel jour sommes-nous aujourd'hui?

____

2. Quelle saison préfères-tu?

____

3. Quel jour de la semaine aimes-tu le moins?

____

4. À quel moment de la journée étudies-tu le mieux?

____

5. Qui est ton professeur d'histoire?

____

6. Quelle langue étudies-tu?

____

7. Quel est ton cours favori?

____

8. Quel est ton sport favori?

____

9. Quelle musique préfères-tu?

____

10. Quelle couleur aimes-tu?

____

4. Omission of the Article

a. The indefinite article is omitted after **être** and **devenir** with names of professions and occupations:

Sa sœur aînée *est actrice.*	*Her older sister is an actress.*
J'espère *devenir ingénieur.*	*I hope to become an engineer.*

NOTE: The article is used if the noun is modified or when **c'est** is used:

Claude est *un ingénieur bien connu.*	*Claude is a well-known engineer.*
C'est *une actrice.*	*She is an actress.*

b. The indefinite article is omitted after the exclamatory adjectives **quel, quelle, quels, quelles:**

***Quelle pêche* délicieuse!**	*What a delicious peach!*

c. The French indefinite article is omitted before the numbers **cent** and **mille:**

cent navires	*a hundred ships*
mille étoiles	*a thousand stars*

d. The definite article is omitted in numerical titles of monarchs:

Henri quatre (Henri IV)	*Henry the Fourth*
Louis quinze (Louis XV)	*Louis the Fifteenth*

Exercice F

Complétez cette carte postale en utilisant un article défini, indéfini ou rien du tout:

Cher Lucien,

C'est aujourd'hui ______ (1) jeudi, ______ (2) premier juillet. Je passe mes vacances à l'hôtel Louis XIV. ______ (3) maire de mon village y est aussi et ______ (4) autre jour, je lui ai dit: «Bonjour, monsieur Ludovic. Vous faites ______ (5) travail extraordinaire!» J'ai également fait ______ (6) connaissance de sa femme qui est ______ (7) professeur. Elle est ______ (8) professeur très respecté à l'université de Tours où elle enseigne ______ (9) français. Quelle ______ (10) femme intéressante!

À bientôt,
Georges

Exercice G

Répondez aux questions que le douanier à l'aéroport Charles de Gaulle vous pose:

1. Quelle est votre nationalité? (américaine)

____

2. Quelle est votre profession? (étudiante)

____

3. Quelle est la profession de votre père? (ingénieur)

____

4. Quelle est la profession de votre mère? (docteur)

____

5. Dans quel hôtel descendez-vous? (Louis Quatorze)

____

6. Combien d'argent avez-vous? (1000 dollars)

____

5. Gender of Nouns

French nouns are either masculine or feminine. Although there are no rules by which the gender of all nouns can be determined, the gender of many nouns can be determined by their meaning or ending. The gender of other nouns must be learned individually.

a. Nouns that refer to male beings are masculine. Nouns that refer to female beings are feminine:

MASCULINE		FEMININE	
l'homme	*man*	**la femme**	*woman*
le fils	*son*	**la fille**	*daughter*
le prince	*prince*	**la princesse**	*princess*
le secrétaire	*secretary*	**la secrétaire**	*secretary*

b. The gender of some nouns can be determined by their ending:

MASCULINE		FEMININE	
-acle	**le spect*acle***	**-ade**	**l'orange*ade***
-age*	**le vill*age***	**-ale**	**la capit*ale***
-al	**le journ*al***	**-ance**	**la connaiss*ance***
-eau*	**le bur*eau***	**-ence**	**la compét*ence***
-et	**le cabin*et***	**-ette**	**la raqu*ette***
-ier	**le cah*ier***	**-ie**	**la biolog*ie***
-isme	**le cycl*isme***	**-ique**	**la républ*ique***
-ment	**l'établisse*ment***	**-oire**	**la vict*oire***
		-sion	**la télévi*sion***
		-tion	**la na*tion***
		-ure	**la coiff*ure***

c. Some feminine nouns are formed by adding **e** to the masculine:

MASCULINE	FEMININE	
l'ami	**l'amie**	*friend*
l'avocat	**l'avocate**	*lawyer*
le client	**la cliente**	*customer*

*Note these exceptions: **la page, la plage; l'eau** (f.), **la peau.**

le cousin	**la cousin*e***	*cousin*
l'employé	**l'employé*e***	*employee*
l'Espagnol	**l'Espagnol*e***	*Spaniard*
l'étudiant	**l'étudiant*e***	*student*
le voisin	**la voisin*e***	*neighbor*

NOTE: Nouns of nationality are capitalized:

L'*Américain* est arrivé. *The American has arrived.*

d. Certain feminine nouns are formed by changing the masculine endings:

	MASCULINE		FEMININE	
-an	**le pays*an***	**-anne**	**la pays*anne***	*peasant*
-ien	**le pharmac*ien***	**-ienne**	**la pharmac*ienne***	*pharmacist*
-on	**le patr*on***	**-onne**	**la patr*onne***	*boss*
-er	**le bouch*er***	**-ère**	**la bouch*ère***	*butcher*
-ier	**l'épic*ier***	**-ière**	**l'épic*ière***	*grocer*
-eur	**le vend*eur***	**-euse**	**la vend*euse***	*salesclerk*
-teur	**l'ac*teur***	**-trice**	**l'ac*trice***	*actor/actress*

e. Other masculine nouns and their feminine counterparts are:

MASCULINE		FEMININE	
le bouc	*goat*	**la chèvre**	*goat*
le bœuf	*ox*	**la vache**	*cow*
le chat	*cat*	**la chatte**	*cat*
le comte	*count*	**la comtesse**	*countess*
le coq	*rooster*	**la poule**	*hen*
l'hôte	*host*	**l'hôtesse**	*hostess*
le maître	*master*	**la maîtresse**	*mistress*
le neveu	*nephew*	**la nièce**	*niece*
l'oncle	*uncle*	**la tante**	*aunt*
le roi	*king*	**la reine**	*queen*
le vieux	*old man*	**la vieille**	*old woman*

NOTE: For animal nouns whose form is the same for both masculine and feminine, gender is indicated by adding the words **mâle** and **femelle:**

une souris *mâle* *a male mouse*
une souris *femelle* *a female mouse*

f. Some nouns have the same form in the masculine and the feminine:

un (une) artiste	*artist*	**un (une) enfant**	*child*
le (la) camarade	*friend*	**le (la) malade**	*patient*
le (la) collègue	*colleague*	**le (la) secrétaire**	*secretary*
le (la) concierge	*superintendant*	**le (la) touriste**	*tourist*
un (une) élève	*pupil*		

g. Some nouns are masculine or feminine depending on their meaning:

MASCULINE		FEMININE	
le critique	*critic*	**la critique**	*criticism*
le livre	*book*	**la livre**	*pound*

le mémoire	*report, thesis*	**la mémoire**	*memory*
le mode	*method, mood*	**la mode**	*style, fashion*
le poste	*job*	**la poste**	*post office*
le tour	*tour*	**la tour**	*tower*
le vase	*vase*	**la vase**	*mud*

h. Some nouns are always masculine or feminine regardless of the gender of the person referred to:

ALWAYS MASCULINE

un agent de police	*police officer*	**un mannequin**	*fashion model*
un bébé	*baby*	**un médecin**	*doctor*
un chef	*chef, cook; chief, head*	**un peintre**	*painter*
un écrivain	*writer*	**un pompier**	*fire fighter*
un ingénieur	*engineer*	**un professeur**	*professor, teacher*

ALWAYS FEMININE

une connaissance	*acquaintance*	**une vedette**	*(movie) star*
une personne	*person*	**une victime**	*victim*

Exercice H

Chantal a fait son arbre généalogique. Identifiez chaque membre de sa famille:

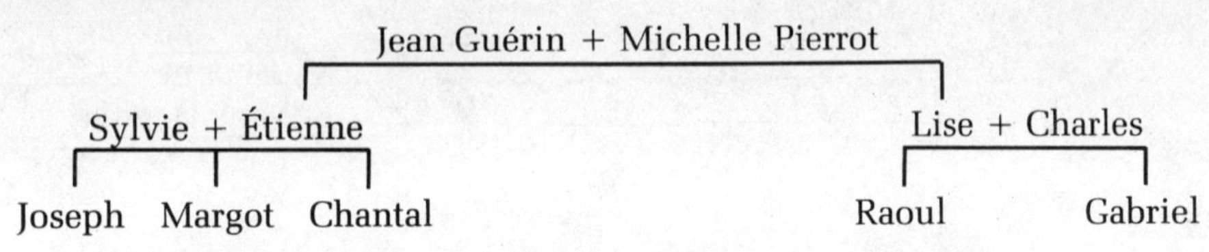

EXEMPLE: Michelle Pierrot est **la mère** d'Étienne.

1. Jean Guérin est ______________ d'Étienne et de Lise.
2. Étienne est ______________ de Sylvie.
3. Margot est ______________ de Joseph et de Chantal.
4. Gabriel est ______________ de Joseph.
5. Michelle Pierrot est ______________ de Charles et de Sylvie.
6. Charles est ______________ d'Étienne.
7. Sylvie est ______________ de Jean Guérin.
8. Charles est ______________ de Michelle Pierrot.
9. Lise est ______________ de Margot, de Chantal et de Joseph.
10. Joseph est ______________ de Sylvie et d'Étienne.
11. Raoul est ______________ d'Étienne.
12. Michelle Pierrot est ______________ de Margot, de Chantal et de Joseph.

Exercice I

Robert a perdu certains objets dans sa chambre. Indiquez ce qu'il cherche:

EXEMPLE: jouet **Il cherche le jouet.**

1. journal ____________________
2. mémoire ____________________
3. raquette ____________________
4. bougie ____________________
5. couteau ____________________
6. carnet ____________________
7. fourchette ____________________
8. vase ____________________

Exercice J

Exprimez les métiers de ces couples:

EXEMPLE:

M. Dupont **est ouvrier**.
Et Mme Dupont? **Elle est ouvrière**.

1. M. Legrand ____________________.
   Et Mme Legrand? ____________________

2. M. Dutour ____________________.
   Et Mme Dutour? ____________________

3. M. Restaud ______________________________________.

Et Mme Restaud? ______________________________________

4. M. Aude ______________________________________.

Et Mme Aude? ______________________________________

5. M. Simonet ______________________________________.

Et Mme Simonet? ______________________________________

6. M. Panier ______________________________________.

Et Mme Panier? ______________________________________

7. M. Mercier ____.
Et Mme Mercier? ____

8. M. Mathieu ____.
Et Mme Mathieu? ____

9. M. Arnaud ____.
Et Mme Arnaud? ____

10. M. Louis ____.
Et Mme Louis? ____

11. M. Juneau ____.

Et Mme Juneau? ____

12. M. Lenoir ____.

Et Mme Lenoir? ____

13. M. Masson ____.

Et Mme Masson? ____

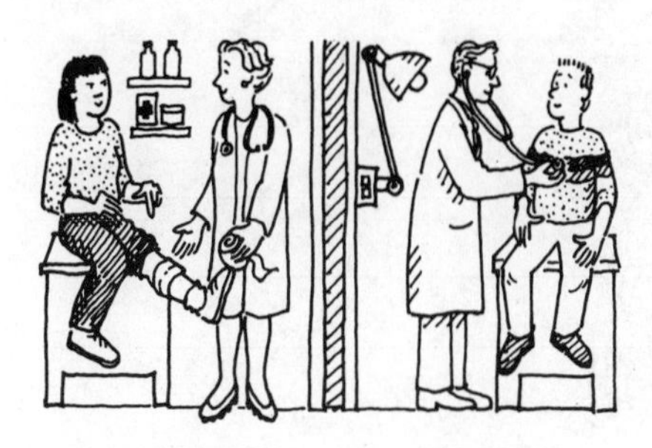

14. M. Évian ____.

Et Mme Évian? ____

15. M. Léger ____.

Et Mme Léger? ____

16. M. Carré ____.

Et Mme Carré? ____

17. M. Louvier ____.

Et Mme Louvier? ____

18. M. Hotier ____.

Et Mme Hotier? ____

Exercice K

Delphine va participer à un concours de vocabulaire. Lisez la définition puis donnez le mot correct et son article défini:

EXEMPLE: livre qui explique le sens des mots **le dictionnaire**

1. objet avec lequel un enfant joue ______
2. synonyme de visage ______
3. objet utilisé pour renvoyer la balle au tennis ______
4. boisson à base d'eau sucrée et de citron ______
5. personne qui défend un accusé au tribunal ______
6. instrument pour couper la viande ______
7. star de cinéma ou de théâtre ______
8. douze mois ______
9. personne qui soigne les dents ______
10. contraire du mensonge ______
11. sept jours ______
12. transport aérien ______
13. instrument pour ouvrir la serrure d'une porte ______
14. personne qui joue d'un instrument ______
15. fille du roi ______
16. liquide pour faire marcher la voiture ______
17. pantalon et veste mis pour dormir ______
18. père du père ______
19. œuvre jouée au théâtre ______
20. animal très lent ______

6. Nouns of Quantity

Nouns that express quantity or measure are followed by **de** before another noun. Some frequent nouns of quantity are:

une paire *a pair*	**un tas** *a pile*	**un mètre** *a meter*
une douzaine *a dozen*	**un morceau** *a piece*	**un litre** *a liter*
un panier *a basket*	**une tranche** *a slice*	**une tasse** *a cup*
une boîte *a box*	**une livre** *a pound*	**un verre** *a glass*
un paquet *a package*	**un kilogramme (kilo)** *a kilogram*	**une bouteille** *a bottle*
un sac *a bag*		

Je dois acheter **une livre *de* beurre** et **une bouteille *de* lait.**	*I have to buy a pound of butter and a bottle of milk.*
Elle m'a envoyé **une** belle **paire *de* gants.**	*She sent me a beautiful pair of gloves.*

Exercice L

Exprimez ce que M. Maupin a acheté au supermarché:

EXEMPLE:

Il a acheté un paquet de bonbons.

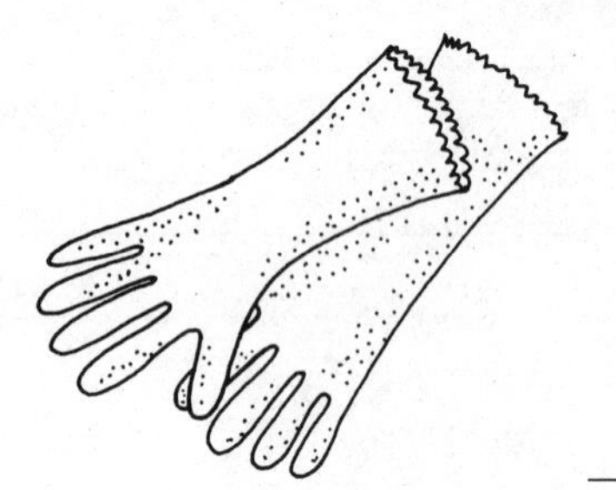

1. ______________________________

2. ______________________________

3. ______________________________

4. ______________________________

5. ______________________________

6. 

____

7. 

____

8. 

____

7. Plural of Nouns

a. The plural of most French nouns is formed by adding **s** to the singular:

SINGULAR	PLURAL
le musée *museum*	**les musées**
l'assiette (f.) *plate*	**les assiettes**
la pomme *apple*	**les pommes**

b. Nouns ending in **-s**, **-x**, or **-z** remain unchanged in the plural:

SINGULAR	PLURAL
le mois *month*	**les mois**
le prix *price, prize*	**les prix**
le nez *nose*	**les nez**

Other nouns ending in **-s:**

l'ananas (m.) *pineapple*	**le colis** *package*	**le jus** *juice*
l'autobus (m.) *bus*	**le corps** *body*	**le palais** *palace*
l'avis (m.) *opinion*	**le dos** *back*	**le pardessus** *overcoat*
le bas *stocking*	**le fils** *son*	**le pays** *country*
le bois *wood*	**la fois** *time*	**le repas** *meal*
le bras *arm*	**le héros** *hero*	**le tapis** *rug*

Other nouns ending in **-x:**

la croix *cross* **la voix** *voice*

c. Nouns ending in **-eau** and **-eu** add **x** in the plural:

SINGULAR	PLURAL
le drapeau *flag*	**les drapeaux**
le neveu *nephew*	**les neveux**

NOTE: There is one exception:

le pneu *tire*	**les pneus**

Other nouns ending in **-eau:**

le bateau *boat*	**le couteau** *knife*	**l'oiseau** (m.) *bird*
le bureau *desk*	**l'eau** (f.) *water*	**la peau** *skin*
le cadeau *gift, present*	**le gâteau** *cake*	**le rideau** *curtain*
le chapeau *hat*	**le manteau** *coat*	**le tableau** *picture, painting*
le château *castle*	**le morceau** *piece*	**le veau** *calf*

Other nouns ending in **-eu:**

le cheveu* *hair*	**le feu** *fire*
le jeu *game*	**le lieu** *place*

d. Nouns ending in **-al** change **-al** to **-aux** in the plural:

SINGULAR	PLURAL
le journal *newspaper*	**les journaux**
l'hôpital *hospital*	**les hôpitaux**

Other nouns ending in **-al:**

l'animal (m.) *animal*	**le général** *general*
le cheval *horse*	**le mal** *ache, harm*

NOTE: Exceptions:

le bal *dance*	**les bals**
le festival *festival*	**les festivals**

e. Seven nouns ending in **-ou** add **x** in the plural:

SINGULAR	PLURAL
le bijou *jewel*	**les bijoux**
le caillou *pebble*	**les cailloux**
le chou *cabbage*	**les choux**
le genou *knee*	**les genoux**
le hibou *owl*	**les hiboux**
le joujou *toy*	**les joujoux**
le pou *louse*	**les poux**

NOTE: All other nouns in **ou** add **s** in the plural:

le clou *nail*	**les clous**
le trou *hole*	**les trous**

*Since **le cheveu** refers to a single hair, the plural **les cheveux** is more common.

f. Some nouns have irregular plurals:

SINGULAR	PLURAL
le ciel *sky*	**les cieux**
l'œil (m.) *eye*	**les yeux**
le travail *work*	**les travaux**
madame *Madam, Mrs.*	**mesdames**
mademoiselle *Miss*	**mesdemoiselles**
monsieur *gentleman, Mr.*	**messieurs**

g. Plurals of common compound nouns:

SINGULAR	PLURAL
l'après-midi (m.) *afternoon*	**les après-midi**
le chef-d'œuvre *masterpiece*	**les chefs-d'œuvre**
la grand-mère *grandmother*	**les grands-mères**
le grand-père *grandfather*	**les grands-pères**
le gratte-ciel *skyscraper*	**les gratte-ciel**
le hors-d'œuvre *appetizer*	**les hors-d'œuvre**
le rendez-vous *appointment*	**les rendez-vous**
le réveille-matin *alarm clock*	**les réveille-matin**

h. A few nouns are used mainly in the plural:

les ciseaux (m.) *scissors*
les gens (m. or f.) *people*
les lunettes (f.) *eyeglasses*
les mathématiques (f.) *mathematics*
les vacances (f.) *vacation*

i. Family names do not add **s** in the plural:

les Caron **les Rolland**

Exercice M

Aline et Lisette sont jumelles. C'est aujourd'hui leur anniversaire. Exprimez le fait qu'elles reçoivent chaque cadeau en double:

EXEMPLE: Un seul cadeau?
Mais non, elles reçoivent deux cadeaux!

1. Un seul gâteau? ______________________
2. Un seul colis? ______________________
3. Un seul bijou? ______________________
4. Un seul jeu de cartes? ______________________
5. Un seul manteau? ______________________
6. Un seul pardessus? ______________________
7. Un seul joujou? ______________________
8. Un seul chapeau? ______________________
9. Un seul cheval? ______________________
10. Un seul tableau? ______________________

Exercice N

M. Hachette est un détective célèbre qui essaie de résoudre un crime. Exprimez quels indices il a trouvé dans un appartement en faisant son enquête:

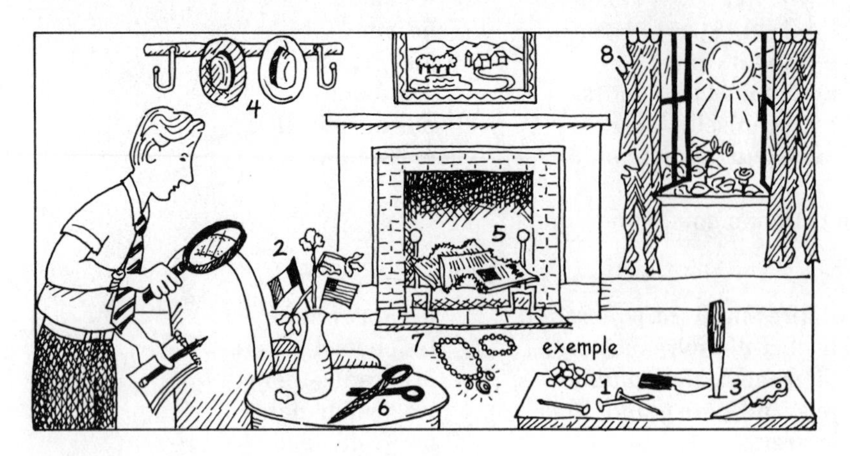

EXEMPLE: **Il a trouvé des cailloux.**

1. ______________________________
2. ______________________________
3. ______________________________
4. ______________________________
5. ______________________________
6. ______________________________
7. ______________________________
8. ______________________________

♦ MASTERY EXERCISES ♦

Exercice O

***Complétez ce monologue avec* un article *(s'il est nécessaire),* un nombre *ou la forme correcte de* quel:**

Bonjour. Je m'appelle Anne-Marie Junot. Je suis ______(1)______ actrice. J'ai ______(2)______ yeux verts et ______(3)______ cheveux noirs. Les critiques disent que je suis ______(4)______ bonne actrice. Je suis populaire, ______(5)______ public m'envoie plus de ______(6)______ cartes par ______(7)______ jour. J'ai déjà tourné ______(8)______ films et demain je commence à travailler dans ______(9)______ autre film. Oh là là! ______(10)______ film! Je joue ______(11)______ rôle d'______(12)______ femme riche et élégante. Cette femme s'ennuie facilement et passe son temps à voyager. C'est ______ (13) femme capricieuse qui tombe dans plusieurs intrigues et ______ (14) héros vient à chaque fois à son secours. Il y a ______ (15) scène où ______ (16) hommes s'habillent en ______ (17) agents de police et accompagnent ______ (18) femme à ______ (19) grande fête. ______ (20) scène formidable! ______ (21) film va coûter plus de ______ (22) dollars parce que chaque acteur gagne ______ (23) dollars par jour. J'ai ______ (24) vie intéressante. ______ (25) chance de pouvoir être actrice!

Exercice P

Complétez les phrases avec un article défini, indéfini ou rien du tout:

Je voudrais vous faire le portrait de ma meilleure amie, Carine Marec, qui est ______ (1) fille charmante et aimable. Elle mesure 5 pieds et 4 pouces; elle a ______ (2) cheveux blonds et ______ (3) yeux bruns. Elle porte ______ (4) lunettes. ______ (5) année dernière, je lui ai offert ______ (6) bracelet avec ______ (7) perles noires pour son anniversaire. ______ (8) mère de Carine est ______ (9) avocate et son père est ______ (10) docteur très renommé. Carine veut devenir ______ (11) architecte car elle aime dessiner ______ (12) maisons et ______ (13) gratte-ciel. J'espère qu'elle réussira. ______ (14) grands-parents de Carine ont ______ (15) ferme en Normandie où ils élèvent ______ (16) chevaux. Carine aime beaucoup ______ (17) campagne et nous y allons souvent ensemble pendant ______ (18) vacances. Carine adore ______ (19) animaux. Elle a ______ (20) chien, Fifi, et ______ (21) chat, Minou. Fifi adore ______ (22) viande et ______ (23) biscuits. Minou préfère ______ (24) poisson et ______ (25) lait. Dans sa chambre, Carine garde ______ (26) souris. Cette souris aime ______ (27) fromage. Carine adore ______ (28) sport. Elle se passionne pour ______ (29) cyclisme. ______ (30) samedi matin, elle fait de ______ (31) natation à ______ (32) piscine municipale. Carine est très populaire et est invitée à toutes ______ (33) fêtes. Je suis sûre que maintenant vous comprenez pourquoi Carine est ma meilleure amie.

Exercice Q

Exprimez en français ce qu'Alain dit de son grand-père:

1. My grandfather was a Frenchman, but he also spoke English.

2. Italy and France were my grandparents' favorite countries.

3. My grandfather married a pretty Italian girl who had black hair and blue eyes.

4. He was a talented salesman and my grandmother was an artist. She loved to paint birds.

5. My grandfather sold hats, coats, stockings, and shoes, and my grandmother sold her paintings.

6. Their children sold pineapples at the market at twenty cents a pound.

7. What a memory he had! My grandfather remembered the names of all his customers.

8. He always closed his store at three o'clock on Fridays.

9. He used to go to the café in the spring and in the summer.

10. General de Gaulle was an acquaintance of my grandfather's.

11. They were heroes during the war.

12. When my grandfather came to visit us, he always brought a box of chocolate or a basket of fruit for the family.

13. One time he brought my mother a beautiful pair of shoes.

14. What a wonderful person my grandfather was!

19

Partitive

1. Forms and Uses

a. The partitive expresses an indefinite quantity or part of a whole (English *some* or *any*). Before a noun, the partitive is generally **de** + definite article:

PARTITIVE	USED BEFORE	EXAMPLE	MEANING
du	masculine singular nouns beginning with consonant	**du beurre**	*some butter*
de la	feminine singular nouns beginning with consonant	**de la soie**	*some silk*
de l'	any singular noun beginning with vowel	**de l'argent** **de l'eau**	*some money* *some water*
des	all plural nouns	**des camions** **des robes** **des hôtels** **des écoles**	*some trucks* *some dresses* *some hotels* *some schools*

Elle a *du travail* à faire. — *She has some work to do.*
Nous mangeons *de la glace.* — *We are eating some ice cream.*
Avez-vous *de l'argent?* — *Do you have any money?*
Donnez-moi *du pain,* s'il vous plaît. — *Give me some bread, please.*

NOTE: The partitive may not be omitted in French (as *some* or *any* may be omitted in English) and is repeated before each noun:

Voulez-vous ***des* spaghettis** ou ***de la* salade?** — *Do you want spaghetti or salad?*
Non, je préfère ***de la* viande** et ***des* frites.** — *No, I prefer meat and french fries.*

Exercise A

Lise, une enfant de quatre ans, donne à manger à son chien. Identifiez ce qu'elle lui donne:

EXEMPLE:

Elle lui donne du poisson.

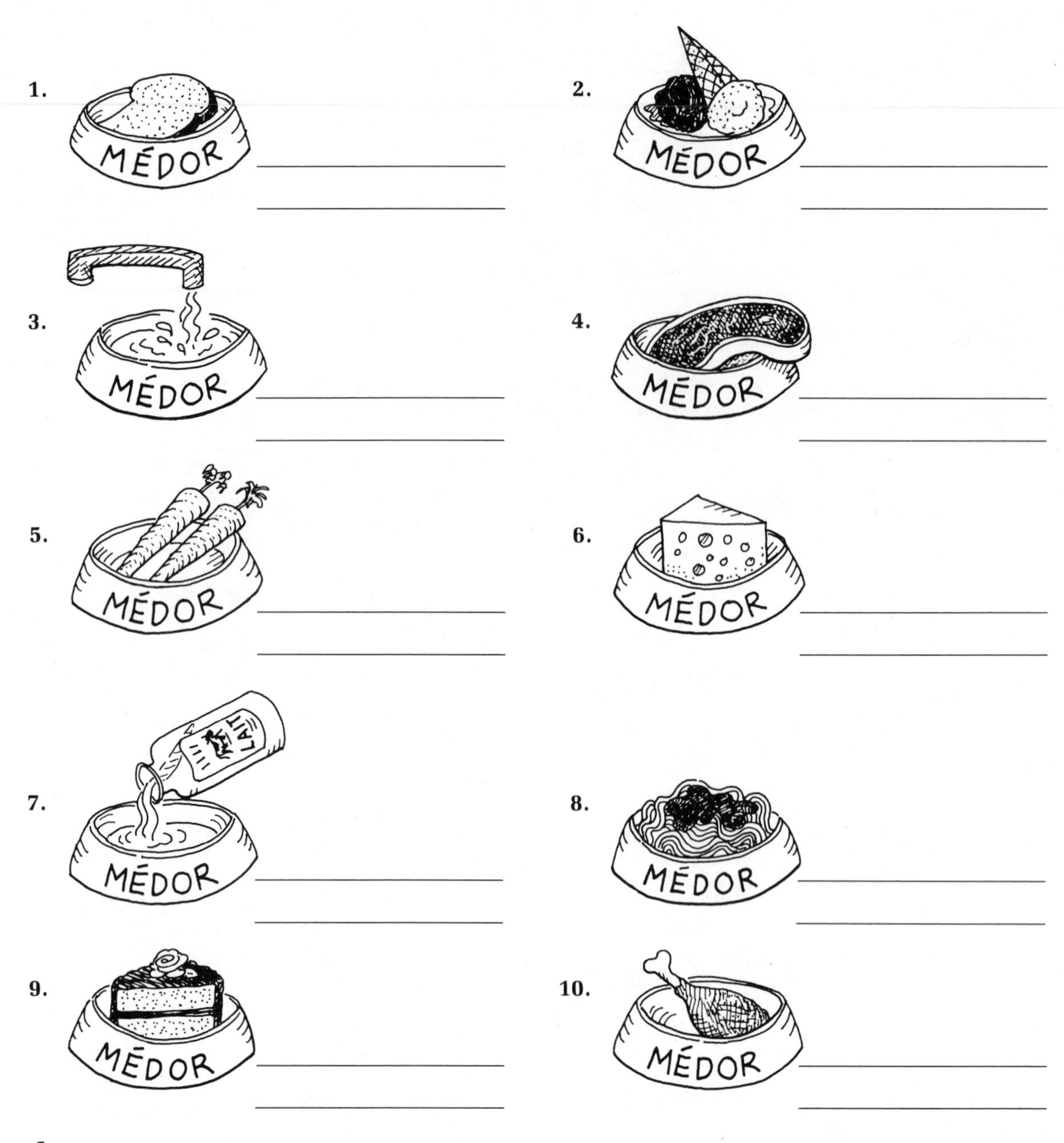

b. In a negative sentence, the partitive is expressed by **de** without the article when it means *some* or *any:*

Je n'ai pas fait *de fautes.*	*I didn't make any mistakes.*
Il n'a guère *d'amis.*	*He has hardly any friends.*

c. When an adjective precedes a plural noun, the partitive is expressed by **de** alone:

Il porte *de vieux souliers.*	*He wears old shoes.*
Elle raconte *de longues histoires.*	*She tells long stories.*

NOTE: When a plural adjective is part of a noun compound, the definite article is retained:

des grands-parents *grandparents*	**des petits-enfants** *grandchildren*
des jeunes filles *girls*	**des petits pains** *rolls*
des jeunes gens *youths*	**des petits pois** *peas*

d. When an adjective precedes a singular noun, the partitive is expressed with or without the article. The partitive with the article is the more common form:

Il boit *du bon cidre.* **Il boit *de bon cidre.***	*He drinks (some) good cider.*

e. After **ne . . . que** *(only)*, **de** is used with the article, provided there is no adjective preceding a plural noun:

Je ne mange que *de la tarte.*	*I eat only pie.*
Je ne mange que *des tartes.*	*I eat only pies.*
Je ne mange que *de la bonne tarte.*	*I eat only good pie.*

But:

Je ne mange que **de bonnes tartes.**	*I eat only good pies.*

f. With nouns and adverbs of quantity and expressions with **de, de** alone is used (see Chapter 18, Section 6, for nouns of quantity and Chapter 24, Section 2k, for adverbs of quantity):

Nous achèterons trois bouteilles *d'eau minérale.*	*We will buy three bottles of mineral water.*
Elle a trop *de devoirs.*	*She has too much homework.*
Donnez-moi une douzaine *d'œufs.*	*Give me a dozen eggs.*
J'ai besoin *d'argent.*	*I need money.*
Il manque *de courage.*	*He lacks courage.*
Tu ne peux pas te passer *de nourriture.*	*You cannot do without food.*

NOTE:

1. **La plupart** *(most)*, **bien** *(a good many, a good deal)*, and related expressions **(la plus grande partie, la majorité)** are followed by **de** + definite article:

***La plupart des gens* aiment ce café.**	*Most people like this café.*
***Bien des fois* il arrive en retard.**	*He often arrives late.*

2. **Plusieurs** *(several)* and **quelques** *(some)* are adjectives and modify the noun directly:

Vous avez *plusieurs amis* ici.	*You have several friends here.*
Attendez *quelques minutes.*	*Wait a few minutes.*

g. The partitive is omitted after **sans** *(without)* and **ne . . . ni . . . ni** *(neither . . . nor)*:

C'est un livre *sans images.*	*It is a book without (any) pictures.*
Nanette *ne* boit *ni thé ni café.*	*Nanette drinks neither tea nor coffee. (Nanette doesn't drink any tea or coffee.)*

Exercise B

Martine explique à sa sœur cadette ce qu'on vend dans ces magasins en France:

EXEMPLE: pharmacie / médicaments
Dans une pharmacie on vend des médicaments.

1. pâtisserie / gâteaux

____

2. bijouterie / bijoux

3. poissonnerie / poisson

4. boucherie / viande

5. fruiterie / fruits

6. boulangerie / pain

7. charcuterie / saucisses

8. librairie / livres

Exercise C

Exprimez ce que Mme Leduc achètera quand elle visitera ces villes françaises:

EXEMPLE: Paris / articles de luxe
À Paris elle achètera des articles de luxe.

1. Alençon / dentelle

2. Cambrai / bonbons

3. Baccarat / cristaux

4. Besançon / montres

5. Bordeaux / vin

6. Grasse / parfum

7. Grenoble / gants

8. Limoges / porcelaine

Exercise D

Vous racontez à un ami ce que vous avez fait et ce que vous n'avez pas fait pendant vos vacances aux îles Caraïbes:

EXEMPLE: écrire (cartes postales / lettres)
J'ai écrit des cartes postales. Je n'ai pas écrit de lettres.

1. manger (spécialités du pays / hamburgers)

2. boire (jus de papaye / lait)

3. faire (voile / ski)

4. prendre (photos des gens / photos du paysage)

5. goûter (poisson du pays / viande du pays)

6. avoir (temps libre / travail)

Exercise E

Vos amis et vous dînez au restaurant, mais certains d'entre vous suivent un régime. Exprimez ce que vous pouvez ou ne pouvez pas commander:

EXEMPLE: Georgette ne digère pas les plats épicés. / manger: légumes? ragoût? glace?
Elle mange des légumes.
Elle ne mange pas de ragoût.
Elle mange de la glace.

1. Anne veut grossir. / prendre: pain? salade? gâteau?

2. Liliane est allergique aux produits laitiers. / boire: citronnade? lait? eau minérale?

3. Jean est nerveux. / choisir: café? limonade? jus d'orange?

4. Robert est végétarien. / commander: porc? fromage? agneau?

5. Richard veut maigrir. / manger: spaghettis? fruits? pâtisseries?

6. Janine a des problèmes cardiaques. / se passer de: viandes grasses? céléri? jus d'orange?

Exercise F

Exprimez ce qu'on vend dans cette galerie marchande:

EXEMPLE: curieux gadgets
On vend de curieux gadgets.

1. nouveaux vêtements

2. excellent café

3. jolie argenterie

4. bons disques

5. grandes affiches

6. beau tissu

____

7. petites bagues

____

8. bonne limonade

____

Exercise G

Tout le monde se plaint de temps en temps. Exprimez ce que ces personnes disent:

EXEMPLE: beaucoup / inquiétudes
J'ai beaucoup d'inquiétudes.

1. assez / problèmes

____

2. trop / devoirs

____

3. peu / amis

____

4. tant / soucis

____

5. beaucoup / travail

____

Exercice H

Exprimez ce que Marie demande à l'épicier:

EXEMPLE: une bouteille / eau minérale
Je voudrais une bouteille d'eau minérale, s'il vous plaît.

1. une boîte / petits pois

____

2. une livre / cerises

____

3. un litre / jus d'orange

____

4. un sac / farine

____

5. une douzaine / bananes

____

Exercice I

Décrivez la fête internationale de votre école en utilisant le partitif s'il est nécessaire:

1. La plupart ________ élèves ont assisté à la fête.
2. Bien ________ professeurs y sont allés.
3. J'ai essayé plusieurs ________ hors-d'œuvre.
4. Marie avait cuisiné beaucoup ________ plats différents.
5. Patrick n'a mangé ni ________ fruits ni ________ légumes.
6. On avait le choix entre une dizaine ________ boissons différentes.
7. On n'avait pas préparé assez ________ desserts.
8. Ça a été une soirée sans ________ égale.

2. Partitive and the Definite Article

While the partitive is used to express some or part of something, the definite article is used with nouns in a general sense (expressing the entire class):

Les Français aiment *le vin.* — *The French love wine* [in general].

Beaucoup de Français boivent *du vin* pendant *les repas.* — *Many French people drink (some) wine during meals* [all meals].

Exercice J

Répondez aux questions que des amis vous posent sur vos habitudes alimentaires:

EXEMPLE: Bois-tu du café?
Oui, j'aime le café et je bois souvent du café.

1. Prends-tu de l'eau minérale?

____

2. Manges-tu de la viande?

____

3. Achètes-tu des légumes?

____

4. Choisis-tu du poulet?

____

5. Prépares-tu des salades?

____

6. Bois-tu du thé?

____

Exercice K

Exprimez quelle sorte de nourriture vous préférez. Utilisez l'article défini ou le partitif:

1. Mon plat de viande préféré est ______________________.
2. Je n'aime pas ______________________.
3. Au petit déjeuner je prends ______________________.
4. Au déjeuner je mange ______________________ et je bois ______________________.
5. Si je préparais le dîner, je cuisinerais ______________________.
6. Mon dessert préféré est ______________________.
7. Mes légumes favoris sont ______________________.
8. Mes fruits préférés sont ______________________.
9. Quand je suis un régime, je ne prends pas ______________________.
10. Quand je veux quelque chose de sucré, je prends ______________________.
11. Ma boisson favorite est ______________________.
12. Je ne mangerais jamais ______________________.

♦ MASTERY EXERCISES ♦

Exercice L

Vous travaillez dans un restaurant. Combinez les éléments avec l'article défini ou le partitif pour exprimer ce que dit le chef:

1. j'ai besoin / marmites tout de suite

____

2. j'ai utilisé / crème fraîche

____

3. beaucoup / clients aiment / poulet

____

4. je pense que / cuisine française est / meilleure

____

5. je ne fais jamais / erreurs quand je cuisine

____

6. ici on prépare / bons repas

____

7. bien / clients adorent / escargots

____

8. j'adore manger / bon gâteau au chocolat

____

9. je préfère préparer cette recette avec / beurre

____

10. ma spécialité est / coq au vin

____

11. j'ai servi / petits pains au petit déjeuner

____

12. donnez-moi une douzaine / œufs pour cette tarte

____

13. il y a / travail à faire

____

14. je n'utilise que / produits naturels

____

Exercice M

La classe de français va faire un pique-nique. Complétez la description des préparatifs en utilisant l'article défini, le partitif ou rien du tout:

La classe de français va faire un pique-nique dans le parc. La plupart ____________ (1) élèves ont préparé ____________ (2) spécialités de leurs pays. Quelques ____________ (3) autres apportent ____________ (4) fourchettes, ____________ (5) cuillères et ____________ (6) assiettes en plastique. Le professeur apporte plusieurs ____________ (7) boissons. Bien ____________ (8) jeunes filles et bien ____________ (9) garçons ont ____________ (10) habitudes bizarres en ce qui concerne la nourriture. Marie, par exemple, ne mange ni ____________ (11) fruits ni ____________ (12) légumes. Grégoire, lui, ne mange que ____________ (13) salade. André utilise beaucoup ____________ (14) poivre et Lisette peut manger une boîte entière ____________ (15) chocolats toute seule! Claire n'aime pas ____________ (16) tomates et Paul ne boit jamais ____________ (17) lait. Douglas se passe ____________ (18) dessert parce qu'il est au régime. Le professeur fait attention à sa ligne elle aussi et prend très peu ____________ (19) pain sans ____________ (20) beurre. Heureusement, Lucie va apporter ____________ (21) bons desserts et ____________ (22) bonne orangeade. On va bien manger et bien s'amuser au pique-nique.

Exercice N

Exprimez en français les conseils d'un diététicien sur les régimes:

1. Do you want to lose some weight?

2. Most people answer yes to this question.

3. Here are some good ideas and several rules to follow.

4. Eat a lot of salad with vegetables and fruits.

5. Drink at least eight glasses of water per day.

6. Eat good healthy food: chicken or veal, carrots and green vegetables. Avoid sauces.

7. Limit the number of calories you consume.

8. Don't eat either ice cream or cake.

9. Do without chocolate.

10. Do physical exercise.

20

Subject and Stress Pronouns

A pronoun is a word used in place of a noun. A subject pronoun is used in place of a subject noun.

1. Subject Pronouns

SINGULAR		PLURAL	
je (j')	*I*	**nous**	*we*
tu	*you* (familiar)	**vous**	*you* (plural/formal)
il	*he*	**ils**	*they* (masculine)
elle	*she*	**elles**	*they* (feminine)
on	*one, you, we, they*		

NOTE:

1. A subject pronoun and its verb may be inverted in interrogative sentences. Inversion with **je** is rarely used:

   Sortez-*vous* ce soir? — *Are you going out tonight?*

2. Subject pronouns are omitted in the imperative:

   Venez ici. — *Come here.*

3. The familiar subject pronoun **tu** is used to address friends, relatives, children, and pets. The formal **vous** is used in the singular to address older people, strangers, or people one does not know well.

4. The third person subject pronoun **on** means *one* or *someone*. It may also refer to an indefinite *you, we, they,* or *people* in general. **On** + active construction may also take the place of a passive construction:

   ***On* a besoin d'amis.** — *One needs (People need/We need) friends.*

   ***On* dit que le russe est très difficile.** — *They say that Russian is very difficult.*

   ***On* a volé mon livre.** — *Someone stole my book. (My book has been stolen.)*

   In spoken French, **on** is often used in place of **nous:**

   ***On* va voir un film ce soir.** — *We're going to see a movie tonight.*

Exercice A

Henri identifie ses amis à une fête et dit d'où ils viennent. Complétez chaque phrase avec le pronom qui convient:

EXEMPLE: Jeanne et Lucie sont amies. **Elles** sont de Lyon.

1. Hélène et Rose sont sœurs. ______________ sont de Grenoble.
2. Georges et Pierre sont cousins. ______________ sont de Marseille.
3. Wilfrid et moi, ______________ sommes américains. ______________ sommes de la Louisiane.
4. Lisette est de Montréal. ______________ est la sœur de Luc.
5. Charles est le cousin de Richard. ______________ est de Bruxelles.
6. Raoul et Mireille, d'où êtes-______________? — Moi, ______________ suis de Nice. Raoul, ______________ est de Cannes.
7. Claire, d'où es-______________? — ______________ suis de Dakar.
8. Gustave, d'où sont tes parents? — ______________ sont de Paris.

Exercice B

Exprimez comment on se conduit en classe de français:

EXEMPLES: écouter attentivement
On écoute attentivement.

ne pas parler anglais
On ne parle pas anglais.

1. parler toujours français

____

2. ne jamais mâcher de chewing-gum

____

3. faire les devoirs tous les soirs

____

4. ne pas lancer d'avions en papier

____

5. ne pas bavarder

____

6. prêter attention

____

2. *Ce + être*

The pronoun **ce (c')** *(it, he, she, this, that, they, these, those)* is most frequently used with the verb **être. Ce** replaces **il, elle, ils,** and **elles** in the following constructions:

a. Before a modified noun:

***C'est* un mouton.**	*It is a sheep.*
***C'est* une affaire grave.**	*That's a serious matter.*
***Ce sont* de vrais amis.**	*They are real friends.*

But (unmodified):

***Il est* pompier.**	*He is a fire fighter.*

b. Before a proper noun:

Qui est là? — ***C'est* Jeanne.**	*Who is there? — It's Jeanne.*
Quelle est la capitale de l'Angleterre? — ***C'est* Londres.**	*What is the capital of England? — It is London.*

c. Before a pronoun:

Je doute que ***ce soit* lui.**	*I doubt that it is he.*
***Est-ce* vous** qui avez ri?	*Are you the one who laughed?*
***Ce sont* les nôtres.**	*They (These, Those) are ours.*
***C'était* celle** de ma mère.	*It was my mother's.*

d. Before a superlative:

***C'est* la plus jeune** de la famille.	*She is the youngest in the family.*
***C'est* le moindre** de mes soucis.	*That's the least of my worries.*

e. In dates:

***C'est* aujourd'hui jeudi.**	*Today is Thursday.*
Demain ***ce sera* le deux mai.**	*Tomorrow will be May 2.*

NOTE: In expressing the hour of the day, **il** is used:

***Il est* trois heures.**	*It is three o'clock.*

f. Before a masculine singular adjective to refer to an idea or action previously mentioned:

Roger comprend bien le français. — ***C'est* évident.**	*Roger understands French well. — That's obvious.*
Est-ce que je peux vous aider? — ***C'est* inutile.**	*Can I help you? — It's useless.*

NOTE: In referring to a preceding noun, **il** and **elle** are used:

Luc est **mon cousin. *Il est*** très sympathique.	*Luc is my cousin. He is very nice.*
Regardez **cette fleur. *Elle est*** parfaite.	*Look at that flower. It is perfect.*

g. Before an adjective + **à** + infinitive:

***C'est* bon à savoir.**	*That's good to know.*
***C'est* impossible à faire.**	*That's impossible to do.*

NOTE:

1. Impersonal **il** *(it)* is used with **être** and an adjective before **de** + infinitive:

***Il est* bon de dire** la vérité.	*It is good to tell the truth.*
***Il* n'*est* pas facile de réussir.**	*It isn't easy to succeed.*

French makes clear the meaning of *it* by two distinct constructions. The English versions of these sentences, although identical, have two different meanings:

***Il est* intéressant de lire.**	*It is interesting to read. (Reading is interesting.)*
***C'est* intéressant à lire.**	*It is interesting to read. (The book, the letter, etc. is interesting to read.)*

2. **Il** is used with **être** and an adjective before a clause beginning with **que:**

***Il est important* que vous appreniez le français.**	*It is important that you learn French.*
***Il est normal* qu'il se soit fâché.**	*It is normal he got angry.*

3. **Ceci** and **cela (ça)** replace **ce** for emphasis or contrast:

***Ceci* est urgent!**	*This is urgent!*
***Ceci* est urgent et *cela* ne l'est pas.**	*This is urgent and that isn't.*
***Ceci* me rend heureuse.**	*This makes me happy.*
***Cela (Ça)* ne se dit pas.**	*We (People) don't say that.*

Exercice C

***Marthe bavarde avec sa nouvelle amie Christine. Elle décrit des personnes et des choses. Complétez ses descriptions avec* ce (c'), il(s) *ou* elle(s):**

1. Regarde ces garçons: ______________ sont mes frères. ______________ sont très sportifs.

2. Qui sonne à la porte? — ______________ sont eux. ______________ sont arrivés de bonne heure.

3. Je te présente ma sœur Régine. ______________ est très intelligente. ______________ est la plus intelligente de la famille.

4. As-tu fait la connaissance de M. Sorel? ______________ est mon professeur de science. ______________ est charmant.

5. Voici ma tante Gisèle. ______________ est un mannequin célèbre. ______________ est jolie, n'est-ce pas?

6. Regarde ma nouvelle voiture. ______________ est impossible d'oublier les clefs à l'intérieur. ______________ est pratique, non?

7. Veux-tu manger au restaurant Chez Pierre? ______________ est un restaurant populaire. ______________ est ouvert tous les jours.

8. Quelle est la date aujourd'hui? — ______________ est dimanche, le trois mai. Quel dommage, le musée est fermé. ______________ n'est pas possible d'y aller aujourd'hui.

Exercice D

Donnez votre opinion sur les activités suivantes:

EXEMPLES: grimper aux arbres (dangereux)
Il est dangereux de grimper aux arbres.
Il n'est pas dangereux de grimper aux arbres.

1. savoir conduire une voiture (important)

____

2. réussir à l'école (nécessaire)

____

3. voyager en avion (effrayant)

____

4. faire du sport (amusant)

____

5. voyager (intéressant)

____

6. gagner beaucoup d'argent (facile)

____

Exercice E

Commentez les actions de vos amis:

EXEMPLE: Henri apprend beaucoup. (essentiel)
Il est essentiel qu'Henri apprenne beaucoup.

1. Janine va à la bibliothèque. (important)

____

2. Richard mange des légumes. (prudent)

____

3. Roland est toujours calme. (bon)

____

4. Marie fume des cigarettes. (dangereux)

____

5. Henri conduit très vite. (stupide)

____

6. Alice dit des mensonges. (mauvais)

____

7. Lucie écrit un roman d'amour. (amusant)

____

8. André gagne beaucoup d'argent. (normal)

____

Exercice F

Lucien est un garçon très sûr de ses opinions. Exprimez ce qu'il dit:

EXEMPLE: Le lait? bon / boire
C'est bon à boire.

1. L'ordinateur? difficile / programmer

2. L'amour? dur / comprendre

3. Le travail? amusant / faire

4. L'avenir? impossible / prédire

5. Le ski? agréable / pratiquer

6. Le reportage sportif? facile / lire

Exercice G

***Répondez aux questions qu'un ami vous pose en utilisant* ce (c'), il(s) *ou* elle(s):**

1. Quelle est la capitale du Sénégal? (Dakar)

2. Qui a inventé l'écriture en relief pour les aveugles? (Louis Braille)

3. Quelle est la date de la célébration de la Révolution française? (le quatorze juillet)

4. Est-ce Pasteur qui a découvert le vaccin contre la rage? (lui)

5. Quelle était la profession de Saint-Exupéry? (pilote)

6. Peut-on ignorer les problèmes de l'environnement? (impossible)

7. Comment était Jeanne d'Arc? (courageuse)

8. Qui était Napoléon? (l'empereur des Français)

Exercice H

Complétez ce que Mme Rousseau dit de ses élèves en choisissant le mot correct:

1. (ce, cela) Anne copie souvent les devoirs de Lucien. __________ m'inquiète.

2. (ça, ce) Virginie ne se sentait pas bien aujourd'hui. Je lui ai dit: «__________ ira mieux demain.»

3. (ce, ceci) Quand je dis à mes élèves __________ est important et cela ne l'est pas, ils me demandent toujours d'expliquer pourquoi.

4. (ce, cela) Jacqueline aura réussi à tous ses examens. __________ fera plaisir à ses parents.

5. (ce, ça) Antoine sait toujours ses leçons par cœur. __________ prouve qu'il est très studieux.

6. (ce, cela) Jacques bavarde toujours en classe. __________ me dérange.

7. (ce, ceci) Lucien est arrivé à l'heure pour la première fois de sa vie. __________ est exceptionnel!

8. (ça, c') Jérôme a refusé de faire partie de l'équipe de football. __________ est dommage.

3. Stress Pronouns

A stress pronoun may be used to replace a noun used as subject or object or to emphasize pronouns or nouns used as subject or object:

SINGULAR			PLURAL		
(je)	**moi**	*I, me*	*(nous)*	**nous**	*we*
(tu)	**toi**	*you (familiar)*	*(vous)*	**vous**	*you (plural, formal)*
(il)	**lui**	*he, him*	*(ils)*	**eux**	*they, them*
(elle)	**elle**	*she, her*	*(elles)*	**elles**	*they, them*
(on)	**soi**	*oneself, himself*			

4. Uses of Stress Pronouns

a. Stress pronouns are used after a preposition:*

Il marche *vers moi.* — *He walks towards me.*
Elle viendra *chez toi.* — *She will come to your house.*
Nous parlions *d'eux.* — *We were speaking about them.*

NOTE:

1. After the preposition **à**, a stress pronoun is generally not used. An indirect object pronoun is used instead:

   J'ai donné un cadeau **à Michèle.** — *I gave a present to Michèle.*
   Je **lui** ai donné un cadeau. — *I gave her a present. (I gave a present to her.)*

*For a list of common prepositions, see the Appendix, page 572.

2. A few verbs and verbal phrases followed by an object use **à** + stress pronoun to refer to people:

avoir affaire à *to deal with*
être à *to belong to*
faire attention à *to take care of, be careful of*
se fier à *to trust*
s'intéresser à *to be interested in*
penser à *to think about (of)*
prêter attention à *to pay attention to*
renoncer à *to renounce, give up*
songer à *to think about*
tenir à *to care about; to insist on*

Pensais-tu *à Jacques?* — Oui, je pensais *à lui.* — *Were you thinking of Jacques? — Yes, I was thinking about him.*

Je ne me fie pas *à Laurent et à Annik.* — Moi, je me fie *à eux.* — *I don't trust Laurent and Annik. — I trust them.*

b. Stress pronouns are used after **ce** + **être:**

Qui est-ce? — **C'est *elle.*** — *Who is it? — It is she.*
Ce n'est pas *moi* qui l'ai fait. — *I'm not the one who did it.* [Literally: *It's not I who did it.*]
C'est *nous* qui partons. — *We are leaving.*
C'est *eux* qui parlent.* — *They are the ones who are speaking.*
Est-ce *vous?* Est-ce *eux?* — *Are you the ones? Are they the ones?*

Exercice I

Répondez aux questions d'un(e) camarade de classe en employant le pronom qui convient:

EXEMPLES: Es-tu allé(e) avec Sylvie au cinéma?
Oui, je suis allé(e) avec elle au cinéma.
Non, je ne suis pas allé(e) avec elle au cinéma.

1. Habites-tu près de chez nous?

____

2. Veux-tu venir danser avec moi?

____

3. Te souviens-tu de ton arrière-grand-père?

____

4. Paul est-il assis à côté de toi dans la classe de français?

____

5. Fais-tu des achats importants sans ta mère?

____

6. Travailles-tu pour ton père?

____

*Before the stress pronouns **eux** and **elles,** the verb **être** may be either in the singular **(c'est eux)** or the plural **(ce sont elles),** although the singular is more common.

7. Arrives-tu à l'école avant les autres?

____

8. Ta sœur et toi, discutez-vous entre vous?

____

Exercice J

Les élèves de la classe de français sont très sérieux. Exprimez qui d'entre eux fait les choses suivantes:

EXEMPLE: Qui reçoit les meilleures notes? (Robert)
C'est lui.

1. Qui réussit bien à l'examen? (je)

____

2. Qui écrit une bonne composition? (vous)

____

3. Qui écoute toujours le professeur? (Alice)

____

4. Qui travaille dur? (ma sœur et moi)

____

5. Qui arrive toujours à l'heure? (Hervé)

____

6. Qui finit rapidement les exercices? (Janine et Chantal)

____

7. Qui étudie beaucoup? (tu)

____

8. Qui aide le professeur? (Marc et Antoine)

____

Exercice K

Exprimez les préoccupations sentimentales des personnes suivantes:

EXEMPLE: (il) Je pense à **lui** tout le temps.

1. (je) J'espère que mon petit ami pense à ______________.
2. (il) Je tiens à ______________.
3. (elle) Il doit renoncer à ______________.
4. (nous) Ces lettres d'amour sont à ______________.
5. (ils) Je me fie à ______________.
6. (tu) Mon amour, je ne pense qu'à ______________.

7. (elles) Ces garçons ne s'intéressent qu'à ______________.

8. (vous) Ils ne pensent qu'à ______________.

c. Stress pronouns are used when the pronoun has no verb:

Qui parle français ici? — *Moi.*	*Who speaks French here? — I (do).*
Qui gagne? — *Pas nous.*	*Who is winning? — Not we.*
Je suis plus belle *que toi.*	*I am prettier than you.*
Je n'aime *que lui.*	*I love only him.*

d. Stress pronouns are used in a compound subject or object:

Leurs enfants et *eux* sont heureux.	*Their children and they are happy.*

NOTE: If one of the stress pronouns is **moi,** the subject pronoun **nous** is used to summarize the compound. If **toi** is one of the stress pronouns, **vous** summarizes the compound:

***Lui et moi,* nous** sommes parfaits ensemble.	*He and I are great together.*
***Elle et toi,* vous** ne comprenez rien.	*She and you don't understand anything.*
Je **vous** ai vus, ***elle et toi.***	*I saw her and you.*

e. Stress pronouns are added for emphasis or clarification:

***Eux,* ils** n'auraient jamais menti.	*THEY would never have lied.*
Je **les** ai vus, ***lui et elle.***	*I saw him and her.*
Je **leur** ai téléphoné, ***à lui et à elle.***	*I phoned him and her.*

f. Stress pronouns may be reinforced by adding **-même (-mêmes):**

Jean y est allé ***lui-même.***	*Jean went there himself.*
Nous le ferons ***nous-mêmes.***	*We will do it ourselves.*

NOTE: The stress pronoun **soi** (or **soi-même**) is used with indefinite subjects like **on, chacun, tout le monde,** to refer to general statements:

Il est essentiel d'avoir confiance en *soi.*	*It is essential to have self-confidence (confidence in oneself).*
Chacun(e) pour *soi.*	*Everyone for himself (herself).*
Tout le monde pense à *soi.*	*Everyone thinks of himself (herself).*

Exercice L

Il va y avoir une grande fête à l'école et vous demandez à votre camarade qui va être invité en plus de tous les professeurs:

EXEMPLE: Mon frère et moi?
Oui, vous aussi.

1. Robert et Luc?

____

2. Toi?

____

3. Vous deux?

____

4. Anne et Sylvie?

____

5. Lisette?

____

6. Moi?

____

7. Mon amie et moi?

____

8. André?

____

Exercice M

Exprimez ce que les personnes suivantes font aujourd'hui:

EXEMPLE: toi et moi / aller au cinéma
Toi et moi, nous allons au cinéma.

1. Brigitte et nous / jouer au tennis

____

2. elle et toi / faire un pique-nique

____

3. lui et moi / voir un film

____

4. vous et lui / regarder le match de football

____

5. toi et eux / dîner chez des amis

____

6. elles et moi / sortir

____

Exercice N

Exprimez en quoi chacun est fort:

EXEMPLE: Pierre / biologie
Lui, il est fort en biologie.

1. je / français

____

2. Thomas et Denis / maths

3. nous / chimie

4. Lucie / histoire

5. vous / italien

6. Georges / technologie

7. tu / algèbre

8. Régine et Brigitte / anglais

Exercice O

Exprimez comment chaque personne se vante de ses accomplissements:

EXEMPLE: J'ai préparé le dîner.
J'ai préparé le dîner moi-même.

1. Elles ont décoré leurs maisons.

2. Tu as résolu le problème.

3. Ils ont piloté un avion.

4. J'ai écrit ce livre.

5. Il a bâti sa maison.

6. Nous avons fait ce dessin.

7. Elle a réparé sa voiture.

8. Vous avez composé cette chanson.

♦ MASTERY EXERCISES ♦

Exercice P

***Complétez cette histoire en utilisant* ce (c') *ou* il(s):**

__________ (1) est aujourd'hui samedi. __________ (2) est onze heures du matin. Le téléphone sonne. Qui est-__________ (3)? __________ (4) est Georges Restaud. __________ (5) est mon meilleur ami. Il m'appelle pour discuter d'un scandale à l'école. __________ (6) est une affaire sérieuse. Le directeur veut renvoyer notre professeur favori, M. Charles. À mon avis, __________ (7) est le meilleur professeur de l'école. __________ (8) est impossible qu'on veuille le congédier. __________ (9) est lui qui s'intéresse le plus aux étudiants. On dit qu'il a frappé Henri Boucher. __________ (10) est faux. Tout le monde le sait. Henri ment tout le temps. __________ (11) est incapable de dire la vérité.

Exercice Q

Répondez aux questions d'un(e) ami(e) en vous servant d'un pronom accentué:

1. Qui est plus intelligent(e) que toi?

____

2. Que sais-tu faire toi-même?

____

3. Qui fait le ménage chez toi?

____

4. Est-ce toi qui danses si bien?

____

5. Te fies-tu à tes parents?

____

6. Fais-tu attention à tes professeurs?

____

Exercice R

Complétez cette histoire d'amour avec les pronoms qui conviennent:

Il y a un garçon à l'école qui s'appelle Gabriel. Je rêve de __________ (1) chaque nuit et le jour je ne pense qu'à ______(2). Si seulement j'avais le courage de lui déclarer mon amour! . . . J'entends sonner à la porte. Je vais ouvrir. Ce doit être le facteur. Mais non, c'est Gabriel. C'est bien ______(3)! ______(4), je ne peux pas en croire mes yeux. Je le fais entrer. Il s'approche de ______(5). Nous nous regardons les yeux dans les yeux. ______(6), il me sourit et ______(7), je lui dis: «Je t'aime.» ______(8), il me répond tendrement: «______(9), tu es la fille de mes rêves.» Puis, ______(10) et ______(11), nous partons faire une promenade ensemble. Tout d'un coup, un bruit me ramène à la réalité. Ma mère s'approche de ______(12). Elle me dit: «Ton réveil vient de sonner. Georgette t'attend. Est-ce que vous ne deviez pas aller en ville ensemble, elle et ______(13), aujourd'hui?»

Exercice S

Exprimez en français cette composition intitulée «Mon meilleur ami»:

1. My best friend is Paul. He alone understands my problems.

______

2. He is smarter than I.

______

3. I am better-looking than he.

______

4. Everyone pays attention to us because of him.

______

5. He and I always have a good time together.

______

6. He can do everything himself.

______

7. Who is always there for me? — He is!

______

8. It is he who helps me all the time.

______

9. It is he that I respect the most.

______

10. I trust him completely.

______

21

Object Pronouns

1. Object Pronouns

a. Forms

DIRECT OBJECT PRONOUNS	INDIRECT OBJECT PRONOUNS
me (m') *me*	**me (m')** *(to) me*
te (t') *you* (familiar)	**te (t')** *(to) you* (familiar)
le (l') *him, it* (masculine)	**lui** *(to) him*
la (l') *her, it* (feminine)	**lui** *(to) her*
se (s') *himself, herself*	**se (s')** *(to) himself, (to) herself*
nous *us*	**nous** *(to) us*
vous *you*	**vous** *(to) you*
les *them*	**leur** *(to) them*
se (s') *themselves*	**se (s')** *(to) themselves*

NOTE: The forms **me, te, se, nous,** and **vous** are both direct and indirect object pronouns. They are also reflexive pronouns (see pages 132–133).

b. Uses of object pronouns

A direct object pronoun replaces a direct object noun and answers the questions *whom?, what?*

J'ai rencontré *Christophe*. — *I met Christophe.*
Je *l'*ai rencontré. — *I met him.*

Je regarde *la télévision*. — *I watch television.*
Je *la* regarde. — *I watch it.*

Nous achèterons *les fraises*. — *We will buy the strawberries.*
Nous *les* achèterons. — *We will buy them.*

An indirect object pronoun replaces an indirect object noun and answers the question *to whom?*

J'écris *à mes amis*. — *I am writing to my friends.*
Je *leur* écris. — *I am writing to them.*

Nous téléphonons souvent ***à Lisette*.** — *We telephone Lisette often.*
Nous *lui* téléphonons souvent. — *We telephone her often.*

NOTE:

1. Verbs that take an indirect object in English do not necessarily take an indirect object in French. Verbs like **écouter** *(to listen to)*, **chercher** *(to look for)*, **payer** *(to pay for)*, and **regarder** *(to look at)* take a direct object in French:

    ***L'*écoutez-vous?** — *Are you listening to him?*
    Nous *les* attendons ici. — *We're waiting for them here.*

2. Verbs like **obéir (à)** *(to obey)*, **désobéir (à)** *(to disobey)*, **répondre (à)** *(to answer)*, **ressembler (à)** *(to resemble)*, and **téléphoner (à)** *(to telephone)* take an indirect object in French:

Je *lui* ai téléphoné.	*I telephoned him.*
Nous ne *leur* désobéissons jamais.	*We never disobey them.*

3. Note the use of the indirect object with the verb **plaire** *(to please)*:

Ce cadeau *lui* plaît.	*She likes this gift.* [Literally: *This gift pleases her.*]
Ces cadeaux *leur* plaisent.	*They like these gifts.* [Literally: *These gifts please them.*]

4. Note the use of the indirect object with the verbs **falloir** *(to be necessary)* and **manquer** *(to miss)*:

Il *me* faut un stylo.	*I need a pen.*
Il *leur* manque.	*They miss him.*

C. Position of object pronouns

(1) Object pronouns, direct or indirect, including reflexive, normally precede the verb:

Il *vous* comprend.	*He understands you.*
Elle *l'*a fait.	*She did it.*
Ne *lui* avais-tu pas téléphoné hier?	*Hadn't you telephoned him yesterday?*
Il ne *vous* parlera pas.	*He will not talk to you.*
***T'*aurait-il dit** la vérité?	*Would he have told you the truth?*
Les enfants *se* lavaient-ils?	*Were the children washing themselves?*
Je *me* suis levé tôt.	*I got up early.*

NOTE: In compound tenses, past participles agree in gender and number with a preceding direct object (see Chapter 5):

***Tes livres?* Je *les* ai vus** dans ta chambre.	*Your books? I saw them in your room.*
Nous *nous* sommes levés.	*We got up.*
La chanson? Oui, **il l'a apprise** par cœur.	*The song? Yes, he learned it by heart.*

(2) In an affirmative command only, the object pronoun comes directly after the verb and is attached to it by a hyphen. The pronouns **me** and **te** change to **moi** and **toi** after the verb:

AFFIRMATIVE COMMAND	NEGATIVE COMMAND
Aidez-*moi*. *Help me.*	**Ne *m'*aidez pas.** *Don't help me.*
Dépêche-*toi*. *Hurry up.*	**Ne *te* dépêche pas.** *Don't hurry.*
Buvez-*la*. *Drink it.*	**Ne *la* buvez pas.** *Don't drink it.*

(3) When an object or reflexive pronoun is used with an infinitive construction, the pronoun precedes the verb of which it is the object, normally the infinitive:

Il voulait *m'*embrasser.	*He wanted to kiss me.*
Ne venez pas *nous* voir.	*Don't come to see us.*
Seriez-vous allé *le* chercher?	*Would you have gone to look for him?*
Ne voulez-vous pas *lui* parler?	*Don't you want to talk to him?*
Va-t-il *se* reposer après le dîner?	*Is he going to rest after dinner?*

NOTE: An object pronoun precedes a verb of perception (like **écouter, entendre, regarder, sentir, voir**) and the verbs **faire** and **laisser** because the pronoun is the object of that verb:

Les parents *regardent les enfants* jouer.	*The parents watch the children play.*
Les parents *les regardent* jouer.	*The parents watch them play.*
Je *fais* laver *la voiture*.	*I have the car washed.*
Je *la fais* laver.	*I have it washed.*
Maman ne *laissera* pas *Michelle* conduire.	*Mom will not let Michelle drive.*
Maman ne *la laissera* pas conduire.	*Mom will not let her drive.*

(4) Object pronouns precede **voici** and **voilà:**

***Nous* voici.**	*Here we are.*
***La* voilà.**	*There she (it) is.*

Exercice A

Gabrielle est très distraite aujourd'hui. Comme elle ne peut pas trouver les vêtements qu'elle veut porter, elle demande l'aide de sa mère. Exprimez ce que sa mère répond à ses questions:

EXEMPLE: Où est ma robe?
La voilà.

1. Où est ma blouse?

____

2. Où est mon chapeau?

____

3. Où sont mes chaussettes?

____

4. Où est mon manteau?

____

5. Où sont mes gants?

____

6. Où est ma jupe?

____

Exercice B

Vous organisez une surprise-partie et votre mère vous demande si vous avez tout fait. Répondez-lui:

EXEMPLE: As-tu arrangé les chaises?
Oui, je les ai arrangées.

1. As-tu écrit les invitations?

   ____

2. As-tu invité tous tes amis?

   ____

3. As-tu fait les provisions?

   ____

4. As-tu préparé les sandwiches?

   ____

5. As-tu goûté la mousse?

   ____

6. As-tu nettoyé le salon?

   ____

7. As-tu acheté les desserts?

   ____

8. As-tu mis le couvert?

   ____

Exercice C

Formez des phrases qui expriment ce que vous auriez fait hier s'il n'avait pas plu. Faites tous les changements nécessaires:

EXEMPLE: j'aurais emmené au parc / les chiens
Je les aurais emmenés au parc.

1. j'aurais rencontré en ville / vous (f.)

   ____

2. Pierre aurait invité au cinéma / je (f.)

   ____

3. vous auriez accompagné / votre copine

   ____

4. tu aurais vu / tes tantes

   ____

5. elle aurait attendu / nous (f.)

____

6. nous aurions conduit chez Luc / tu

____

Exercice D

Votre père vous demande si vous avez préparé tout ce qu'il vous faut pour aller camper ce week-end. Répondez à ses questions à l'affirmatif ou au négatif:

EXEMPLES: As-tu pris la couverture?
Oui, je l'ai prise.
Non, je ne l'ai pas prise.

1. As-tu préparé la nourriture? (oui)

____

2. As-tu acheté la lampe de poche? (oui)

____

3. As-tu bien emballé les allumettes? (non)

____

4. As-tu nettoyé le sac de couchage? (non)

____

5. As-tu emporté les assiettes en plastique? (oui)

____

6. As-tu rangé les clefs? (non)

____

7. As-tu emprunté l'imperméable? (non)

____

8. As-tu étudié la carte? (oui)

____

9. As-tu réparé les bottes? (oui)

____

10. As-tu pris la brosse à dents? (non)

____

Exercice E

Il vous faut faire réparer la voiture dès que possible avant de passer l'inspection. Demandez à votre mécanicien s'il peut faire les réparations tout de suite:

EXEMPLE: régler les freins
Ne pourriez-vous pas les régler avant demain?

1. réparer le moteur

___

2. remplacer le phare gauche

___

3. changer les pneus usés

___

4. recharger la batterie

___

5. inspecter l'échappement

___

6. vérifier les clignotants

___

Exercice F

Gilberte est très indécise. Un jour elle dit quelque chose à son petit ami et le jour suivant elle change d'avis. Exprimez ce qu'elle dit:

EXEMPLE: écouter
Écoute-moi!
Ne m'écoute pas!

1. regarder

___

___

2. embrasser

___

___

3. téléphoner

___

___

4. répondre

___

___

5. parler

___

___

6. écrire

___

___

Exercice G

Êtes-vous une personne affectueuse? Répondez aux questions suivantes en remplaçant les mots en caractères gras par le pronom qui convient:

1. Téléphonez-vous souvent **à vos amis?**

2. Envoyez-vous des cartes de vœux **à vos professeurs préférés?**

3. Offrez-vous toujours un cadeau **à votre meilleur(e) ami(e)** pour son anniversaire?

4. Écrivez-vous de temps en temps **à vos oncles et à vos tantes?**

5. Achetez-vous parfois des fleurs **à votre mère?**

6. Dites-vous souvent «Je t'aime» **à votre père?**

7. Faites-vous souvent visite **à vos grands-parents?**

8. Rendez-vous toujours service **à vos amis** quand ils vous le demandent?

Exercice H

Vos parents sont partis pour le week-end. Un ami vous demande les instructions qu'ils ont laissées à vous et à vos frères. Exprimez ses questions et vos réponses:

EXEMPLE: permettre de faire une boum chez vous
Vous ont-ils permis de faire une boum chez vous?
Non, ils ne nous ont pas permis de faire une boum chez nous.

1. laisser la voiture

2. donner la permission de dormir chez des amis

3. dire de rester toujours à la maison

4. conseiller d'étudier tout le temps

____

____

5. ordonner de faire le ménage

____

____

6. defendre d'inviter des amis

____

____

Exercice I

C'est bientôt la rentrée des classes. Exprimez ce dont les étudiants auront besoin:

EXEMPLE: J'aurai besoin d'un sac à dos.
Il me faudra un sac à dos.

1. Paul aura besoin d'un cartable.

____

2. Nous aurons besoin d'un dictionnaire bilingue.

____

3. Tu auras besoin de dix crayons.

____

4. J'aurai besoin d'un classeur.

____

5. Elles auront besoin d'une règle.

____

6. Les garçons auront besoin d'une trousse.

____

7. Vous aurez besoin de deux stylos.

____

8. Anne aura besoin d'une gomme.

____

Exercice J

De nouveaux élèves arrivent dans votre classe. Certains vous paraissent plus amicaux que d'autres. Avec un(e) camarade de classe, menez la conversation suivante:

EXEMPLE: dire bonjour à Étienne
Professeur: **Ne voulez-vous pas lui dire bonjour?**
Vous: **Oui, je veux lui dire bonjour.**
Vous: **Non, je ne veux pas lui dire bonjour.**

1. prêter votre livre à Anne (oui)

   Professeur: ______________________________

   Vous: ______________________________

2. demander aux garçons leurs adresses (non)

   Professeur: ______________________________

   Vous: ______________________________

3. montrer aux filles les salles de classe (oui)

   Professeur: ______________________________

   Vous: ______________________________

4. apprendre à Hubert notre chanson française (oui)

   Professeur: ______________________________

   Vous: ______________________________

5. offrir une glace à Marie et à Pierre (non)

   Professeur: ______________________________

   Vous: ______________________________

6. donner votre numéro de téléphone à Nancy (non)

   Professeur: ______________________________

   Vous: ______________________________

Exercice K

Vous gardez les enfants de Mme Aimée. Exprimez les directives qu'elle vous donne:

EXEMPLE: recommander aux enfants de jouer aux échecs, pas aux cartes
Recommandez-leur de jouer aux échecs. Ne leur recommandez pas de jouer aux cartes.

1. défendre à Jean de regarder les films de guerre, pas les westerns

   ____

   ____

2. conseiller aux enfants de boire le lait, pas le soda

   ____

   ____

3. permettre à Marie de manger un sandwich, pas ces bonbons

   ____

   ____

4. permettre aux enfants de lire ces contes de fées, pas ces histoires de fantômes

   ____

   ____

5. dire à Jean et à Marie de se coucher à 9 heures, pas à 10 heures

____

____

6. demandez à Jean de parler doucement, pas fort

____

____

Exercice L

Vous venez de faire la connaissance de quelqu'un de votre âge. Malheureusement, vous vous rendez compte en discutant que vous n'avez pas grand-chose en commun. Avec un(e) camarade de classe, menez la conversation suivante entre cette personne et vous:

EXEMPLES: regarder la télévision
Ami: **La regardes-tu?**
Vous: **Oui, je la regarde.**
Ami: **Moi, je ne la regarde pas.**

obéir toujours à tes parents
Ami: **Leur obéis-tu toujours?**
Vous: **Oui, je leur obéis toujours.**
Ami: **Moi, je ne leur obéis pas toujours.**

1. écouter la radio

Ami: ____

Vous: ____

Ami: ____

2. aimer la science-fiction

Ami: ____

Vous: ____

Ami: ____

3. permettre à ta mère d'entrer dans ta chambre

Ami: ____

Vous: ____

Ami: ____

4. prêter tes disques compacts

Ami: ____

Vous: ____

Ami: ____

5. pardonner facilement à tes amis

Ami: ____

Vous: ____

Ami: ____

6. rendre visite à tes grands-parents

Ami: ______________________________

Vous: ______________________________

Ami: ______________________________

7. faire la vaisselle le week-end

Ami: ______________________________

Vous: ______________________________

Ami: ______________________________

8. écrire à ton correspondant souvent

Ami: ______________________________

Vous: ______________________________

Ami: ______________________________

2. Pronoun *y*

The adverbial pronoun **y** always refers to previously mentioned things or places. It generally replaces **à** + noun but may also replace other prepositions of position or location, such as **chez, dans, en, sous,** or **sur** + noun:

Il va *à la bibliothèque*. **Il *y* va.**	*He is going to the library.* *He is going there.*
Il répond *au téléphone*. **Il *y* répond.**	*He answers the telephone.* *He answers it.*
Je ne voulais pas aller *chez Luc*. **Je ne voulais pas *y* aller.**	*I didn't want to go to Luc's house.* *I didn't want to go (there).*
Ne restez pas *dans le bureau*. **N'*y* restez pas.**	*Don't stay in the office.* *Don't stay there.*
Ils seraient allés *en France*. **Ils *y* seraient allés.**	*They would have gone to France.* *They would have gone (there).*
Le chat est *sous la chaise*. **Le chat *y* est.**	*The cat is under the chair.* *The cat is there.*
J'ai dormi *sur le divan*. **J'*y* ai dormi.**	*I slept on the couch.* *I slept on it.*

NOTE:

1. The pronoun **y** most commonly means *to it/them, in it/them, on it/them,* and *there* (when the place has already been mentioned). Sometimes *to it/them, in it/them, on it/them,* and *there* are not expressed in English:

Allez-vous *à la boulangerie*? **— Oui, j'*y* vais.**	*Are you going to the bakery?* *— Yes, I am (going there).*
Est-ce que nous pouvons monter *dans le train*? — Oui, montez-*y*.	*Can we get on the train? — Yes, get on it.*

Les allumettes sont-elles *dans la boîte?* — Oui, elles *y* sont.	*Are the matches in the box? — Yes, they are (in it).*
Tu ne crois pas *au Père Noël?* — Si, j'*y* crois.	*You don't believe in Santa Claus? — Yes, I do (believe in him).*

2. The pronoun **y** may replace **à** + clause:

Je pense souvent *à ce que je ferai.*	*I think often about what I will do.*
J'*y* pense souvent.	*I think about it often.*

3. The pronoun **y** follows the same rules of position in the sentence as direct and indirect object pronouns:

Il *y* va.	*He is going (there).*
Je veux *y* arriver tôt.	*I want to arrive (there) early.*
Nous ne voulions pas *y* rester.	*We didn't want to stay there.*
Elle *y* a répondu.	*She answered it.*
Il n'*y* répondrait pas.	*He wouldn't answer it.*
Elle s'*y* est reposée un peu.	*She rested there a little.*
Nous n'*y* avions pas pensé.	*We hadn't thought of it.*
N'*y* sont-ils pas allés?	*Didn't they go (there)?*
Allez-*y*.	*Go (there).*
N'*y* allez pas.	*Don't go (there).*

4. Affirmative familiar commands (**tu** form) of **-er** verbs retain the final **s** before **y:**

Restes-y.	*Stay there.*

Exercice M

Vous venez de recevoir une lettre d'un nouvel ami qui, lui aussi, s'intéresse au camping. Répondez à ses questions selon le modèle:

EXEMPLES: Aimes-tu aller au parc?
Oui, j'aime y aller.
Non, je n'aime pas y aller.

1. Vas-tu souvent à un terrain de camping? (oui)

____

2. Es-tu jamais allé au Canada? (non)

____

3. Veux-tu voyager en Afrique? (oui)

____

4. Dors-tu souvent à la belle étoile? (non)

____

5. As-tu dîné sur la plage? (oui)

____

6. As-tu envie de passer tes vacances chez tes cousins? (non)

____

7. Sais-tu bien jouer au volley? (non)

____

8. As-tu assisté à un feu de joie? (oui)

____

9. Penses-tu à tes vacances? (oui)

____

10. Répondras-tu vite à ma lettre? (oui)

____

Exercice N

C'est le week-end. Vous expliquez vos projets à un(e) ami(e) qui n'a pas envie de vous écouter. Exprimez ses répliques:

EXEMPLES: J'ai envie d'aller à la plage.
Eh bien, vas-y!
Je n'ai pas envie de dormir chez ma grand-mère.
Eh bien, n'y dors pas!

1. J'ai envie d'aller chez Régine.

____

2. Je n'ai pas envie de rester à la maison.

____

3. J'ai envie de descendre en ville à pied.

____

4. Je n'ai pas envie de passer la journée dans mon lit.

____

5. J'ai envie de faire un pique-nique sous un arbre.

____

6. Je n'ai pas envie de manger au restaurant.

____

3. Pronoun *en*

The adverbial pronoun **en** refers to previously mentioned places or things. It generally replaces **de** + noun and usually means *some* or *any (of it, of them), of it/them, about it/them, from it/them,* or *from there:*

Il veut *du lait.*	*He wants some milk.*
Il *en* veut.	*He wants some.*
Elle n'a pas acheté *de stylos.*	*She didn't buy any pens.*
Elle n'*en* a pas acheté.	*She didn't buy any (of them).*
Parle-t-il *de son avenir?*	*Does he speak about his future?*
***En* parle-t-il?**	*Does he speak about it?*
Est-il sorti *du magasin?*	*Has he come out of the store?*
***En* est-il sorti?**	*Has he come out (of it)?*

Que penses-tu *de cette robe?* *What do you think of this dress?*
Qu'*en* penses-tu? *What do you think of it?*

Il joue *de la guitare.* *He plays the guitar.*
Il *en* joue. *He plays it.*

NOTE:

1. **En** is used with expressions requiring **de** or when the noun is omitted after a number, an adverb, or a noun of quantity:

   Avez-vous **assez *d'argent?*** *Do you have enough money?*
   En avez-vous **assez?** *Do you have enough (of it)?*

   J'ai **vingt *disques.*** *I have twenty records.*
   J'***en*** ai **vingt.** *I have twenty (of them).*

   J'ai mangé **la moitié *de la tarte.*** *I ate half the pie.*
   J'***en*** ai mangé **la moitié.** *I ate half (of it).*

2. **En** may be used to replace **de** + a person only when **de** means *some:*

   As-tu *des amis français?* *Do you have any French friends?*
   Oui, j'*en* ai. *Yes, I have some.*

   If **de** + a noun referring to a person means *of* or *about,* then a stress pronoun is used:

   Je me souviens *de Jean.* *I remember Jean.*
   Je me souviens *de lui.* *I remember him.*

3. **En** is always expressed in French even though it may have no English equivalent:

   Qui se sert *de ce couteau?* *Who is using this knife?*
   Moi, je m'*en* sers. *I am (using it).*

   Avez-vous *de la monnaie?* *Do you have any change?*
   Oui, j'*en* ai. *Yes, I do (have some).*

4. **En** follows the same rules of position in the sentence as other personal pronouns:

   Il *en* veut. *He wants some.*
   Il n'*en* veut pas. *He doesn't want any.*
   Tu veux *en* acheter. *You want to buy some.*
   Tu ne voulais pas *en* prendre. *You didn't want to take any.*
   Elles *en* ont trouvé. *They found some.*
   Ils n'*en* avaient pas essayé. *They hadn't tried any.*
   Je m'*en* suis souvenu trop tard. *I remembered too late.*
   Parlez-*en*. *Speak about it.*
   N'*en* mange pas. *Don't eat any.*

5. Affirmative familiar commands (**tu** form) of **-er** verbs retain the **s** before **en:**

   Manges-en. *Eat some.*

6. There is no agreement of the past participle with **en:**

   Nous avons acheté *des cerises.* *We bought some cherries.*
   Nous *en* avons acheté. *We bought some (of them).*

   Je t'aurais raconté des blagues. *I would have told you some jokes.*
   Je t'*en* aurais raconté. *I would have told you some.*

7. When **en** replaces a noun modified by an adjective, the adjective may be repeated but the partitive must precede it:

Avez-vous acheté ***de* beaux *souvenirs?*** — Oui, j'***en*** ai acheté **de beaux.**	*Did you buy some nice souvenirs? — Yes, I bought some very nice ones.*
J'ai cherché ***des pêches,*** mais je n'***en*** ai pas trouvé **de bonnes.**	*I looked for peaches, but I didn't find any good ones.*

8. Note the position of **en** with **voici** and **voilà:**

Je cherche un stylo. — ***En* voici** un.	*I'm looking for a pen. — Here's one.*

Exercice O

***Votre arrière-grand-mère a 99 ans. Elle vous suggère comment bénéficier d'une longue vie. Exprimez ses conseils en utilisant* en:**

EXEMPLE: utiliser de l'huile d'olive, pas de beurre
De l'huile d'olive? Utilises-en! Du beurre? N'en utilise pas!

1. manger des légumes, pas de gâteaux

____

2. prendre des vitamines, pas de médicaments

____

3. faire de l'exercice, pas de sports violents

____

4. boire de l'eau, pas de café

____

5. acheter des fruits, pas de bonbons

____

6. préparer du poisson, pas de viande

____

Exercice P

***Exprimez ce qu'une voyante vous prédit en utilisant le pronom* en:**

EXEMPLE: Vous recevrez deux diplômes.
Vous en recevrez deux.

1. Vous aurez trois enfants.

____

2. Vous vous achèterez une belle voiture de sport.

____

3. Vous gagnerez assez d'argent.

____

4. Vous écrirez une douzaine de romans.

____

5. Vous connaîtrez beaucoup de gens intéressants.

____

6. Vous aurez très peu de problèmes.

____

Exercice Q

Mme Lamartine prépare un grand dîner pour ses voisins, les Dupont. Exprimez ses réponses aux questions de son mari:

EXEMPLES: Mme Dupont vient-elle de Paris?
Oui, elle en vient.
Non, elle n'en vient pas.

1. M. Dupont aime-t-il manger des légumes? (non)

____

2. Les enfants boivent-ils du lait? (non)

____

3. As-tu assez d'argent? (oui)

____

4. M. Dupont veut-il manger de la soupe? (oui)

____

5. As-tu eu beaucoup de problèmes? (non)

____

6. As-tu acheté du beurre? (oui)

____

7. As-tu besoin de mon aide? (non)

____

8. Mme Dupont va-t-elle faire deux gâteaux? (non)

____

9. Prépares-tu de la soupe? (oui)

____

10. As-tu acheté trop de pain? (non)

____

4. Double Object Pronouns

a. Order of pronouns before the verb:

me **te** **se** **nous** **vous** **se**	**le (l')** **la (l')** **les**	**lui** **leur**	**y**	**en**	+	verb

Ils *me la* vendent. — *They sell it to me.*
Je vais *le lui* montrer. — *I'm going to show it to him.*
***Leur en* avez-vous prêté?** — *Have you lent them any?*
Nous *les y* avons rencontrés. — *We met them there.*
Il *y en* a plusieurs. — *There are several.*
Ils ne *te l'*ont pas prêté. — *They didn't lend it to you.*

The following are the most frequent combinations:

me le, me la, me les
te le, te la, te les
nous le, nous la, nous les
vous le, vous la, vous les

But:

le lui, la lui, les lui
le leur, la leur, les leur

Exercice R

Exprimez si les personnes suivantes vous rendent ou non les services indiqués. Utilisez les pronoms qui conviennent:

EXEMPLES: Est-ce que l'agent de police donne des renseignements aux touristes? (Oui)
Oui, il leur en donne.

Est-ce que le cordonnier te répare la montre? (Non)
Non, il ne me la répare pas.

1. Est-ce que le professeur explique la leçon aux élèves? (Oui)

____

2. Est-ce que le boulanger vend de la viande aux clients? (Non)

____

3. Est-ce que le docteur examine les malades chez eux? (Non)

____

4. Est-ce que le pilote d'avion vous conduit à la gare? (Non)

____

5. Est-ce que le facteur apporte les lettres aux familles? (Oui)

____

6. Est-ce qu'un bon avocat envoie ses clients en prison? (Non)

____

7. Est-ce que le pharmacien te vend des timbres? (Non)

____

8. Est-ce que le mécanicien répare les voitures au garage? (Oui)

____

9. Est-ce que le dentiste vous donne des bonbons? (Non)

____

10. Est-ce que le garçon donne des pourboires aux clients? (Non)

____

Exercice S

Henri est-il très attaché à ses affaires ou non? Henri part à l'université et ses frères cadets, Roland et Pierre, lui demandent d'utiliser certaines de ses choses. Jouez le rôle d'Henri et répondez à leurs questions en employant les pronoms qui conviennent:

EXEMPLES: Pierre: Tu me prêtes tes disques compacts de Michael Jackson?
Henri: **Oui, je te les prête.**
Non, je ne te les prête pas.

1. Roland et Pierre: Tu nous laisseras ton vélo?
Henri: ______________________________

2. Roland et Pierre: Tu nous prêtes tes cartes de baseball?
Henri: ______________________________

3. Roland: Tu me prêtes des jeux électroniques?
Henri: ______________________________

4. Roland et Pierre: Tu nous laisses utiliser ton ordinateur?
Henri: ______________________________

5. Pierre: Peux-tu me donner ta raquette de tennis?
Henri: ______________________________

6. Roland et Pierre: Vas-tu nous laisser des vidéo-cassettes?
Henri: ______________________________

7. Roland et Pierre: Veux-tu nous offrir ta collection de dinosaures?
Henri: ______________________________

8. Roland: Tu me passes ton jeu d'échecs?
Henri: ______________________________

Exercice T

Vous partez en France pour l'été et votre père vous demande si vous avez tout réglé avant de partir. Répondez à ses questions en employant les pronoms qui conviennent et en faisant les accords nécessaires:

1. As-tu rendu les livres à la bibliothécaire?

____

2. As-tu demandé l'adresse de tes cousins en France à tes grands-parents?

____

3. T'es-tu acheté des chèques de voyage?

____

4. Est-ce que ta mère t'a donné des francs français pour ton arrivée?

____

5. M'as-tu réparé la roue du vélo?

____

6. As-tu emprunté l'appareil-photo à tes cousins?

____

7. T'es-tu souvenu des cadeaux?

____

8. Nous as-tu laissé les renseignements sur ton retour?

____

9. Nous as-tu laissé l'itinéraire de ton voyage en France?

____

10. As-tu mis ton passeport et ton billet dans ton sac de voyage?

____

11. Te souviendras-tu d'appeler ta mère et moi de temps en temps?

____

12. Vas-tu écrire des cartes postales à tes cousins?

____

b. Order of pronouns after the verb:

verb +	**-le** **-la** **-les**	**-moi** **-toi** **-lui** **-nous** **-vous** **-leur**	**-y**	**-en**

Envoyez-*le-moi*.	*Send it to me.*
Montrons-*les-lui*.	*Let's show them to him.*
Va-*la-lui* montrer.	*Go show it to her.*

NOTE: **Moi** + **en** and **toi** + **en** become **m'en** and **t'en:**

Donne-*m'en* plusieurs.	*Give me several (of them).*
Va-*t'en.*	*Go away.*

Exercice U

Vous préparez une soirée et vous posez des questions à vos sœurs qui ne sont jamais d'accord. Exprimez en français comment chacune d'elles vous répond:

EXEMPLE: Je donne du soda aux enfants?
Donne-leur-en!
Ne leur en donne pas!

1. Je sers des escargots aux enfants?

____

____

2. J'envoie l'invitation à Henri?

____

____

3. Je montre le vin à M. Leclerc?

____

____

4. J'offre des hors-d'œuvres aux Rocheteau?

____

____

5. Je présente Marie à Mathilde?

____

____

6. Je m'occupe du menu?

____

____

7. Je m'achète cette nouvelle robe?

____

____

8. Je donne des cadeaux aux Caron?

____

____

Exercice V

Vous êtes fâché(e) contre votre petit(e) ami(e) parce qu'il (elle) flirte avec un(e) autre. Complétez les réponses désagréables que vous faites à ses questions, en employant les pronoms qui conviennent:

EXEMPLE: Si tu as une question à poser, **ne me la pose pas, pose-la-lui.**

1. Si tu as un service à demander, ______.
2. Si tu as des excuses à donner, ______.
3. Si tu as des compliments à faire, ______.
4. Si tu as un cadeau à offrir, ______.
5. Si tu as des photos à montrer, ______.
6. Si tu as des mots d'amour à dire, ______.
7. Si tu as une invitation à faire, ______.
8. Si tu as des histoires à raconter, ______.

♦ MASTERY EXERCISES ♦

Exercice W

Un(e) ami(e) vous pose des questions personnelles. Répondez-y en employant deux pronoms:

EXEMPLES: Montres-tu des photos à tes camarades?
Je leur en montre.
Je ne leur en montre pas.

1. Te sers-tu toujours d'une montre?

______

2. Mets-tu cet argent à la banque?

______

3. Envoies-tu des lettres à tes grands-parents?

______

4. Achètes-tu toujours un cadeau à ta mère pour la fête des mères?

______

5. Montres-tu ton journal intime à ta sœur?

______

6. T'inquiètes-tu de tes résultats scolaires?

______

7. Fais-tu quelquefois du camping à la montagne?

8. Fais-tu tes devoirs en classe?

9. Empruntes-tu beaucoup d'argent à ton père?

10. Te promènes-tu souvent au parc?

11. Parles-tu de tes problèmes à ton (ta) meilleur(e) ami(e)?

12. Te reposes-tu dans le salon?

13. Donnes-tu des conseils à tes ami(e)s?

14. Dis-tu toujours la vérité à tes parents?

15. T'amuses-tu à l'école?

Exercice X

Exprimez les questions et répondez-y selon votre opinion en utilisant deux pronoms qui conviennent:

EXEMPLES: fournir des soins médicaux gratuitement aux pauvres
Doit-on leur en fournir gratuitement?

Oui, on doit leur en fournir gratuitement.
Non, on ne doit pas leur en fournir gratuitement.

1. jeter les déchets radioactifs dans l'océan

2. vendre des armes aux révolutionnaires

3. laisser les assassins en prison toute leur vie

4. offrir de l'aide humanitaire aux pays pauvres

___

___

5. envoyer des astronautes sur Mars

___

___

6. permettre la chasse dans les parcs nationaux

___

___

7. dire la vérité à une personne très malade

___

___

8. donner de l'argent aux personnes au chômage

___

___

Exercice Y

Un(e) ami(e) de la Martinique vient vous rendre visite. Répondez aux questions qu'il/elle vous pose. Employez tous les pronoms qui conviennent:

1. Est-ce que les parents américains s'intéressent beaucoup aux études de leurs enfants?

___

2. Est-ce qu'on donne beaucoup de liberté aux jeunes Américains?

___

3. Est-ce vrai que les jeunes veulent manger des hamburgers et des frites à tous les repas?

___

4. Pourrais-tu me préparer un repas américain typique?

___

5. Peut-on acheter des cartes postales à la poste?

___

6. M'emmèneras-tu à Washington D.C.?

___

7. Doit-on donner de l'argent aux clochards?

___

8. Est-ce que ton gouvernement donne beaucoup de bourses aux étudiants?

___

9. Saurais-tu m'expliquer le système politique de ton pays?

___

10. Est-ce que les gens se plaignent des transports en commun?

____

Exercice Z

Exprimez en français ce que cet homme dit de son chien:

1. My dog Champ always listens to me and he always tries to please me.

____

2. Watch. "The bone, Champ, bring it to me! Good dog!"

____

3. When I tell him "Sit down!," he obeys me.

____

4. When you throw the ball to him, he brings it back to you.

____

5. Your hat? If he destroys it, I will buy you another one.

____

6. He adores chocolate. I give him some from time to time.

____

7. The mail carrier hates him because he bit him once.

____

8. The newspaper? Don't show it to him. Give it to me or he'll eat it.

____

9. Problems? He never gives me any.

____

10. I can't bring my dog into your house? Please, explain why to me.

____

22

Relative Pronouns

A relative pronoun introduces a clause that describes someone or something mentioned in the main clause. The person or thing the pronoun refers to is called the ANTECEDENT because it precedes the relative pronoun. A relative pronoun may serve as subject, direct object, or object of a preposition.

The most frequent relative pronouns in French are **qui** and **que.**

1. *qui* and *que*

RELATIVE PRONOUN	MEANING	USE
qui	*who, which, that*	subject, for persons and things
que (qu')	*whom, which, that*	object, for persons and things

a. **Qui** *(who, which, that)* serves as the subject of a relative clause:

ANTECEDENT
Où est ***l'élève qui*** **a gagné** le prix? — *Where is the pupil who won the prize?*
[subject] [verb]

ANTECEDENT
Voici ***un dictionnaire qui*** **n'est pas cher.** — *Here is a dictionary that is not expensive.*
[subject] [verb]

NOTE: The verb of a relative clause introduced by **qui** agrees with its antecedent:

ANTECEDENT
C'est ***moi qui*** **suis** la première. — *I am the one who is first.*
[subject] [verb]

ANTECEDENT
C'est ***nous qui*** **sommes arrivés** en retard. — *We are the ones who arrived late.*
[subject] [verb]

b. **Que** *(whom, which, that)* serves as the direct object of the relative clause:

ANTECEDENT
C'est ***l'actrice que*** **nous avons vue** hier soir. — *She is the actress (whom) we saw last night.*
[object] [verb]

ANTECEDENT
Voici ***les phrases qu'il*** **a traduites.** — *Here are the sentences (that) he translated.*
[object] [verb]

Since **que** functions as a direct object pronoun and precedes the verb, the past participle of a compound verb agrees with the antecedent of **que:**

Voilà ***les poèmes qu'*il a écrits.**
***La chanson que* nous avons chantée** est très belle.

NOTE:

1. The relative pronoun is always expressed in French, although it is frequently omitted in English:

Ce sont les pays *que* j'ai visités.	*Those are the countries (that) I visited.*

2. **Que** becomes **qu'** before a vowel.

Exercice A

Vous montrez une photo à un(e) ami(e) et vous identifiez les personnes qui ont voyagé en France avec vous:

EXEMPLE: les garçons / perdre leur argent
Ce sont les garçons qui ont perdu leur argent.

1. la fille / dépenser 500 dollars

____

2. les enfants / faire des farces

____

3. le garçon / visiter sa famille

____

4. les filles / s'éloigner du groupe

____

5. l'enfant / manger beaucoup

____

6. la dame / servir de guide

____

7. l'homme / envoyer cent cartes postales

____

8. les femmes / visiter le Louvre trois fois

____

Exercice B

Exprimez ce que le guide vous explique pendant votre visite du Louvre:

EXEMPLE: les couleurs / l'artiste / employer
Regardez les couleurs que l'artiste a employées.

1. les formes / les sculpteurs / modeler
____
2. les statues / l'artiste / sculpter
____
3. le style / l'artiste / employer
____
4. les ombres / les artistes / ajouter
____
5. les détails / les sculpteurs / représenter
____
6. le sourire / l'artiste / capter
____
7. l'univers / le peintre / inventer
____
8. la technique / les artistes / employer
____

Exercice C

***Tous les amis de Sylvie sont venus à sa fête. Complétez leurs phrases avec* qui *ou* que:**

1. Regarde ce garçon _______________ joue si bien de la guitare.
2. Les sandwiches _______________ tu as préparés sont délicieux.
3. Je cherche une fille _______________ sache bien danser.
4. Où est le garçon _______________ me cherchait?
5. Ouvre ce cadeau _______________ nous t'offrons.
6. Montre-moi le disque _______________ tu veux mettre.
7. On va jouer la chanson _______________ je préfère.
8. Voici la carte _______________ tu as laissée tomber.
9. Réponds au téléphone _______________ vient de sonner.
10. Je voudrais parler à sa copine _______________ a décoré la pièce.

Exercice D

***Exprimez vos opinions en combinant les phrases avec* qui *ou* que:**

EXEMPLES: Le français est une langue. J'aime parler cette langue.
Le français est une langue que j'aime parler.

Les éléphants sont des animaux. Ils vivent en Asie et en Afrique.
Les éléphants sont des animaux qui vivent en Asie et en Afrique.

1. Le volley-ball est un sport. Il n'est pas trop dangereux.

____

2. Mon père est un homme. J'admire cet homme.

____

3. Les astronautes sont des personnes. Ils ont beaucoup de courage.

____

4. Le chômage est un problème. La société doit le résoudre.

____

5. La «Joconde» et la «Vénus de Milo» sont des œuvres d'art. On peut admirer ces œuvres au Louvre.

____

6. Paris est une ville. Elle a un excellent réseau de métro.

____

7. La pauvreté est un problème. On ne peut pas le négliger.

____

8. La France est un pays. Nous aimons visiter ce pays.

____

9. La Bourgogne et la Champagne sont des régions. Elles produisent les meilleurs vins.

____

10. Le président est un homme d'état. Il a beaucoup de responsabilités.

____

2. *qui* and *lequel* as Objects of a Preposition

RELATIVE PRONOUN	MEANING	USE
qui	*whom*	object of preposition, for persons
lequel **lesquels** **laquelle** **lesquelles**	*which, whom*	object of preposition, for persons or things

a. **Qui** *(whom)* may also serve as the object of a preposition in a relative clause referring to persons:

Philippe est **l'ami *avec qui*** j'étudie. — *Philippe is the friend with whom I study.*

L'homme *à qui* vous parliez est un millionnaire. — *The man to whom you were speaking is a millionaire.*

b. **Lequel** *(which, whom)* and its forms may serve as objects of a preposition in a relative clause referring primarily to things. **Lequel** agrees in gender and number with its antecedent:

	SINGULAR	PLURAL
MASCULINE	**lequel**	**lesquels**
FEMININE	**laquelle**	**lesquelles**

Voici **le tiroir** ***dans lequel*** j'ai laissé mes lunettes. — *Here is the drawer in which I left my glasses.*

C'est **la fenêtre** ***par laquelle*** il s'est enfui. — *That's the window through which he escaped.*

NOTE:

1. Although **qui** is generally preferred for people, **lequel** and its forms may also be used. With the prepositions **entre** *(between)* and **parmi** *(among)*, a form of **lequel** is always used when referring to people:

   C'est **la fille** ***à qui*** je parlais.
   C'est **la fille** ***à laquelle*** je parlais. — *That is the girl to whom I was speaking.*

   Ce sont **les garçons** ***entre lesquels*** il y a eu une dispute. — *Those are the boys between whom there was an argument.*

   Ce sont **les personnes** ***parmi lesquelles*** j'étais assis. — *Those are the people among whom I was sitting.*

2. **Lequel** and its forms are used to clarify the gender and number of the antecedent:

   Le copain de **ma cousine** ***avec qui*** nous sortons ce soir est très spirituel. [**qui** may refer to either **le copain** or **ma cousine**] — *My cousin's friend with whom we are going out tonight is very witty.*

   Le copain de ma cousine ***avec lequel*** nous sortons ce soir est très spirituel. [**lequel** clearly refers to **le copain**] — *My cousin's friend with whom we are going out tonight is very witty.*

3. After the prepositions **à** and **de, lequel** and its forms contract as follows:

SINGULAR		PLURAL	
MASCULINE	FEMININE	MASCULINE	FEMININE
duquel **auquel**	**de laquelle** **à laquelle**	**desquels** **auxquels**	**desquelles** **auxquelles**

Exercice E

Votre mère trouve un album de photos dans le grenier. Exprimez ce qu'elle vous explique en regardant les photos:

EXEMPLE: J'ai travaillé pour cet homme.
Voici l'homme pour qui j'ai travaillé.

1. Je suis allée en France avec cette fille.

___

2. J'étais assise à côté de ce beau garçon en première année.

____

3. J'ai passé des étés merveilleux chez ce couple.

____

4. J'ai habité près de ces artistes.

____

5. J'ai été très copine avec cette jeune fille.

____

6. J'avais beaucoup de respect pour ce garçon.

____

Exercice F

Votre mère a aussi trouvé une grande malle. Qu'est-ce qu'elle dit en l'ouvrant?

EXEMPLE: la robe / dans / se marier
Regarde la robe dans laquelle je me suis mariée.

1. les souliers / dans / faire mes premiers pas

____

2. le stylo / avec / écrire des lettres d'amour à ton père

____

3. le journal / dans / noter mes pensées les plus intimes

____

4. la photo de l'étudiant / à / envoyer des billets doux

____

5. les résultats de l'examen / à cause / rater ma première année de médecine

____

6. la revue / pour / rédiger des articles

____

Exercice G

Robert décrit son travail de chercheur à des amis qui sont venus le voir dans son laboratoire:

EXEMPLES: Je vous présente un collègue. Je travaille avec ce collègue.
Je vous présente un collègue avec qui je travaille.

Voici le bureau. Je garde tous mes papiers importants dans ce bureau.
Voici le bureau dans lequel je garde tous mes papiers importants.

1. Voilà mon laboratoire. Je fais mes recherches dans ce laboratoire.

____

2. Je vous présenterai le professeur Machin. Je demande souvent des conseils au professeur Machin.

____

3. Regardez mon bel ordinateur. Je peux faire des calculs très complexes avec cet ordinateur.

____

4. Je respecte beaucoup cet homme. Je travaille pour cet homme.

____

5. Voilà mon cahier. Je note les résultats de mes recherches dans ce cahier.

____

6. Nous allons visiter la bibliothèque. Je passe des nuits entières dans cette bibliothèque.

____

7. Voilà mon divan. Je dors souvent sur ce divan.

____

8. Voilà mon microscope électronique. Grâce à ce microscope j'observe la structure des cellules.

____

3. *dont*

a. The relative pronoun **dont** is used with verbs and expressions requiring **de** and has the same meaning as **de qui, duquel, de laquelle, desquel(le)s. Dont** immediately follows its antecedent and may refer to people or things:

Connaissez-vous ***ce sculpteur dont*** (de qui) **tout le monde parle?**	*Do you know this sculptor everyone is talking about? (Do you know this sculptor about whom everyone is talking?)*
Elle épouse ***l'homme dont*** (de qui) **elle est amoureuse.**	*She is marrying the man she is in love with. (She is marrying the man with whom she is in love.)*
Ces bananes dont (desquelles) **j'ai acheté une douzaine** ne sont pas bonnes.	*These bananas, of which I bought a dozen, are not good.*
Voici ***la photo dont*** (de laquelle) **j'ai besoin.**	*Here is the photograph (that) I need.*

NOTE:

1. Although **de qui** or **de** + a form of **lequel** may be used to refer to people or things, **dont** is generally preferred.
2. **Dont** may not follow compound prepositions ending with **de (à côté de, près de, en face de** etc). Instead, **de qui** (for persons) or **de** + a form of **lequel** (for persons or things) is used:

C'est **le garçon *près de qui*** (duquel) Janine s'est assise.	*He is the boy next to whom Janine sat.*
C'est **le musée *à côté duquel*** se trouve le restaurant.	*That's the museum next to which the restaurant is located.*

b. **Dont** *(whose)* is used to express possession or relationship. Note the word order in the clause after **dont:**

C'est ***le garçon dont*** je connais **la mère.**	*He is the boy whose mother I know.*
C'est ***un écrivain dont*** **les romans** sont fort bizarres.	*He's an author whose novels are very strange.*

NOTE: When **dont** is used to show possession, the definite article (not the possessive adjective) is required:

Je connais ***une fille dont*** **la mère** est dentiste.	*I know a girl whose mother is a dentist.*

Exercice H

Exprimez les résultats d'un sondage d'opinion:

EXEMPLE: L'amour est un sentiment. On a besoin de ce sentiment.
L'amour est un sentiment dont on a besoin.

1. La richesse est un avantage. Tout le monde rêve de la richesse.

 ____

2. Le président est un homme. Tout le monde voudrait faire la connaissance de cet homme.

 ____

3. Le 4 juillet 1776 est une date. Tout le monde se souvient de cette date.

 ____

4. La jalousie est un défaut. On devrait avoir honte de ce défaut.

 ____

5. Elvis Presley est un chanteur. Tout le monde se souvient de ce chanteur.

 ____

6. Une bonne santé est un avantage. Chacun devrait bénéficier de cet avantage.

 ____

7. La pauvreté est un problème. Tout le monde se préoccupe de ce problème.

 ____

8. Les criminels sont des personnes. Tout le monde a peur des criminels.

 ____

Exercice I

Combinez les deux phrases avec **dont:**

EXEMPLE: Voilà la comédienne. J'ai vu son dernier film.
Voilà la comédienne dont j'ai vu le dernier film.

1. Voilà un musicien. J'aime beaucoup sa musique.

 ____

2. Voilà une vieille dame. J'écoute ses conseils.

____

3. Voilà une actrice. J'ai vu tous ses films.

____

4. Voilà un écrivain. J'ai étudié ses livres.

____

5. Voilà une voiture. J'aime son style.

____

6. Voilà un beau garçon. Je voudrais faire sa connaissance.

____

Exercice J

Répondez aux questions selon votre opinion:

1. Quel est le sportif dont vous admirez la carrière?

____

2. Quelle est la personne dont vous respectez l'opinion?

____

3. Quel est l'acteur dont vous adorez les films?

____

4. Quel est l'écrivain dont vous préférez les livres?

____

5. Quel est le plat dont vous préférez le goût?

____

6. Quel est le sujet dont vous parlez le plus souvent?

____

Exercice K

***La secrétaire de M. Legrange a beaucoup de problèmes aujourd'hui. Exprimez-les en utilisant* dont:**

EXEMPLE: la sociéte / connaître le patron / fermer
La société dont elle connaît le patron a fermé.

1. le livre / avoir besoin / disparaître

____

2. les notes / se servir / tomber par terre

____

3. la collègue / apprécier les conseils / changer de bureau

____

4. le contrat / s'occuper / être annulé

____

5. le client / connaître bien la femme / se retirer des affaires

____

6. l'homme d'affaires / parler toujours / démissionner

____

Exercice L

M. Pierrot parle de son passé à son neveu. Complétez chacune de ses phrases avec le mot qui convient:

1. (de qui, de laquelle, dont) Tu travailles dans la boutique au-dessus _______________ je suis né.
2. (dont, de laquelle, desquelles) Le marchand _______________ j'adorais les glaces quand j'étais petit n'est plus ici.
3. (dont, de laquelle, desquels) Mon grand-père _______________ je ne me souviens pas très bien est arrivé aux États-Unis en 1910.
4. (de qui, duquel, dont) Ton professeur de maths, Mme Bellefleur, était la jeune fille à côté _______________ j'ai habité pendant ma jeunesse.
5. (desquels, dont, de qui) Mme Bellefleur a été la première fille _______________ je suis tombé amoureux.
6. (dont, duquel, de laquelle) Ta tante, _______________ j'ai fait la connaissance à Paris pendant la guerre, m'a enseigné le français.
7. (de laquelle, de qui, dont) Regarde la fontaine près _______________ je jouais de la guitare avec mes amis.
8. (dont, duquel, de qui) As-tu jamais mangé dans le restaurant en face _______________ tu travailles? J'y allais tout le temps avec mes parents.

4. *où*

The relative pronoun **où** *(where, in which, on which, when, that)* is used to indicate "the place where" (replacing **dans, à, sur** + a form of **lequel)** or "a specific time when":

C'est ***la ville où*** (dans laquelle) **je suis née.**	*It is the city where (in which) I was born.*
Je me souviens ***du jour où*** **je t'ai rencontré.**	*I remember the day (when) I met you.*

Exercice M

Vous visitez la ville où votre père est né. Exprimez ce qu'il vous dit en vous montrant sa ville natale:

EXEMPLE: le café / s'amuser
C'est le café où je m'amusais.

1. l'école / aller

____

2. le bureau / travailler

____

3. le quartier / habiter

____

4. le restaurant / manger

____

5. le magasin / acheter tous mes vêtements

____

6. le parc / jouer

____

Exercice N

Votre grand-père répond aux questions que vous lui posez au sujet de votre grand-mère:

EXEMPLES: Est-elle née dans la ville de Paris?
Oui, c'est la ville où elle est née.

Est-elle née le jour du Nouvel An?
Oui, c'est le jour où elle est née.

1. A-t-elle vécu au quartier Latin toute sa vie?

____

2. A-t-elle étudié au lycée technique?

____

3. A-t-elle travaillé à l'hôpital Saint-Ailleurs?

____

4. Vous êtes-vous mariés à l'église des Capucines?

____

5. Vous êtes-vous mariés au mois de mai?

____

6. A-t-elle pris sa retraite l'année de ses soixante ans?

____

5. *ce qui, ce que, ce dont*

RELATIVE PRONOUN	MEANING	USE
ce qui	*what* (= that which)	subject of verb
ce que (ce qu')	*what* (= that which)	object of verb
ce dont	*what* (= that of which)	with expressions taking **de**

Ce qui, ce que, and **ce dont** are used as relative pronouns when there is no antecedent noun:

Savez-vous **ce qui** s'est passé?	*Do you know what happened?*
Ce qu'il dit est vrai.	*What he says is true.*
Voici **ce dont** j'ai besoin.	*Here is what I need.*

NOTE:

1. **Ce** + preposition + relative pronoun **quoi** (*what, which*), used only as object of a preposition, refers to things that are indefinite or imprecise. In this construction, **ce** is usually omitted:

Il a expliqué (ce) **avec quoi** il allait construire le bateau.	*He explained with what he was going to build the boat.*
Je sais (ce) **à quoi** tu penses.	*I know what you are thinking of.*

2. **Ce qui, ce que,** and **ce dont** are used after the pronoun **tout** to express "everything that, all that":

Tout ce qui est tombé s'est cassé.	*Everything that fell broke.*
Tout ce que vous avez dit est vrai.	*All you have said is true.*
Tout ce dont je me sers appartient à Jacques.	*Everything that I'm using belongs to Jacques.*

3. **Ce** + relative pronoun may refer to an antecedent clause:

Il a réussi à l'examen, ***ce qui*** m'a surpris.	*He passed the exam, (something) which surprised me.*
Il a réussi à l'examen, ***ce que*** j'ai trouvé surprenant.	*He passed the exam, (a fact) which I found surprising.*
Il a réussi à l'examen, ***ce dont*** je suis fier.	*He passed the exam, (something) of which I am proud.*

Exercice O

Marguerite aime les difficultés. Exprimez ce qu'elle préfère:

EXEMPLE: dangereux
Elle aime ce qui est dangereux.

1. difficile ______________________

2. compliqué ______________________

3. différent ______________________

4. intellectuel ______________________

5. logique ______________________

6. subtil ______________________

Exercice P

Vous partez en vacances et vous ne savez pas à quoi vous attendre. Exprimez vos pensées à votre amie:

EXEMPLE: faire
Je ne sais pas ce que je ferai.

1. porter
____
2. manger
____
3. acheter
____
4. voir
____
5. apprendre
____
6. essayer
____

Exercice Q

Exprimez ce que pensent les passagers qui roulent en autobus depuis dix heures sans arrêt. Combinez les éléments des deux colonnes selon l'exemple:

avoir envie de	prendre l'avion la prochaine fois
avoir besoin de	manger une glace
avoir l'intention de	prendre un bon repas une fois arrivé
avoir peur de	rentrer et s'endormir tout de suite
ne pas avoir l'habitude de	rouler depuis toujours
être certain de	ne trouver personne à la maison
avoir l'impression de	rester assis si longtemps

EXEMPLE: **Ce dont je n'ai pas l'habitude, c'est de rester assis si longtemps.**

1. _______________
2. _______________
3. _______________
4. _______________
5. _______________
6. _______________

Exercice R

***Votre meilleur(e) ami(e) sait tout de vous. Exprimez ce qu'il (elle) sait en employant* quoi:**

EXEMPLE: de / je me préoccupe
Il sait de quoi je me préoccupe.

1. à / je pense

____

2. en / je peux l'aider

____

3. de / j'ai besoin

____

4. à / je songe

____

5. avec / je travaille

____

6. de / je m'inquiète

____

6. Summary of Relative Pronouns

	ANTECEDENT			
	PERSONS	THINGS	PLACE OR EXPRESSION OF TIME	CLAUSE OR INDEFINITE ANTECEDENT
Subject	**qui** **Où est l'élève *qui* a gagné?**	**qui** **Voici une bague *qui* n'est pas chère.**	**qui** **La pièce *qui* donne sur le lac est très belle.**	**ce qui** **Savez-vous *ce qui* s'est passé?**
Direct object	**que (qu')** **C'est l'actrice *que* j'ai vue.**	**que (qu')** **Voici la phrase *qu*'il a traduite.**	**que** **C'est le pays *que* j'ai visité.**	**ce que (ce qu')** ***Ce qu*'il dit est vrai.**
Object of **de**	**dont** **C'est la fille *dont* elle parle.**	**dont** **Voilà les photos *dont* j'ai besoin.**	**dont** **C'est le pays *dont* je reviens.**	**ce dont** **Voici *ce dont* j'ai besoin.**
Object of all other prepositions*	**qui (lequel)** **C'est l'ami *avec qui (avec lequel)* j'étudie.**	**lequel lesquels** **laquelle lesquelles** **C'est la fenêtre *par laquelle* il est entré.**	**où (lequel)** **C'est le magasin *où (dans lequel)* je l'ai vu.** **Il pleuvait le jour *où* il est parti.**	

*For objects of compound prepositions ending with **de**, see page 306, Note 2.

♦ MASTERY EXERCISES ♦

Exercice S

Josette et ses copines viennent de déménager. Exprimez ce qu'elles disent en reliant les phrases avec le pronom relatif qui convient:

EXEMPLES: Donnez-moi cette peinture. Je vais me servir de cette peinture tout de suite.
Donnez-moi cette peinture dont je vais me servir tout de suite.

Voici le grand placard. J'ai rangé tout le linge dans ce placard.
Voici le grand placard dans lequel (où) j'ai rangé tout le linge.

1. Connais-tu cette jeune fille? Cette jeune fille habite au dernier étage.

____

2. Nous habitons maintenant l'immeuble. Charles de Gaulle est né dans cet immeuble.

____

3. Il faut que je retrouve le marteau. Je ne peux rien faire sans ce marteau.

____

4. J'ai téléphoné à l'électricien. L'électricien avait promis de venir réparer le four ce matin.

____

5. Regarde les beaux rideaux. J'ai acheté ces rideaux à la Samaritaine.

____

6. Nous avons reçu des cadeaux. Nous sommes contentes de ces cadeaux.

____

Exercice T

Exprimez ce que vous dites à votre ami. Combinez les phrases avec le pronom relatif qui convient:

EXEMPLES: Cet acteur a des yeux magnifiques. Je ne les oublierai jamais.
Cet acteur a des yeux magnifiques que je n'oublierai jamais.

J'aimerais revoir mon ancienne école. J'y pense souvent.
J'aimerais revoir mon ancienne école à laquelle je pense souvent.

1. J'aimerais voir ce film. On en a beaucoup parlé.

____

2. J'habite près d'une piscine. Je n'y vais jamais.

____

3. Je voudrais relire ce livre. Je l'ai lu il y a cinq ans.

____

4. Fais attention à ces photos. J'y tiens beaucoup.

____

5. J'ai reçu une lettre de ma correspondante. Je lui avais envoyé une carte.

____

6. J'ai reçu un cadeau superbe. Je ne m'y attendais pas.

____

Exercice U

***Exprimez ce que chaque personne explique en employant* ce qui, ce que *ou* ce dont:**

1. Le professeur explique aux élèves ______________ il veut.
______________ ils doivent faire.
______________ ils ont besoin.
______________ est important.

2. Philippe explique à son ami ______________ il a rêvé.
______________ il veut faire.
______________ il se préoccupe.
______________ il a envie.

3. Le chef explique ______________ il prépare.
______________ est dans la marmite.
______________ il a besoin.
______________ il est satisfait.

4. Le criminel explique à son avocat ______________ il a honte.
______________ il a fait.
______________ il a peur.
______________ lui est important.

Exercice V

Qu'est-ce que vous conseillez à votre ami dans cette lettre? Choisissez dans la liste suivante le pronom relatif qui convient. Chaque pronom peut s'employer plus d'une fois:

qui	dont	à qui	ce que	ce qui
que	où	lequel	lesquels	ce dont

Cher Rémi,

______________ (1) tu devrais faire, c'est regarder la télévision une fois en France. Il y a une émission d'information ______________ (2) s'appelle «Vingt-quatre heures». C'est une émission ______ (3) on donne tous les jours. On y montre tout ______ (4) s'est passé dans le monde pendant la journée. Le présentateur principal, ______ (5) j'ai oublié le nom, est l'oncle de l'homme ______ (6) je t'ai présenté à la fête de Marthe. Ma tante Alice, ______ (7) habite Paris, est son professeur d'anglais. Ce présentateur possède un château ______ (8) il reçoit beaucoup d'invités, parmi ______ (9) on compte de nombreuses célébrités. Si tu vas rendre visite à ma tante, elle te le présentera peut-être. Moi, ______ (10) je me souviens surtout quand je l'ai rencontré, c'est la gentillesse avec ______ (11) il m'a accueilli. Tout ______ (12) tu as à faire en France, c'est regarder la télé et aller voir ma tante. Peut-être deviendras-tu l'ami d'une vedette!

Ton ami,
Robert

Exercice W

Exprimez en français les commentaires que Lucie a préparés pour le journal de l'école:

1. Last Friday, the French students who came to our school returned home.

______

______

2. These fifteen students, who came from seven different cities in France, spent three weeks in our city.

______

______

3. The students I spoke with said that they had enjoyed themselves.

______

______

4. Their guide, whom I met last year, brought other students to our school this year.

______

______

5. The students and their guide, who was very interesting, explained many French customs to us.

______

______

6. Our friends were able to make several trips, which they enjoyed.

7. What they liked most was the trip to the amusement park, where they spent an entire day.

8. What I will remember most is their curiosity and their enthusiasm toward our country.

9. The families the students lived with suggested many activities to them.

10. The principal, to whom the students gave a gift, accompanied them to the airport.

23

Prepositions

Prepositions relate two elements of a sentence (noun to noun, verb to verb, noun, or pronoun):

Il entre *dans* la salle.	*He enters the room.*
Pensez-vous *à* lui?	*Are you thinking of him?*
Voilà le jardin *de* mon voisin.	*Here is my neighbor's garden.*
Il commence *à* pleuvoir.	*It is starting to rain.*

NOTE: For a list of common prepositions, see the Appendix, page 572.

1. Prepositional Modifiers

a. A preposition + noun modifying another noun is equivalent to an adjective:

huile *d'olive* *olive oil*
une voiture *de sport* *a sports car*
une chemise *de soie* *a silk shirt*
une montre *en or* *a gold watch*
une tasse *de thé* *a cup of tea*
une tasse *à thé* *a tea cup*
une brosse *à dents* *a toothbrush*
une boîte *aux lettres* *a mailbox*

NOTE:

1. Nouns describing the source, goal, or content of an object are introduced by the preposition **de; en** may also be used, although less frequently:

   un fromage *de chèvre* *a goat cheese*
   un manteau *de fourrure* *a fur coat*
   un maillot *de bain* *a bathing suit*
   une statue *en bois* *a wooden statue*

2. Generally, **à** + noun is used to express use, function, or characteristic of an object:

   une cuillère *à café* *a teaspoon*
   une armoire *à pharmacie* *a medicine cabinet*
   un bateau *à voiles* *a sailboat*

3. The preposition **à** + verb may be used to describe the purpose of a noun:

   une machine *à écrire* *a typewriter*
   une crème *à raser* *a shaving cream*

b. A preposition + noun modifying a verb is equivalent to an adverb:

Elle parle *avec hâte.*	*She speaks hurriedly.*

Exercice A

Identifiez les objets que Monique a vus dans un catalogue de cadeaux de Noël:

EXEMPLE:  **une tasse à café**

1.

____

2.

____

3.

____

4.

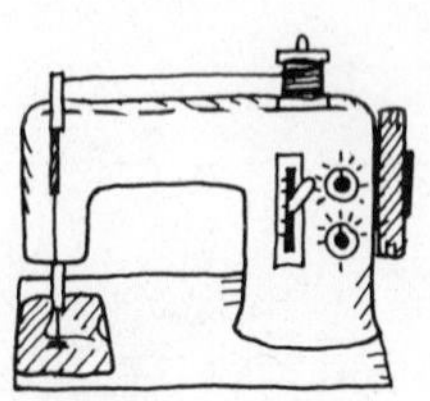

____

5.

____

6.

____

7.

____

8.

____

9.

____

10.

____

Exercice B

Utilisez les suggestions données pour exprimer ce que Charlotte et Delphine disent d'une autre amie:

SUGGESTIONS:	se peigner	avec (sans) soin
	se maquiller	avec (sans) hâte
	s'habiller	avec (sans) appétit
	se coiffer	avec (sans) raison
	parler	avec (sans) goût
	manger	avec (sans) patience

EXEMPLE: **Elle se peigne sans hâte.**

1. ______________________________
2. ______________________________
3. ______________________________
4. ______________________________
5. ______________________________

2. Prepositions Used Before Infinitives

In French, the infinitive is the verb form that normally follows a preposition:

Il commence *à pleuvoir.*	*It is beginning to rain.*
L'enfant s'est arrêté *de jouer.*	*The child stopped playing.*

a. Verbs requiring **à** before an infinitive:

aider à *to help to*	**se mettre à** *to begin to*
s'amuser à *to have a good time*	**obliger à** *to obligate to*
apprendre à *to learn to*	**passer (du temps) à** *to spend (time)*
s'attendre à *to expect to*	**penser à** *to think of*
avoir à *to have to*	**persister à** *to persist in*
chercher à *to try to*	**se plaire à** *to take pleasure in, enjoy*
commencer à *to begin to*	**se préparer à** *to prepare to*
consentir à *to consent to*	**renoncer à** *to give up*
continuer à *to continue to*	**se résigner à** *to resign oneself to*
se décider à *to decide to*	**rester à** *to remain to*
encourager à *to encourage to*	**réussir à** *to succeed in*
forcer à *to force to*	**servir à** *to be useful for*
s'habituer à *to get used to*	**songer à** *to think about*
hésiter à *to hesitate to*	**suffire à** *to be enough to*
inciter à *to incite to*	**tenir à** *to insist on*
inviter à *to invite to*	**travailler à** *to work to*

***Joséphine s'amuse à* lire.**	*Josephine has a good time reading.*
***Il a appris à* nager** l'été dernier.	*He learned how to swim last summer.*
***Les enfants se sont mis à* crier.**	*The children began to scream.*

b. Verbs requiring **de** before an infinitive:

accepter de *to accept to*	**mériter de** *to deserve to*
accuser de *to accuse of*	**s'occuper de** *to take care of*
achever de *to finish*	**oublier de** *to forget to*
s'arrêter de *to stop*	**parler de** *to speak about*
choisir de *to choose to*	**se passer de** *to do without*
se contenter de *to be satisfied with*	**se plaindre de** *to complain about*
continuer de *to continue to*	**prier de** *to beg, ask to*
décider de *to decide to*	**refuser de** *to refuse to*
se dépêcher de *to hurry to*	**regretter de** *to regret*
s'efforcer de *to strive to*	**remercier de** *to thank for*
empêcher de *to prevent from*	**rêver de** *to dream about*
essayer de *to try to*	**rire de** *to laugh at*
s'étonner de *to be surprised at*	**risquer de** *to risk*
éviter de *to avoid*	**se souvenir de** *to remember to*
féliciter de *to congratulate on*	**tâcher de** *to try to*
finir de *to finish*	**se vanter de** *to boast of*
se garder de *to take care not to*	**venir de** *to have just*

***Ils ont décidé de* se marier.** *They decided to get married.*
***Tu mérites d'*être puni.** *You deserve to be punished.*
***Nous venons d'*arriver.** *We have just arrived.*
Il empêche le garçon ***de* partir.** *He prevents the boy from leaving.*

c. Verbs requiring **à quelqu'un + de** before an infinitive:

commander (à quelqu'un) de	*to order (someone) to*
conseiller (à quelqu'un) de	*to advise (someone) to*
défendre (à quelqu'un) de	*to forbid (someone) to*
demander (à quelqu'un) de	*to ask (someone) to*
dire (à quelqu'un) de	*to tell (someone) to*
écrire (à quelqu'un) de	*to write (to someone) to*
interdire (à quelqu'un) de	*to forbid (someone) to*
offrir (à quelqu'un) de	*to offer (someone) to*
ordonner (à quelqu'un) de	*to order (someone) to*
permettre (à quelqu'un) de	*to allow (someone) to*
promettre (à quelqu'un) de	*to promise (someone) to*
proposer (à quelqu'un) de	*to propose (to someone) to*
recommander (à quelqu'un) de	*to recommend (to someone) to*
reprocher (à quelqu'un) de	*to reproach (someone) for*
suggérer (à quelqu'un) de	*to suggest (to someone) to*
téléphoner (à quelqu'un) de	*to telephone (someone) to*

***Elle a demandé à ses amis de* ne pas fumer.** *She asked her friends not to smoke.*
***Le professeur dit à ses élèves d'*ouvrir** leurs livres. *The teacher tells his students to open their books.*

d. Verbs requiring **à quelqu'un + à** before an infinitive:

enseigner (à quelqu'un) à	*to teach (someone) to*
apprendre (à quelqu'un) à	*to teach (someone) to*

***J'ai enseigné à mon ami à* patiner.**
***J'ai appris à mon ami à* patiner.** *I taught my friend to skate.*

Exercice C

Complétez avec les prépositions correctes ce que Georges raconte à son ami:

Je viens ______ (1) assister à une scène très amusante dans la rue. Un couple venait ______ (2) arriver à la mairie pour se marier. Mais quand les fiancés ont voulu descendre de la voiture, un groupe de spectateurs a décidé ______ (3) les féliciter. La mariée a essayé ______ (4) descendre de la voiture, mais les spectateurs ont persisté ______ (5) offrir leurs félicitations. Son fiancé s'est mis ______ (6) pousser ces gens parce que la cérémonie risquait ______ (7) commencer en retard. La mariée hésitait ______ (8) sortir de la voiture. Finalement, un policier qui passait par là l'a aidée ______ (9) descendre et a commandé aux spectateurs ______ (10) s'en aller. Mais le marié les a priés ______ (11) entrer à la mairie avec eux. Tous ont accepté ______ (12) assister à la cérémonie. Le maire, qui s'est étonné ______ (13) voir tout ce monde, a tenu ______ (14) faire un long discours. Les gens se sont efforcés ______ (15) paraître intéressés, mais beaucoup ont regretté ______ (16) être restés. Après la cérémonie le jeune couple a remercié le maire ______ (17) avoir procédé au mariage. Malheureusement quand ils sont sortis, ils ont remarqué qu'il venait ______ (18) commencer ______ (19) pleuvoir. C'était dommage parce qu'ils avaient songé ______ (20) faire le repas de mariage en plein air.

Exercice D

Vous venez d'interviewer une chanteuse française célèbre afin d'écrire l'article suivant. Combinez les éléments donnés et ajoutez-y les prépositions nécessaires:

EXEMPLE: elle / rêver / plaire à son public
Elle rêve de plaire à son public.

1. elle / se féliciter / être aux États-Unis

____

2. elle / tenir / rester modeste

____

3. elle / enseigner / jouer de la guitare aux enfants

____

4. elle / chercher / divertir les gens

____

5. en concert elle / ne jamais hésiter / répéter une chanson

____

6. elle / s'efforcer / chanter en anglais

____

7. elle / réussir / plaire à un grand public

____

8. elle / tâcher / satisfaire son public avec des chansons populaires

____

9. elle / venir / donner quinze concerts

____

10. elle / promettre / revenir bientôt aux États-Unis

____

Exercice E

Exprimez ce que font les personnes suivantes en combinant les éléments avec une préposition si nécessaire:

1. je demande / mes parents / me laisser voyager seul

____

2. elle recommande / sa sœur / épargner son argent

____

3. tu permets / ton copain / emprunter ta voiture

____

4. ils suggèrent / leurs amis / aller au concert

____

5. nous aidons / nos parents / faire le ménage

____

6. je promets / ma mère / améliorer mes notes

____

7. elles invitent / leurs cousins / patiner sur le lac

____

8. vous encouragez / votre frère / aider ses amis

____

9. tu conseilles / ton amie / se faire couper les cheveux

____

10. nous apprenons / nos copains / jouer au tennis

____

Exercice F

Complétez les phrases avec une préposition et un infinitif:

EXEMPLE: J'hésite **à jouer du piano.**

1. Je m'amuse _______________.
2. Je m'attends _______________.
3. Je m'efforce _______________.
4. Je réussis _______________.
5. Je tiens _______________.
6. Je rêve _______________.
7. Je refuse _______________.
8. J'essaie _______________.

Exercice G

Vous donnez des conseils à votre meilleur(e) ami(e) qui voudrait maigrir. Utilisez l'impératif des verbes entre parenthèses avec la préposition qui convient:

EXEMPLE: Ne mange pas chez tes amis. (arrêter)
Arrête de manger chez tes amis.

1. Bois beaucoup d'eau. (essayer)

____

2. Mange des légumes cuits à la vapeur. (apprendre)

____

3. Ne mange pas tant de pâtes. (éviter)

____

4. Fais de l'exercice. (s'efforcer)

____

5. Perds dix kilos. (chercher)

____

6. Persévère dans ton régime. (tâcher)

____

3. Other Prepositions Used Before Infinitives

The following prepositions are commonly used before an infinitive. The equivalent English construction often uses a present participle:

pour *to, in order to, for the purpose of*	**sans** *without*
afin de *in order to*	**au lieu de** *instead of*
avant de *before*	

Il a emprunté de l'argent **pour (afin de) payer** ses dettes.	*He borrowed money to (in order to) pay his debts.*
Je me lave les mains **avant de manger.**	*I wash my hands before eating.*
Ils sont sortis **sans me parler.**	*They left without speaking to me.*
Elle rit **au lieu de pleurer.**	*She laughs instead of crying.*

NOTE:

1. The preposition **après** *(after)* is followed by the past infinitive*:

Après avoir dîné, ils ont fait une promenade.	*After dining, they took a walk.*
Après être restées deux heures, elles décidèrent de partir.	*After staying two hours, they decided to leave.*

2. After verbs of motion, **pour** is generally omitted:

Je descends chercher le journal.	*I'm going down to get the paper.*

3. **Par** may follow **commencer** and **finir** in certain idiomatic expressions:

Il a commencé par lire à haute voix.	*He began (by) reading aloud.*
J'ai fini par le faire.	*I ended up (by) doing it.*

Exercice H

Exprimez ce que font ces personnes. Combinez les phrases avec la préposition entre parenthèses:

EXEMPLE: Le professeur blâme l'élève. Il n'écoute pas son explication. (sans)
Le professeur blâme l'élève **sans écouter son explication.**

1. Jean parle. Jean ne réfléchit pas. (sans)

____

2. Les gens travaillent. Ils gagnent leur vie. (pour)

____

3. Régine écoute la radio. Elle n'étudie pas. (au lieu de)

____

4. Vous allez au magasin. Vous achetez un nouveau costume. (afin de)

____

*The past infinitive consists of **avoir** or **être** plus a past participle.

5. Elles jouent. Elles font leurs devoirs. (avant de)

____

6. Papa se met à préparer le dîner. Il n'a pas tous les ingrédients. (sans)

____

7. Nous allons au restaurant. Nous fêtons la bonne nouvelle. (pour)

____

8. André regarde la télévision. Il ne nettoie pas sa chambre. (au lieu de)

____

9. Je ne mange plus de chocolat. Je maigris. (afin de)

____

10. Il se lave les dents. Il va se coucher. (avant de)

____

Exercice I

Complétez les phrases en français:

1. Je vais à l'école pour ______________________________.
2. Je consulte mes parents avant de ______________________________.
3. Je regarde la télévision au lieu de ______________________________.
4. Je travaille afin de ______________________________.
5. Je sors sans ______________________________.

Exercice J

Complétez les phrases suivantes avec les formes correctes des verbes entre parenthèses:

EXEMPLES: (prendre) Après **avoir pris** une douche, il s'est rasé.
(se lever) Après **s'être levées**, elles ont préparé le petit déjeuner.

1. (se réveiller) Après ______________, elles se sont habillées.
2. (finir) Après ______________ son petit déjeuner, il est parti à l'école.
3. (arriver) Après ______________ au lycée, nous sommes allés au cours de français.
4. (sortir) Après ______________ du lycée, je suis allé au grand magasin.
5. (rentrer) Après ______________, tu t'es reposé.
6. (terminer) Après ______________ leurs devoirs, ils ont regardé la télévision.
7. (manger) Après ______________, elle est montée dans sa chambre.
8. (se déshabiller) Après ______________, vous vous êtes couchés.

Exercice K

Répondez aux questions avec une phrase complète:

1. Qu'est-ce que vous avez fait ce matin après vous être réveillé(e)?

____

2. Qu'est que vous avez fait après être arrivé(e) à l'école?

____

3. Qu'est-ce que vous avez fait après avoir quitté l'école?

____

4. Qu'est-ce que vous avez fait après être rentré(e) chez vous?

____

5. Qu'est-ce que vous avez fait après avoir fini vos devoirs?

____

Exercice L

Exprimez l'ordre dans lequel vous faites les choses suivantes:

EXEMPLE: s'habiller / se brosser les dents
Avant de m'habiller, je me brosse les dents.
Après m'être brossé les dents, je m'habille.

1. aller au cinéma / aller au restaurant

____

____

2. jouer au tennis / prendre des leçons

____

____

3. s'habiller / préparer le petit déjeuner

____

____

4. faire ses devoirs / rentrer à la maison

____

____

5. travailler / se reposer

____

____

6. terminer le repas / manger une salade

____

____

7. faire des achats / gagner de l'argent

____

____

8. apprendre mes leçons / regarder la télévision

____

____

Exercice M

Jean raconte ce qui s'est passé quand il a été rendre visite à son professeur de chimie dans son bureau. Complétez les phrases avec les prépositions correctes choisies sur la liste:

afin de	au lieu de	par	sans
après	avant de	pour	

_____ (1) avoir frappé à la porte, je suis entré dans le bureau du professeur. Au même moment, sa secrétaire lui a apporté un télégramme qu'il a ouvert aussitôt _____ (2) le lire. Il l'a lu _____ (3) me dire bonjour. Comme il ne faisait pas attention à moi, je me suis assis _____ (4) lui demander la permission. _____ (5) avoir lu le télégramme, il a commencé _____ (6) ranger ses affaires puis, _____ (7) m'expliquer ce qui se passait, il a mis son manteau et est sorti en courant. Fâché, je suis allé voir la secrétaire _____ (8) savoir pourquoi il m'avait oublié, mais elle avait disparu aussi. J'ai fini _____ (9) m'en aller _____ (10) rien comprendre.

4. Verbs Used Without Preposition before Infinitives

aimer *to like, love*	**laisser** *to let, allow*
aimer mieux *to prefer*	**oser** *to dare*
aller *to go*	**penser** *to think*
compter *to intend*	**pouvoir** *to be able*
désirer *to wish, want*	**préférer** *to prefer*
détester *to hate*	**prétendre** *to claim*
devoir *to have to, be supposed to*	**savoir** *to know (how)*
entendre *to hear*	**souhaiter** *to wish*
envoyer *to send*	**valoir mieux** *to be better*
espérer *to hope*	**venir** *to come*
faire *to make*	**voir** *to see*
faillir *to almost do, just miss doing*	**vouloir** *to wish, want*
falloir *to be necessary*	

Il m'a envoyé chercher mon frère.	*He sent me to look for my brother.*
Je compte partir le mois prochain.	*I intend to leave next month.*
L'enfant a failli tomber.	*The child almost fell.*

Exercice N

Vous êtes moniteur de colonie de vacances. Qu'est-ce que vous dites aux garçons de votre groupe le premier jour? Utilisez une expression de chaque colonne:

je	aimer	faire attention
tu	compter	s'entraider
nous	désirer	beaucoup apprendre
vous	devoir	faire du camping
	espérer	obéir aux règles
	pouvoir	être aimable
	préférer	se coucher à l'heure indiquée
	prétendre	se lever tout de suite
	savoir	bien se conduire
	vouloir	faire beaucoup de sport
		se respecter
		toujours coopérer
		s'amuser beaucoup
		ne pas jouer de tours
		donner des prix chaque semaine

EXEMPLE: **Vous devez obéir aux règles.**

1. ______________________________

2. ______________________________

3. ______________________________

4. ______________________________

5. ______________________________

6. ______________________________

7. ______________________________

8. ______________________________

9. ______________________________

10. ______________________________

11. ______________________________

12. ______________________________

13. ______________________________

14. ______________________________

Exercice O

Répondez aux questions qu'un nouvel ami vous pose en employant les verbes entre parenthèses:

EXEMPLE: Qu'est-ce que tu fais quand il neige? (adorer)
J'adore faire du ski.

1. Qu'est-ce que tu fais après l'école? (aimer)

____

2. Qu'est-ce que tu fais le samedi soir? (préférer)

____

3. Quelle sorte de personne veux-tu épouser? (espérer)

____

4. Qu'est-ce que tu fais les jours de congé? (aimer mieux)

____

5. Qu'est-ce que tu fais avant de te coucher le soir? (devoir)

____

6. Qu'est-ce que tu fais pour aider tes parents? (devoir)

____

7. Où passes-tu le week-end? (vouloir)

____

8. À qui téléphones-tu? (compter)

____

5. Nouns and Adjectives Followed by Preposition

Most nouns and adjectives are followed by **de** before an infinitive:

Je suis **contente de rentrer** chez moi.	*I am happy to return home.*
Il est **difficile d'apprendre** le chinois.	*It is difficult to learn Chinese.*
C'est une mauvaise **idée d'y aller** maintenant.	*It is a bad idea to go there now.*
J'ai un grand **désir de partir.**	*I have a great desire to leave.*

NOTE:

1. Certain adjectives and nouns may be followed by **à** before an infinitive that implies a passive meaning:

La maison sera **facile à vendre.**	*The house will be easy to sell.* [Literally: *to be sold*]
Les jeunes sont **difficiles à comprendre.**	*Young people are difficult to understand.* [Literally: *to be understood*]
J'ai **un roman à lire.**	*I have a novel to read.* [Literally: *to be read*]

2. The adjective **prêt** (*ready*) is followed by the preposition **à:**

Elle n'est pas **prête à passer** l'examen.	*She isn't ready to take the test.*

Exercice P

Exprimez les problèmes qu'Anne vous raconte en complétant les phrases avec la préposition correcte:

EXEMPLE: J'ai des problèmes ___**à**___ résoudre.

1. Je suis fatiguée ________ travailler comme une folle.
2. Il est difficile ________ être vendeuse.
3. Il n'est pas normal ________ travailler quatorze heures par jour.
4. J'ai toujours trop de clientes ________ voir.
5. Elles sont souvent impatientes ________ me voir partir.
6. Mes produits ne sont pas faciles ________ vendre parce qu'ils sont chers.
7. Par contre, je suis toujours prête ________ faire des réductions.
8. C'est peut-être une bonne idée ________ changer de métier.

6. Prepositions with Geographical Expressions

a. The preposition **à** *(to, in)* is used with names of cities; **au** and **aux** are used with masculine countries:

J'ai passé huit jours ***à*** **Bruxelles.**	*I spent a week in Brussels.*
Je rentrerai ***à*** **New York** demain.	*I'll go back to New York tomorrow.*
J'aimerais rester quelques jours ***au*** **Mexique.**	*I'd love to stay a few days in Mexico.*
Je vais ***aux*** **États-Unis** la semaine prochaine.	*I am going to the United States next week.*

b. The preposition **en** *(to, in)* is used with feminine countries, continents, islands, and provinces and before a few masculine countries beginning with a vowel:

Avez-vous jamais été ***en*** **Suisse?**	*Have you ever been to (in) Switzerland?*
Je vais travailler ***en*** **Amérique Latine.**	*I'm going to work in Latin America.*
J'ai été élevée ***en*** **Sicile.**	*I was raised in Sicily.*
Son frère demeure ***en*** **Bourgogne.**	*Her brother lives in Burgundy.*
Avez-vous jamais été ***en*** **Iran?**	*Have you ever been to Iran?*

NOTE: **Dans** *(to, in)* plus definite article is used with modified geographical names:

dans la *belle* France	*in (to) beautiful France*
dans le Dakota *du Sud*	*in (to) South Dakota*
dans *l'État de* New York	*in (to) New York State*

c. The preposition **de** *(from)* is used with the definite article before masculine and modified geographical names:

du **Mexique**	*from Mexico*
du **Pacifique**	*from the Pacific Ocean*
de la **belle France**	*from beautiful France*
de l'**Europe du Nord**	*from Northern Europe*

De without article is used with cities and feminine countries, continents, islands, and provinces:

de **Suisse**	*from Switzerland*	***d'*****Amérique**	*from America*
de **Sicile**	*from Sicily*	***de*** **Bourgogne**	*from Burgundy*

NOTE:

1. Generally, geographical names are feminine if they end in **-e,** with the exception of **le Cambodge, le Mexique, le Zaïre.**
2. With the exception of **Haïti** and **Israël,** the definite article is always used with masculine countries:

***le* Japon**	***au* Japon**	***du* Japon**
***le* Koweït**	***au* Koweït**	***du* Koweït**
Haïti	***en* Haïti**	***d'*Haïti**

3. Before modified geographical names in which the modifier is an integral part of the name, *in* or *to* is expressed by **en** without the article, and *from* is expressed by **de** without the article:

***en* Afrique du Nord**	*in North Africa*
***d'*Amérique du Sud**	*from South America*

4. A few cities always have a definite article in French, since the article is part of the name:

Le Havre *the Havre*	**La Nouvelle-Orléans** *New Orleans*
au Havre *to (in) the Havre*	**à La Nouvelle-Orléans** *to (in) New Orleans*
du Havre *from the Havre*	**de La Nouvelle-Orléans** *from New Orleans*

d. Feminine countries, continents, provinces:

l'Algérie *Algeria*
l'Allemagne *Germany*
l'Angleterre *England*
l'Argentine *Argentina*
l'Autriche *Austria*
la Belgique *Belgium*
la Chine *China*
l'Écosse *Scotland*
l'Égypte *Egypt*
l'Espagne *Spain*
la France *France*
la Grande-Bretagne *Great Britain*
la Grèce *Greece*
Haïti *Haiti*
la Hongrie *Hungary*
l'Inde *India*
l'Irlande *Ireland*
l'Italie *Italy*
la Norvège *Norway*
la Pologne *Poland*
la Roumanie *Rumania*
la Russie *Russia*
la Suède *Sweden*
la Suisse *Switzerland*
la Turquie *Turkey*

l'Afrique *Africa*
l'Amérique du Nord *North America*
l'Amérique du Sud *South America*
l'Asie *Asia*
l'Australie *Australia*
l'Europe *Europe*

l'Alsace *Alsace*
la Bourgogne *Burgundy*
la Bretagne *Brittany*
la Champagne *Champagne*
la Corse *Corsica*
la Flandre *Flanders*
la Lorraine *Lorraine*
la Normandie *Normandy*
la Provence *Provence*

e. Masculine countries:

l'Afghanistan *Afghanistan*
le Brésil *Brazil*
le Canada *Canada*
le Chili *Chile*
le Cambodge *Cambodia*
le Danemark *Denmark*
l'Équateur *Ecuador*
les États-Unis *United States*
l'Iran *Iran*
l'Irak *Iraq*
Israël *Israel*
le Japon *Japan*

le Koweït *Kuwait*
le Liban *Lebanon*
le Maroc *Morocco*
le Mexique *Mexico*
le Niger *Niger*
le Pakistan *Pakistan*
les Pays-Bas *Netherlands*
le Pérou *Peru*
le Portugal *Portugal*
le Zaïre *Zaire*

f. Mountains and waterways:

les Alpes (feminine) *Alps*
le Jura *Jura Mountains*
les Pyrénées (feminine) *Pyrenees*
les Vosges (feminine) *Vosges Mountains*
la mer Méditerranée *Mediterranean Sea*
la Manche *English Channel*
la Loire *Loire*
le Rhin *Rhine*
la Seine *Seine*
le Rhône *Rhine*
la Garonne *Garonne*

Exercice Q

Vous voulez visiter les endroits suivants. Dans quels pays se trouvent-ils?

EXEMPLE: Buckingham Palace
Buckingham Palace se trouve en Angleterre.

1. le Vatican
____
2. la tour Eiffel
____
3. les pyramides
____
4. le Taj Mahal
____
5. la tour de Londres
____
6. le Grand Canyon
____
7. le mont Fuji-yama
____
8. le Kremlin
____
9. le musée du Prado
____
10. le Parthénon
____

Exercice R

Les élèves de la classe de M. Moreau sont d'origines diverses. Exprimez de quelles nations ils viennent:

EXEMPLE: Ramon / Brésil
Ramon vient du Brésil.

1. Helmut / Allemagne

____

2. John / États-Unis

____

3. Luella / Haïti

____

4. Béata / Pologne

____

5. Olga / Russie

____

6. Constantine / Grèce

____

7. Nissim / Israël

____

8. Lesley / Angleterre

____

9. Mario / Italie

____

10. Orlanda / Portugal

____

7. Expressions Introduced by *à*

The preposition **à** is used in the following expressions:

a. with characteristics *(with)*:

La dame **aux cheveux blonds** est ma tante.	*The lady with the blond hair is my aunt.*

b. with means of transportation *(on, by)*:

à bicyclette *on a bicycle, by bicycle*
à cheval *on horseback*
à pied *on foot*

Le mousquetaire quitta Paris **à cheval.**	*The musketeer left Paris on horseback.*

c. with time expressions meaning *good-bye until:*

à bientôt *see you soon, so long*
à demain *see you tomorrow*
à samedi *good-bye until Saturday*
à ce soir *see you tonight*
au revoir *good-bye, see you again*
à tout à l'heure *see you in a little while*

Nous rentrons chez nous maintenant. **À lundi.** — *We're going back home now. See you Monday.*

d. with other time expressions:

à l'instant *at the moment, right away*

Il est arrivé **à l'instant** où j'allais partir. — *He arrived at the moment I was leaving.*

à l'heure *on time*

Pour la première fois il est arrivé **à l'heure.** — *For the first time he arrived on time.*

à partir de *from . . . on, beginning (with)*

À partir de ce moment, nous sommes devenus amis. — *From that moment on, we became friends.*

à temps *in time*

Il arrive **à temps** pour dîner. — *He arrives in time for dinner.*

e. with expressions of position and direction:

à côté de *next to, beside*

Il y avait une lampe **à côté de** moi. — *There was a lamp next to me.*

au bas de *at the bottom of*

Nous l'avons rencontré **au bas de** l'escalier. — *We met him at the bottom of the staircase.*

au bout de *at the end of, after*

Il y a une cabine téléphonique **au bout de** la rue. — *There is a telephone booth at the end of the street.*

au-dessous de *below, beneath*

Vous verrez mon nom **au-dessous du** vôtre. — *You'll see my name below yours.*

au-dessus de *above, over*

Un de mes amis demeure **au-dessus de** nous. — *One of my friends lives above us.*

à droite *on (to) the right*

À droite, on voit la Seine. — *On the right you see the Seine.*

à gauche *on (to) the left*

Tournez **à gauche** après l'église. — *Turn to the left after the church.*

au fond de *in the bottom of*

Il y a de l'eau **au fond du** puits. — *There is water in the bottom of the well.*

au loin *in the distance*

On pouvait voir le navire **au loin.** — *They could see the ship in the distance.*

au milieu de *in the middle of*

Il s'est réveillé **au milieu de** la nuit. — *He woke up in the middle of the night.*

à part *aside*

Il m'a pris **à part** pour me dire son secret. — *He took me aside to tell me his secret.*

à travers *through, across*

Le soleil passe **à travers** les rideaux. — *The sun goes through the curtains.*

f. with other expressions:

à la campagne *in (to) the country*

Nous avons passé quinze jours **à la campagne.** — *We spent two weeks in the country.*

à l'école *in (to) school*

Ceux qui étudient aiment aller **à l'école.** — *Those who study like to go to school.*

à l'étranger *abroad*

Ma sœur et son mari demeurent **à l'étranger.** — *My sister and her husband are living abroad.*

à la maison *at home, home*

Serez-vous **à la maison** ce soir? — *Will you be home tonight?*

à la mode *in style*

Ses robes sont toujours **à la mode.** — *Her dresses are always in style.*

à mon avis *in my opinion*

À mon avis il a tort. — *In my opinion, he's wrong.*

à cause de *because of, on account of*

J'ai fermé la fenêtre **à cause du** bruit. — *I closed the window because of the noise.*

au contraire *on the contrary*

Ne sait-elle pas nager? — **Au contraire,** elle nage très bien. — *Can't she swim? — On the contrary, she swims very well.*

au courant de *informed about, familiar with*

Le président est **au courant des** affaires étrangères.	*The president is familiar with foreign affairs.*

à demi/à moitié *half, halfway*

Elle a rempli le verre **à moitié.**	*She filled the glass halfway.*
La pomme est **à demi** pourrie.	*The apple is half rotten.*

à force de *by, by means of, by repeated efforts*

À force d'essayer, il a réussi.	*By trying, he succeeded.*

à quoi bon? *What's the use?*

À quoi bon se plaindre?	*What's the use of complaining?*

au lieu de *instead of*

Réfléchissez un peu **au lieu de** parler.	*Think a little instead of speaking.*

au moins *at least*

Cela coûte **au moins** mille dollars.	*That costs at least a thousand dollars.*

à peu près *nearly, about, approximately*

L'avocat avait **à peu près** quarante ans.	*The lawyer was about forty years old.*

à propos de/au sujet de *about, concerning*

J'ai beaucoup lu **à propos (au sujet) de** l'art gothique.	*I have read much about gothic art.*

à haute voix *aloud, out loud*

L'étudiant a récité le poème **à haute voix.**	*The student recited the poem aloud.*

à voix basse *in a low voice*

À la bibliothèque on parle **à voix basse.**	*In the library we speak in a low voice.*

à vrai dire *to tell the truth*

À vrai dire, je n'en sais rien.	*To tell the truth, I don't know.*

Exercice S

Complétez cette lettre que Claude écrit à son ami agent de police:

Je vous écris cette lettre pour vous mettre ____________ (**1** informed about) un incident fort bizarre auquel j'ai assisté. Hier, j'ai décidé d'aller ____________ (**2** on foot) jusqu'____________ (**3** at the end of) parc ____________ (**4** next to) chez moi. Je m'approchais du lac quand un homme d'____________ (**5** about) quarante ans m'a accosté. Il m'a parlé ____________ (**6** in a low voice) puis m'a suivi jusqu'au bord du lac. Tout à coup, j'ai aperçu un garçon au regard méchant et à l'air menaçant ______________ (7 (in the middle of)) chemin. Ce garçon s'est précipité sur l'homme qui me suivait et l'a poussé si fort qu'il est tombé dans l'eau. Le pauvre homme, ne sachant pas nager, a paniqué. Moi, j'ai plongé ______________ (8 (right away)) dans le lac et je l'ai sauvé. ______________ (9 (to tell the truth)), j'étais très fier de moi. ______________ (10 (in my opinion)), vous devriez rechercher ce méchant garçon et éclaircir cette affaire.

Exercice T

Lucienne s'est fâchée contre son ami et explique ce qu'elle lui a dit. Remplacez les mots entre parenthèses par une expression équivalente choisie sur la liste suivante:

à force de	à mon avis	à vrai dire
à la maison	à partir de ce moment	au courant
à moitié	à propos	au-dessus des

EXEMPLE: (À l'avenir) **À partir de ce moment**, ne me demande pas de t'aider.

1. (Selon moi) ______________, tu es têtu.
2. Tu te crois (supérieur aux) ______________ autres.
3. Tu fais toujours les choses (à demi) ______________.
4. Tu n'es pas (informé) ______________ de mes problèmes.
5. (Si tu continues à) ______________ tout critiquer, tu perdras tes amis.
6. Ne me raconte rien (au sujet) ______________ de ta nouvelle copine.
7. (En réalité) ______________, tu m'embêtes.
8. Ne viens plus (chez moi) ______________!

Exercice U

Quelles résolutions Berthe prend-elle pour la nouvelle année? Complétez les phrases en employant une fois chacun des mots donnés dans la colonne de droite:

1. À ______________ du premier janvier, je vais mettre de l'argent de côté chaque mois.
2. Je parlerai à voix ______________ quand les enfants dormiront.
3. Quand je mettrai la table, je placerai les fourchettes à ______________ des assiettes et les couteaux à ______________.
4. Je ne marcherai plus à ______________ le champ de M. Périgord.
5. Je m'efforcerai de parler à la nouvelle élève ______________ yeux bleus et ______________ la figure ronde.
6. Je me tiendrai au ______________ des actualités.
7. J'arriverai toujours à ______________ à l'école.

à
aux
basse
cause
contraire
courant
droite
fois
force
gauche
l'heure
moins
partir
travers

8. Je me brosserai les dents au ____________________ deux fois par jour.

9. Je serai à la ____________________ aimable et sérieuse.

10. Je ne m'occuperai plus du passé. Au ____________________, je ne m'occuperai que de l'avenir.

11. Je mangerai moins à ____________________ de mon régime.

12. À ____________________ d'étudier, je finirai par réussir à tous mes examens.

8. Expressions Introduced by *de*

d'abord *first, at first*

Essuyez **d'abord** vos larmes, puis nous parlerons.	*Dry your tears first, then we will talk.*

d'accord *agreed, O.K.*

Tu veux venir avec moi? **D'accord.**	*Do you want to come with me? O.K.*

d'ailleurs *besides, moreover*

D'ailleurs, je ne peux pas mentir.	*Besides, I can't lie.*

de l'autre côté (de) *on the other side (of)*

Le château se trouve **de l'autre côté du** parc.	*The castle is on the other side of the park.*

de bonne heure *early*

Si tu veux trouver une place, il faut arriver **de bonne heure.**	*If you want to find a seat, you must arrive early.*

du côté de *in the direction of, near, around*

Nous habitons **du côté de** Bordeaux.	*We live near Bordeaux.*

de mon côté *for my part, as for me*

De mon côté, je préfère dîner en ville.	*For my part, I prefer to dine out.*

de la part de *on behalf of, from*

Il est venu **de la part du** directeur.	*He came on behalf of the director.*

de quelle couleur . . . ? *what color . . . ?*

De quelle couleur est le sable?	*What color is the sand?*

de rien/il n'y a pas de quoi *you're welcome, don't mention it*

Merci de tout ce que vous avez fait. — **De rien.**	*Thanks for all you've done. — Don't mention it.*

de temps en temps *from time to time, occasionally*

Je vais au théâtre **de temps en temps.**	*I occasionally go to the theater.*

9. Expressions Introduced by *en*

en when one is inside the means of transportation, *by*

***en* automobile (auto)** *by automobile*
***en* avion** *by plane*
***en* chemin de fer** *by train*
***en* voiture** *by car*

Préférez-vous y aller **en voiture** ou **en avion?** — *Do you prefer to go by car or by plane?*

en arrière *backward(s), behind*

Le soldat a fait un pas **en arrière.** — *The soldier took a step backward.*

en bas *downstairs*

J'ai laissé mes clefs **en bas.** — *I left my keys downstairs.*

en haut *upstairs*

Connaissez-vous la famille qui habite **en haut?** — *Do you know the family that lives upstairs?*

en fait *in fact, as a matter of fact*

Attends-tu depuis longtemps? — Oui, **en fait** j'attends depuis une heure. — *Have you been waiting long? — Yes, as a matter of fact, I've been waiting for an hour.*

en face de *opposite*

Elle s'est assise **en face de** nous. — *She sat down opposite us.*

en famille *as a family, within (in the privacy of) the family*

Nous avons dîné **en famille.** — *We dined with the family.*

en plein air *in the open air, outdoor(s)*

Les enfants aiment jouer **en plein air.** — *Children like to play outdoors.*

en tout cas *in any case, at any rate*

En tout cas, vous n'avez rien à craindre. — *In any case, you have nothing to fear.*

en ville *downtown, in (to, into) town*

Le samedi nous allons **en ville** avec nos camarades. — *On Saturdays we go downtown with our friends.*

10. Expressions Introduced by *par*

par exemple *for example*

Les fromages français, comme le camembert **par exemple,** sont excellents. — *French cheeses, such as Camembert, for example, are excellent.*

par hasard *by chance*

Si **par hasard** vous le retrouvez, faites-le moi savoir. — *If by chance you find it (if you happen to find it), let me know.*

par ici *this way, in this direction*

Passez **par ici,** s'il vous plaît. — *Step this way, please.*

par là *that way, in that direction*

Par là on peut voir la mairie. — *In that direction you can see the city hall.*

par jour (semaine, mois, etc.) *a (per) day (week, month, etc.)*

Ces ouvriers gagnent quatre cents francs **par jour.** — *Those workers earn four hundred francs a day.*

11. Other Prepositions

autour de *around*

On va mettre une fusée en orbite **autour de** la lune. — *They are going to put a rocket into orbit around the moon.*

chez *to (at) the house (place) of*

Il ne va pas ***chez* lui,** il va ***chez* le coiffeur.** — *He is not going home, he is going to the barber's.*

dans *in, within*

Je courrai le marathon **dans** six heures. — *I will run the marathon six hours from now.*

en *in (time)*

Je cours le marathon ***en* six heures.** — *I run the marathon in six hours.* [time duration]

sans *without*

Ce tapis-ci est ***sans* doute** le plus joli. — *This rug is without a doubt the prettiest.*

Exercice V

Isabelle et Marianne ne sont jamais du même avis. Complétez les phrases d'Isabelle qui expriment le contraire de ce que sa sœur dit en employant une de ces expressions:

d'abord	en famille	en ville
de bonne heure	en haut	par
de temps en temps	en plein air	par hasard
du coté de	en tout cas	par là

EXEMPLE: Marianne: Asseyons-nous à l'intérieur du café.
Isabelle: Non, asseyons-nous **en plein air**.

1. Marianne: Mettons la nouvelle chaîne-stéréo en bas dans le salon.
   Isabelle: Non, mettons-la ____________ dans notre chambre.
2. Marianne: Proposons à maman d'aller à la campagne faire un pique-nique.
   Isabelle: Non, proposons-lui d'aller ____________ faire du shopping.
3. Marianne: Jean-Michel habite par ici, près de ce bistro.
   Isabelle: Mais non, il habite ____________ au bout de la rue.
4. Marianne: Je veux passer les vacances de Noël avec mes amis.
   Isabelle: Moi, je veux les passer ____________.
5. Marianne: Dimanche, je vais me réveiller tard et ne rien faire de toute la journée.
   Isabelle: Pas moi. Moi, je vais me réveiller ____________ et ranger ma chambre.
6. Marianne: Je ne vais jamais étudier à la bibliothèque. C'est trop calme.
   Isabelle: Moi, j'y vais ____________ parce que j'aime le silence et j'y travaille bien.
7. Marianne: Antoine gagne un bon salaire.
   Isabelle: Pas du tout, il ne gagne que $250.00 ____________ semaine.
8. Marianne: Quand je rentre, je vais tout de suite allumer la télé et me reposer.
   Isabelle: Moi, je vais ____________ faire mes devoirs et ensuite si j'ai le temps, je regarderai un peu de télé.

Exercice W

Exprimez ce que ces personnes vont faire en complétant les phrases avec la préposition qui convient:

1. Les Ricard vont célébrer leur anniversaire ____________ famille.
2. Janine va ____________ doute rester chez elle ce soir.
3. Les cyclistes du Tour de France vont passer ____________ ici demain.
4. Non, Roger ne va pas rester en haut. Il va descendre ____________ bas.
5. Rémi va ____________ le coiffeur dans une heure.
6. Lise va s'entraîner deux fois ____________ semaine.
7. Annick va planter des fleurs autour ____________ la maison.
8. Les enfants préféreront sûrement s'amuser ____________ plein air.
9. Roland a écrit une rédaction de cinquante pages ____________ une seule journée.
10. Mes parents seront libres de partir en vacances ____________ quelques jours.
11. Les enfants ont assez regardé la télévision, ____________ ailleurs ils est l'heure de se coucher.
12. Je cherche un appartement à Paris ____________ côté de Montmartre.

♦ MASTERY EXERCISES ♦

Exercice X

Exprimez vos opinions en complétant les phrases:

1. Je compte ______________________________.
2. J'espère ______________________________.
3. Je n'ose pas ______________________________.
4. Je rêve ______________________________.
5. Je m'efforce ______________________________.
6. Je pense ______________________________.
7. J'essaie ______________________________.
8. J'ai envie ______________________________.
9. À mon avis, ______________________________.
10. Je me prépare ______________________________.

Exercice Y

Complétez l'histoire suivante avec les prépositions appropriées de la liste:

à		en	sur
après	de	par	sans
avec	dans	près de	sous

Paul et Catherine ont choisi ______ (1) se marier ______ (2) deux mois ______ (3) la mairie ______ (4) la ville ______ (5) Bretagne où Catherine est née. Ils ont commencé ______ (6) chercher un appartement le jour où ils ont décidé ______ (7) se marier. ______ (8) fait, ils aimeraient vivre ______ (9) la campagne ______ (10) une grande maison ______ (11) un jardin plein ______ (12) fleurs et une piscine. Un samedi matin, ils sont partis ______ (13) bonne heure, ______ (14) auto pour aller tout d'abord visiter une maison ______ (15) la ville, ______ (16) dix kilomètres de leurs bureaux. ______ (17) vrai dire, la maison était tout à fait horrible, vieille et très petite. À midi, au lieu ______ (18) déjeuner dans un restaurant, Paul et Catherine avaient apporté quelque chose ______ (19) manger. Ils avaient demandé à la maman de Catherine ______ (20) préparer un repas qu'ils allaient manger ______ (21) plein air ______ (22) un arbre, à côté de la route. Il y avait du fromage ______ (23) chèvre, un morceau ______ (24) pain et des fruits dans un sac ______ (25) toile. Ils étaient contents ______ (26) se reposer et ils ont mangé ______ (27) plaisir ______ (28) l'herbe. ______ (29) avoir fini ______ (30) manger, ils ont vu un appartement qui donnait ______ (31) une jolie rue. Il comprenait une grande salle ______ (32) séjour et une petite chambre ______ (33) coucher qui mesurait quatre mètres ______ (34) long sur quatre métres ______ (35) large. «______ (36) mon avis, c'est très bien» dit Paul. Mais Catherine n'était pas d'accord. Elle voulait continuer ______ (37) visiter d'autres maisons. Elle dit, «Nous finirons ______ (38) trouver mieux. ______ (39) tout cas, cela vaut la peine d'essayer.»

Exercice Z

Exprimez ce que Pierre écrit à sa sœur:

1. I am happy to tell you the good news.

______

2. I just won the 5-million-dollar lottery.

______

3. I succeeded in choosing the six necessary numbers.

______

4. It is impossible to describe my joy.

______

5. Now I can easily pay my college expenses.

______

6. I am anxious to buy our mother a new fur coat.

______

7. I am sure that our father would like to have a new sports car.

______

8. I've decided to buy you a diamond necklace.

______

9. I'm dreaming about becoming a millionaire.

______

10. I expect to receive a check soon.

______

PART

Adjective/Adverb and Related Structures

THREE

24

Adjectives and Adverbs

An adjective is a word that describes a noun or pronoun:

My father speaks *perfect* German.
He is *tall* and *slim*.

An adverb is a word that modifies a verb, an adjective, or another adverb:

My father speaks German *perfectly*.
He is *very* active and swims *very* well.

1. Adjectives

French adjectives agree in gender and number with the nouns or pronouns they modify.

a. Gender of adjectives

(1) Most French adjectives form the feminine by adding **e:**

MASCULINE	FEMININE	
petit	**petite**	*small*
grand	**grande**	*tall*
espagnol	**espagnole**	*Spanish*
prochain	**prochaine**	*next*
noir	**noire**	*black*
bleu	**bleue**	*blue*
poli	**polie**	*polite*

NOTE: Adjectives ending in **-é** also form the feminine by adding **e:**

MASCULINE	FEMININE	
âgé	**âgée**	*old*
carré	**carrée**	*square*
fatigué	**fatiguée**	*tired*

(2) Adjectives ending in mute **e** do not change:

MASCULINE	FEMININE	
faible	**faible**	*weak*
aimable	**aimable**	*kind*
difficile	**difficile**	*difficult*
sincère	**sincère**	*sincere*

(3) Adjectives ending in **-x** form the feminine by changing **x** to **se:**

MASCULINE	FEMININE	
curieux	**curieu*se***	*curious*
furieux	**furieu*se***	*furious*
dangereux	**dangereu*se***	*dangerous*
délicieux	**délicieu*se***	*delicious*
heureux	**heureu*se***	*happy*

(4) Adjectives ending in **-f** form the feminine by changing **f** to **ve:**

MASCULINE	FEMININE	
neuf	**neu*ve***	*new*
vif	**vi*ve***	*lively*
actif	**acti*ve***	*active*
attentif	**attenti*ve***	*attentive*
naïf	**naï*ve***	*naive*

(5) Adjectives ending in **-er** form the feminine by changing **er** to **ère:**

MASCULINE	FEMININE	
premier	**premi*ère***	*first*
dernier	**derni*ère***	*last*
cher	**ch*ère***	*expensive, dear*
entier	**enti*ère***	*entire, whole*
fier	**fi*ère***	*proud*
étranger	**étrang*ère***	*foreign*
léger	**lég*ère***	*light*

(6) Some adjectives form the feminine by doubling the final consonant before adding **e:**

MASCULINE	FEMININE	
ancien	**ancie*nne***	*old, ancient, former*
bas	**ba*sse***	*low*
bon	**bo*nne***	*good*
cruel	**crue*lle***	*cruel*
européen	**europée*nne***	*European*
gentil	**genti*lle***	*nice, kind*
sot	**so*tte***	*foolish, silly*

(7) Some adjectives have irregular feminine forms:

MASCULINE	FEMININE	
blanc	**blanche**	*white*
complet	**complète**	*complete*
doux	**douce**	*sweet, mild, gentle, soft*
faux	**fausse**	*false*
favori	**favorite**	*favorite*
frais	**fraîche**	*fresh, cool*
franc	**franche**	*frank*
inquiet	**inquiète**	*worried, uneasy*
long	**longue**	*long*
public	**publique**	*public*
sec	**sèche**	*dry*
secret	**secrète**	*secret*
travailleur	**travailleuse**	*hardworking, industrious*

beau (bel)	**belle**	*beautiful, fine, handsome*
fou (fol)	**folle**	*mad, crazy*
mou (mol)	**molle**	*soft*
nouveau (nouvel)	**nouvelle**	*new*
vieux (vieil)	**vieille**	*old*

NOTE: The adjectives **beau, fou, mou, nouveau,** and **vieux** change to **bel, fol, mol, nouvel,** and **vieil** before a masculine singular noun beginning with a vowel or silent **h.** These are the only five French adjectives with two masculine forms:

un bel homme *a good-looking man*
un fol espoir *a mad hope*
un mol oreiller *a soft pillow*
un nouvel ami *a new friend*
un vieil hôpital *an old hospital*

b. Plural of adjectives

(1) The plural of adjectives is formed by adding **s** to the singular:

SINGULAR	PLURAL	
âgé	**âgé*s***	*old*
blond	**blond*s***	*blond*
bonne	**bonne*s***	*good*
blanche	**blanche*s***	*white*
active	**active*s***	*active*

(2) Adjectives ending in **-s** or **-x** are invariable in the masculine plural:

gris, heureux, anglais, français, frais, mauvais

(3) Most adjectives ending in **-al** change **al** to **aux** in the plural:

SINGULAR	PLURAL	
égal	**ég*aux***	*equal*
social	**soci*aux***	*social*
spécial	**spéci*aux***	*special*
général	**génér*aux***	*general*
national	**nation*aux***	*national*
loyal	**loy*aux***	*loyal*

(4) The adjective **tout** is irregular in the masculine plural:

SINGULAR	PLURAL	
tout	**tous**	*all*

(5) Both masculine forms of **beau (bel), fou (fol), mou (mol), nouveau (nouvel),** and **vieux (vieil)** have the same plural form:

SINGULAR	PLURAL	
le *bel* ouvrage	**les *beaux* ouvrages**	*fine works*
le *beau* cadeau	**les *beaux* cadeaux**	*beautiful presents*

Exercice A

Charles et Colette sont jumeaux, mais leur personnalité et leurs caractéristiques sont différentes. Décrivez-les:

EXEMPLE: Charles est grand.
Colette est petite.

1. Colette est blonde.
2. Charles est poli.
3. Charles est faible.
4. Charles est drôle.
5. Colette est maigre.
6. Charles est heureux.
7. Colette est paresseuse.
8. Colette est cruelle.
9. Charles est gentil.
10. Colette est belle.

Exercice B

Décrivez certains élèves de votre classe de français. Choisissez des élèves et décrivez-les en employant les adjectifs suivants:

ponctuel	loyal	gentil	sage
honnête	franc	sérieux	travailleur
sportif	poli	fier	beau
heureux	appliqué	intéressant	curieux

EXEMPLE: **Marie-Claire et Christine sont sérieuses.**

1.
2.
3.
4.
5.
6.
7.
8.

9. ______________________________

10. Tous les élèves sont ______________________________.

Exercice C

Votre sœur et vous n'êtes jamais du même avis. Qu'est-ce qu'elle dit pour vous contredire:

EXEMPLE: Cette chambre est sale.
Au contraire, cette chambre est propre.

1. Ce criminel est coupable.

____

2. M. Degand est pauvre.

____

3. Ces livres sont intéressants.

____

4. Les vêtements sont mouillés.

____

5. Cette boîte est lourde.

____

6. Marthe et Nadine sont tristes.

____

7. Les devoirs sont faciles.

____

8. La chambre est large.

____

9. Le sac est plein.

____

10. Cette soupe est mauvaise.

____

Exercice D

La rentrée scolaire approche. Tout le monde va s'acheter de nouveaux vêtements. Décrivez les vêtements:

EXEMPLES: Cécile / une robe
Cécile a une vieille robe.
Elle s'achète une nouvelle robe.
Quelle belle robe!

Pierre / des pyjamas
Pierre a de vieux pyjamas.
Il s'achète de nouveaux pyjamas.
Quels beaux pyjamas!

1. André / un pantalon

____

____

____

2. Michelle / des gants

____

____

____

3. Roger / une cravate

____

____

____

4. Danielle et Lisette / des imperméables

____

____

____

5. Pierre / une écharpe

____

____

____

6. Chantal / des chaussettes

____

____

____

7. Olivier / un anorak

____

____

____

8. Bernadette / des sandales

____

____

____

C. Agreement of adjectives

(1) Adjectives agree in gender and number with the nouns or pronouns they describe:

C'était **une nuit *fraîche.***	*It was a cool night.*
Ces cerises sont ***amères.***	*These cherries are bitter.*
Ils seront ***contents*** de partir.	*They will be glad to leave.*

NOTE: Participles used as adjectives also agree with the nouns they describe:

Les livres sont-ils ***recouverts?***	*Are the books covered?*
C'est **une enfant *obéissante.***	*She is an obedient child.*

(2) An adjective describing two or more nouns of different genders is masculine plural:

Son fils et sa fille sont ***intelligents.***	*Her son and daughter are intelligent.*

Exercice E

M. Rameau décrit ses deux enfants, Jacques et Suzanne. Utilisez les adjectifs donnés pour exprimer ce qu'il dit:

aimable	drôle	intéressant	reconnaissant
ambitieux	généreux	jaloux	responsable
amusant	gentil	mince	sérieux
studieux	indépendant	obéissant	timide

EXEMPLE: **Jacques est mince. Suzanne est amusante.**

1. ______________________________
2. ______________________________
3. ______________________________
4. ______________________________
5. ______________________________
6. ______________________________
7. ______________________________

Exercice F

En choisissant un adjectif de la liste, décrivez à votre correspondante sénégalaise les endroits intéressants à voir aux États-Unis:

beau	grand	magnifique
célèbre	important	renommé
élégant	impressionnant	superbe
formidable	joli	vieux

EXEMPLE: Radio City (un théâtre)
C'est un grand théâtre.

1. L'Alamo (un fort)

   ____

2. Disney World (un parc d'attractions)

   ____

3. L'Empire State Building (un gratte-ciel)

   ____

4. Le Lincoln Memorial et la Statue de la Liberté (des monuments)

____

5. Le Golden Gate (un pont)

____

6. Le Smithsonian et le Guggenheim (des musées)

____

7. Saint Patrick (une cathédrale)

____

8. Miami Beach et Virginia Beach (des plages)

____

9. Yosemite et Yellowstone (des parcs)

____

10. Hollywood et Vine (des rues)

____

d. Position of adjectives

(1) Descriptive adjectives normally follow the noun they modify:

une porte *secrète*	*a secret door*
les vins *blancs*	*the white wines*

(2) Some short descriptive adjectives usually precede the noun:

beau	**gentil/vilain**	**joli**
bon/mauvais	**gros**	**nouveau**
court/long	**jeune/vieux**	**petit/grand**

un *court* roman	*a short novel*
de *mauvais* conseils	*bad advice*

(3) Other common adjectives that precede the noun:

autre *other*	**plusieurs** *several*	**quelques** (pl.) *a few*
chaque *each*	**premier** *first*	**tel** *such*
dernier *last*	**quelque** *some*	**tout** *all, whole, every*

un *autre* livre	*another book*
***plusieurs* amis**	*several friends*

(4) The adjective **tout** precedes both the noun and definite article:

***toute* la maison**	*the whole house*
***tous* les animaux**	*every animal*

(5) When more than one adjective describes a noun, each adjective is placed in its normal position. Two adjectives in the same position are joined by **et:**

une *petite* histoire *intéressante*	*a short, interesting story*
une étudiante *intelligente et sympathique*	*a nice, intelligent student*
un *jeune et gentil* garçon	*a kind, young boy*

NOTE: Some adjectives have different meanings, depending on their position. In normal position after the noun, the meaning tends to be literal. Before the noun, the meaning changes:

une coutume *ancienne*	*an old (ancient) custom*
une *ancienne* coutume	*a former custom*
un garçon *brave*	*a brave boy*
un *brave* garçon	*a fine (good, worthy) boy*
une étoffe *chère*	*an expensive material*
un *cher* ami	*a dear (esteemed, cherished) friend*
la semaine *dernière*	*last week* (just passed)
la *dernière* semaine	*the last week* (of a series)
un homme *honnête*	*an honest man*
un *honnête* homme	*a virtuous man*
un auteur *méchant*	*a spiteful (wicked, vicious) author*
un *méchant* garçon	*a bad (naughty) boy*
la chose *même*	*the very thing*
la *même* chose	*the same thing*
les gens *pauvres*	*the poor people* (without money)
les *pauvres* gens	*the unfortunate people*
mes gants *propres*	*my clean gloves*
mes *propres* gants	*my own gloves*
un chien *sale*	*a dirty (soiled) dog*
un *sale* chien	*a dirty (nasty) dog*
un homme *seul*	*a man alone, a single man* (by himself)
un *seul* homme	*one man only*
un type *triste*	*a sad (unhappy) guy*
un *triste* type	*a sad (wretched, sorry) guy*

Exercice G

En employant les adjectifs entre parenthèses, répondez aux questions qu'un ami vous pose au sujet du mariage de votre ami:

EXEMPLE: Comment était la cérémonie? (long, religieux)
C'était une longue cérémonie religieuse.

1. Comment était la robe de la jeune mariée? (beau, blanc)

____

2. Comment était le costume du marié? (moderne, élégant)

____

3. Comment était l'alliance de la jeune mariée? (original, joli)

____

4. Comment était l'église? (vieux, formidable)

____

5. Comment était le prêtre? (jeune, sociable)

______

6. Comment était la salle de réception? (immense, magnifique)

______

7. Comment était l'orchestre? (grand, excellent)

______

8. Comment était le repas? (bon, petit)

______

Exercice H

Décrivez l'appartement des jeunes mariés avec les adjectifs entre parenthèses:

EXEMPLE: un divan (grand, moderne)
Ils ont un grand divan moderne.

1. un appartement (nouveau, formidable)

______

2. une chaîne stéréo (vieux, magnifique)

______

3. une table (joli, blanc)

______

4. des meubles (cher, moderne)

______

5. des chaises (mou, large)

______

6. une lampe (grand, européen)

______

Exercice I

Vous regardez un album de photos avec votre ami(e). Faites des descriptions en utilisant l'adjectif entre parenthèses:

EXEMPLE: Cet homme n'a pas de famille. (seul)
C'est un homme seul.

1. Ce costume coûte beaucoup. (cher)

______

2. Cette femme est courageuse. (brave)

______

3. Cette voiture est à moi! (propre)

____

4. Cette radio date de ma jeunesse. (ancien)

____

5. Ce garçon est mal élevé. (méchant)

____

6. Cet enfant n'a pas d'argent. (pauvre)

____

7. Cette fille dit toujours la vérité. (honnête)

____

8. Cet homme ne se lave jamais. (sale)

____

2. Adverbs

a. Adverbs are formed by adding **-ment** to the masculine singular form of an adjective ending in a vowel:

ADJECTIVE	ADVERB	
autre	**autre*ment***	*otherwise*
poli	**poli*ment***	*politely*
utile	**utile*ment***	*usefully*
vrai	**vrai*ment***	*truly*

b. If the masculine singular adjective ends in a consonant, **-ment** is added to the feminine singular:

ADJECTIVE	ADVERB	
affreux	**affreuse*ment***	*frightfully*
amer	**amère*ment***	*bitterly*
doux	**douce*ment***	*gently*
fou	**folle*ment***	*madly*
franc	**franche*ment***	*frankly*
secret	**secrète*ment***	*secretly*
seul	**seule*ment***	*only*
tel	**telle*ment***	*in such a manner, so*

Exceptions:

gentil	**genti*ment***	*gently*
bref	**briève*ment***	*briefly*

c. A few adjectives change the feminine mute **e** ending to **é** before adding **-ment:**

ADJECTIVE	ADVERB	
aveugle	**aveuglément**	*blindly*
énorme	**énormément**	*enormously*
précis	**précisément**	*precisely*
profond	**profondément**	*profoundly*

d. Adjectives ending in **-ant** and **-ent** have adverbs ending in **-amment** and **-emment:**

ADJECTIVE	ADVERB	
constant	**const*amment***	*constantly*
courant	**cour*amment***	*fluently*
différent	**différ*emment***	*differently*
évident	**évid*emment***	*evidently*
récent	**réc*emment***	*recently*

Exception:

lent	**lentement**	*slowly*

e. A few adjectives are used adverbially in the masculine singular in certain fixed expressions:

bas	**parler bas**	*to speak low*
fort/haut	**parler fort/haut**	*to speak loudly*
cher	**payer cher**	*to pay (for) dearly*
court/net	**s'arrêter court/net**	*to stop short*
droit	**aller droit**	*to go straight ahead*
dur	**travailler dur**	*to work hard*

f. The expressions **d'une façon** or **d'une manière** are often used with a modifying adjective in place of an adverb or where no adverb exists:

Elle parle ***d'une façon*** **charmante.**	*She speaks charmingly.*
Il agit ***d'une manière*** **intelligente.**	*He acts intelligently.*

g. Some adverbs have forms distinct from the adjective forms:

ADJECTIVE	ADVERB
bon *good*	***bien*** *well*
mauvais *bad*	***mal*** *badly*
meilleur better	***mieux*** better
moindre less	***moins*** less
petit *little*	***peu*** *little*

Robert est **bon** musicien et il joue ***bien*** du piano.	*Robert is a good musician and plays the piano well.*
Jacques est un **mauvais** garçon qui traite ***mal*** sa sœur.	*Jacques is a bad boy who treats his sister badly.*

h. Other common adverbs:

ailleurs *elsewhere*
ainsi *thus, so*
alors *then*
après *afterwards*
assez *enough, quite*
aujourd'hui *today*
auparavant *before*
aussi *also, too*
aussitôt *immediately*
autant *as much*
autrefois *formerly*
beaucoup *much*
bientôt *soon*
cependant *meanwhile*
comme *as*
davantage *more*
dedans *inside*
dehors *outside*
déjà *already*
demain *tomorrow*
encore *still, yet, again*
enfin *at last*
ensemble *together*
ensuite *then, afterwards*
environ *about*
exprès *on purpose*
fort *very*
hier *yesterday*
ici *here*
là *there*
loin *far*
longtemps *a long time*
maintenant *now*
même *even*
parfois *sometimes*
partout *everywhere*
peut-être *perhaps, maybe*
plus *more*
plutôt *rather*

près *near*	**souvent** *often*	**toujours** *always, still*
presque *almost*	**surtout** *especially*	**tout** *quite, entirely*
puis *then*	**tant** *so much*	**très** *very*
quelquefois *sometimes*	**tard** *late*	**trop** *too, too much*
si *so*	**tôt** *soon, early*	**vite** *quickly*

Exercice J

Guy apprend à conduire. Décrivez une de ses leçons:

EXEMPLE: D'abord il conduit. (lent)
D'abord il conduit lentement.

1. Le professeur lui parle. (doux)

____

2. Guy commence à conduire. (rapide)

____

3. Le professeur le reprend. (sévère)

____

4. Guy le rassure. (sincère)

____

5. Le professeur lui parle. (sérieux)

____

6. Il lui répète les règles. (patient)

____

7. Guy l'écoute. (attentif)

____

8. Cependant il n'agit pas. (prudent)

____

9. Le professeur lui fait des reproches. (vif)

____

10. Guy arrête la voiture. (brusque)

____

11. Le professeur regarde Guy. (méchant)

____

12. Guy s'excuse. (timide)

____

Exercice K

Complétez l'histoire de Mireille en transposant les adjectifs donnés en adverbes:

Je vais ______________________ dans un petit restaurant qui a ouvert
1 (fréquent)

______________________ près de chez moi. Le propriétaire est un homme que je connais
2 (récent)

_______________ depuis très peu de temps, mais avec qui je me suis liée d'amitié
3 (seul)

_______________. Il parle français _______________.
4 (immédiat) 5 (courant)

_______________, tous les plats du menu sont des spécialités françaises
6 (Naturel)

_______________ préparées. Je suis _______________ fière de mon
7 (soigneux) 8 (énorme)

nouvel ami parce qu'il mène _______________ et _______________ ses
9 (prudent) 10 (sérieux)

affaires. _______________, il gagne beaucoup d'argent qu'il dépense
11 (Heureux)

_______________. Mon ami me traite _______________ bien et il
12 (raisonnable) 13 (extrême)

m'invite souvent à manger _______________. Je lui dis
14 (gratuit)

_______________ combien je l'admire et que sa cuisine est
15 (constant)

_______________ délicieuse. Il est _______________ ravi d'entendre
16 (vrai) 17 (absolu)

ces compliments que je lui fais très _______________.
18 (sincère)

Exercice L

Complétez les phrases suivantes avec un adverbe de la liste:

ailleurs	bientôt	ensemble	partout	toujours
beaucoup	davantage	exprès	plutôt	vite

EXEMPLE: Luc aide Yann à faire ses devoirs. Ils travaillent **ensemble**.

1. Le ciel est fort couvert. Il va _______________ pleuvoir.
2. Hélène n'a pas assez étudié. Elle doit étudier _______________.
3. Marie n'aime pas ce restaurant. Nous allons dîner _______________.
4. Hervé et André vont à la bibliothèque. Ils y font _______________ leur travail scolaire.
5. M. Ronsard se dépêche d'aller au bureau. Il marche _______________.
6. Éric aime aider sa mère. Il aime _______________ cuisiner.
7. Nicolas n'a pas rangé sa chambre. Il a laissé ses vêtements traîner _______________.
8. Michel est tout le temps heureux. Il rit _______________.
9. Roger a frappé son frère intentionnellement. Quoi qu'il dise, il l'a fait _______________.
10. Anne n'est jamais généreuse. Au contraire, elle est _______________ égoïste.

Exercice M

Vous venez de faire la connaissance de Mme Nalet. Décrivez-la en employant l'expression* d'une manière + *adjectif:

EXEMPLE: Elle agit. (naturel)
Elle agit **d'une manière naturelle.**

1. Elle s'exprime. (énergique)

___

2. Elle réagit. (intéressant)

___

3. Elle parle. (charmant)

___

4. Elle pense. (réaliste)

___

5. Elle répond. (hypocrite)

___

6. Elle s'amuse. (enthousiaste)

___

i. Some adverbial expressions are formed by combining prepositions with other words:

(1) Preposition + noun or noun phrase:

à droite (gauche) *to the right (left)*

Si vous tournez **à droite,** vous verrez la Seine **à gauche.**	*If you turn right, you will see the Seine on your left.*

à l'heure *on time*

L'autobus est parti **à l'heure.**	*The bus left on time.*

à la fin *finally*

À la fin, il a plu.	*Finally, it rained.*

à la fois *at the same time*

Peut-on jouer et travailler **à la fois?**	*Can we play and work at the same time?*

à merveille *wonderfully well, marvelously*

Lucie chante **à merveille.**	*Lucy sings wonderfully well.*

à peine *hardly, scarcely*

Il sait **à peine** lire.	*He hardly knows how to read.*

à présent *now, at present*

Que font-ils **à présent?**	*What are they doing now?*

à temps *in time*

Es-tu arrivé **à temps?**	*Did you arrive in time?*

d'avance *in advance, beforehand*

Nous paierons **d'avance.**	*We will pay in advance.*

d'habitude *generally, usually*

D'habitude il pleut beaucoup. — *It generally rains a lot.*

de jour en jour *from day to day*

Vous apprenez **de jour en jour.** — *You learn from day to day.*

de rigueur *(socially) obligatory, required*

Un costume est **de rigueur.** — *A suit is required.*

de temps en temps (de temps à autre) *from time to time*

Je la vois **de temps en temps.** — *I see her from time to time.*

du matin au soir *from morning till night*

Elle chante **du matin au soir.** — *She sings from morning till night.*

en retard *late*

Je suis **en retard.** — *I am late.*

par hasard *by chance*

Aurais-tu vu mon stylo **par hasard?** — *Would you have seen my pen by chance?*

par jour (semaine, mois, etc.**)** *per/a day (week, month, etc.)*

Je gagne vingt dollars **par jour.** — *I earn twenty dollars a day (per day).*

sans doute *without a doubt, undoubtedly*

Ceci est **sans doute** correct. — *This is undoubtedly correct.*

(2) Preposition + adjective:

d'ordinaire *usually*

D'ordinaire elle est à l'heure. — *Usually she is on time.*

en général *in general, generally*

En général il finit tout. — *Generally he finishes everything.*

de nouveau *again*

Il l'examine **de nouveau.** — *He examines it again.*

par conséquent *therefore, consequently*

Tu es tombé. **Par conséquent** tu t'es fait mal. — *You fell. Consequently you hurt yourself.*

(3) Preposition + adverb

à jamais *forever*

Je t'aimerai **à jamais.** — *I will love you forever.*

au moins *at least*

Il y a **au moins** une heure d'attente. — *There is at least an hour's wait.*

d'ailleurs *besides*

D'ailleurs, je ne veux pas y aller. — *Besides, I don't want to go.*

du moins *at least, in any case*

Elle en est **du moins** très fière. — *She is in any case very proud of it.*

(4) Preposition + adjective + noun

à tout prix *at any cost*

Il vous aidera **à tout prix.** — *He will help you at any cost.*

de bon appétit *heartily, with a good appetite*

Nous mangeons **de bon appétit.** — *We eat heartily.*

de bon cœur *willingly, gladly*

Je le ferai **de bon cœur.** — *I will do it gladly.*

de bonne heure *early*

Ils arriveront **de bonne heure.** — *They will arrive early.*

en huit (quinze) jours *in (during) a week (two weeks)*

Il apprendra tout **en quinze jours.** — *He will learn everything in two weeks.*

en même temps *at the same time*

Les deux enfants pleurent **en même temps.** — *The two children cry at the same time.*

Exercice N

Complétez cette histoire d'un homme travailleur avec l'expression correcte:

______________ (1 At present) Pierre Renard travaille ______________ (2 from morning till night).

______________ (3 Usually) il se lève ______________ (4 early).

______________ (5 Generally) il mange son petit déjeuner ______________ (6 heartily).

Il arrive à son bureau ______________ (7 on time). Il travaille sans arrêt. Il est si organisé qu'il peut parler au téléphone et écrire ses rapports ______________ (8 at the same time). Il prend ______________ (9 hardly) dix minutes pour le déjeuner. ______________ (10 Consequently), il accomplit beaucoup dans une journée. ______________ (11 Besides), son patron l'admire également parce qu'il fait tout ______________ (12 willingly). ______________ (13 At the end) de la journée, il est ______________ (14 usually) épuisé. Il quitte le bureau assez tard et, ______________ (15 again), arrive ______________ (16 late) pour le dîner.

j. The following are common adverbial expressions formed with two or more words:

encore une fois *again*

Il le répète **encore une fois.**	*He repeats it again.*

et ainsi de suite *and so on, and so forth*

Donnez d'abord le sujet puis le verbe **et ainsi de suite** pour chaque phrase.	*First give the subject, then the verb and so forth for each sentence.*

jamais de la vie! *never! out of the question!*

Vous voulez le vendre? — **Jamais de la vie!**	*Do you want to sell it? — Never!*

peu à peu *little by little, gradually*

Il fait des progrès **peu à peu.**	*He is making progress little by little.*

peut-être *perhaps, maybe*

Peut-être peux-tu le faire.	*Perhaps you can do it.*

tant bien que mal *rather badly, so-so*

Sais-tu danser? — **Tant bien que mal.**	*Can you dance? — So-so.*

tant mieux *so much the better*

J'ai ma propre voiture. — **Tant mieux!**	*I have my own car. — So much the better!*

tant pis *too bad, so much the worse*

Il a raté son examen. **Tant pis!**	*He failed his exam. Too bad!*

tout à (d'un) coup *all of a sudden, suddenly*

Tout à coup il s'est mis à crier.	*All of a sudden he started to scream.*

tout à fait *entirely, quite*

Elle est **tout à fait** guérie.	*She is completely cured.*

tout à l'heure *just now, a little while ago* (referring to immediate past); *in a little while, presently* (referring to immediate future)

Elle a nettoyé sa chambre **tout à l'heure.**	*She cleaned her room just now.*
Elle nettoiera sa chambre **tout à l'heure.**	*She will clean her room in a little while.*

tout de même *just the same, nevertheless*

Elle l'épousera **tout de même.**	*She will marry him just the same.*

tout de suite *immediately, at once*

Viens ici **tout de suite.**	*Come here at once!*

Exercice O

Exprimez ce que Jean-François pense en remplaçant les mots en caractères gras par une expression équivalente:

1. Je vais améliorer mon français **graduellement.** ____________________
2. Je vais faire mon travail **immédiatement.** ____________________
3. Je suis **complètement** étonné. ____________________
4. Jacques ne peut pas venir chez moi ce soir. **C'est dommage.** ____________________
5. Je sors **probablement** ce soir. ____________________
6. Moi? Préparer le dîner? **Pas question!** ____________________
7. Je cours dix minutes puis je marche cinq minutes **etc.** pendant une heure chaque jour.

   ____
8. Je vais écouter ce disque **de nouveau.** ____________________
9. Je vais m'exercer à la guitare **dans un moment.** ____________________
10. Mon chat dormait tranquillement quand **soudain** il s'est mis à courir.

    ____

k. Adverbs of quantity

Certain adverbs expressing quantity are followed by **de,** without article, before a noun:

assez de *enough*
autant de *as much, as many*
beaucoup de *much, many*
combien de *how much, how many*
moins de *less, fewer*
peu de *little, few*
plus de *more*
tant de *so much, so many*
trop de *too much, too many*

Avez-vous **assez de** temps et d'énergie?	*Have you enough time and energy?*
J'ai **autant de** poupées que toi.	*I have as many dolls as you.*

Exercice P

Régine prépare une surprise-partie. Exprimez ce qu'elle a acheté:

EXEMPLE: 

beaucoup
Elle a acheté beaucoup d'assiettes.

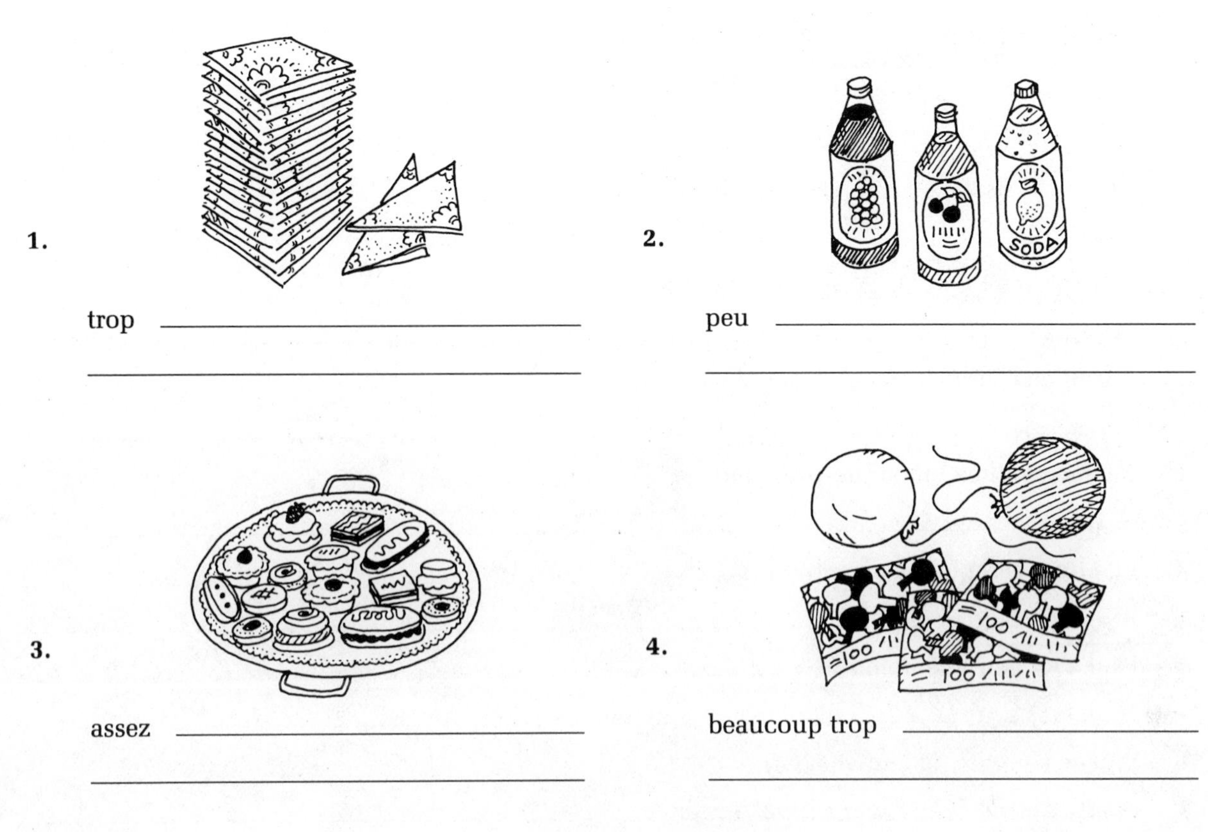

1. trop ______________________________
____

2. peu ______________________________
____

3. assez ______________________________
____

4. beaucoup trop ______________________________
____

5.

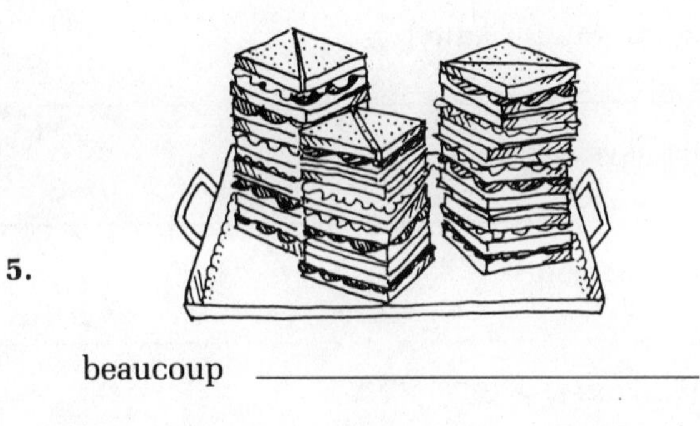

beaucoup ______________________________
____

I. Position of adverbs

(1) An adverb modifying a verb in a simple tense is usually placed directly after the verb:

Il prononce *distinctement* ses mots.	*He pronounces his words distinctly.*

(2) In compound tenses the position of the adverb varies. Most adverbs generally follow the past participle. A few common ones, such as **bien, mal, souvent, toujours, déjà,** and **encore,** as well as adverbs of quantity, usually precede the past participle:

Hier, le médecin est **venu *immédiatement.***	*Yesterday the doctor came immediately.*
Nous avions ***beaucoup*** **dormi** ce jour-là.	*We had slept a great deal that day.*

Exercice Q

Exprimez le problème que Liliane raconte à son ami Paul. Placez l'adverbe à la place qui convient:

EXEMPLE: Son ami lui a parlé. (brillamment)
Son ami lui a parlé brillamment.

1. Paul est venu à l'aide de son amie. (immédiatement)

____

2. Il était au courant du problème. (déjà)

____

3. Liliane est allée lui parler. (souvent)

____

4. Elle lui a parlé. (doucement)

____

5. Paul s'est exprimé. (bien)

____

6. Liliane a écouté. (attentivement)

____

7. Elle a compris sa réaction. (tout de suite)

____

8. Elle a suivi ses conseils. (aveuglément)

____

9. Elle était heureuse. (parfaitement)

____

10. Liliane est son amie. (toujours)

____

♦ MASTERY EXERCISES ♦

Exercice R

Complétez ce questionnaire avec des phrases complètes:

1. Avez-vous beaucoup ou peu de bons amis?

____

2. Prenez-vous des bains froids ou chauds?

____

3. Comment saluez-vous vos amis?

____

4. Êtes-vous plus ou moins paresseux que vos frères et sœurs?

____

5. Aimez-vous être en compagnie de gens très cultivés?

____

6. Faites-vous de la gym tous les jours?

____

7. Préférez-vous un oreiller dur ou mou?

____

8. Comment écoutez-vous les autres?

____

9. Êtes-vous fier (fière) de tout ce que vous faites?

____

10. Quand travaillez-vous mieux, le matin ou le soir?

____

11. Vous fâchez-vous facilement?

____

12. Comment traitez-vous vos parents?

____

Exercice S

Complétez chaque situation avec un commentaire approprié. Employez l'expression entre parenthèses:

1. Luc et ses amis sont partis au parc. Ils en reviennent peu de temps après. Luc explique à sa mère: (malheureusement)

____

2. Le petit André a laissé tous ses jouets par terre. Quand quelqu'un sonne à la porte, sa mère lui dit: (tout de suite)

____

3. C'est aujourd'hui le premier juillet. Mon anniversaire est le onze juillet. Ma sœur se dit: (bientôt)

____

4. Raoul a été écouter un concert, mais il n'y avait pas beaucoup de monde dans la salle. Il dit à son ami: (très peu)

____

5. Les comédiens d'une pièce de théâtre ont bien joué leurs rôles, mais le décor n'était pas extraordinaire. Alice dit: (tout de même)

____

6. M. Bertrand a trouvé un portefeuille avec cent dollars et une carte d'identité dedans. Il dit à sa femme: (évidemment)

____

7. Vous n'allez pas bien et vous avez une forte température. Votre père vous dit: (immédiatement)

____

8. Marie répond au téléphone. On demande quelqu'un qui n'habite pas là. Marie dit: (de nouveau)

____

9. Joseph lit un article qui parle de séjours de longue durée dans des stations spatiales. Joseph pense: (peut-être)

____

10. Georges est très fatigué. Mais il a encore beaucoup de choses à faire. Il pense: (tout à l'heure)

____

Exercice T

Francine veut faire la connaissance d'un jeune homme. Étant très superstitieuse, elle consulte l'horoscope. Exprimez en français ce qu'elle lit:

1. Capricorne (22/12-20/1)
This person is ambitious, practical, serious, and strongly respects tradition and authority.

____

____

2. Verseau (21/1-19/2)
This individual is nice, honest, popular, and entirely accepts others without prejudice.

____

____

3. Poissons (20/2-20/3)
This person is sensitive and melancholy and likes to remain alone, completely free to dream.

____

____

4. Bélier (21/3-20/4)
This person is courageous, energetic, and acts naturally and impulsively.

____

____

5. Taureau (21/4-21/5)
These people are charming and kind but stubborn. They act affectionately to those they love.

____

____

6. Gémeaux (22/5-21/6)
These individuals are logical, demonstrative, and are often impatient when they get bored.

7. Cancer (22/6-22/7)
This individual is sensitive, sympathetic, acts patiently but is easily influenced by others.

8. Lion (23/7-23/8)
These individuals are creative, determined, proud but extremely authoritative and domineering.

9. Vierge (24/8-23/9)
This person is meticulous, intelligent, hard-working, and follows the rules at any price.

10. Balance (24/9-23/10)
These people are happy, well-mannered, and react affectionately and sympathetically.

11. Scorpion (24/10-22/11)
This individual is passionate, energetic, independent, and easily attracts friends.

12. Sagittaire (23/11-21/12)
These individuals are friendly, sincere, generous, and act impulsively.

25

Comparison

1. Comparison of Inequality

a. Adjectives are compared as follows:

POSITIVE	**intelligent(-e, -s, -es)**
COMPARATIVE	***plus*** / ***moins*** **intelligent(-e, -s, -es)** ***que***
SUPERLATIVE	***le (la, les) plus*** / ***le (la, les) moins*** **intelligent(-e, -s, -es)** ***de***

Marie est **intelligente.**	*Marie is intelligent.*
Marie est ***plus*** **intelligente** ***que*** Claudine.	*Marie is more intelligent than Claudine.*
Claudine est ***moins*** **intelligente** ***que*** Marie.	*Claudine is less intelligent than Marie.*
Marie est ***la plus*** **intelligente** ***de*** la classe.	*Marie is the most intelligent in the class.*
Claudine est ***la moins*** **intelligente** ***de*** la classe.	*Claudine is the least intelligent in the class.*

NOTE:

1. **Que** (*than*) introduces the second element in the comparative construction.
2. The second element of a comparison may be a noun, a stress pronoun, an adjective, an adverb, or a clause:

Mon frère est **plus gentil que** ***ma sœur.***	*My brother is nicer than my sister.*
Je suis **plus grand que** ***toi.***	*I'm taller than you.*
Nous sommes **plus fatigués qu'*ennuyés.***	*We are more tired than bored.*
Il a réussi parce qu'il a étudié **plus qu'*avant.***	*He succeeded because he studied more than before.*
Elle est plus jolie que *je ne pensais.*	*She is prettier than I thought.*

   In the last example, where the second element is a clause, **ne** precedes the verb without negative meaning.

3. Comparative and superlative forms of adjectives agree in number and gender with the nouns they describe:

Les vaches sont **plus *grosses*** que les moutons.	*Cows are bigger than sheep.*
L'éléphant est **le plus *grand*** de tous les animaux d'Afrique.	*The elephant is the biggest of all the animals in Africa.*

4. The preposition **de** + article **(du, de la, de l')** may follow the superlative to express *in* or *of:*

Paris est **la plus belle ville** ***du*** **monde.**	*Paris is the most beautiful city in the world.*
C'est **le plus beau tableau** ***de l'*****exposition.**	*It's the most beautiful painting of the exhibit.*

5. In the superlative, the adjective generally retains its normal position:

C'est **une** ***belle*** **histoire.**	*It's a beautiful story.*
C'est ***la plus belle*** **histoire.**	*It's the most beautiful story.*

6. When a superlative adjective follows the noun, the article is repeated:

C'est ***l'*****histoire** ***la plus intéressante.***	*It's the most interesting story.*

Exercice A

M. Leroux fait des comparaisons entre ses élèves. Exprimez ce qu'il dit d'eux en utilisant les suggestions entre parenthèses:

EXEMPLES: Robert est consciencieux. (+ . . . Claude)
Robert est **plus consciencieux que Claude.**

Anne est paresseuse. (− . . . Lucie)
Anne est **moins paresseuse que Lucie.**

1. Nancy est active. (+ . . . Régine)

____

2. Charles est curieux. (− . . . Richard)

____

3. Élise est franche. (+ . . . Michelle)

____

4. Paul est intelligent. (+ . . . Georgette)

____

5. Berthe est indépendante. (− . . . Claire)

____

6. Jacqueline est nerveuse. (− . . . Béatrice)

____

7. Henri est sportif. (+ . . . Marc)

____

8. Georges est sérieux. (− . . . Lisette)

____

9. Marie est fière. (+ . . . André)

____

Exercice B

Comparez les articles suivants et exprimez votre opinion au sujet de leur valeur:

EXEMPLE: une voiture / un bateau
Une voiture est moins chère qu'un bateau.

1. un château / une villa

____

2. un avion / une voiture

____

3. un manteau de fourrure / une bague de diamants

____

4. une bicyclette / une moto

____

5. un voyage en Europe / un voyage en Floride

____

6. une robe de soie / un pantalon de cuir

____

7. un baladeur / une chaîne stéréo

____

8. une télévision / un magnétoscope

____

Exercice C

Comparez les éléments suivants. Donnez votre opinion en utilisant les adjectifs entre parenthèses:

EXEMPLE: les bandes dessinées / les livres scolaires (amusantes, éducatives)
Les bandes dessinées sont plus amusantes que les livres scolaires.
Les bandes dessinées sont moins éducatives que les livres scolaires.

1. les voitures de sport / les voitures de tourisme (rapides, confortables)

____

____

2. la cuisine américaine / la cuisine française (simple, variée)

____

____

3. la musique rock / la musique classique (bruyante, ennuyeuse)

____

____

4. le français / l'espagnol (facile, répandu)

____

____

5. la vie moderne / la vie d'autrefois (complexe, calme)

____

____

Exercice D

Faites la comparaison des membres de votre famille en utilisant les adjectifs donnés:

actif	discret	généreux	intéressant
amusant	drôle	gentil	paresseux
chanceux	dynamique	honnête	patient
consciencieux	énergique	inquiet	sage
courageux	franc	intelligent	sérieux
curieux			

EXEMPLE: **Je suis plus active que ma sœur.**

1. ______________________________
2. ______________________________
3. ______________________________
4. ______________________________
5. ______________________________
6. ______________________________
7. ______________________________
8. ______________________________
9. ______________________________
10. ______________________________

Exercice E

Exprimez votre opinion la plus positive et la plus négative pour chaque catégorie:

EXEMPLE: l'homme / généreux
L'homme le plus généreux est le père Noël.
L'homme le moins généreux est Scrooge.

1. le programme de télévision / amusant

____

____

2. la voiture / luxueuse

____

____

3. les musiciens / doués

4. l'acteur / beau

5. l'animal / féroce

6. le film / intéressant

Exercice F

Exprimez l'ordre d'importance des éléments de chaque groupe selon votre opinion:

EXEMPLE: un trait important (être honnête, être sérieux, être responsable)
Être sérieux est un trait important.
Être responsable est un trait plus important.
Être honnête est le trait le plus important.

1. un crime violent (le vol, le meurtre, le terrorisme)

2. un problème sérieux (la pollution, la pauvreté, la faim dans le monde)

3. une chose désirable (la richesse, le bonheur, une bonne santé)

4. un don précieux (l'intelligence, la générosité, un talent artistique)

5. un cadeau merveilleux (une voiture de sport, un collier de diamants, une villa en France)

______

______

______

6. un espoir réalisable (voyager sur la lune, devenir président, être docteur)

______

______

______

b. A few adjectives have irregular comparatives and superlatives:

POSITIVE		COMPARATIVE		SUPERLATIVE	
bon (-ne, -s, -nes)	*good*	**meilleur (-e, -s, -es)**	*better*	**le (la) meilleur(e)** **les meilleur(e)s**	*the best*
mauvais (-e, -es)	*bad*	**plus mauvais** **pire (-s)**	*worse*	**le (la) plus mauvais(e)** **le (la) pire** **les pires**	*(the) worst*
petit (-e, -s, -es)	*small*	**plus petit(-e, -s, -es)** **moindre (-s)**	*smaller* (in size) *lesser* (in importance)	**le (la) plus petit(e)** **le (la) moindre** **les moindres**	*smallest* (in size) *(the) least, slightest*

Le printemps est **la meilleure** saison pour voyager. — *Spring is the best season to travel.*

Vos notes sont **pires que** les miennes. — *Your grades are worse than mine.*

Il n'a pas fait **le moindre** effort. — *He didn't make the least effort.*

Exercice G

Exprimez ce qui est, à votre avis, le meilleur et le pire de chaque catégorie:

EXEMPLE: joueur de tennis
Mon père est le meilleur joueur de tennis.
Mon frère est le pire.

1. film

______

______

2. disque

______

______

3. émission de télévision

______

______

4. roman

5. pièce de théâtre

6. groupe musical

7. actrice

8. chanteur

Exercice H

Exprimez votre avis:

1. Quel est le meilleur magasin de votre ville?

2. Qui est votre meilleur(e) ami(e)?

3. Dans votre famille, qui s'occupe des moindres détails?

4. Quel est le meilleur film que vous ayez vu récemment?

5. Quel est le pire des problèmes dans le monde?

6. Quelle est la meilleure voiture qu'on puisse acheter?

7. Qui est le (la) plus petit(e) de votre famille?

8. Quel est votre meilleur cours?

C. Adverbs are compared as follows:

POSITIVE	**rapidement**	*rapidly*
COMPARATIVE	***plus (moins)*** **rapidement**	*more (less) rapidly*
SUPERLATIVE	***le plus (moins)*** **rapidement**	*the most (least) rapidly*

Je parle ***moins*** **franchement** ***qu'***elle. — *I speak less frankly than she.*

Il me téléphone ***plus*** **fréquemment** ***qu'***avant. — *He calls me more often than before.*

Il joue ***plus*** **instinctivement** ***que*** **méthodiquement.** — *He plays more instinctively than methodically.*

C'est moi qui nettoie ***le plus*** **souvent.** — *I'm the one who cleans the most often.*

NOTE:

1. The preposition **de** (alone or combined with the definite article) may follow the superlative adverb to mean *in* or *of*:

   Il parle ***le plus*** **clairement** ***de*** tous. — *He speaks the most clearly of all.*

   Le camembert est **le fromage français** ***le mieux*** **connu** ***du*** **monde.** — *Camembert is the best-known French cheese in the world.*

2. The article with superlative adverbs is always **le:**

   Ces enfants marchent ***le*** **plus lentement.** — *These children walk the slowest.*

   Marie parle ***le*** **plus rapidement** de tous. — *Marie speaks the fastest of all.*

Exercice I

Les élèves de la classe de français préparent un journal scolaire. Quelles observations leur professeur fait-il en les regardant travailler?

EXEMPLE: André écrit les articles d'une façon objective. (+ . . . Robert)
André écrit les articles plus objectivement que Robert.

1. Régine travaille d'une façon consciencieuse. (− . . . Anne)

____

2. Nancy parle français d'une façon naturelle. (+ . . . Janine)

____

3. Roland dessine d'une façon simple. (+ . . . Luc)

____

4. Liliane admet les critiques d'une façon facile. (− . . . Charlotte)

____

5. Raoul pense d'une façon logique. (− . . . Michel)

____

6. Alice s'explique d'une façon claire. (+ . . . Marie)

____

7. Joseph écoute d'une façon attentive. (− . . . Marc)

____

8. Hélène corrige les articles d'une façon sérieuse. (+ . . . Mireille)

____

9. Paul critique le journal d'une façon gentille. (+ . . . Roger)

____

Exercice J

Des parents font la comparaison de leurs enfants. Exprimez ce qu'ils disent en utilisant les verbes entre parenthèses:

EXEMPLE: Monique est plus franche que Lucie. (parler)
Monique parle plus franchement que Lucie.

1. Jean est moins prudent que son frère. (conduire)

____

2. Renée est plus élégante que sa sœur. (s'habiller)

____

3. Lucien est plus patient que les autres garçons. (écouter)

____

4. Élise est moins polie que Lisette. (s'exprimer)

____

5. Richard est plus lent que Jacques. (faire tout)

____

6. Danielle est plus consciencieuse que Julie. (travailler)

____

7. Maurice est moins brusque que son cousin. (jouer)

____

8. Serge est plus respectueux que Denis. (se comporter)

____

Exercice K

Exprimez en quoi les membres de la famille Renoir se distinguent:

EXEMPLE: Nanette / écouter / d'une façon attentive (+)
Nanette écoute le plus attentivement de la famille.

1. Henri / courir / d'une façon rapide (−)

___

2. Robert / travailler / d'une façon soigneuse (+)

___

3. Marianne / compter / d'une façon rapide (+)

___

4. Gisèle / danser / d'une façon gracieuse (−)

___

5. M. Renoir / agir / d'une façon généreuse (+)

___

6. Mme Renoir / conduire / d'une façon prudente (−)

___

d. A few adverbs have irregular comparatives and superlatives:

POSITIVE	COMPARATIVE	SUPERLATIVE
bien *well*	**mieux** *better*	**le mieux** *the best*
mal *badly*	**plus mal** / **pis** } *worse*	**le plus mal** / **le pis** } *(the) worst*
beaucoup *much*	**plus** *more*	**le plus** *(the) most*
peu *little*	**moins** *less*	**le moins** *(the) least*

Je chante **mieux que** toi. — *I sing better than you.*
Il a joué **le mieux de** sa carrière. — *He played the best of his career.*
Ces étudiants étudient **le moins de** la classe. — *These students study the least in the class.*

NOTE: The form **(le) plus mal** is preferred to **(le) pis.**

Exercice L

Faites un commentaire sur les joueurs de l'équipe de football de votre école:

EXEMPLE: Qui joue bien? (Jean / Paul / Roger)
Jean joue bien.
Paul joue mieux.
Roger joue le mieux.

1. Qui joue mal? (Luc / André / Georges)

___

___

___

2. Qui s'intéresse beaucoup au football? (Richard / Marc / Lucien)

____

____

____

3. Qui s'entraîne peu? (Henri / Alain / François)

____

____

____

4. Qui participe bien aux matches? (Pierre / Vincent / Yves)

____

____

____

e. Comparisons of nouns

COMPARATIVE		SUPERLATIVE	
plus de	*more*	**le plus de**	*the most*
moins de	*less, few*	**le moins de**	*the least, fewest*

Cet auteur écrit ***plus de*** **romans** ***que de*** **pièces**. — *This author writes more novels than plays.*

Je mange ***moins de*** **viande** ***que de*** **légumes**. — *I eat less meat than vegetables.*

Je fais ***le moins de*** **fautes de la classe.** — *I make the fewest errors in the class.*

Exercice M

Marie et Françoise sont deux sœurs qui comparent toujours ce qu'elles et leurs ami(e)s ont. Expliquez ce qu'elles disent:

EXEMPLES: elle / – robes / pantalons
Elle a moins de robes que de pantalons.

nous / + devoirs / nos amis
Nous avons plus de devoirs que nos amis.

1. je / – chaussures / toi

____

2. elle / – amis / ennemis

____

3. je / + blouses / Françoise

____

4. je / – disques / cassettes

____

5. tu / – livres / journaux

____

6. tu / + problèmes / moi

____

2. Comparison of Equality

a. **aussi** + adjective or adverb + **que** (*as . . . as*)

Ils sont ***aussi*** **charmants** ***que*** vous. — *They are as charming as you.*
Elles sont ***aussi*** **contentes** ***que*** les autres élèves. — *They are as happy as the other students.*
Je parle italien ***aussi*** **couramment** ***que*** ma sœur. — *I speak Italian as fluently as my sister.*

NOTE: **Si** usually replaces **aussi** in negative comparisons:

Je ne suis pas ***si*** **nerveux** ***que*** toi. — *I am not as nervous as you.*

Exercice N

Faites la comparaison de vos amis jumeaux qui ont des traits identiques:

EXEMPLE: calme
Pierre est aussi calme que Robert.

1. patient

____

2. impulsif

____

3. nerveux

____

4. amusant

____

5. triste

____

6. généreux

____

b. (1) **autant de** + noun + **que** (*as much / as many . . . as*)

Mon père a ***autant de*** **patience** ***que*** ma mère. — *My father has as much patience as my mother*
L'enfant a reçu ***autant de*** **jouets** **qu'**il voulait. — *The child received as many toys as he wanted.*

(2) **autant que** + noun or pronoun (*as much / as many . . . as*)

Cette robe coûte *autant que* cette blouse.	*This dress costs as much as this blouse.*
Je lis *autant que* lui.	*I read as much as he.*

Exercice O

Répondez aux questions que vos amis vous posent:

EXEMPLE: As-tu lu autant de livres que ton frère?
Oui, j'ai lu autant de livres que lui.

1. Tes parents ont-ils visité autant de pays que mes parents?

____

2. As-tu reçu autant de bonnes notes que moi?

____

3. Ta sœur a-t-elle joué autant de matches de tennis que ton frère?

____

4. Ton frère et toi, avez-vous regardé autant de films que nous?

____

5. Ta sœur a-t-elle perdu autant de poids que toi?

____

6. As-tu écrit autant de poèmes que tes amies?

____

3. Comparative and Superlative Expressions

faire de son mieux *to do one's best*

Il fait **de son mieux.**	*He does his best.*

le plus (moins) possible *as much (little) as possible*

Je voyage **le plus possible.**	*I travel as much as possible.*

le plus (moins) . . . possible *as . . . as possible*

Elle écrit **le plus** vite **possible.**	*She writes as fast as possible.*

plus . . . plus *the more . . . the more*

Plus on travaille, **plus** on gagne.	*The more you work, the more you earn.*

moins . . . moins *the less . . . the less*

Moins tu études, **moins** tu apprends.	*The less you study, the less you learn.*

plus . . . moins *the more . . . the less*

Plus elle dort, **moins** elle est fatiguée.	*The more she sleeps, the less tired she is.*

de plus en plus *more and more*

Ils parlent **de plus en plus** couramment. — *They speak more and more fluently.*

de moins en moins *less and less*

Vous vous reposez **de moins en moins.** — *You rest less and less.*

de mieux en mieux *better and better*

Nous chantons **de mieux en mieux.** — *We sing better and better.*

tant bien que mal *so-so, rather badly*

Elle cuisine **tant bien que mal.** — *She cooks rather badly.*

tant mieux (pis) *so much the better (worse)*

Il part demain. **Tant mieux.** — *He is leaving tomorrow. So much the better.*

Tu as perdu cent francs. **Tant pis.** — *You lost one hundred francs. Too bad.*

Exercice P

Répondez aux questions par une phrase complète:

1. Que faites-vous de plus en plus souvent?

____

2. Que faites-vous de mieux en mieux?

____

3. Que faites-vous de moins en moins souvent?

____

4. Que faites-vous tant bien que mal?

____

5. Dans quel cours faites-vous de votre mieux?

____

6. Que faites-vous le plus vite possible?

____

♦ MASTERY EXERCISES ♦

Exercice Q

Lucien, un nouvel élève originaire de Dakar, vient d'arriver. Répondez aux questions qu'il vous pose au sujet de votre ville:

1. Est-ce qu'il tombe autant de pluie en août qu'en avril?

____

2. Fait-il aussi chaud au printemps qu'en été?

3. Y a-t-il autant d'insectes en décembre qu'en juillet?

4. Le printemps est-il aussi beau que l'hiver?

5. Y a-t-il autant de vent en janvier qu'en juillet?

6. Hier était-ce une journée moins claire qu'aujourd'hui?

7. Septembre est-il un meilleur mois que janvier?

8. Les jardins sont-ils aussi verts en mars qu'en juin?

9. Les rues sont-elles aussi pleines de gens en hiver qu'au printemps?

10. Y a-t-il moins de neige en automne qu'en hiver?

Exercice R

Comparez les éléments suivants:

1. un éléphant / un lion

2. la bicyclette / le train

3. la glace / le yaourt

4. se promener / courir

5. devenir médecin / devenir professeur

6. l'été / l'hiver

Exercice S

Vous travaillez dans une agence de publicité pour la télévision. Composez une announce où vous décrivez les similarités et les différences entre deux produits et expliquez pourquoi votre produit est le meilleur:

Exercice T

Hélène vient d'être engagée comme architecte dans le bureau de son amie. Exprimez en français ce que son amie lui explique:

1. You should work as hard as possible.

2. The more you work, the more you will earn.

3. This office is as quiet as a library.

4. You are the youngest architect in this office.

5. The owner is the most respected man in the group.

6. There are as many letters on your desk as on mine.

7. In this office there are fewer than twenty-five employees.

8. The owner is nicer than you can imagine.

9. The manager is as old as the owner.

10. You should answer the phone as quickly as possible.

11. In this company, the owner is less strict than the manager.

12. There are fewer problems here than in other companies.

26

Numbers

1. Cardinal Numbers

0	**zéro**	17	**dix-sept**	70	**soixante-dix**
1	**un(e)**	18	**dix-huit**	71	**soixante et onze**
2	**deux**	19	**dix-neuf**	72	**soixante-douze**
3	**trois**	20	**vingt**	77	**soixante-dix-sept**
4	**quatre**	21	**vingt et un(e)**	80	**quatre-vingts**
5	**cinq**	23	**vingt-trois**	81	**quatre-vingt-un(e)**
6	**six**	30	**trente**	82	**quatre-vingt-deux**
7	**sept**	31	**trente et un(e)**	90	**quatre-vingt-dix**
8	**huit**	34	**trente-quatre**	91	**quatre-vingt-onze**
9	**neuf**	40	**quarante**	99	**quatre-vingt-dix-neuf**
10	**dix**	41	**quarante et un(e)**	100	**cent**
11	**onze**	47	**quarante-sept**	101	**cent un(e)**
12	**douze**	50	**cinquante**	200	**deux cents**
13	**treize**	51	**cinquante et un(e)**	201	**deux cent un(e)**
14	**quatorze**	52	**cinquante-deux**	250	**deux cent cinquante**
15	**quinze**	60	**soixante**	251	**deux cent cinquante et un(e)**
16	**seize**	61	**soixante et un(e)**	500	**cinq cents**

1.000	**mille**	3.000	**trois mille**
1.001	**mille un(e)**	100.000	**cent mille**
1.100	**mille cent/onze cents**	1.000.000	**un million**
1.200	**mille deux cents/douze cents**	1.000.000.000	**un milliard**

NOTE:

1. The conjunction **et** is used in 21, 31, 41, 51, 61, and 71. In all other compound numbers through 99, the hyphen is used.

2. **Un** becomes **une** before a feminine noun:

   vingt et un garçons **vingt et une filles**

3. **Quatre-vingts** and the plural of **cent** drop the **s** before another number:

quatre-vingt*s* bateaux	*eighty boats*
quatre-*vingt*-deux bateaux	*eighty-two boats*
quatre cent*s* mots	*four hundred words*
quatre *cent* cinquante mots	*four hundred fifty words*

4. **Cent** and **mille** are not preceded by the indefinite article:

cent mouchoirs	*a (one) hundred handkerchiefs*
mille fois	*a thousand times*

5. **Mille** does not change in the plural:

six *mille* plantes — *six thousand plants*

6. **Mille** becomes **mil** in dates:

Je suis né en ***mil* neuf cent cinquante.** — *I was born in 1950.*

7. In numerals and decimals, where English uses periods, French uses commas and vice versa:

FRENCH	ENGLISH
4.000 quatre mille	*4,000 four thousand*
0,05 zéro virgule zéro cinq	*.05 point zero five*
$4,75 quatre dollars soixante-quinze	*$4.75 four dollars and seventy-five cents*

Exercice A

Voilà une liste du nombre d'élèves dans vos classes. Combien d'élèves y a-t-il dans chaque classe? Combien de garçons? Combien de filles? Exprimez les nombres en français:

CLASSE	NOMBRE D'ÉLÈVES	NOMBRE DE GARÇONS	NOMBRE DE FILLES
Algèbre	28 ________	16 ________	12 ________
Anglais	34 ________	21 ________	13 ________
Français	25 ________	11 ________	14 ________
Biologie	30 ________	19 ________	11 ________
Histoire	27 ________	6 ________	21 ________
Musique	76 ________	31 ________	45 ________
Art	18 ________	8 ________	10 ________
Gymnastique	82 ________	41 ________	41 ________

Exercice B

Vous assistez à une conférence dans un grand hôtel de Paris. Vous avez la responsabilité de compter le nombre de personnes dans chaque salon. Exprimez vos totaux sur la liste:

EXEMPLE: Salon Lille, (18) **dix-huit** personnes

1. Salon Marseille, (63) ________________ personnes
2. Salon Rouen, (71) ________________ personnes
3. Salon Grenoble, (15) ________________ personnes
4. Salon Deauville, (98) ________________ personnes
5. Salon Nice, (54) ________________ personnes
6. Salon Bordeaux, (29) ________________ personnes

7. Salon Cannes, (37) ______________________________ personnes
8. Salon Lyon, (86) ______________________________ personnes
9. Salon Chamonix, (42) ______________________________ personnes
10. Salon Nancy, (181) ______________________________ personnes

Exercice C

Vous voulez téléphoner à des amis français qui habitent des villes différentes, mais vous avez des difficultés à obtenir les lignes. Demandez au standardiste de composer les numéros pour vous:

EXEMPLE: 64.15.30.45 à Chambord
Le soixante-quatre, quinze, trente, quarante-cinq à Chambord, s'il vous plaît.

1. 33.50.25.31 à Cherbourg

____

2. 21.16.82.11 à Calais

____

3. 77.15.92.44 à Vichy

____

4. 87.93.70.67 à Strasbourg

____

5. 48.12.8.89.13 à Paris

____

Exercice D

Votre sœur et vous voulez offrir un cadeau d'anniversaire à votre mère. Vous discutez les prix des cadeaux envisagés:

EXEMPLE:

Une raquette de tennis coûte quarante-cinq dollars.

1.

____

____

2.

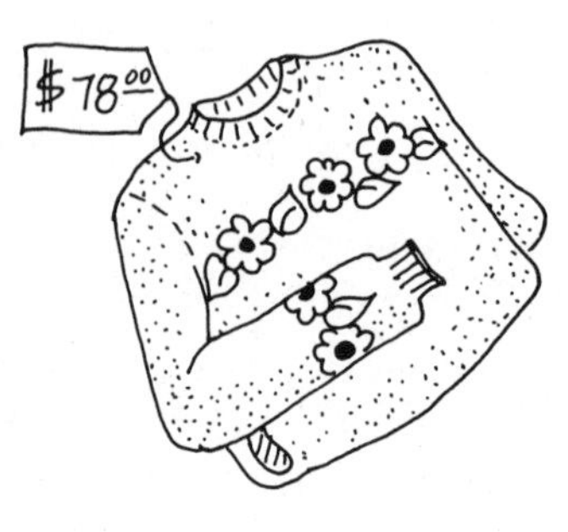

____

____

3. 

____

____

4. ______________________________

____

5. ______________________________

____

Exercice E

Vous êtes caissier dans une banque martiniquaise. C'est la fin de la journée et vous notez le total des transactions:

1. 568 francs ______________________________
2. 1.381 francs ______________________________
3. 2.010 francs ______________________________
4. 30.432 francs ______________________________
5. 891 francs ______________________________
6. 5.755.862 francs ______________________________
7. 12.967 francs ______________________________
8. 184 francs ______________________________
9. 1.989 francs ______________________________
10. 175.322 francs ______________________________

Exercice F

Vous voulez passer vos vacances sur une île française peu habitée. Exprimez les renseignements donnés dans les guides touristiques sur la population de chaque île:

1. Guadeloupe 327.002 ______________________________

______________________________ habitants

2. Martinique 326.717 ______________________________ habitants

3. St.-Pierre-et-Miquelon 6.051 ______________________________ habitants

4. Nouvelle-Calédonie 145.368 ______________________________ habitants

5. Réunion 518.370 ______________________________ habitants

Exercice G

Répondez aux questions. Exprimez les nombres en lettres:

1. Combien d'habitants y a-t-il dans votre ville?

____

2. Combien d'élèves y a-t-il dans votre classe de français? Combien de filles? Combien de garçons?

____

____

3. Combien coûte votre voiture préférée?

____

4. Combien avez-vous payé vos jeans favoris?

____

5. Combien d'argent voudriez-vous gagner par an?

____

6. Quel est votre numéro de téléphone?

____

2. Arithmetic Expressions

The following expressions are used in arithmetic problems in French:

et *plus*
cinq et six font onze 5 + 6 = 11

moins *minus*
huit moins cinq font trois 8 − 5 = 3

fois *(multiplied) by, "times"*
trois fois quatre font douze 3 × 4 = 12

divisé par *divided by*
dix divisé par deux font cinq 10 : 2 = 5

font *equals* (=)

Exercice H

Vous vous présentez pour un emploi dans un grand magasin français. Le patron voudrait vérifier votre connaissance des nombres en français. Exprimez les opérations qu'il vous donne à lire:

1. 414 − 363 = 51 ______________________________

____

2. 336 × 12 = 4.032 ______________________________

____

3. 254 + 587 = 841 ______________________________

____

4. 31.217 : 31 = 1.007 ______________________________

____

5. 1818 : 18 = 101 ______________________________

____

6. 345 + 577 = 922 ______________________________

____

7. 990 : 9 = 110 ______________________________

____

8. 93 × 71 = 6.603 ______________________________

____

3. Nouns of Number

Certain numerals are used as collective nouns to express a round number. The most frequent are:

une dizaine *about ten*	**une centaine** *about a hundred*
une douzaine *a dozen*	**un millier** *(about) a thousand*
une quinzaine *about fifteen*	**un million** *a million*
une vingtaine *about twenty*	**un milliard** *a billion*
une cinquantaine *about fifty*	

These numerals are followed by **de** before another noun. In the plural, these numerals add **s:**

deux douzaines d'œufs	*two dozen eggs*
une centaine de vaches	*about a hundred cows*
des milliers d'oiseaux	*thousands of birds*
un million d'habitants	*a million inhabitants*
trois milliards de dollars	*three billion dollars*

Exercice I

Vous préparez une grande surprise-partie. Vous faites des courses au supermarché et vous demandez à un employé les produits suivants:

EXEMPLE: 30 œufs
Je voudrais une trentaine d'œufs, s'il vous plaît.

1. 100 tasses en papier

____

2. 15 litres de soda

____

3. 12 plaques de chocolat

____

4. 20 gâteaux

____

5. 60 assiettes en papier

____

6. 50 fourchettes, cuillères et couteaux en plastique

____

Exercice J

Votre bureau est en désordre. Votre père vous demande ce que vous gardez dans vos tiroirs. Répondez à ses questions:

EXEMPLE: 50 feuilles de papier
J'ai une cinquantaine de feuilles de papier.

1. 30 stylos _______________
2. 40 crayons _______________
3. 15 cahiers _______________
4. 10 gommes _______________
5. 24 bonbons _______________

4. Ordinal Numbers

1st **premier, première**	6th **sixième**	16th **seizième**
2nd **deuxième**	7th **septième**	17th **dix-septième**
second, seconde	8th **huitième**	20th **vingtième**
3rd **troisième**	9th **neuvième**	21st **vingt et unième**
4th **quatrième**	10th **dixième**	34th **trente-quatrième**
5th **cinquième**	11th **onzième**	100th **centième**

NOTE:

1. Ordinal numbers agree in gender and number with the noun they describe. **Premier** and **second** are the only ordinal numbers to have a feminine form different from the masculine form:

C'est **la *première*** et la dernière **fois** que je le dis.	*It's the first and last time that I say it.*

Les *vingt-cinquièmes* anniversaires de mariage sont de joyeux événements.	*Twenty-fifth wedding anniversaries are happy occasions.*

2. Except for **premier** and **second,** ordinal numbers are formed by adding **-ième** to the cardinal numbers. Silent **e** is dropped before **-ième.**
3. Observe the **u** in **cinquième** and the **v** in **neuvième.**
4. **Second(e)** generally replaces **deuxième** in a series which does not go beyond two:

   le *second* acte — *the second act*

5. The final **a** or **e** of the preceding article is not dropped before **huit, huitième, onze,** and **onzième:**

la **huitième** maison	*the eighth house*
le **onze** février	*the eleventh of February*

6. Ordinal numbers are abbreviated as follows in French:

premier 1er (première 1re)	**seizième 16e**
deuxième 2^{e}	**cinquantième 50e**
dixième 10^{e}	**centième 100e**

7. Cardinal numbers precede ordinals in French:

   les **trois *premières*** semaines — *the first three weeks*

Exercice K

Vous êtes allé(e) à une course de chevaux avec un ami. Donnez les résultats de la course:

EXEMPLE: Beau (8e)
Beau est arrivé huitième.

1. Noiraud (1er) ______________________________

2. Champion (5e) ______________________________

3. Roi (4e) ______________________________

4. Chevalier (9e) ______________________________

5. Tonnerre (3e) ______________________________

6. Jupiter (2e) ______________________________

7. Éclair (7e) ______________________________

8. Prince (10e) ______________________________

9. Anis (8e) ______________________________

10. Tempête (6e) ______________________________

Exercice L

Vos amis et vous discutez combien de fois vous avez fait les choses suivantes:

EXEMPLE: visiter le musée des Beaux-Arts / 2^{e}
C'est la deuxième fois que je visite le musée des Beaux-Arts.

1. monter à cheval / 2^{e}

___

2. faire un voyage en avion / 5^{e}

___

3. voir ce film / 3^{e}

___

4. faire du camping / 6^{e}

___

5. jouer au tennis / 4^{e}

___

6. faire du ski nautique / 9^{e}

___

7. aller en Europe / 1re

___

8. dîner dans un restaurant français / 8^{e}

___

9. faire du ski / 10^{e}

___

10. travailler pendant l'été / 7^{e}

___

Exercice M

Vous faites des courses dans un grand magasin et vous consultez le plan des étages. Exprimez à quel étage vous trouverez les articles qu'il vous faut:

1	**6**
Maquillage, Parfums, Bijouterie	**Salon de Beauté**
2	**7**
Articles Femmes: robes, jupes, blouses	**Centre Musique: disques, radios Jouets, Livres**
3	**8**
Articles Hommes: costumes, manteaux, chapeaux	**Articles Maison: appareils électriques, cristaux, meubles**
4	**9**
Chaussures, Gants, Bagages	**Restaurant**
5	
Imperméables, Manteaux	

EXEMPLE: un chapeau pour homme **au troisième étage**

1. un disque ______________________
2. une cravate ______________________
3. une table ______________________
4. une robe ______________________
5. un imperméable ______________________
6. du maquillage ______________________
7. une boisson ______________________
8. des gants ______________________
9. un bracelet ______________________
10. une valise ______________________

Exercice N

Paris est divisé en vingt arrondissements. Exprimez où se trouvent les endroits que vous voulez visiter:

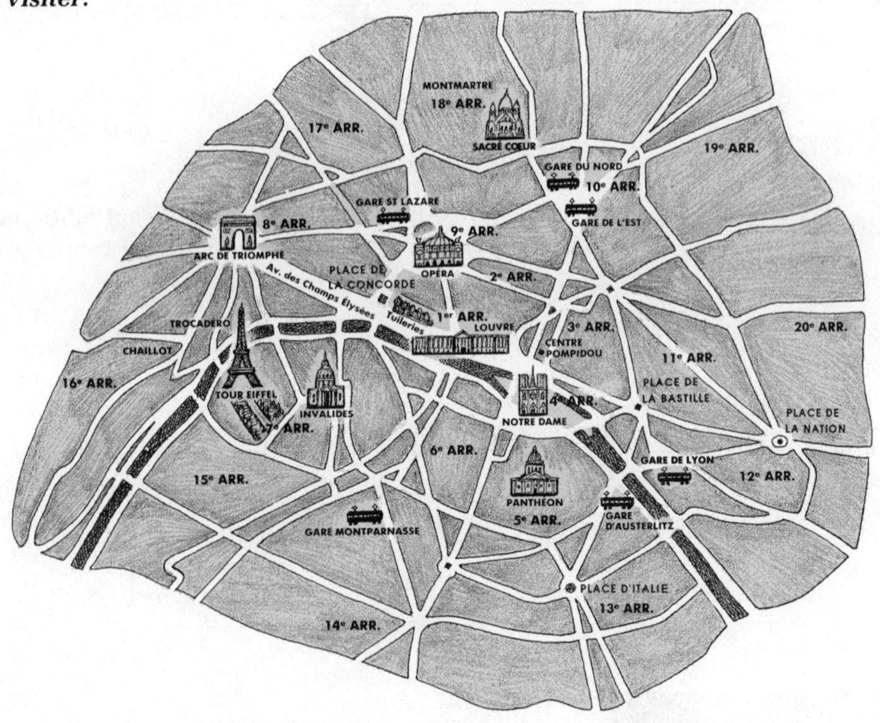

EXEMPLE: le palais de Chaillot
Le palais de Chaillot se trouve dans le seizième arrondissement.

1. les Invalides
____

2. le Panthéon
____

3. la tour Eiffel
____

4. l'Opéra

____

5. l'Arc de Triomphe

____

6. le centre Pompidou

____

7. le Sacré Cœur

____

8. le Louvre

____

9. la cathédrale de Notre Dame

____

10. la Place de la Bastille

____

5. Fractions

½ { **la moitié** / **un demi**	⅓ **un tiers**	⅕ **un cinquième**	⅞ **sept huitièmes**
	¾ **trois quarts**	3/7 **trois septièmes**	1/100 **un centième**

NOTE:

1. Fractions in French are formed, as in English, by combining cardinal and ordinal numbers. Only **demi, moitié, tiers,** and **quart** are irregular.
2. **Moitié,** a noun, is used with an article. **Demi,** generally used as an adjective, is invariable when used with a hyphen before the noun. When it follows the noun, there is agreement:

la *moitié* de la classe	*half the class*
une *demi*-bouteille	*a half bottle*
une bouteille et *demie*	*a bottle and a half*

Exercice O

Vous êtes dans un magasin d'alimentation. Vous dites au marchand:

EXEMPLE: ⅓ de terrine de pâté
Je voudrais un tiers de terrine de pâté, s'il vous plaît.

1. ¼ de brie

____

2. ½ livre de salade russe

____

3. ⅓ de camembert

____

4. ¾ de tarte aux poireaux

____

5. ½ douzaine d'œufs

____

6. ⅔ de quiche

____

6. Multiples

Multiple numerals are used in the same manner as their English equivalents:

une fois	*once*	**simple**	*single, simple*
deux fois	*twice*	**double**	*double*
trois fois	*three times*	**triple**	*triple*

Je lui ai téléphoné **deux fois.**	*I called him twice.*
Il est venu me voir **une fois.**	*He came to see me once*
J'ai mangé **le double** de ce que tu as mangé.	*I ate twice as much as you.*
Prenez une feuille de copie **simple.**	*Take a single sheet of paper.*

NOTE:

1. Numeral adverbs expressing a certain number of occurrences are formed with a cardinal number and the word **fois** *(time[s])*:

   J'ai vu le film **trois *fois.*** — *I saw the film three times.*

2. Multiples like **double, triple** may be either adjectives or nouns:

   C'est un mot à ***double* sens.** — *It's a word with double meaning.*
   Il a couru **le double** de la distance. — *He ran twice the distance.*

Exercice P

Votre ami passe le week-end chez vous. Vous ne savez plus quoi faire. Votre mère vous demande combien de fois vous avez joué aux jeux suivants:

EXEMPLE: Combien de fois avez-vous joué aux échecs? (5)
Cinq fois.

1. Combien de fois avez-vous joué au basket? (1)

____

2. Combien de fois avez-vous joué aux cartes? (7)

____

3. Combien de fois avez-vous joué aux dames? (4)

____

4. Combien de fois avez-vous joué au tennis? (3)

____

5. Combien de fois avez-vous joué aux jeux vidéos? (10)

____

7. Titles of Rulers

Charles premier (Charles Ier)	*Charles the First*
But:	
Henri deux (Henri II)	*Henry the Second*
Louis quatorze (Louis XIV)	*Louis the Fourteenth*

NOTE: **Premier** is the only ordinal used in numerical titles of rulers; in all other titles, cardinal numbers are used. The definite article is omitted in French.

Exercice Q

Il vous faut étudier pour un examen d'histoire. Quels personnages historiques font partie de votre liste?

EXEMPLE: Henri II
Henri deux

1. François Ier _______________
2. Louis IX _______________
3. Henri IV _______________
4. Louis XIV _______________
5. Louis XV _______________
6. Napoléon Ier _______________

♦ MASTERY EXERCISES ♦

Exercice R

Vous venez de recevoir une nouvelle voiture pour votre anniversaire et vous allez acheter une police d'assurance. Répondez aux questions de l'assureur:

1. Quelle est votre date de naissance?

____

2. Quel âge avez-vous?

____

3. De quelle marque et de quelle année est votre voiture?

____

4. Combien de kilomètres conduisez-vous par jour pour vous rendre à l'école?

5. Combien de fois avez-vous changé de voiture?

6. Combien avez-vous payé cette voiture?

7. Pour combien voulez-vous assurer votre voiture contre le vol?

8. Combien de personnes vont conduire cette voiture?

Exercice S

Imaginez que vous êtes un critique de restaurant. Exprimez en français vos commentaires sur le restaurant Charles V:

1. The restaurant Charles V on First Avenue and 53rd Street has received 3½ stars.

2. Richard Jourdan established this restaurant in 1987.

3. Since that time, more than 250,000 people have eaten there.

4. There are about 20 different dishes on the menu.

5. One half of the dishes on the menu are French; the other half are American.

6. One can choose from a dozen different delicious desserts.

7. The price of an average dinner is $48.

8. The 21 waiters and waitresses work 6 days a week and earn over $450 per week.

9. This was the first time that I ate in this restaurant and I was very satisfied.

10. To reserve a table, call 1-800-365-7803.

27

Time; Dates

1. Time

Quelle heure est-il?	*What time is it?*
Il est une heure.	*It is one o'clock.*
Il est neuf heures vingt.	*It is twenty after nine.*
Il est huit heures et quart.	*It is a quarter after eight.*
Il est onze heures et demie.	*It is half past eleven.*
Il est trois heures moins dix.	*It is ten (minutes) to three.*
Il est deux heures moins le (un) quart.	*It is a quarter to two.*
Il est midi.	*It is twelve o'clock (noon).*
Il est minuit.	*It is twelve o'clock (midnight).*
Il est midi (minuit) et demi.	*It is half past twelve.*

NOTE:

1. To express time after the hour, the number of minutes is added; **et** is used only with **quart** and **demi(e).** To express time before the hour, **moins** is used.
2. **Midi** and **minuit** are masculine.

2. Time Expressions

à quelle heure?	*at what time?*
à midi précis (pile)	*at exactly noon*
à cinq heures précises	*at five o'clock sharp*
trois heures du matin	*three o'clock in the morning, 3:00 a.m.*
quatre heures de l'après-midi	*four o'clock in the afternoon, 4:00 p.m.*
sept heures du soir	*seven o'clock in the evening, 7:00 p.m.*
midi vingt-cinq; minuit et quart	*12:25 p.m.; 12:15 a.m.*
vers neuf heures	*about nine o'clock*
un quart d'heure; une demi-heure	*a quarter hour; a half hour*
Quelle heure est-il à votre montre?	*What time is it on your watch?*
Ma montre avance (retarde) de dix minutes.	*My watch is ten minutes fast (slow).*

NOTE: In public announcements, such as timetables, the official twenty-four-hour system is commonly used, with midnight as the zero hour:

0 h 20 = *12:20 a.m.*
14 heures = *2:00 p.m.*
20 h 45 = *8:45 p.m.*

In the official time system, all times are expressed in full numbers:

21 h 45 = vingt et une heures quarante-cinq

Exercice A

Vous enseignez à votre neveu comment lire l'heure en français. Exprimez les heures que marquent les horloges:

1.

Il est ____________________.

2.

Il est ____________________.

3.

Il est ____________________.

4.

Il est ____________________.

5.

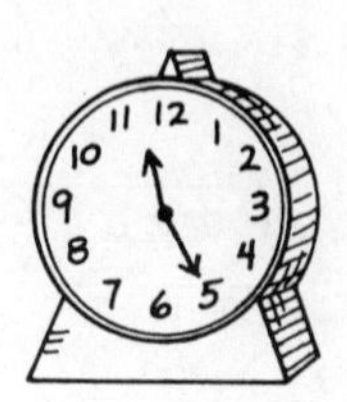

Il est ____________________.

6.

Il est ____________________.

7.

Il est ____________________.

8.

Il est ______________________.

9.

Il est ______________________.

10.

Il est ______________________.

11.

Il est ______________________.

12.

Il est ______________________.

Exercice B

On a l'habitude de faire certaines choses chaque jour à la même heure. Expliquez à quelle heure vous faites les choses indiquées:

EXEMPLE: déjeuner
Je déjeune à midi.

1. se réveiller

____

2. se lever

____

3. prendre le petit déjeuner

____

4. partir pour l'école

____

5. arriver à l'école

______

6. aller au cours de français

______

7. rentrer à la maison

______

8. goûter

______

9. faire les devoirs

______

10. regarder son émission préférée à la télévision

______

11. dîner

______

12. écouter les informations

______

13. se laver

______

14. aller se coucher

______

Exercice C

Vos parents voudraient savoir où vous serez à certaines heures de la journée. Répondez à leurs questions:

1. Tu vas chez le dentiste à 8 h 15. La visite dure une heure et demie. À quelle heure quitteras-tu le cabinet du dentiste?

______

2. À 10 h 30 tu vas jouer au basket avec tes frères au parc. Tu comptes y rester une heure quarante-cinq minutes. À quelle heure auras-tu terminé ton match?

______

3. Tes amis et toi allez manger au bistro à midi et quart. Vous allez y rester quarante-cinq minutes. À quelle heure quitterez-vous le bistro?

______

4. Le film que tu vas voir commence à 2 h 15 et dure une heure quarante minutes. À quelle heure est-ce que le film se termine?

______

5. La surprise-partie sera terminée à 1 h 00 du matin. Il te faut quarante minutes pour retourner à la maison. À quelle heure rentreras-tu?

______

Exercice D

Vous traversez l'Atlantique en croisière avec vos parents. Vous regardez le programme de la journée et vous indiquez l'horaire des activités à votre père qui a oublié ses lunettes dans sa cabine:

ACTIVITÉS DU JOUR	
Footing	6 h 15
Petit déjeuner	8 h 30
Volley-ball	9 h 15
Film	10 h 45
Déjeuner sur le pont supérieur	13 h 00
Bingo	14 h 05
Concours de plongeons	15 h 20
Concours de ping-pong	16 h 35
Dîner: buffet froid	19 h 00
Soirée dansante	21 h 15
Bal costumé	0 h 30

EXEMPLE: **Le footing commence à six heures et quart du matin.**

1. le petit déjeuner

____

2. le volley-ball

____

3. le film

____

4. le déjeuner sur le pont supérieur

____

5. le bingo

____

6. le concours de plongeons

____

7. le concours de ping-pong

____

8. le dîner: buffet froid

____

9. la soirée dansante

____

10. le bal costumé

____

Exercice E

Vous êtes dans le train de Nice et vous demandez au contrôleur à quelle heure le train arrive dans les villes qui précèdent Nice. Avec un(e) camarade de classe menez le dialogue en suivant l'exemple:

DÉPART 16 h 15	
Paris—Nice	
19 h 10	Valence
20 h 10	Avignon
21 h 16	Marseille
22 h 18	Toulon
23 h 06	St-Raphaël
23 h 29	Cannes
23 h 41	Antibes
23 h 57	Nice

EXEMPLE: Vous: À quelle heure est-ce que le train arrive à Valence?
Contrôleur: À sept heures dix.
Vous: **Et à Avignon?**
Contrôleur: **À . . .**

1. Vous: ____________________

Contrôleur: ____________________

2. Vous: ____________________

Contrôleur: ____________________

3. Vous: ____________________

Contrôleur: ____________________

4. Vous: ____________________

Contrôleur: ____________________

5. Vous: ____________________

Contrôleur: ____________________

6. Vous: ____________________

Contrôleur: ____________________

7. Vous: ____________________

Contrôleur: ____________________

Exercice F

Quelle heure est-il dans ces villes quand il est 7 h à New York? Donnez l'heure en français:

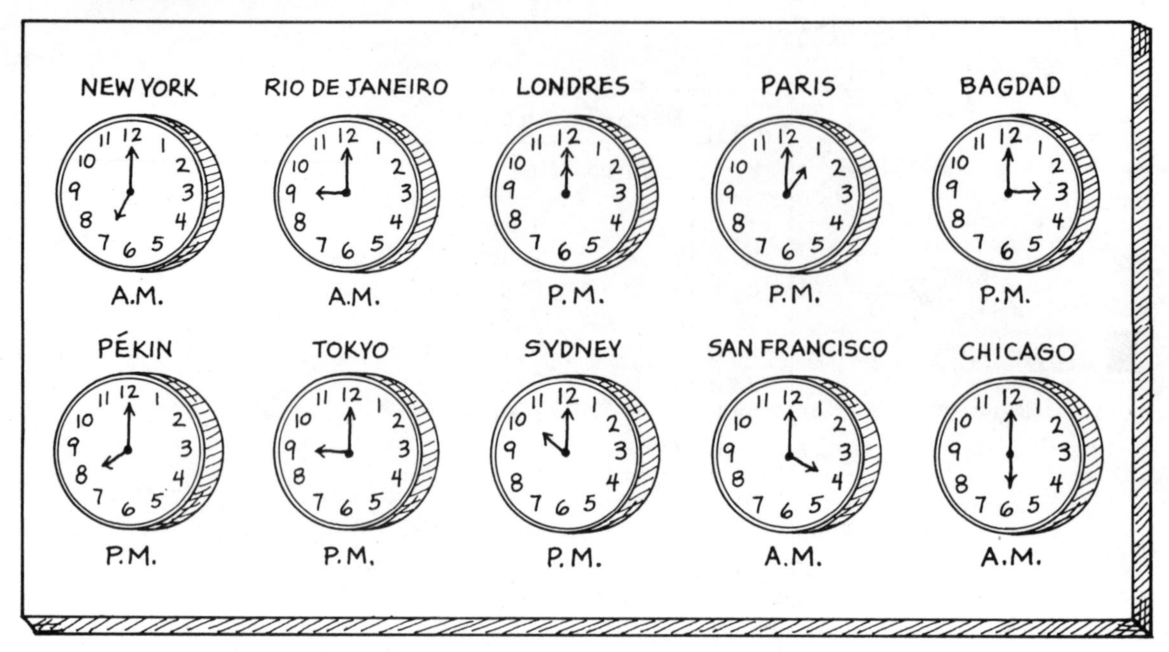

EXEMPLE: **À Sydney il est vingt-deux heures.**

1. À Rio de Janeiro __________.
2. À Londres __________.
3. À Paris __________.
4. À Bagdad __________.
5. À Pékin __________.
6. À Tokyo __________.
7. À San Francisco __________.
8. À Chicago __________.

3. Days, Months, Seasons

LES JOURS DE LA SEMAINE

lundi *Monday*
mardi *Tuesday*
mercredi *Wednesday*
jeudi *Thursday*
vendredi *Friday*
samedi *Saturday*
dimanche *Sunday*

LES MOIS DE L'ANNÉE

janvier *January*
février *February*
mars *March*
avril *April*
mai *May*
juin *June*
juillet *July*
août *August*
septembre *September*
octobre *October*
novembre *November*
décembre *December*

LES SAISONS DE L'ANNÉE

le printemps *spring*
l'été *summer*
l'automne *autumn*
l'hiver *winter*

NOTE:

1. Days, months, and seasons are all masculine and not capitalized in French.
2. To express *in* with months and seasons, **en** is used, except with **printemps**:

***en* janvier** *in January*	***en* été** *in (the) summer*
***en* juillet** *in July*	***en* automne** *in (the) autumn*
***en* décembre** *in December*	***en* hiver** *in (the) winter*
	But:
	***au* printemps** *in (the) spring*

3. For the use of the article with days of the week, see page 231, Section 3f.

Exercice G

Exprimez quel est votre emploi du temps pour la semaine:

EXEMPLE: lundi / nettoyer ma chambre
Lundi je nettoie ma chambre.

1. mardi / travailler au café

____

2. mercredi / aller à la bibliothèque

____

3. jeudi / étudier pour l'examen de biologie

____

4. vendredi / aller en ville faire des courses

____

5. samedi / aller au cinéma avec Paul

____

6. dimanche / rendre visite aux grands-parents

____

Exercice H

Votre nouveau correspondant français vous demande en quel mois on célèbre ces fêtes importantes aux États-Unis:

EXEMPLE: le Nouvel An
On célèbre le Nouvel An en janvier.

1. l'anniversaire de Martin Luther King

____

2. l'anniversaire de George Washington

____

3. l'anniversaire d'Abraham Lincoln

____

4. la Saint-Valentin

____

5. la fête du Travail

____

6. la fête des Mères

____

7. la fête nationale américaine

____

8. l'anniversaire de l'arrivée en Amérique de Christophe Colomb

____

9. le jour d'action de grâce

____

10. Noël

____

Exercice I

Qu'est-ce que les Caron vont faire cette semaine? Consultez leur agenda:

lundi:	*planter les fleurs*
mardi:	*faire la lessive*
mercredi:	*aller à la pharmacie*
jeudi:	*aller à la boucherie*
vendredi:	*laver la voiture*
samedi:	*aller au supermarché*
dimanche:	*nettoyer la maison*

EXEMPLE: jeudi / M. Caron
Jeudi M. Caron va aller à la boucherie.

1. lundi / Mme Caron

____

2. dimanche / M. Caron

____

3. mercredi / Lisette

____

4. mardi / Antoine

____

5. samedi / les Caron

____

6. vendredi / Suzanne

____

4. Dates

Quelle est la date aujourd'hui?	*What is today's date?*
Quel jour (de la semaine) est-ce aujourd'hui? **Quel jour sommes-nous aujourd'hui?**	*What day of the week is today?*
C'est aujourd'hui vendredi. **Nous sommes vendredi.**	*Today is Friday.*
C'est aujourd'hui le premier août. **Aujourd'hui nous sommes le premier août.**	*Today is August 1st (the first of August).*
en dix-neuf cent quatre-vingt-quinze **en mil neuf cent quatre-vingt-quinze**	*in 1995*
le quatre juillet dix-sept cent soixante-seize (le 4 juillet 1776)	*July 4, 1776*

NOTE:

1. In dates, **le premier** is used for the first day of the month. For all other days, cardinal numbers are used.
2. Years are commonly expressed in hundreds, as in English. The word for *one thousand* in dates, if used, is generally written **mil.**
3. The date in numbers follows the sequence *day, month, year:*

le 2 janvier 1994 (2.1.94)	*January 2, 1994 (1/2/94)*
le 21 septembre 1954 (21.9.54)	*September 21, 1954 (9/21/54)*

5. Other Expressions Using Dates

Il est parti le trois août.	*He left on August 3.*
Nous reviendrons jeudi le onze septembre.	*We will come back on Thursday, September 11.*
On revient dans quinze jours.	*We are coming back in two weeks.*
Elle est née au mois de février.	*She was born in the month of February.*
Elle est née en février.	*She was born in February.*
il y a huit jours	*a week ago*
d'aujourd'hui en huit	*a week from today*

NOTE: The English words *on* and *of* are not expressed in French dates.

Exercice J

Exprimez les dates suivantes en français:

1. May 2, 1808

____

2. December 20, 1910

3. October 12, 1492

4. December 7, 1941

5. March 31, 1519

6. February 22, 1731

7. April 1, 1649

8. September 16, 1820

9. November 1, 1396

10. April 12, 1823

Exercice K

Vous expliquez à un(e) ami(e) quelles sont les fêtes importantes en France:

EXEMPLE: la victoire de 1945: 8/5
On célèbre la victoire de 1945 le huit mai.

1. le jour de l'an: 1/1

2. la journée de la femme: 8/3

3. la fête du travail: 1/5

4. la fête nationale: 14/7

5. la Toussaint: 1/11

6. l'Armistice: 11/11

7. Noël: 25/12

Exercice L

Vous venez de recevoir un nouvel agenda. Notez-y la date d'anniversaire de chaque membre de votre famille:

1. ma mère ______________________________

2. mon père ______________________________

3. ma grand-mère paternelle ______________________________

4. mon grand-père maternel ______________________________

5. ma sœur ______________________________

6. mon frère ______________________________

7. une cousine ______________________________

8. un cousin ______________________________

9. une tante ______________________________

10. un oncle ______________________________

Exercice M

Êtes-vous fort en histoire? Choisissez la date correcte de chaque événement historique donné:

dix-sept cent quatre-vingt-neuf
dix-sept cent quatre-vingt-treize
dix-neuf cent soixante-neuf
dix-neuf cent quarante-cinq
dix-neuf cent quarante et un
dix-neuf cent quatorze

1. La première guerre mondiale commença en ______________________________

______________________________.

2. Louis XVI et Marie-Antoinette furent guillotinés en ______________________________

______________________________.

3. L'attaque de Pearl Harbor eut lieu en ______________________________

______________________________.

4. La deuxième guerre mondiale se termina en ______________________________

______________________________.

5. On marcha sur la lune pour la première fois en ______________________________

______________________________.

6. La prise de la Bastille à Paris, qui marqua le début de la Révolution française, eut lieu en

______________________________.

Exercice N

Vous parlez de votre lycée et de la vie des jeunes Américains à un étudiant de Fort-de-France qui est venu assister à votre classe de français. Répondez à ses questions:

1. Étudiant: Combien de jours par semaine vas-tu au lycée?

Vous: ______________________________

2. Étudiant: Combien d'élèves y a-t-il dans ton lycée?
   Vous: ______________________________

3. Étudiant: Combien de minutes dure chaque classe?
   Vous: ______________________________

4. Étudiant: À quelle heure commence ta première classe?
   Vous: ______________________________

5. Étudiant: À quelle distance habites-tu du lycée?
   Vous: ______________________________

6. Étudiant: Combien de temps te faut-il pour arriver à l'école?
   Vous: ______________________________

7. Étudiant: Pourquoi n'y a-t-il pas classe le dernier jeudi de novembre?
   Vous: ______________________________

8. Étudiant: À quel âge a-t-on le droit de voter?
   Vous: ______________________________

9. Étudiant: À quelle heure quittes-tu le lycée?
   Vous: ______________________________

10. Étudiant: En quelle année comptes-tu recevoir ton diplôme?
    Vous: ______________________________

♦ MASTERY EXERCISES ♦

Exercice O

Vous écrivez une carte à votre nouvelle correspondante canadienne. Donnez-lui les renseignements suivants:

1. le nombre d'états qu'il y a dans votre pays

   ____

2. la date de l'indépendance de votre pays

   ____

3. la population de votre pays

   ____

4. la population de votre ville ou de votre état (approximativement)

   ____

5. votre niveau scolaire

   ____

6. la date du dernier jour de classe cette année

   ____

7. quand commence et finit votre journée scolaire

8. votre date de naissance

Exercice P

Vous écrivez un article pour le journal de l'école. Vous venez d'interviewer Mme Stendhal, un nouveau professeur. Exprimez en français ce que vous avez appris sur elle:

1. Mrs. Georgette Stendhal was born on Saturday, July 11, 1947, at 1:20 p.m.

2. She attended school from 1952 to 1968.

3. On Thursday, August 7, 1969, at 7:30 p.m., she married the boyfriend she had known for six years.

4. In July, 1965, she visited France for the first time.

5. She worked and studied in France during the months of July and August in 1966 and 1967.

6. She received her college degree on Friday, June 3, 1968, at the age of 20.

7. She became a French teacher on Tuesday, September 9, 1970.

8. On Friday, May 3, 1974, at 12:30 a.m., her first son, Eric, was born.

9. On Friday, April 22, 1977, at 9:15 a.m., her second son, Michael, was born.

10. In 1984, she wrote her first French book based on her experiences as a teacher.

28

Interrogatives; Exclamations

1. Interrogative Pronouns

	PERSONS	THINGS
SUBJECT OF A VERB	**qui** **qui est-ce qui** } *who?*	**qu'est-ce qui** *what?*
DIRECT OBJECT OF A VERB	**qui** **qui est-ce que** } *whom?*	**que** **qu'est-ce que** } *what?*
AFTER A PREPOSITION	**qui** **qui est-ce que** } *whom?*	**quoi** **quoi est-ce que** } *what?*

NOTE: The **e** of **que** is dropped before a word beginning with a vowel; the **i** of **qui** is never dropped:

***Qu'*a-t-il fait?** — *What did he do?*
***Qui* arrivera le premier?** — *Who will arrive first?*
***Qui* est-ce *qu'*il a vu?** — *Whom did he see?*

a. Interrogative pronouns as subjects

Qui and **qui est-ce qui** (*who?*) are used for people. **Qu'est-ce qui** (*what?*) is used for things. These forms are followed by the third person singular of the verb:

***Qui* le fera?**
***Qui est-ce qui* le fera?** } *Who will do it?*

***Qui* t'a raconté cela?**
***Qui est-ce qui* t'a raconté cela?** } *Who told you that?*

***Qu'est-ce qui* est tombé?** — *What fell?*

b. Interrogative pronouns as direct objects

Qui or **qui est-ce que** (*whom?*) is used for people. **Que** or **qu'est-ce que** (*what?*) is used for things:

***Qui* cherchez-vous?**
***Qui est-ce que* vous cherchez?** } *Whom are you looking for?*

***Qui* Paul cherche-t-il?**
***Qui est-ce que* Paul cherche?** } *Whom is Paul looking for?*

***Que* faites-vous?**
***Qu'est-ce que* vous faites?** } *What are you doing?*

***Que* font les enfants?**
***Qu'est-ce que* les enfants font?** } *What are the children doing?*

NOTE:

1. After the short forms **qui** and **que,** the word order is inverted.
2. After the long form, the word order is regular.

Exercice A

Votre professeur n'était pas là hier et veut savoir ce que vous avez fait en classe pendant son absence. En utilisant* qui *et* qui est-ce qui, *posez ses questions selon les réponses données:

EXEMPLE: **Qui a fini le travail?**
Qui est-ce qui a fini le travail?
Tout le monde a fini le travail.

1. ____
____
Jean est arrivé en retard.

2. ____
____
Personne n'a désobéi au remplaçant.

3. ____
____
Richard et Lucie ont écrit les devoirs au tableau.

4. ____
____
Marc et Lisette ont aidé le remplaçant.

5. ____
____
Anne s'est amusée en classe.

6. ____
____
Pierre et Jacques n'ont pas travaillé.

Exercice B

***Mme Junot a essayé de travailler, mais il y a eu trop de distractions. Demandez ce qui est arrivé selon les réponses données et en utilisant* qu'est-ce qui:**

EXEMPLE: **Qu'est-ce qui a empêché Mme Junot de travailler?**
Un coup de téléphone a empêché Mme Junot de travailler.

1. ____
La sonnette a retenti.

2. ____
Une alarme de voiture s'est mise à sonner.

3. ____
Un coup de vent a fait voler tous ses papiers.

4. ____
Sa machine à écrire s'est cassée.

5. ____
Plusieurs coups de téléphone ont interrompu Mme Junot.

6. ____
Un accident a eu lieu devant sa maison.

Exercice C

Daniel est un garçon curieux. Complétez les questions qu'il pose à sa mère en utilisant **qui** ***ou*** **qu'est-ce qui:**

1. ______________________ vient de téléphoner?
2. ______________________ nous arrivera si papa se retire des affaires?
3. ______________________ vient dîner chez nous ce soir?
4. ______________________ sera invité à la fête des Daumier?
5. ______________________ s'est passé chez les Magloire hier après-midi?
6. ______________________ va arriver si je ne fais pas mes devoirs?
7. ______________________ va t'aider à faire le ménage?
8. ______________________ est tombé de l'étagère?

Exercice D

Posez des questions en vous basant sur les situations suivantes:

EXEMPLE: Paul remercie Lucie de sa gentillesse.
Qui Paul remercie-t-il de sa gentillesse?
Qui est-ce que Paul remercie de sa gentillesse?

1. Daphnée aime Serge.
____
____

2. Patrick a embrassé Cécile.
____
____

3. M. Baptiste va accompagner ses filles au théâtre.
____
____

4. Les filles aident toujours leurs cousins.
____
____

5. Janine félicite ses grands-parents.

____

____

Exercice E

Demandez à vos amis ce qu'ils ont fait ce week-end. Basez vos questions sur leurs réponses:

EXEMPLE: **Qu'as-tu lu?**
Qu'est-ce que tu as lu?
J'ai lu un roman.

1. ______________________________

____

J'ai regardé un match de tennis.

2. ______________________________

____

Nous avons écouté de la musique classique.

3. ______________________________

____

Il a terminé ses devoirs.

4. ______________________________

____

Elles ont écrit des poèmes.

5. ______________________________

____

J'ai lavé ma voiture.

6. ______________________________

____

Ils ont dessiné des paysages.

Exercice F

Anne raconte à un(e) ami(e) ce qu'elle a fait samedi soir et son ami(e) lui pose des questions. Avec un(e) camarade de classe menez le dialogue entre Anne et son ami(e). Formulez les questions avec* qui *ou* que *selon les exemples:

EXEMPLES: Anne: Je suis allée à la fête d'anniversaire de Janick samedi soir. (rencontrer)
Vous: **Qui as-tu rencontré?**

Anne: Roger a été le centre d'attention toute la soirée. (faire)
Vous: **Qu'a-t-il fait?**

1. Anne: J'ai apporté un cadeau superbe à Janick. (acheter)

Vous: ______________________________

2. Anne: Janick a invité des gens intéressants. (venir)
   Vous: ______________________________

3. Anne: Jean est venu avec une amie. (amener)
   Vous: ______________________________

4. Anne: Je me suis habillée très chic. (mettre)
   Vous: ______________________________

5. Anne: Nous avons entendu de la musique formidable. (écouter)
   Vous: ______________________________

6. Anne: J'ai goûté la cuisine délicieuse de la mère de Janick. (manger)
   Vous: ______________________________

Exercice G

En utilisant* qui, qui est-ce que *ou* que, qu'est-ce que, *demandez à votre frère quels sont ses projets pour le mois:

1. ______________________ vas-tu aller écouter en concert?
2. ______________________ tu comptes emmener au concert avec toi?
3. ______________________ veux-tu faire le week-end prochain?
4. ______________________ inviteras-tu à dîner dimanche?
5. ______________________ tu désires voir au cinéma?
6. ______________________ feras-tu une fois en ville?
7. ______________________ tu as envie d'accompagner au bal?
8. ______________________ tu vas acheter avec ton argent de poche?

Exercice H

Lisez les situations, puis posez des questions en vous basant sur les expressions en caractères gras:

EXEMPLE: Samedi soir, **la rue Montaigne** était vide. Delphine y a trouvé **un portefeuille** en allant chez son amie. **Son père** lui a dit d'aller au poste de police. Un agent de police a aussitôt averti **le propriétaire.**

a. **Qu'est-ce qui était vide samedi soir?**
b. **Qu'est-ce que Delphine y a trouvé?**
c. **Qui lui a dit d'aller au poste de police?**
d. **Qui est-ce que l'agent de police a aussitôt averti?**

1. Hier soir, **André** rentrait chez lui en voiture. Tout à coup, il a remarqué qu'**un arbre** bloquait la route. Il a appelé **un gendarme.** Il a décrit **le problème** au téléphone.

   a. ______________________________
   b. ______________________________
   c. ______________________________
   d. ______________________________

2. Marie a rencontré **Sylvie** en ville. Elles ont fait **des courses** ensemble. Mais **une grève des conducteurs de métro** les a empêchées de rentrer à l'heure. **La mère de Sylvie** était très inquiète.

 a. ______________________________

 b. ______________________________

 c. ______________________________

 d. ______________________________

3. **La voiture de M. Rousseau** ne marche pas. Il décide d'appeler **son voisin** pour l'aider. **M. Dupont** essaie de réparer la voiture. Finalement, il lui donne **l'adresse de son garagiste.**

 a. ______________________________

 b. ______________________________

 c. ______________________________

 d. ______________________________

C. Interrogative pronouns as objects of prepositions

A preposition + **qui** is used to refer to people. A preposition + **quoi** is used to refer to things:

***À qui* pensez-vous?**	*Whom are you thinking of? (Of whom are you thinking?)*
***Pour qui* a-t-il acheté des fleurs?**	*Whom did he buy flowers for? (For whom did he buy flowers?)*
***À quoi* pensez-vous?**	*What are you thinking of? (Of what are you thinking?)*
***Avec quoi* lavez-vous le plancher?**	*What do you wash the floor with? (With what do you wash the floor?)*

NOTE:

1. **Est-ce que** may be used in place of inversion:

 ***À qui* est-ce que** vous pensez?
 ***Pour qui* est-ce qu'**il a acheté des fleurs?
 ***À quoi* est-ce que** vous pensez?
 ***Avec quoi* est-ce que** vous lavez le plancher?

2. To show possession, use **à qui** (*whose*); to show relationship, use **de qui** (*whose*):

***À qui* sont ces chaussures?**	*Whose shoes are these? (To whom do these shoes belong?)*
***De qui* êtes-vous la nièce?**	*Whose niece are you? (Of whom are you the niece?)*

Exercice I

Vous cherchez à mieux connaître votre ami(e). En utilisant une* préposition + qui *ou* quoi, *posez les questions auxquelles il / elle répond:

EXEMPLE: **De quoi as-tu besoin?**
J'ai besoin de plus de confiance en moi.

1. ______________________________
Je me marierai avec une personne intelligente.

2. ______________________________
Je compte sur mes amis.

3. ______________________________
Je suis satisfait de mes talents.

4. ______________________________
J'ai peur de décevoir mes parents.

5. ______________________________
Je rêve de devenir riche.

6. ______________________________
Je tiens de mon père.

7. ______________________________
Je compte sur la générosité de ma famille.

8. ______________________________
Je me mets en colère contre l'injustice.

9. ______________________________
J'ai besoin d'amour.

10. ______________________________
J'ai beaucoup de respect pour les gens âgés.

11. ______________________________
Je tiens à ma liberté.

12. ______________________________
Je ressemble à mon frère.

Exercice J

Exprimez les questions que vous poseriez à un ami, puis exprimez quelles seraient ses réponses:

à		être respectueux
avec		aller souvent
chez		se fâcher
contre	qui	avoir de l'admiration
de		s'amuser
envers		penser souvent
pour		s'occuper

EXEMPLE: **Chez qui vas-tu souvent?**
Je vais souvent chez des amis.

1. ______________________________
____

2. ______________________________
____

3. ______________________________
____

4. ____

____

5. ____

____

6. ____

____

Exercice K

Complétez les questions de vos amis en utilisant l'expression interrogative qui convient:

à qui	qu'est-ce que
avec qui	qu'est-ce qui
avec quoi	que
de qui	qui
de quoi	qui est-ce que

1. ______________ as-tu fait tes devoirs?
2. ______________ tu veux faire après l'école?
3. ______________ as-tu besoin pour finir ce projet?
4. ______________ s'est passé dans la classe d'histoire?
5. ______________ est le président du cercle français?
6. ______________ fait le professeur Aupin en classe?
7. ______________ essuie-t-on le tableau?
8. ______________ est ce livre?
9. ______________ es-tu l'ami?
10. ______________ tu aides à faire son travail scolaire?

2. Variable Interrogative Pronouns

	MASCULINE	FEMININE	
SINGULAR PLURAL	**lequel** **lesquels**	**laquelle** **lesquelles**	*which? which one(s)?*

***Lequel* de ces films** avez-vous vu?	*Which (one) of these films did you see?*
***Lesquels* de ces films** avez-vous vus?	*Which (ones) of these films did you see?*
***Laquelle* de ces robes** préférez-vous?	*Which (one) of these dresses do you prefer?*
***Lesquelles* de ces robes** préférez-vous?	*Which (ones) of these dresses do you prefer?*

NOTE:

1. The pronoun **lequel** agrees with the noun it replaces.

2. When **à** and **de** are used before forms of **lequel,** the usual contractions take place:

	MASCULINE	FEMININE
SINGULAR	**auquel** **duquel**	**à laquelle** **de laquelle**
PLURAL	**auxquels** **desquels**	**auxquelles** **desquelles**

***Auquel* de tes amis** as-tu écrit? — *Which (one) of your friends did you write to?*

Il est fier **des enfants. — *Desquels*** est-il fier? — *He is proud of the children. —Which ones is he proud of?*

Exercice L

Une amie vous raconte ce qu'elle a fait pendant le week-end. Demandez-lui de préciser:

EXEMPLE: J'ai lu des articles amusants.
Ah, oui? Lesquels?

1. J'ai acheté des disques très bon marché.

____

2. J'ai vu un film fantastique.

____

3. J'ai appris une belle chanson.

____

4. J'ai appelé mes amies au téléphone.

____

5. J'ai pris une décision importante.

____

6. J'ai rencontré mes cousines.

____

Exercice M

Roger parle toujours de son frère d'une façon vague. Demandez-lui de préciser en lui posant des questions:

EXEMPLES: Mon frère a écrit à une de ses correspondantes.
À laquelle?

Mon frère est allergique à certains produits.
Auxquels?

1. Mon frère s'intéresse aux films étrangers.

____

2. Il téléphone toujours à une amie.

____

3. Il participe à un concert.

____

4. Il assiste à des conférences.

____

5. Il va aux magasins.

____

Exercice N

Lucien et vous discutez à la sortie des cours. Posez-lui des questions afin de préciser ce qu'il dit:

EXEMPLES: Je fais partie d'une nouvelle équipe.
De laquelle?

Je joue d'un instrument de musique.
Duquel?

1. Je suis membre d'un club.

____

2. Je rêve de ma voisine.

____

3. Je parle de mes amies.

____

4. Je me souviens de ma petite amie.

____

5. Je m'occupe des animaux.

____

3. Interrogative Adjectives

The interrogative adjective **quel** *(which?, what?)* agrees with the noun it modifies:

	MASCULINE	FEMININE
SINGULAR	**quel**	**quelle**
PLURAL	**quels**	**quelles**

Quel est **le nom** de ce village? — *What is the name of that village?*
Dans ***quelle*** **maison** habitez-vous? — *In which house do you live?*
Quels **livres** a-t-elle lus? — *Which books has she read?*

NOTE: The only verb that may separate **quel** from its noun is **être:**

Quelle *était* la question? — *What was the question?*

Exercice O

Un des élèves de votre classe mène une enquête. Aidez-le à préparer ses questions en donnant la forme correcte de l'adjectif* quel*, puis répondez aux questions:

1. ______________ est ton nom de famille?
____
2. ______________ est ton adresse?
____
3. ______________ est ton numéro de téléphone?
____
4. ______________ sont tes programmes de télévision préférés?
____
5. ______________ émissions écoutes-tu à la radio?
____
6. ______________ journaux lis-tu?
____
7. À ______________ heure fais-tu tes devoirs?
____
8. ______________ langues parles-tu?
____
9. ______________ est ton sport préféré?
____
10. ______________ sorte de film préfères-tu?
____

4. Interrogative Adverbs

combien?	*how much? how many?*	**d'où?**	*from where?*
comment?	*how?*	**pourquoi?**	*why?*
où?	*where (to)?*	**quand?**	*when?*

a. Interrogative adverbs are used with inversion as well as with **est-ce que** to form questions:

Quand **faites-vous** vos devoirs? ***Quand*** **est-ce que vous faites** vos devoirs?	*When do you do your homework?*
Pourquoi **va-t-elle** au magasin? ***Pourquoi*** **est-ce qu'elle va** au magasin?	*Why is she going to the store?*
Où **Pierre est-il allé?** ***Où*** **est-ce que Pierre est allé?**	*Where did Pierre go?*

b. When the subject of the verb is a noun, inverted questions are formed as follows:

Comment ***Paul*** **se sent-il?**	*How is Paul feeling?*
Combien ***cette robe*** **coûte-t-elle?**	*How much does this dress cost?*
Où ***la tour Eiffel*** **se trouve-t-elle?**	*Where is the Eiffel Tower?*
Quand ***les enfants*** **rentrent-ils?**	*When are the children coming home?*
Pourquoi ***ces livres*** **sont-ils** si chers?	*Why are these books so expensive?*

NOTE: With **quand, comment, combien,** and **où** (but not with **pourquoi**), questions with noun subjects may also be formed with the simple inversion of subject and verb:

Comment **se sent** ***Paul?***
Combien **coûte** ***cette robe?***
Où **se trouve** ***la tour Eiffel?***
Quand **rentrent** ***les enfants?***

But:

Pourquoi **Marie pleure-t-elle?**
Pourquoi **est-ce que Marie pleure?**

Simple inversion may not be used when the verb has a direct object. Use inversion with the subject pronoun:

Quand ***Paul voit-il*** **sa petite amie?**	*When does Paul see his girlfriend?*

Exercice P

Vous êtes fort curieux. Posez des questions à votre ami Henri qui part en voyage:

EXEMPLE: Henri fait ses valises. (pourquoi)
Pourquoi est-ce que tu fais tes valises?

1. Henri part aux États-Unis le 21 septembre. (quand)

____

2. Henri part de l'aéroport Charles de Gaulle. (d'où)

____

3. Il ira à l'aéroport en taxi. (comment)

____

4. Son billet a coûté 300 dollars. (combien)

____

5. Il va aller chez ses cousins. (où)

____

6. Il va aux États-Unis pour apprendre l'anglais. (pourquoi)

____

Exercice Q

Votre ami(e) vous a invité(e) au restaurant et vous lui demandez quelques renseignements. Formulez des questions auxquelles les mots en caractères gras répondent:

EXEMPLES: **Comment allons-nous au restaurant?**
Nous allons au restaurant **en voiture.**

Où le restaurant se trouve-t-il?
Le restaurant se trouve **rue Jacques.**

1. ______________________________
Le restaurant est **très élegant.**
2. ______________________________
On va au restaurant **pour célébrer l'anniversaire de Marie.**
3. ______________________________
Un dîner prix fixe coûte **40 dollars.**
4. ______________________________
Leur cuisine est **très bonne.**
5. ______________________________
Nous allons au restaurant **ce soir à 8 heures.**

5. Other Interrogative Expressions

Qu'est-ce que c'est?	*What is it?*
Qu'est-ce que c'est que cela?	*What is that?*
Qu'est-ce qu'un brontosaure? **Qu'est-ce que c'est qu'un brontosaure?**	*What is a brontosaurus?*

Exercice R

Vous et votre petit frère étudiez dans la même pièce. Votre frère lit plusieurs mots qu'il ne comprend pas et vous en demande le sens. Formulez ses questions selon vos réponses:

EXEMPLE: **Qu'est-ce que l'ornithologie?**
L'ornithologie est la science qui traite des oiseaux.

1. ______________________________
L'acier est un métal.
2. ______________________________
La pétanque est un jeu de boules populaire en France.
3. ______________________________
Un nomade est une personne qui n'a pas de domicile fixe.
4. ______________________________
Un cobra est un serpent venimeux.
5. ______________________________
Le cristal de roche est du quartz extrêmement pur.

6. Exclamations

The forms of **quel** are used in exclamations to express *what a . . . !* or *what . . . !:*

***Quel* beau chien!**	*What a beautiful dog!*
***Quels* garçons intelligents!**	*What intelligent boys!*
***Quelle* histoire!**	*What a story!*
***Quelles* oranges délicieuses!**	*What delicious oranges!*

Exercice S

Qu'est-ce que vous vous exclamez en voyant les choses suivantes:

EXEMPLE:

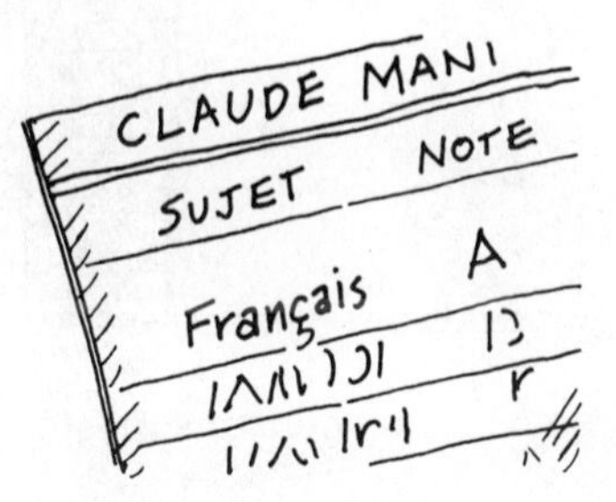

bonne note
Quelle bonne note!

1.

jolie bicyclette

____

2.

lion féroce

____

3.

longue file d'attente

____

4.

avion rapide

____

5. 

oiseaux bruyants

____

6. 

embouteillage affreux

____

7. 

match passionnant

____

8. 

maisons mystérieuses

____

♦ MASTERY EXERCISES ♦

Exercice T

La première fois que Louis conduit la voiture de son père, un agent de police l'arrête. En vous basant sur les réponses de Louis, formulez les questions que l'agent lui pose:

1. Agent: ______________________________

   Louis: Cette voiture appartient à mon père.

2. Agent: ______________________________

   Louis: Mon nom est Louis Dutour.

3. Agent: ______________________________

   Louis: J'ai dix-huit ans.

4. Agent: ______________________________

   Louis: Mon adresse est quarante, rue Jacob.

5. Agent: ______________________________

   Louis: Ce sont mes amis.

6. Agent: ______________________________

   Louis: Nous allons au cinéma.

7. Agent: ______________________________

   Louis: Je conduisais vite parce que nous sommes en retard.

8. Agent: ______________________________

Louis: J'ai eu mon permis de conduire la semaine passée.

9. Agent: ______________________________

Louis: C'est la première fois qu'un agent m'arrête.

10. Agent: ______________________________

Louis: Je dirai à mon père que j'ai appris une leçon importante.

Exercice U

M. Laforêt va se faire opérer des yeux. Complétez les questions que des amis se posent à son égard. Utilisez l'expression interrogative qui convient:

qui	à qui	que	de qui	quel	laquelle
quelle	auquel	qu'est-ce qui	desquels	avec quoi	de quoi

EXEMPLE: **Qui** s'occupera de lui après l'opération?

1. ______________ l'irritera? Le bruit ou la lumière?

2. ______________ va-t-il faire tout de suite après? Se reposer ou reprendre le travail?

3. ______________ viendra le voir avant l'opération?

4. ______________ pourra-t-il lire? Avec ses lunettes ou avec des verres de contact?

5. ______________ peut-il téléphoner en cas d'urgence? À ses filles ou à ses fils?

6. ______________ de ses fils veut-il parler? Au cadet ou à l'aîné?

7. ______________ est-il le frère? De Régis ou de Patrice?

8. ______________ âge a-t-il? Soixante ou soixante-dix ans?

9. ______________ de ses filles va rester à l'hôpital? Anne ou Colette?

10. ______________ de ses enfants est-il fier? De ses fils ou de ses filles?

11. ______________ musique a-t-il envie d'écouter? La musique classique ou le jazz?

12. ______________ a-t-il peur? Des piqûres ou du scalpel?

Exercice V

Béatrice va faire un voyage en France et veut apprendre à dire certaines choses. Exprimez en français les phrases qu'elle veut apprendre:

1. What is the exchange rate?

____

2. How much does the ticket cost?

____

3. Where can I buy shampoo?

____

4. Which one of these buses do I take to the Louvre?

____

5. When do the stores open?

____

6. At what time is dinner served?

____

7. Who can help me with my suitcases?

____

8. Why do you want to see my passport?

____

9. How many francs does this cost?

____

10. Which are the best restaurants?

____

11. What a delicious meal!

____

12. What is interesting to see?

____

13. To whom should I speak?

____

14. What do I need?

____

15. What is happening?

____

29

Possession

1. Expressing Possession

a. In French, possession and relationship are expressed by the preposition **de:**

le livre ***d'*Henri**	*Henri's book*
les patins ***de* Michel**	*Michel's skates*
le bureau ***du* directeur**	*the principal's office*
le mari ***de l'*actrice**	*the actress' husband*
la grand-mère ***des* enfants**	*the children's grandmother*
la couleur **des fleurs**	*the color of the flowers*

NOTE: **de** is repeated before each noun:

Les livres ***de* Marc** et ***de* Paul.** — *Marc and Paul's books.*

b. Forms of **être à** (*to belong to*) also express possession:

Ce livre ***est à* Jean.**	*This book belongs to Jean.*
Le cahier ***est au* garçon.**	*The notebook belongs to the boy.*
Cette gomme ***est à* moi.**	*This eraser belongs to me.*
Les règles ***sont à* eux.**	*The rulers belong to them.*

NOTE:

1. **à** is repeated before each noun:

   Ces journaux ***sont à* Paul** et ***à* Luc.** — *These newspapers belong to Paul and Luc.*

2. Forms of **être à** are used as follows in questions:

   ***À qui est* le livre?** — *To whom does the book belong? (Whose book is it?)*

   ***À qui sont* les stylos?** — *To whom do the pens belong? (Whose pens are they?)*

Exercice A

Vous expliquez à votre mère à qui appartiennent les objets que vous avez empruntés:

EXEMPLES: la blouse/Anne
C'est la blouse d'Anne.

les gants/garçon
Ce sont les gants du garçon.

1. le baladeur/voisin

2. les chemises/Étienne

3. les disques/Marie et Liliane

4. la raquette/M. Martin

5. les stylos/mes copines

6. le jouet/chien

7. les robes/sœur d'Anne

8. la guitare/instructeur

Exercice B

Danielle et son frère sont en train de nettoyer après une grande boum qu'ils ont donnée chez eux. Ils discutent à qui appartiennent les choses que certains invités ont oubliées:

EXEMPLES: les lunettes de soleil/Alexandre
À qui sont les lunettes de soleil?
Elles sont à Alexandre.

l'agenda/Madeleine
À qui est l'agenda?
Il est à Madeleine.

1. la veste bleue/Sylvie

2. le stylo rouge/professeur

3. la radio/François

4. les crayons/filles de Claudine

5. le manteau/la sœur de Julien

6. le baladeur/Robert

7. les disques/Marie et Liliane

8. le foulard/Jacqueline

Exercice C

Monique voudrait rendre à ses amis ce qu'elle leur a emprunté. Exprimez leurs réponses à ses questions:

EXEMPLE: Ce livre est à Paul?
Oui, il est à lui.

1. Ces disques sont à François et à Julien?

2. Ce bracelet est à toi, Georgette?

3. Ces vêtements sont à vous, Régine et Hélène?

4. Cette cassette est à Marie?

5. Ces romans sont à Claudette et à moi?

6. Cette radio est à moi?

7. Ce stylo est à ton père, Richard?

8. Ces blouses sont à vos sœurs?

2. Possessive Adjectives

SINGULAR		PLURAL	
MASCULINE	FEMININE		
mon	**ma**	**mes**	*my*
ton	**ta**	**tes**	*your (familiar)*
son	**sa**	**ses**	*his, her, its*
notre	**notre**	**nos**	*our*
votre	**votre**	**vos**	*your*
leur	**leur**	**leurs**	*their*

NOTE:

1. Possessive adjectives, like other adjectives, agree with the nouns they describe. They are repeated before each noun:

   ***nos* rideaux** et ***notre* tapis** — *our curtains and our rug*
   ***sa* tante** et ***son* oncle** — *her aunt and uncle*

2. The forms **mon, ton,** and **son** are used instead of **ma, ta,** and **sa** before a feminine singular noun beginning with a vowel or silent **h:**

   ***mon* idée** *my idea* — ***ton* adresse** *your address*
   ***son* habitude** *his habit*

3. To clarify or emphasize the possessor, **à** + stress pronoun is used:

   J'ai pris **mes gants *à moi.*** — *I have taken* MY *gloves.*
   C'est **sa guitare *à lui.*** — *It's* HIS *guitare.*
   Où sont **leurs clefs *à eux?*** — *Where are* THEIR *keys?*

4. With parts of the body, the possessive adjective is usually replaced by the definite article if the possessor is clear:

   Je me suis coupé *le* doigt. — *I cut my finger.*
   Il avait un livre sous *le* bras. — *He had a book under his arm.*

Exercice D

Demandez à un(e) camarade de nommer ce qu'il/elle préfère et exprimez ses réponses:

EXEMPLE: cours favori
Nomme ton cours favori.
Mon cours favori est le français.

1. acteur favori

____

____

2. actrice favorite

____

____

3. roman favori

4. disques préférés

5. programmes préférés

6. film favori

7. couleurs préférées

8. saison favorite

9. restaurant favori

10. sport favori

Exercice E

Vos parents et vous arrivez à la douane de l'aéroport Charles de Gaulle. Le douanier vous pose des questions et vous y répondez:

EXEMPLE: carte verte
Avez-vous votre carte verte?
Oui, nous avons notre carte verte.

1. carte d'identité

2. déclaration en douane

3. passeports

____

____

4. bagages

____

____

5. reçus d'enregistrement des bagages

____

____

6. billet de retour

____

____

7. visa

____

____

8. cartes de séjour

____

____

Exercice F

Exprimez quel est le lien de parenté entre les personnes suivantes:

Marie + Jean

Georgette + Paul — Lise + Marc

Daniel, Robert, Suzanne (enfants de Georgette + Paul) — Georges, Carine (enfants de Lise + Marc)

EXEMPLES: Marie est la tante de Paul?
Non, Marie n'est pas sa tante, elle est sa mère.

Daniel est le frère de Georges et de Carine?
Non, Daniel n'est pas leur frère, il est leur cousin.

1. Paul est le père de Marie?

____

2. Lise est la femme de Paul?

____

3. Paul et Lise sont les parents de Marie et de Jean?

____

4. Marc est le père de Daniel, de Robert et de Suzanne?

____

5. Carine est la mère de Lise?

____

6. Paul et Georgette sont les grands-parents de Georges et de Carine?

____

7. Georges est le cousin de Carine?

____

8. Georgette est la sœur de Suzanne?

____

Exercice G

Georges et Pauline bavardent dans le couloir de l'école. Pauline, qui n'arrive pas à entendre à cause du bruit, pose des questions à son ami. Complétez leur conversation:

EXEMPLE: —J'ai un disque. Je vais le prêter à Charles.
—Qu'est-ce que tu vas prêter à Charles?
—Mon disque.

1. —Bertrand a une petite amie. Il la voit tous les jours.
—Qui voit-il tous les jours?

—______________________________

2. —Martine a une nouvelle voiture. Elle va la conduire.
—Qu'est-ce que Martine va conduire?

—______________________________

3. —Lisette et Paul ont des devoirs. Ils vont les faire ensemble.
—Qu'est-ce qu'ils vont faire ensemble?

—______________________________

4. —Marc a deux chiens. Il va les décrire dans sa composition.
—Qu'est-ce qu'il va décrire dans sa composition?

—______________________________

5. —Jean-Luc a un oncle à Montréal. Il va bientôt aller le voir.
—Qui est-ce que Jean-Luc va bientôt aller voir?

—______________________________

6. —Marianne a une nouvelle bague. Elle la porte tous les jours.
—Qu'est-ce qu'elle porte tous les jours?

—______________________________

Exercice H

Éric aime bien porter les vêtements des autres. Pendant qu'il s'habille, il discute avec son ami qui l'attend pour sortir. Complétez leur conversation avec les adjectifs possessifs corrects:

Paul: Aujourd'hui tu portes un très joli pull. Est-ce que c'est ______ (1) pull?

Éric: Non, ce n'est pas ______ (2) pull, c'est le pull de ______ (3) frère Pierre.

Paul: Mets-tu toujours ______ (4) vêtements?

Éric: Souvent. J'aime bien ______ (5) pulls et ______ (6) chapeaux.

Paul: Cette cravate est jolie. Où l'as-tu achetée?

Éric: Je ne l'ai pas achetée. Ce n'est pas ______ (7) cravate, elle est à ______ (8) frère Édouard. J'aime porter ______ (9) cravates.

Paul: Quels autres habits empruntes-tu à ______ (10) frères?

Éric: De temps en temps je mets ______ (11) chaussettes et ______ (12) manteaux.

Paul: N'as-tu pas ______ (13) propre manteau?

Éric: Si, mais ______ (14) manteau n'est pas aussi chaud que ceux de ______ (15) frères.

Paul: Bon. Allons-y. Il se fait tard.

Éric: Attends un moment. Je dois chercher ______ (16) ceinture noire.

Paul: Je crois qu'elle est ici sur la table, mais il me semble que c'est la ceinture de ______ (17) père.

Éric: Tu as raison, mais puisque lui et moi nous l'utilisons, nous considérons que c'est ______ (18) ceinture.

Paul: Quelle chance tu as! ______ (19) frères ne me prêtent jamais rien!

Éric: Bon. Je suis prêt. Dépêchons-nous car ______ (20) petites amies nous attendent!

Exercice I

Michel, un garçon de cinq ans, raconte à sa mère ce qui s'est passé en classe aujourd'hui. Complétez les phrases avec un article défini ou un pronom possessif selon le cas:

1. Robert a enlevé ______ souliers.
2. Claire s'est blessée à ______ jambe.

3. Édouard a levé ____________ tête pour mieux voir.
4. La maîtresse a ouvert ____________ parapluie quand nous sommes descendus de l'autobus.
5. Lucie s'est coupé ____________ cheveux avec un rasoir électrique.
6. Je me suis lavé ____________ mains après avoir peint.
7. L'infirmière a mis ____________ blouse avant d'examiner Jean.
8. Pierre s'est cassé ____________ nez en tombant.
9. J'ai perdu ____________ écharpe à l'école.
10. Après avoir joué au football, Henri a eu mal à ____________ tête.

3. Possessive Pronouns

SINGULAR		PLURAL		
MASCULINE	FEMININE	MASCULINE	FEMININE	
le mien	**la mienne**	**les miens**	**les miennes**	*mine*
le tien	**la tienne**	**les tiens**	**les tiennes**	*yours (familiar)*
le sien	**la sienne**	**les siens**	**les siennes**	*his, hers, its*
le nôtre	**la nôtre**	**les nôtres**	**les nôtres**	*ours*
le vôtre	**la vôtre**	**les vôtres**	**les vôtres**	*yours*
le leur	**la leur**	**les leurs**	**les leurs**	*theirs*

NOTE:

1. A possessive pronoun replaces a possessive adjective + noun. The pronoun agrees with the noun it replaces:

   Ma voiture est dans le garage. Où est *la vôtre?* — *My car is in the garage. Where is yours?*
   Mes yeux sont plus foncés que *les tiens.* — *My eyes are darker than yours.*

2. The definite article, a regular part of the possessive pronoun, contracts with the prepositions **à** and **de** in the usual way:

   Il parle à nos fils et ***aux* leurs.** — *He speaks to our sons and theirs.*
   Parles-tu de son voyage ou ***du* mien?** — *Are you speaking about his trip or mine?*

3. The possessive pronoun is used after forms of **être** to express distinction:

   Cette montre est *la mienne*, pas *la vôtre.* — *That watch is mine, not yours.*

4. Note these French expressions of relationship:

   un de mes amis — *a friend of mine, one of my friends*
   un de ses cousins — *a cousin of his, one of his cousins*
   une de leurs voisines — *a neighbor of theirs, one of their neighbors*

Exercice J

Georges est un garçon de six ans. Il aime dire que tout ce qu'il a est mieux que tout ce que les autres ont. En employant un pronom possessif, exprimez ce que Georges dit:

EXEMPLE: Ma bicyclette va plus vite que la bicyclette de Raymond.
Ma bicyclette va plus vite que la sienne.

1. Mon frère est plus grand que le frère d'Hélène.

____

2. Mon costume est plus beau que ton costume.

____

3. Votre chat est plus petit que notre chat.

____

4. Mes amis sont plus forts que tes amis.

____

5. Vos grands-parents sont plus sévères que nos grands-parents.

____

6. Les amies de mon frère sont plus belles que les amies de Paul.

____

7. Ta maison est moins moderne que ma maison.

____

8. Ton ordinateur est moins sophistiqué que l'ordinateur de mes frères.

____

9. Ma mère cuisine mieux que ta mère.

____

10. Le frère d'Albert est moins courageux que mon frère.

____

Exercice K

Vous réfléchissez à plusieurs choses. Exprimez les phrases selon l'exemple:

EXEMPLE: Mes impressions de voyage et les impressions de Jean sont très différentes.
Mes impressions de voyage et **les siennes** sont très différentes.

1. Ma voiture et la voiture d'Alice sont rouges.

____

2. Mes goûts et les goûts de Georges sont similaires.

____

3. Mon anniversaire et l'anniversaire des jumeaux tombent le même jour.

____

4. Les conseils de mon père et les conseils du père d'Arthur ne sont pas les mêmes.

____

5. Mes bagues et vos bagues sont très jolies.

____

6. Les idées de Janine et de Claudine et nos idées à nous sont intéressantes.

____

7. Tes boums et les boums de tes amies sont amusantes.

____

8. Les notes d'Anne et les notes de Béatrice sont les meilleures.

____

Exercice L

Élise et Béatrice sont jumelles. Élise sait toujours où tout se trouve. Béatrice, au contraire, ne trouve jamais rien et doit demander à chaque fois à sa sœur. Exprimez les réponses d'Élise aux questions de Béatrice:

EXEMPLE: Béatrice: J'ai trouvé mon baladeur, mais je ne sais pas où est le baladeur de Georges. (dans la cuisine)
Élise: **Le sien est dans la cuisine.**

1. Béatrice: Où se trouve ma blouse verte? (dans l'armoire)
Élise: _______________

2. Béatrice: Voilà la montre de maman. Je ne trouve pas la montre de papa. (sur la commode)
Élise: _______________

3. Béatrice: Où est-ce que j'ai laissé mon billet pour le concert? (dans ton livre d'histoire)
Élise: _______________

4. Béatrice: Est-ce que tu as vu ma brosse? (dans la salle de bains)
Élise: _______________

5. Béatrice: Je ne trouve pas ma ceinture rouge. Je peux me servir de ta ceinture rouge? (dans le tiroir)
Élise: _______________

6. Béatrice: Je cherche les lettres de Jean-Paul. (dans le bureau)
Élise: _______________

7. Béatrice: Je dois emprunter ton disque de John Lennon. (là-bas)
Élise: _______________

Exercice M

Les personnes suivantes viennent d'arriver à leur hôtel en France. Exprimez ce qu'elles font en utilisant le pronom possessif correct:

EXEMPLES: Marie présente son amie et moi, je présente **la mienne**.
Je ressemble à mon père, et toi, tu ressembles **au tien**.

1. Denis monte ses bagages et moi, je monte ____________________.
2. Hubert présente sa carte d'identité et nous, nous présentons ____________________.
3. Gilbert monte dans sa chambre et vous, vous montez dans ____________________.
4. Yves remplit sa fiche et Martine et Olivier remplissent ____________________.
5. Barbara cherche son passeport et Bernadette cherche ____________________.
6. Patrick téléphone à ses cousins et toi, tu téléphones ____________________.
7. Nathalie parle à sa tante et moi, je parle ____________________.
8. Dominique discute de ses projets et nous, nous discutons ____________________.
9. Liliane parle de sa famille et Frédéric parle ____________________.
10. Jean-Pierre défait ses valises et Madeleine et Roger défont ____________________.

♦ MASTERY EXERCISES ♦

Exercice N

M. Marcel veut rendre les objets que des étudiants ont oubliés dans les vestiaires du gymnase. Exprimez ses conversations avec les étudiants:

EXEMPLES: Ce stylo est à toi?
Non, ce n'est pas le mien.

Ces stylos sont à toi?
Non, ce ne sont pas les miens.

1. Ce maillot est à Jean?

____

2. Cette montre est à vous?

____

3. Ces clés sont à moi?

____

4. Ces cravates sont à Étienne et à Hervé?

____

5. Ces shorts sont à toi?

6. Cette écharpe est à Marie?

7. Ces gants sont à Lucie et à Cécile?

8. Ces livres sont à vous?

Exercice O

Exprimez en français ce qu'Éric dit à son amie Caroline tandis qu'ils regardent un album de photos:

1. I wonder whose photo album this is.

2. Hey, it's my grandmother's album!

3. It contains pictures of my cousin Paul's family and mine.

4. Look at Paul's brother George and mine, Michael.

5. They are wearing their Halloween costumes.

6. George is making a face at his girlfriend and my brother at his.

7. George is doing his best and my brother his to amuse the girls.

8. Can you see Lola's smile?

9. Now she is George's wife.

10. This album is really the story of my friends' lives and mine.

30

Demonstratives

Demonstrative adjectives and pronouns indicate or point out the person or thing referred to (*this, that, these, those*).

1. Demonstrative Adjectives

ce	before a masculine singular noun beginning with a consonant	***ce* garçon**	*this (that) boy*
cet	before a masculine singular noun beginning with a vowel or silent **h**	***cet* appareil** ***cet* hiver**	*this (that) instrument* *this (that) winter*
cette	before a feminine singular noun	***cette* revue**	this (that) magazine
ces	before all plural nouns	***ces* garçons** ***ces* appareils** ***ces* hivers** ***ces* revues**	*these (those) boys* *these (those) instruments* *these (those) winters* *these (those) magazines*

***Ce* chapeau** est à Sylvie. — *This hat belongs to Sylvie.*
***Cet* ascenseur** ne marche pas. — *This elevator does not work.*
Voyez-vous ***cette* cathédrale?** — *Do you see that cathedral?*
***Ces* hors-d'œuvre** étaient délicieux. — *These appetizers were delicious.*

NOTE:

1. Demonstrative adjectives precede and agree with the nouns they describe.
2. The demonstrative adjective is repeated before each noun:

   ***ce* lac** et ***cette* plage** — *that lake and beach*
   ***ces* aiguilles** et ***ces* épingles** — *these needles and pins*

3. To distinguish between *this* and *that* or between *these* and *those*, **ci** and **là** with hyphens are added to the nouns contrasted. For *this* or *these*, **-ci** is added; for *that* or *those*, **-là** is added:

   cette écriture-*ci* ou **cette écriture-*là*** — *this handwriting or that handwriting*
   ces poèmes-*ci* et **ces poèmes-*là*** — *these poems and those poems*

Exercice A

Alice vient d'acheter des vêtements qu'elle va porter pendant son voyage de noces à la Martinique. Son fiancé voudrait savoir combien chaque article a coûté. Complétez ses questions avec la forme appropriée de l'adjectif démonstratif **(ce, cet, cette *ou* ces)*:***

EXEMPLE: Combien ont coûté **ces** blouses?

1. Combien ont coûté ____________ souliers?
2. Combien a coûté ____________ maillot de bain?
3. Combien a coûté ____________ imperméable?
4. Combien a coûté ____________ jupe?
5. Combien a coûté ____________ sac?
6. Combien a coûté ____________ pantalon?
7. Combien ont coûté ____________ lunettes de soleil?
8. Combien a coûté ____________ écharpe?
9. Combien a coûté ____________ robe?
10. Combien ont coûté ____________ sandales?

Exercice B

Vous êtes au cirque avec votre famille. Qu'est-ce que vous vous exclamez pendant le spectacle:

EXEMPLE: lion féroce
Regardez ce lion féroce!

1. jongleurs adroits

____

2. acrobate gracieuse

____

3. trapéziste audacieux

____

4. tigres sauvages

____

5. éléphant gigantesque

____

6. clown maladroit

____

7. chevaux élégants

____

8. chiens intelligents

____

Exercice C

Vous êtes au marché. Gloria veut tous les fruits qu'elle voit. Exprimez ce qu'elle va acheter:

EXEMPLES: melon / ici
Elle va acheter ce melon-ci.

fraises / là
Elle va acheter ces fraises-là.

1. oranges / ici

____

2. pêches / là

____

3. avocat / ici

____

4. poires / ici

____

5. raisins / là

____

6. pomme / là

____

7. ananas / ici

____

8. prunes / là

____

Exercice D

Votre ami Alphonse vous rend visite. Il veut tout savoir sur votre ville. Répondez à ses questions en utilisant un adjectif démonstratif:

EXEMPLE: Est-ce que la discothèque est populaire?
Oui, cette discothèque est populaire.

1. Est-ce que la librairie est ouverte toute la journée?

____

2. Est-ce que les restaurants sont chers?

____

3. Est-ce que les cafés servent du chocolat chaud?

____

4. Est-ce que les magasins font beaucoup de soldes?

____

5. Est-ce que le lac est profond?

____

6. Est-ce que la piscine est grande?

____

2. Demonstrative Pronouns

	MASCULINE	FEMININE	
SINGULAR	**celui**	**celle**	*this one, that one, the one*
PLURAL	**ceux**	**celles**	*these, those, the ones*

Il préfère cette chemise à ***celle* de Jean.** — *He prefers this shirt to Jean's.*

Ce vase ressemble à ***celui* que je viens d'acheter.** — *This vase resembles the one that I just bought.*

a. Demonstrative pronouns agree with the nouns they refer to:

Je prends cette **robe**-ci et ***celle***-là. — *I am taking this dress and that one.*
Donnez-moi ces **papiers**-ci et ***ceux***-là. — *Give me these papers and those.*

b. **Celui** and its forms are not used alone. They are generally used with one of the following: **de, -ci, -là, où,** or the relative pronouns **qui, que,** and **dont:**

(1) **celui de** *the one of, that of*

Donnez-moi **mon billet et *celui de* Gautier.** — *Give me my ticket and Gautier's.*

Les cours de cette année sont plus intéressants que ***ceux de* l'année dernière.** — *This year's courses are more interesting than last year's (those of last year).*

Nous avons deux **envies, *celle de* voyager et *celle de* nous amuser.** — *We have two desires: that of traveling and that of having fun.*

(2) **celui-ci** *this (one), the latter*
celui-là *that (one), the former*

Cette composition-ci est meilleure que ***celle-là.*** — *This composition is better than that one.*

Quels bracelets préférez-vous, ***ceux-ci*** ou ***ceux-là?*** — *Which bracelets do you prefer, these or those?*

Lamartine et **Balzac** étaient écrivains; ***celui-ci*** était romancier et ***celui-là*** poète. — *Lamartine and Balzac were writers; the latter was a novelist and the former a poet.*

(3) **celui qui** *the one that* (subject)
celui que *the one that* (object)
celui dont *the one of which*
celui où *the one in which, the one where*

Ceux qui travaillent dur réussissent.	*The ones who work hard succeed.*
La maison blanche est ***celle qu'***ils vont acheter.	*The white house is the one (that) they are going to buy.*
C'est ***celui dont*** je vous ai parlé.	*This is the one (that) I spoke to you about.*
À **quel magasin** vas-tu?—À ***celui où*** il y a des soldes.	*Which store are you going to?—To the one where there are sales.*

NOTE: In the construction **celui** + relative pronoun, the relative pronoun may be the object of a preposition:

J'aime tous mes frères mais Philippe est **celui *avec qui*** je m'amuse le plus.	*I love all my brothers, but Philippe is the one with whom I have the most fun.*
Ce professeur est **celui *pour qui*** j'ai le plus d'admiration.	*This professor is the one for whom I have the most admiration.*

Exercice E

Vous venez de louer votre premier appartement et vous avez besoin de tout acheter. Votre mère vous accompagne au grand magasin où vous comparez les articles à acheter. Complétez votre conversation avec le vendeur:

EXEMPLE: Voici un frigidaire. (le dernier modèle / plus économique)
Celui-ci est le dernier modèle.
Mais celui-là est plus économique.

1. Voici un tapis. (joli / meilleur marché)

____

____

2. Voici des chaises. (confortables / plus à la mode)

____

____

3. Voici une lampe. (très décorative / plus pratique)

____

____

4. Voici des tableaux. (modernes / en solde)

____

____

5. Voici une chaîne stéréo. (programmable / de meilleure qualité)

____

____

6. Voici un climatiseur. (puissant / plus silencieux)

____

____

7. Voici des tables. (rustiques / moins chères)

____

____

Exercice F

***Pierre fait des commentaires sur les gens qu'il connaît. Complétez ses phrases avec les formes correctes de* celui-ci *ou* celui-là:**

1. Jean a dix-sept ans tandis que son frère en a quinze. ____________ est le cadet et ____________ l'aîné.
2. Les Dupont dépensent facilement leur argent tandis que les Renard vivent simplement. ____________ sont économes et ____________ dépensiers.
3. Liliane est aimable tandis que sa sœur est désagréable. ____________ a un mauvais caractère et ____________ un bon caractère.
4. Pierre fait toujours ses devoirs tandis que Luc ne fait jamais les siens. ____________ est paresseux et ____________ consciencieux.
5. Marie et Anne aiment faire du sport tandis que Laure et Françoise préfèrent aller à la bibliothèque. ____________ sont studieuses et ____________ sportives.

Exercice G

Votre petit frère discute avec son ami. Exprimez ce qu'il dit à son ami pour l'impressionner:

EXEMPLE: La voiture de mes parents est rapide.
Celle de mes parents est encore plus rapide.

1. Le vélo de mon frère est léger.

____

2. La télé de mes parents est très grande.

____

3. Les jeux vidéo de mon cousin sont difficiles.

____

4. La caméra vidéo de ma mère est sophistiquée.

____

5. Les chemises de mon père sont à la mode.

____

6. Le micro-ordinateur de ma sœur est extraordinaire.

____

7. Les recherches de mon père sont importantes.

____

8. Les bijoux de ma mère sont précieux.

____

Exercice H

***Comparez le lieu indiqué dans la phrase avec le lieu entre parenthèses et donnez votre opinion selon l'exemple. Utilisez un pronom démonstratif et les expressions* moins, plus *ou* aussi:**

EXEMPLE: Les restaurants du Canada sont excellents. (États-Unis)
Ceux des États-Unis sont aussi excellents.

1. La plage de Nice est propre. (New York)

____

2. Les hôtels de Monte-Carlo sont luxueux. (Las Vegas)

____

3. Les boutiques de Paris sont élégantes. (Berlin)

____

4. Les vignobles de Champagne sont renommés. (San Francisco)

____

5. Les astronefs des États-Unis sont avancés. (Russie)

____

6. Les exportations du Japon sont nombreuses. (Angleterre)

____

7. Le temps de Paris est agréable. (Los Angeles)

____

8. Le président des États-Unis est intelligent. (France)

____

Exercice I

Exprimez ce que vous préférez en choisissant un des adjectifs entre parenthèses:

EXEMPLE: Quels vêtements aimez-vous mieux? (chics / confortables)
J'aime mieux ceux qui sont confortables.

1. Quelles coupes de cheveux aimez-vous mieux? (à la mode / traditionnelles)

____

2. Quelles voitures préférez-vous? (rapides / spacieuses)

____

3. Quel travail choisirez-vous? (stimulant / facile)

____

4. Quels sports préférez-vous? (dangereux / amusants)

____

5. Quels professeurs aimez-vous mieux? (sévères / indulgents)

____

6. Quelle activité préférez-vous? (sportive / intellectuelle)

____

7. Quels films préférez-vous voir? (drôles / effrayants)

____

8. Quelles classes préférez-vous? (faciles / difficiles)

____

Exercice J

Répondez aux questions qu'un ami vous pose:

EXEMPLE: Quels sont les cours que tu préfères?
Ceux que je préfère sont le français et l'histoire.

1. Quelle est la voiture que tu préfères?

____

2. Quel est le film que tu préfères?

____

3. Quels sont les chanteurs que tu préfères?

____

4. Quelles sont les bandes dessinées que tu préfères?

____

5. Quels sont les restaurants que tu préfères?

____

6. Quel est le journal que tu préfères?

____

7. Quelle est la boisson que tu préfères?

____

8. Quelles sont les revues que tu préfères?

____

Exercice K

M. Georges va à un magasin spécialisé chercher le matériel qu'il a commandé la semaine dernière pour rénover sa maison. Exprimez les réponses du vendeur à ses questions:

EXEMPLE: Avez-vous reçu les planches?
Non, je n'ai pas reçu celles dont vous avez besoin.

1. Avez-vous reçu le marteau?

____

2. Avez-vous reçu les échelles?

____

3. Avez-vous reçu les clous?

____

4. Avez-vous reçu la peinture?

____

5. Avez-vous reçu les câbles (*m.*) électriques?

____

6. Avez-vous reçu le papier peint?

____

Exercice L

Richard rend visite à sa grand-mère. Pendant qu'ils se promènent dans son village natal, Richard lui pose des questions sur sa jeunesse. Formulez les réponses de sa grand-mère:

EXEMPLE: C'est le village où tu es née?
Oui, c'est celui où je suis née.

1. C'est la maison où tu as grandi?

____

2. Ce sont les écoles où tu as étudié?

____

3. C'est le parc où tu jouais?

____

4. Ce sont les magasins où tu faisais les courses?

____

5. C'est le restaurant où tu as fait la connaissance de grand-père?

____

6. Ce sont les boutiques où tu as travaillé?

____

7. Ce sont les théâtres où tu t'es amusée?

____

8. C'est l'église où tu t'es mariée?

____

3. *ceci, cela, ça*

The demonstrative pronouns **ceci** (*this*) and **cela, ça** (*that*) refer to objects, ideas, or facts indicated or pointed to but not named. While, generally, **cela (ça)** refers to an idea or fact already mentioned, **ceci** introduces it:

Donnez-lui **ceci.**	*Give him this.*
Qu'est-ce que c'est que **cela (ça)?**	*What is that?*
Votre fils a reçu une bonne note; ***cela (ça)*** vous fera certainement plaisir.	*Your son received a good grade; that will certainly please you.*
Ceci vous fera certainement plaisir: **votre fils a reçu une bonne note.**	*This will certainly please you: your son received a good grade.*

NOTE:

1. The form **ça** often replaces **cela** in spoken French.
2. **Ceci** refers to the object near the speaker, **cela** to the object away from the speaker:

Il regarda **l'ordinateur** puis ***la machine à écrire*** et dit: «**Ceci** remplacera ***cela***.»	*He looked at the computer, then at the typewriter and said: "This will replace that."*

Exercice M

***Il y a du commérage à l'école. Complétez les phrases des étudiants en utilisant* ceci *ou* cela:**

1. Écoutez ____________: Paul est tombé amoureux de Marie.

2. Mme Rouleau va se marier. ____________ me paraît impossible.

3. Julien a reçu une bourse de dix mille dollars. ____________ m'a beaucoup surpris.

4. ____________ va te faire plaisir: notre professeur d'histoire est absent.

5. On ne peut pas aller à la piscine demain. ____________ ne fait rien.

6. Lucie va aller à l'université de Paris. ____________ dit, j'ajoute qu'elle le mérite.

7. Raoul fait l'école buissonnière aujourd'hui. ____________ ne sera pas sans conséquences.

8. Les vacances ont ____________ de bon: il n'y a pas de devoirs.

Exercice N

***Exprimez les sentiments de Jean-Jacques en utilisant* ça:**

EXEMPLE: Je n'aime pas parler devant la classe. (rendre nerveux)
Ça me rend nerveux.

1. Je n'aime pas les montagnes russes. (faire peur)

____

2. J'aime faire du sport. (passionner)

____

3. Je n'aime pas chanter devant tout le monde. (embarrasser)

____

4. J'aime le cinéma japonais. (intéresser)

____

5. Je n'aime pas parler de politique. (ennuyer)

____

6. J'aime recevoir des cadeaux de mon amie. (faire plaisir)

____

♦ MASTERY EXERCISES ♦

Exercice O

Imaginez que vous êtes dans un musée où il y a des tableaux, des sculptures, des tapis et d'autres objets d'art. Décrivez huit de ces objets en utilisant un adjectif démonstratif:

SUGGESTIONS:

bijou	sculpture	tapis
dessin	statue	vaisselle
meuble	tableau	vase
portrait		

EXEMPLES: **Ces portraits sont jolis.**
Cette sculpture est fort bizarre.

1. ______________________________
2. ______________________________
3. ______________________________
4. ______________________________
5. ______________________________
6. ______________________________
7. ______________________________
8. ______________________________

Exercice P

Vous montrez des photos à votre frère. Comme il est très curieux, il vous demande des précisions. Répondez à ses questions:

EXEMPLES: Est-ce la fille avec qui Christian est sorti?
Oui, c'est celle avec qui il est sorti.

Marc a parlé de ces amis-ci?
Oui, ce sont ceux dont il a parlé.

1. Est-ce à cet hôpital que Janine est allée?
____
2. Ce sont ces chiens-là qui ont détruit vos plantes?
____
3. Est-ce de cette jeune fille que Pierre a fait la connaissance?
____
4. Ce sont les deux nouvelles voitures que M. Bertrand vient d'acheter?
____
5. Est-ce de ce chanteur formidable que Luc m'avait parlé?
____
6. Est-ce cette robe-ci qu'elle voulait porter au bal?
____
7. Ce sont ces films qu'il avait envie de voir?
____
8. Est-ce de ce petit chien-là que Marie avait peur?
____
9. Est-ce cette ville où Jean voulait aller?
____
10. Ce sont les boutiques où les Marchand ont travaillé?
____

Exercice Q

Henri et Richard essaient de gagner de l'argent en faisant des travaux pour leurs voisins. Exprimez en français ce qu'ils disent à M. Boulanger:

1. These curtains are clean, those are very dirty.
____
2. These stains are not a problem, but I'm sure that one will not disappear.
____

3. We cannot move this table, but we can move that one.

____

4. This soap is too strong; the one that I prefer is more gentle.

____

5. This room is larger than the one where Henri is working.

____

6. We fixed the broken chair, the one that you had put in the garage.

____

7. The kitchen and the basement are dirty: I will clean that one and Richard will clean this one.

____

____

8. This house is larger than M. Leclerc's.

____

9. Can we finish that tomorrow?

____

10. M. Boulanger, could you put that chair here and this one there?

____

11. I don't need this brush; I need the one that Henri is talking about.

____

____

12. That's a good idea; we'll try to do it this week.

____

31

Indefinites

1. Forms

Indefinites may be adjectives, pronouns, or both:

ADJECTIVE	PRONOUN
aucun(e) *any, no*	**aucun(e)** *any, no one, none*
autre(s) *other*	**autre(s)** *other(s) other one(s)*
certain(e)(s) *certain, some*	**certain(e)(s)** *certain one(s), some*
chaque *each*	**chacun(e)** *each one, everyone*
le (la) (les) même(s) *the same*	**le (la) (les) même(s)** *the same one(s)*
	on *we, you, they, people, one*
plusieurs *several*	**plusieurs** *several*
quelque(s) *some*	**quelqu'un(e)** *someone, anyone*
	quelques-un(e)s *some, a few*
	quelque chose (m.) *something, anything*
	rien *nothing*
tout, tous, toute, toutes *all, every*	**tous, toutes** *all*
	tout *all, everything, anything*

2. Uses

a. aucun(e)

Aucun(e) is used in the singular (with or without **ne**) as an adjective or a pronoun.

(1) As an adjective, **aucun(e)** may be used with a noun to emphasize negation:

Il réussira sans ***aucun*** **doute.** — *He will succeed without any doubt.*
Le ferais-tu? — En ***aucun*** **cas.** — *Would you do it? — Under no circumstances.*

(2) As a pronoun, **aucun(e)** may be followed by **de** + noun or pronoun:

Je n'ai vu ***aucun*** **de ces films.** — *I didn't see any of those films.*
Aucune **d'elles** n'est partie. — *None of them left.*

Exercice A

***Exprimez ce que la mère d'Antoine dit de son fils qui vient d'achever ses études universitaires. Utilisez le mot* aucun(e):**

EXEMPLE: il / travailler / sans difficulté
Il a travaillé sans aucune difficulté.

1. il / choisir de se spécialiser en science / sans hésitation

____

2. il / assister à tous les cours / sans exception

____

3. il / passer tous ses examens / sans problème

____

4. il / suivre son cours de physique / sans effort

____

5. il / faire quatre ans d'études / sans aide financière

____

6. il / faire un bon choix / sans doute

____

Exercice B

M. Carré rentre après avoir passé cinq ans à l'étranger. Durant ces années, il n'a eu aucun contact avec son pays. Exprimez ce qu'il répond à un ami qui lui pose des questions:

EXEMPLE: suivre / ces histoires
Je n'ai suivi aucune de ces histoires.

1. voir / ces films

____

2. lire / ces articles

____

3. apprendre / ces danses

____

4. entendre / ces nouvelles

____

5. recevoir / ces revues

____

6. écouter / ces disques

____

b. autre

Autre may be used as an adjective or a pronoun.

(1) As an adjective, **autre** (*other, another*) precedes the noun it describes. It may be preceded by a definite or an indefinite article:

Il va suivre ***l'autre* cours.**	*He is going to take the other course.*
Donnez-moi ***une autre* feuille** de papier.	*Give me another (a different) sheet of paper.*
J'ai ***d'autres* problèmes.**	*I have other problems.*

NOTE: **encore un(e)** *(another)* means an additional:

Apportez-nous ***encore un* verre** car nous sommes trois. — *Bring us another glass, for there are three of us.*

(2) As a pronoun, **autre** (*other [one], others*) is preceded by an article:

Moi, j'appelle Christine et toi, Jean, tu appelles **les autres.** — *I call Christine and you, John, (you) call the others.*

À ma place, **un autre** aurait fait la même chose. — *In my place, another (person) would have done the same thing.*

Moi, j'ai trouvé ce film intéressant, mais **d'autres** ne l'aimeront peut-être pas. — *I found this film interesting, but others (other people) may not like it.*

NOTE:

1. The indefinite article used with plural **autres** is always **d'**:

Il n'y a pas ***d'*autres** possibilités. — *There are no other possibilities.*

***D'*autres** viendront plus tard. — *Others will come later.*

2. The following expressions are used to show reciprocal action, especially with reflexive verbs (see Chapter 11, Section 6f):

l'un(e) l'autre — *each other (of two)*

les un(e)s les autres — *one another (of more than two)*

Elles ne se parlent pas *l'une à l'autre.* — *They don't speak to each other.*

Ils s'aidaient les uns *les autres.* — *They used to help one another.*

3. **Autre** is used in the following expressions:

l'un(e) et l'autre *both, both of them*
l'un(e) ou l'autre *either one*
ni l'un(e) ni l'autre *neither one*
l'un(e) à l'autre *to each other*
l'un(e) pour l'autre *one for the other, for each other*

Ils travaillent *l'un pour l'autre.* — *They work for each other.*

Tu as deux stylos. Donne-moi *l'un ou l'autre.* — *You have two pens. Give me either one.*

Laquelle de ces robes préfères-tu? — *Ni l'une ni l'autre.* — *Which of these dresses do you prefer? — Neither one.*

Exercice C

Denise prépare une nouvelle recette avec son frère. Ça ne va pas très bien et elle s'énerve. Exprimez ce qu'elle dit à son frère:

EXEMPLE: un bol
Donne-moi un autre bol.

1. un œuf

____

2. une cuillère en bois

____

3. des épices

____

4. un couteau

____

5. des spatules

____

6. un verre d'eau

____

Exercice D

***Tirez des conclusions basées sur ce que M. Hameau dit de ses fils jumeaux, Louis et Gabriel. Utilisez une expression avec* l'un . . . l'autre:**

EXEMPLES: Jean travaille. Gabriel travaille aussi.
Ils travaillent l'un et l'autre.

Jean écrit à Gabriel. Gabriel écrit à Jean.
Ils s'écrivent l'un à l'autre.

1. Jean parle à Gabriel. Gabriel parle à Jean.

____

2. Jean aide Gabriel. Gabriel aide Jean.

____

3. Jean travaille pour Gabriel. Gabriel travaille pour Jean.

____

4. Jean est sérieux. Gabriel est sérieux.

____

5. Jean téléphone à Gabriel. Gabriel téléphone à Jean.

____

C. certain(e)(s)

(1) As an adjective, **certain(e)(s)** (*certain, some*) takes the indefinite article **un(e)** in the singular and no article in the plural, as in English:

J'ai **un *certain* talent** pour les affaires.	*I have a certain talent for business.*
***Certains* tableaux** se trouvent au Musée d'Art Moderne.	*Certain (some) paintings are at the Museum of Modern Art.*

(2) As a pronoun, **certain(e)s** (*certain ones, some*) is used only in the plural. The phrase **d'entre eux (elles)** (*of them*) may be added:

Certains n'ont pas fini.	*Some haven't finished.*
***Certaines* d'entre elles** voulaient chanter.	*Some of them wanted to sing.*

Exercice E

Dans la classe de Mme Rameau les élèves font des choses différentes. Exprimez qui d'entre eux fait certaines choses:

EXEMPLE: Il y a des élèves qui étudient beaucoup.
Certains élèves étudient beaucoup et certains n'étudient pas beaucoup.

1. Il y a des jeunes filles qui se maquillent.

____

2. Il y a des élèves qui jouent d'un instrument.

____

3. Il y a des garçons qui sont forts en sport.

____

4. Il y a des élèves qui s'habillent à la mode.

____

5. Il y a des élèves qui parlent bien français.

____

6. Il y a des élèves qui aident le professeur.

____

d. **chaque** *each, every* (adjective)
chacun(e) *each, each one, everyone* (pronoun)

These indefinites, used only in the singular, stress the individual:

***Chaque* ouvrier** a sa spécialité.	*Each (Every) worker has his specialty.*
Dans notre équipe, **chacune** fait de son mieux.	*On our team, everyone (each one) does her best.*

NOTE: The stress pronoun **soi** is used with **chacun(e):**

Chacun(e) pour **soi.** *Everyone for himself/herself.*

Exercice F

Viviane va en France pour la première fois. Formulez les questions qu'elle pose à son cousin Denis et les réponses de Denis:

EXEMPLE: hôtel / offrir / les mêmes services
Chaque hôtel offre les mêmes services?
Mais non! Chacun offre des services différents.

1. restaurant / servir / les mêmes spécialités

____

____

2. cinéma / jouer / les mêmes films

3. musée / ouvrir / à la même heure

4. région / donner / les mêmes fêtes

5. magasin / vendre / les mêmes articles

6. ville / avoir / les mêmes magasins

e. **le (la, les) même(s)** *the same* (adjective)
le (la, les) même(s) *the same one(s)* (pronoun)

Ils portent ***les mêmes* chaussures.**	*They're wearing the same shoes.*
Les mêmes coûtent cent dollars.	*The same ones cost one hundred dollars.*

Exercice G

Régine veut s'habiller exactement comme sa meilleure amie Nicole. Elles discutent des vêtements et de leurs prix. Exprimez ce que Régine dit et la réponse de Nicole:

EXEMPLE: pantalon ($50)
Je voudrais acheter le même pantalon.
Le même coûte cinquante dollars.

1. robe ($80)

2. blouse ($35)

3. pull ($65)

4. chaussures ($100)

____

____

5. jupe ($75)

____

____

6. chaussettes ($12)

____

____

f. on

The subject pronoun **on** (*we, you, they, people, one*) refers to an indefinite person or persons and always takes a third person singular verb. It has several possible equivalents in English. The active construction with **on** is often used in French where English uses the passive (see Chapter 13):

***On* prépare les repas dans la cuisine.**

We prepare meals in the kitchen.
You prepare meals in the kitchen.
They prepare meals in the kitchen.
People prepare meals in the kitchen.
One prepares meals in the kitchen.
Meals are prepared in the kitchen.

NOTE:

1. **Soi** (*oneself*) is the stress pronoun for **on:**

   On ne doit pas toujours penser *à soi.* — *One should not always think of oneself.*

2. After certain monosyllables ending in a pronounced vowel sound, such as **et, ou, où,** and **si,** the form **l'on** may be used for the sake of pronunciation:

   la salle **où *l'on*** danse — *the room in which we dance*
   si *l'on* tire la corde — *if you pull the cord*

Exercice H

Exprimez ce qu'on fait quand on est malade:

EXEMPLE: Quand on a une forte fièvre, **on garde le lit**.

1. Quand on a mal à la tête, ______________________.
2. Quand on a le nez qui coule, ______________________.
3. Quand on a mal à la gorge, ______________________.
4. Quand on a la grippe, ______________________.
5. Quand on se casse la jambe, ______________________.
6. Quand on ne peut pas dormir, ______________________.

g. plusieurs

As an adjective and pronoun, **plusieurs** means *several;* **plusieurs** may be followed by **d'entre eux (elles)** (*of them*):

J'ai **plusieurs** amis.	*I have several friends.*
Plusieurs *d'entre eux* sont très aimables.	*Several of them are very friendly.*

Exercice I

Monique raconte à son amie Colette ce qu'elle vient d'acheter. Colette dit ce qu'elle en pense. Imaginez la conversation entre les deux copines:

EXEMPLE: livres (intéressants)
Monique: **Je viens d'acheter plusieurs livres.**
Colette: **Plusieurs d'entre eux sont intéressants.**

1. maillots (à la mode)

Monique: ______________________________

Colette: ______________________________

2. disques (vieux)

Monique: ______________________________

Colette: ______________________________

3. cassettes (formidables)

Monique: ______________________________

Colette: ______________________________

4. affiches (drôles)

Monique: ______________________________

Colette: ______________________________

5. chemises (chic)

Monique: ______________________________

Colette: ______________________________

6. bonbons (délicieux)

Monique: ______________________________

Colette: ______________________________

h. quelque(s) *some, a few* (adjective)
quelqu'un(e) *someone, somebody, anyone* (pronoun)
quelques-un(e)s *some, any, a few* (pronoun)

Je vais acheter ***quelques* bouteilles** d'eau minérale.	*I am going to buy a few bottles of mineral water.*
Quelqu'un le lui a dit.	*Someone told her so.*
Ils m'ont prêté ***quelques-uns* de leurs livres.**	*They lent me a few of their books.*

Exercice J

Henri et Julien sont allés en voyage avec l'école. À leur retour, leurs parents leur posent quelques questions. Exprimez la conversation entre eux:

EXEMPLE: voir / monuments historiques
Avez-vous vu quelques monuments historiques?
Oui, nous en avons vu quelques-uns.

1. visiter / cathédrales

____

____

2. goûter / plats typiques

____

____

3. prendre / photos

____

____

4. envoyer / cartes postales

____

____

5. acheter / tee-shirts

____

____

6. voir / spectacles intéressants

____

____

i. **quelque chose** (*something, anything*)
rien, ne. . .rien (*nothing*)

Quelque chose and **rien (ne. . .rien)** are pronouns; they take **de** before an adjective:

Y a-t-il ***quelque chose*** qui ne va pas?	*Is there something wrong?*
Avez-vous remarqué ***quelque chose*** **de mystérieux?**	*Did you notice something mysterious?*
Il ***n'***a ***rien*** dit **d'intéressant.**	*He didn't say anything interesting.*

Exercice K

Jean et Vincent, son frère cadet, sont seuls à la maison. Vincent a peur. Expliquez ce que Vincent dit à Jean et la réponse de celui-ci:

EXEMPLE: mystérieux
Vincent: **Il y a quelque chose de mystérieux ici.**
Jean: **Il n'y a rien de mystérieux ici.**

1. effrayant

   Vincent: ______________________________

   Jean: ______________________________

2. menaçant

   Vincent: ______________________________

   Jean: ______________________________

3. bizarre

   Vincent: ______________________________

   Jean: ______________________________

4. sinistre

   Vincent: ______________________________

   Jean: ______________________________

5. étrange

   Vincent: ______________________________

   Jean: ______________________________

6. inquiétant

   Vincent: ______________________________

   Jean: ______________________________

j. tout, tous, toute, toutes

(1) **tout, tous, toute, toutes** (*the whole, all, every*) (adjective)

Il a mangé ***tout* le gateau.**	*He ate the whole cake.*
Il aime ***tous* ses amis.**	*He likes all his friends.*
J'ai vu ***toutes* les peintures.**	*I saw all the paintings.*

(2) **tout, toutes, tous** *all, everything, everyone* (pronoun):

Tout est bien qui finit bien.	*All's well that ends well.*
Ils partageront **tout.**	*They will share everything.*
Tous étaient présents.	*Everyone was present. (They were all present.)*
Tout ce qu'il dit est la vérité.	*Everything he says is the truth.*

(3) Common expressions with **tout:**

en tout cas *in any case, at any rate*
pas du tout *not at all*
tout à coup *all of a sudden, suddenly*
tout à fait *entirely, quite*
tout à l'heure *just now, a little while ago* (referring to immediate past); *in a little while, presently* (referring to immediate future)
tout de même *nevertheless*
tout de suite *immediately, right away, at once*
tous/toutes (les) deux *both*
tout le monde *everybody, everyone*
tout le temps *all the time*

En tout cas, vous n'avez rien à craindre.	*In any case, you have nothing to fear.*
Ça te gêne? — **Pas du tout!**	*Does that bother you? — Not at all!*
Elle est **tout à fait** guérie.	*She is completely cured.*
Elle nettoiera sa chambre **tout à l'heure.**	*She will clean her room in a little while.*
Nous avons vu notre tante et notre oncle. **Tous les deux** vont bien.	*We saw our aunt and uncle. Both are well.*
Il répète **tout le temps** la même chose.	*He repeats the same thing all the time.*

Exercice L

Décrivez ce qui se passe à l'école en complétant les phrases avec une expression avec tout:

1. Richard interrompt toujours les autres et parle sans cesse. En fait, il parle ________________.
2. Chaque élève participera à la fête. ________________ s'amusera.
3. Janine dit au professeur: «Excusez-moi, pourriez-vous répéter votre explication, s'il vous plaît. Je n'ai pas ________________ compris.»
4. Jean est allé parler avec le conseiller. Henri l'a accompagné. ________________ ont parlé de leur emploi du temps.
5. Bien que Suzette ait beaucoup étudié pour son examen de maths, elle n'est pas ________________ confiante.
6. Le remplaçant du professeur de biologie arrivera dans cinq minutes. Ça veut dire qu'il arrivera ________________.
7. Que tu étudies ou non, téléphone-moi ________________.
8. Jacques parlera au professeur ________________ après l'examen.

♦ MASTERY EXERCISES ♦

Exercice M

Mme Dubois, le professeur de français, était absente hier. Complétez la lettre que sa remplaçante lui a laissée:

________________ d'extraordinaire n'est arrivé en classe hier. Je n'ai eu
1 (Nothing)

________________ problème avec les élèves. Ils sont ________________
2 (any) **3** (all)

très sympathiques. ________________ d'entre eux m'ont beaucoup aidée.
4 (certain ones)

________________ élève a fait son travail et ________________ m'a
5 (each) **6** (each one)

écoutée. ________________ des filles ont écrit les devoirs au tableau.
7 (A few)

_______________ garçons ont essuyé le tableau. _______________
8 (Some) **9** (Several)

filles ont terminé leurs devoirs en classe. _______________ doivent les finir chez
10 (Some others)

elles. Dans votre classe, _______________ fait _______________. J'ai
11 (everyone) **12** (everything)

_______________ à vous demander. Je voudrais enseigner cette _______________
13 (something) **14** (same)

classe encore une fois. Savez-vous si _______________ va me téléphoner de nouveau
15 (someone)

pour vous aider?

Exercice N

Jean-Claude est déprimé parce qu'il a beaucoup de problèmes. Exprimez en français ce qu'il dit à son conseiller scolaire:

1. I have some problems. Several of them are serious.

____

2. Some difficulties date from my childhood and some of them are more recent.

____

3. All of my friends try to help me, but each one has other things to do.

____

____

4. None of my friends can do anything because none of them understands me well.

____

____

5. Everyone does not think like me. They have other ideas than I.

____

6. I don't have either the same thoughts as my friends or the same ones as you.

____

____

7. Certain solutions are better because certain ones are easier to accept.

____

____

8. Is something bothering me today? No, nothing.

____

9. One day I will resolve all of my problems and everything will go well for me.

____

____

10. One should do everything to help oneself.

____

PART FOUR

Civilization

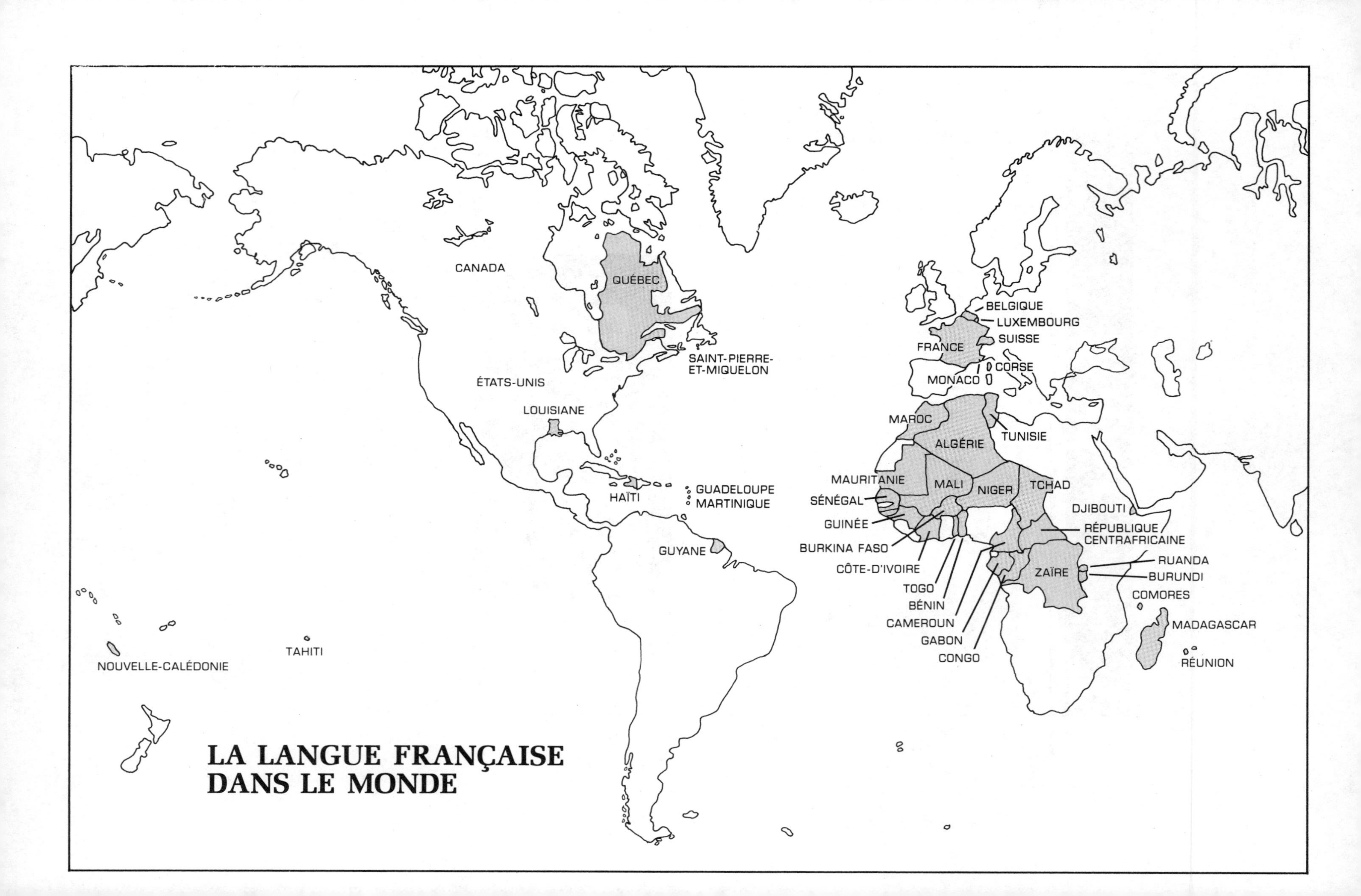

LA LANGUE FRANÇAISE DANS LE MONDE

32

La Langue française

Le français — comme l'italien, l'espagnol, le portugais et le roumain — est une **langue romane,** c'est-à-dire une langue dérivée du latin. C'est le latin populaire ou vulgaire, la langue parlée par les légionnaires romains et adoptée par le peuple gaulois, qui est devenu peu à peu le français.

Au Moyen Âge, deux idiomes principaux régnaient en France: **la langue d'oïl** dans le Nord et **la langue d'oc** dans le Midi [1].* La Loire formait la frontière entre ces deux régions linguistiques. Puisque le centre politique de la France était l'Île-de-France, c'est le dialecte de cette province, un dialecte de la langue d'oïl, qui est devenu la langue officielle du pays.

Néanmoins, la langue d'oc est toujours vivante. Elle a donné son nom à l'ancienne province méridionale du Languedoc. **Le provençal,** le dialecte le plus important de la langue d'oc, se parle encore dans le midi de la France. Il a donné naissance à toute une littérature provençale, dont le représentant le plus illustre est le poète **Frédéric Mistral** (1830–1914).

D'autres dialectes existent encore en France: **le celtique,** la langue des Gaulois, en Bretagne; **le basque,** dans les Pyrénées; **le bas-allemand,** en Alsace. Dans la langue française d'aujourd'hui, on peut trouver des traces du celtique et de l'allemand. Le français a emprunté aussi beaucoup de termes modernes d'origine anglaise, par exemple, **club, détective, match, steak, jazz, parking, tunnel, interview, week-end.**

Le français est connu pour la clarté de sa syntaxe, de son expression et de sa pensée. Au XVIIIe siècle, l'écrivain Antoine Rivarol exprima l'importance de cette clarté en ces termes: «Ce qui n'est pas clair n'est pas français.»

Pour étudier, conserver et perfectionner le français, le cardinal de Richelieu fonda **l'Académie française** en 1635. L'Académie fut chargée de la rédaction du Dictionnaire de la langue française et d'une grammaire. Une nouvelle édition de ce dictionnaire paraît environ tous les cinquante ans. On appelle les membres de l'Académie «les quarante immortels».

Le français a exercé une influence profonde sur la langue anglaise. Quand le duc de Normandie traversa la Manche en 1066 et fit la conquête de l'Angleterre, le français devint la langue officielle de la cour royale, des nobles anglais et de la justice. Par conséquent, un grand nombre de mots français sont entrés dans la langue anglaise.

LA LANGUE FRANÇAISE DANS LE MONDE

Il y a des francophones — des personnes qui parlent français — partout dans le monde. En Europe, on parle français non seulement en France, mais aussi en Belgique, en Suisse et au Luxembourg. On parle français dans les départements d'outre-mer tels que la Martinique et la Guadeloupe, et dans les territoires d'outre-mer tels que la Polynésie et la Nouvelle-Calédonie.

Le français est langue officielle et langue d'enseignement dans plusieurs des nouvelles républiques d'Afrique, par exemple, le Gabon, la République Centrafricaine et la Côte d'Ivoire.

* Bracketed numbers refer to Notes at the end of a chapter.

42 **la rédaction** writing
62 **outre-mer** overseas

Dans d'autres pays africains, comme le Maroc, la Tunisie et l'Algérie, c'est la langue d'enseignement dans les écoles.

Au Canada, le français est devenu une des deux langues officielles, puisque c'est la langue maternelle de plusieurs millions de Canadiens qui habitent dans l'est du pays, surtout dans la province de Québec. Aux États-Unis, on s'en sert encore en Louisiane, où il bénéficie d'un statut officiel. Le français est aussi une langue officielle de l'O.N.U. (l'Organisation des Nations Unies).

Examinez la carte sur l'emploi du français dans le monde à la page 470.

NOTE:

[1] Les mots **oïl** et **oc** expriment l'affirmation (**oui**).

Exercice A

Complétez avec la réponse convenable:

1. La langue française est dérivée surtout du latin ______.
(a) écrit par les poètes romains (b) des grands orateurs de Rome (c) parlé par les soldats romains

2. En Bretagne, on entend même aujourd'hui ______, la langue des Gaulois.
(a) le celtique (b) le bas-allemand (c) le basque

3. Le fondateur de l'Académie française est ______.
(a) Antoine Rivarol (b) le cardinal de Richelieu (c) le duc de Normandie

4. On parle français dans plusieurs pays ______.
(a) d'Asie (b) d'Amérique (c) d'Afrique

Exercice B

Complétez en français:

1. C'est le dialecte de la province de ______________________ qui est devenu la langue officielle de la France.

2. Le français, ______________________ et ______________________ sont des langues romanes.

3. C'est la ______________________ qui formait la frontière entre la langue d'oïl et la langue d'oc.

4. Le dialecte le plus important de la langue d'oc est le ______________________.

5. Trois autres pays européens où l'on parle français sont le Luxembourg, la ______________________ et la ______________________.

6. L'Académie française publie une ______________________ et un ______________________ de la langue française.

7. Le français a exercé une influence profonde sur la langue ______________________.

8. «Ce qui n'est pas ______________________ n'est pas français.»

9. Deux mots anglais qui ont été adoptés par les Français sont ______________________ et ______________________.

10. Dans la province canadienne de ______________________, des millions de personnes parlent français.

Exercice C

Identifiez:

1. le grand poète provençal ______________________

2. les quarante immortels ______________________

3. l'état américain où l'on parle encore français ______________________

4. l'organisation où le français est une des langues officielles ______________________

33

La Géographie de la France

Le pays qu'on appelle souvent «la douce France» ou «la belle France» occupe une position favorable dans le continent européen, entre deux des mers les plus importantes du monde: la Méditerranée et la Manche. La France est un pays extrêmement varié. Elle est remarquable par la diversité et l'harmonie de ses aspects: le climat, le relief, le paysage, le sol, les ressources naturelles et les produits.

POSITION GÉOGRAPHIQUE, CLIMAT

Située en pleine zone tempérée, la France est presque à égale distance de l'équateur et du pôle nord. Paris est à la même latitude que Montréal.

Grâce à cette latitude, à son relief de moyenne élévation, à l'influence modératrice du Gulf Stream qui réchauffe ses côtes et à la proximité de quatre mers, la plus grande partie de la France jouit d'un climat doux. Cependant, le climat devient graduellement plus rigoureux quand on s'éloigne de la mer. Puisque les mers qui entourent la France régularisent les températures et les pluies, la France est, en général, bien arrosée; il n'y a presque pas de région tout à fait sèche.

SUPERFICIE, POPULATION, LIMITES

La France a une superficie de 551.000 kilomètres carrés (= 213.000 miles carrés). Quoiqu'elle soit plus petite que l'état du Texas, la France est le pays le plus grand de la Communauté Européenne.

La France a une population d'environ 56 millions d'habitants, y compris la Corse.

Le pays a la forme d'un hexagone régulier [1], c'est-à-dire d'une figure géométrique à six faces. Trois de ces faces sont des frontières maritimes, baignées par les plus importantes mers européennes. La France est bornée au nord par **la Manche** et **la mer du Nord,** à l'ouest par **l'océan Atlantique,** au sud par **la mer Méditerranée.** Les côtes de la France présentent les aspects les plus variés.

Les trois autres faces de l'hexagone ont des frontières continentales. La France est bornée par six pays: au nord-est par **la Belgique** et **le Luxembourg;** à l'est par **l'Allemagne, la Suisse** et **l'Italie;** au sud par **l'Espagne.**

Cinq des faces de l'hexagone sont des frontières naturelles. La seule frontière artificielle se trouve au nord-est, entre le Rhin et Dunkerque.

La Corse, une île dans la Méditerranée au sud-est de la France, fait partie du pays. C'est une île montagneuse avec une côte sauvage et une vaste plaine. Le climat est méditerranéen. C'est ici, dans la ville d'Ajaccio, qu'est né Napoléon Bonaparte.

MONTAGNES

Il y a cinq massifs montagneux en France. Les Alpes, les Pyrénées et le Jura sont des montagnes jeunes. Leur altitude est élevée et leur relief très accidenté. Ces montagnes servent de frontières à la France. Les Vosges et le Massif Central sont des massifs anciens. Ce sont des

8 **le relief** topography
24 **arrosé** watered
26 **la superficie** area
59 **le massif** (mountain) range
62 **accidenté** jagged

Mer du Nord
GRANDE-
BRETAGNE
PAYS-
BAS
Pas de Calais
DUNKERQUE
CALAIS
ALLEMAGNE
BOULOGNE
LILLE
BELGIQUE
Manche
AMIENS
LUXEMBOURG
CHERBOURG
LE HAVRE
ROUEN
DEAUVILLE
LISIEUX
REIMS
METZ
PARIS
BREST
MONT-
SAINT-MICHEL
NANCY
STRASBOURG
CHARTRES
Seine
Vosges
Rhin
Loire
SAINT-
NAZAIRE
BLOIS
CHAMBORD
Saône
NANTES
AZAY-
LE-RIDEAU
CHENONCEAUX
Jura
SUISSE
FRANCE
LA ROCHELLE
VICHY
CHAMONIX
Océan
Atlantique
CLERMONT-
FERRAND
Mont
Blanc
LYON
Gironde
GRENOBLE
ITALIE
BORDEAUX
Massif Central
Rhône
Alpes
Garonne
AVIGNON
NÎMES
NICE
ARLES
CANNES
TOULOUSE
Camargue
SÈTE
MARSEILLE
BIARRITZ
CARCASSONNE
TOULON
LOURDES
Côte d'Azur
Pyrénées
MONACO
ESPAGNE
AJACCIO
Mer
Méditerranée
CORSE

montagnes peu élevées dont les sommets ont été arrondis par l'érosion.

1. **Les Alpes,** les montagnes les plus élevées, s'étendent entre la France, l'Italie et la Suisse. C'est dans les Alpes que se trouve le plus haut sommet de l'Europe, **le mont Blanc** (4.807 mètres = 15.780 pieds).
2. **Les Pyrénées** forment une barrière naturelle entre la France et l'Espagne. Moins hautes que les Alpes, les Pyrénées ont de nombreux pics élevés et aigus.
3. **Le Jura,** une chaîne moins élevée, s'étend du Rhin aux Alpes. C'est la frontière principale entre la France et la Suisse.
4. **Les Vosges** se trouvent en Alsace, près de l'Allemagne.
5. **Le Massif Central,** ou plateau central, est un vaste ensemble de hautes terres au centre de la France. C'est la chaîne de montagnes la plus ancienne où se trouvent de nombreux volcans éteints qu'on appelle «puys». **Les Cévennes** font partie du Massif Central.

La France a un relief assez varié. La distribution des montagnes est favorable aux communications intérieures et extérieures. Les plaines occupent plus de la moitié de la superficie du pays. Des régions très fertiles et bien cultivées sont: au nord, **le bassin parisien,** la plaine la plus vaste; au sud-ouest, **le bassin aquitain;** et au sud, **la vallée du Rhône.**

FLEUVES

1. **La Seine** est le plus navigable et le plus utilisé des fleuves français. Elle naît dans le centre de la France, traverse Paris, coule à travers la Normandie et se jette dans la Manche près du Havre.
2. **La Loire** est le plus long fleuve de France, mais le moins utile au point de vue économique. Elle prend sa source dans le Massif Central et se jette dans l'Atlantique. La vallée de la Loire est célèbre par ses châteaux magnifiques.
3. **La Garonne,** le plus court des fleuves importants, prend naissance dans les Pyrénées et après Bordeaux se jette dans l'Atlantique, où elle s'élargit pour former **la Gironde,** un véritable bras de mer. C'est un fleuve médiocre pour la navigation, mais qui produit beaucoup d'énergie hydro-électrique.
4. **Le Rhône** est un fleuve rapide et puissant. Descendant des Alpes suisses, il traverse le lac Léman (lac de Genève), reçoit **la Saône** à Lyon et se jette dans la Méditerranée près de Marseille. Le vaste delta que forme ce fleuve à son embouchure s'appelle **la Camargue.** Les barrages énormes qu'on a construits sur le Rhône, tels que Génissiat et Donzère-Mondragon, fournissent de grandes quantités d'énergie hydro-électrique.
5. **Le Rhin,** un des plus longs fleuves d'Europe, sépare la France de l'Allemagne.

Les fleuves et les rivières navigables sont reliés par de nombreux canaux, dont le plus célèbre est le vieux canal du Midi. Ce canal relie la Méditerranée avec la Garonne et, par conséquent, avec l'Atlantique.

Le réseau fluvial français sert de moyen de transport, à l'irrigation et comme source d'énergie hydro-électrique.

LES PROVINCES

Avant la Révolution de 1789, la France était composée de 32 **provinces.** Chacune avait ses propres coutumes, ses propres traditions culturelles et ses traits particuliers.

Quoique la France soit aujourd'hui divisée en **départements,** les Français ont encore l'habitude d'employer les noms des anciennes provinces, surtout en parlant de leur terre natale. (En 1982, une nouvelle unité administrative a été créée, les régions, qui reprennent plus ou moins les noms et les limites des provinces.) Chaque province avait un costume régional qu'on porte encore aujourd'hui à l'occasion d'une fête. La coiffe et les sabots se voient encore de nos jours dans certaines parties de la France.

Voici quelques-unes des provinces les mieux connues:

1. **La Bretagne** est la péninsule au nord-ouest de la France qui s'avance dans l'Atlantique. Une grande partie de sa population

55 **l'embouchure** mouth (of river)
56 **le barrage** dam
67 **le réseau fluvial** river system

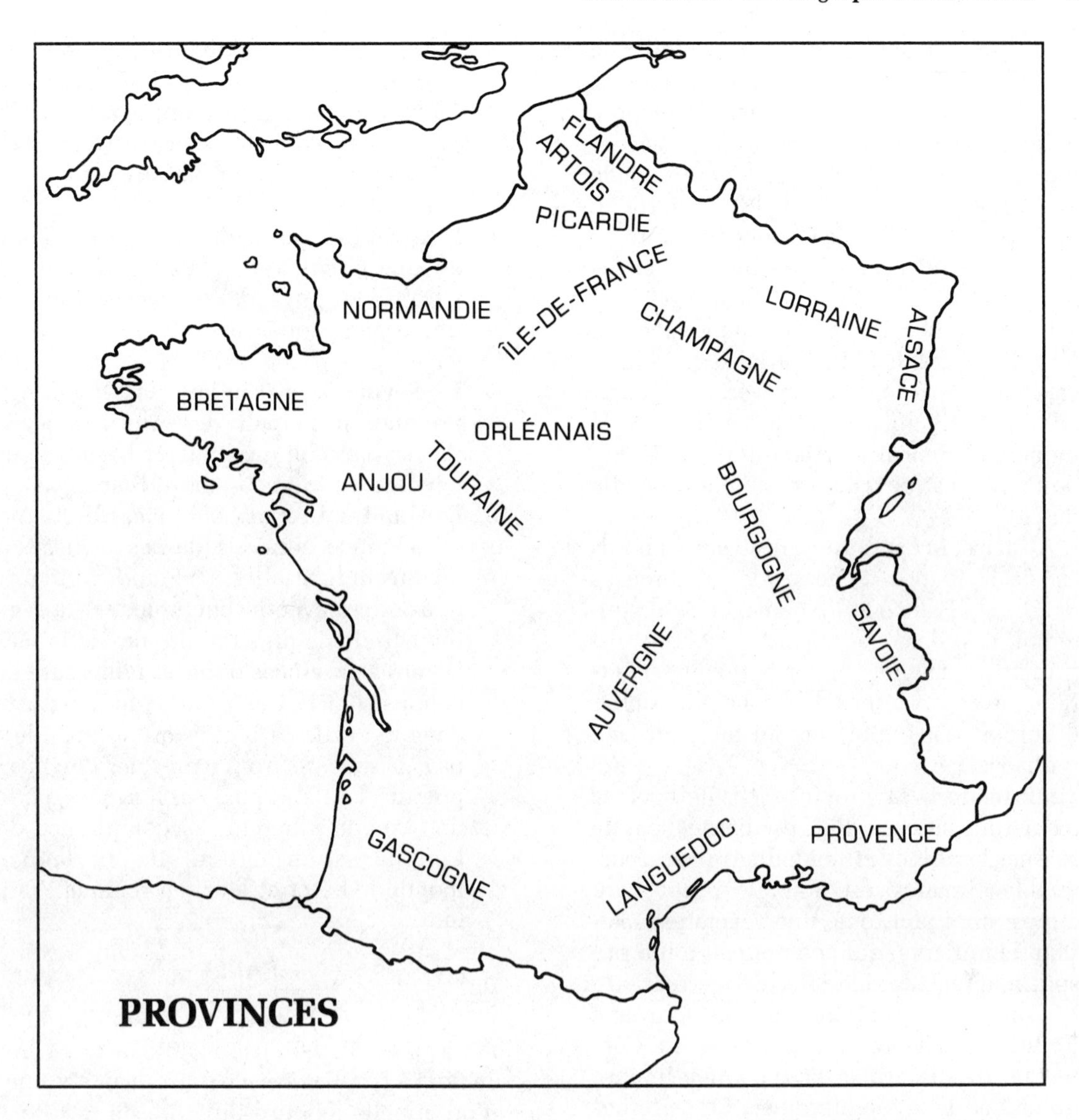

est d'origine celte, et aujourd'hui encore nombreux sont ceux qui parlent **breton,** l'ancienne langue de cette province. Dans cette région de faible altitude, baignée de trois côtés par la mer et arrosée de pluies abondantes, les habitants vivent surtout de la mer. Les marins et les pêcheurs bretons ont toujours joué un grand rôle dans les traditions maritimes de la France. Dans la marine militaire et la marine marchande se trouve un grand nombre de Bretons.

Les Bretons sont généralement conservateurs et superstitieux. À l'occasion des **pardons,** fêtes religieuses, on porte le costume traditionnel. Celui de la Bretonne se distingue surtout par sa **coiffe** blanche. Il y a en Bretagne de grandes pierres préhistoriques, isolées ou alignées l'une derrière l'autre, dont la signification est demeurée mystérieuse. On les appelle **menhirs** ou **dolmens.** [2]

2. **La Normandie** est située au nord-ouest de la France, sur les côtes de la Manche. Avec son climat humide, c'est une région de fermes fertiles et de pâturages. La Seine coule à travers cette province. Le long des côtes, il y a plusieurs ports de commerce et de pêche ainsi que des plages bien connues. Les belles vaches de la Normandie

14 **les pardons** religious pilgrimages dedicated to penitence and forgiveness

25 **le pâturage** pastureland

produisent le lait qui sert à fabriquer le beurre et les fromages normands de renommée mondiale. Il y a aussi en Normandie de grands centres industriels. Deux événements importants sont liés à l'histoire de la Normandie: la conquête de l'Angleterre en 1066 par Guillaume le Conquérant, duc de Normandie, et le débarquement en 1944 des forces alliées de la Libération.

3. **L'Île-de-France,** dans le bassin parisien, est une région fertile et industrialisée. Avec sa capitale, Paris, ce fut le véritable cœur administratif du pays et le berceau de la monarchie française. La langue parlée en Île-de-France est devenue la langue officielle de la France.
4. **L'Alsace** et **la Lorraine** se trouvent au nord-est de la France. Pendant de nombreuses années, la France et l'Allemagne se disputèrent ces deux provinces. L'Alsace est principalement une région agricole. La Lorraine, avec ses mines de fer les plus riches d'Europe, est importante au point de vue industriel.
5. **La Provence,** la province ensoleillée, se trouve au sud-est. Elle est bornée par le Rhône, les Alpes et la Méditerranée. Puisque le climat y est doux la plupart du temps, on y voit toute une végétation exotique. Les fleurs, qui poussent en toute saison, sont une des richesses de la terre. Entre Marseille et la frontière italienne se trouve le littoral célèbre qui s'appelle **la Côte d'Azur (la Riviera)** à cause du bleu intense du ciel et de la Méditerranée. En certaines saisons, un vent violent, froid et sec — **le mistral** — souffle du nord et descend la vallée du Rhône. En Provence, on trouve des monuments romains bien conservés. Même aujourd'hui, beaucoup de Provençaux parlent **provençal,** la langue des anciens troubadours.
6. Dans la vallée de la Loire se trouvent trois anciennes provinces: **la Touraine, l'Orléanais** et **l'Anjou.** Cette région s'appelle «le pays des châteaux» parce qu'aucune autre région ne possède tant de châteaux sur une étendue si limitée. **Azay-le-Rideau, Blois, Chambord** et **Chenonceaux** sont les plus connus de ces beaux châteaux. La Touraine, «le jardin de la France», produit une grande quantité de fruits et de légumes.
7. **La Bourgogne** et **la Champagne** sont deux provinces fertiles où l'on cultive la vigne. Les vins de ces provinces sont estimés dans le monde entier.
8. **L'Auvergne,** au centre du Massif Central, est une province de terre volcaniques. On y trouve les **puys,** des volcans éteints. C'est une région vouée essentiellement à l'élevage.
9. **La Savoie,** à la frontière de l'Italie, est la province principale des Alpes françaises. En Savoie, connue pour la beauté de son paysage, se trouve le mont Blanc.
10. **La Flandre, l'Artois,** et **la Picardie,** au nord de la France, sont des plaines fertiles et des régions industrielles. La Flandre, qui forme la frontière avec la Belgique, est la région industrielle la plus importante de France.
11. D'autres provinces dont les noms sont bien connus sont **la Gascogne** et **le Languedoc,** dans le Midi. La région qu'on appelle «le pays basque» se trouve près des Pyrénées et près de l'Atlantique. Les Basques parlent une langue différente et compliquée dont l'origine est un mystère. Ils ont donné au monde le **béret** et leur jeu régional, la **pelote.**

PARIS

À l'origine, Paris s'appelait **Lutèce.** C'était le village des Parisii, tribu gauloise qui a donné son nom à la ville. Lutèce se trouvait sur une île qu'on appelle aujourd'hui **l'île de la Cité,** «le berceau de Paris».

Paris, la capitale politique, économique et intellectuelle de la France, est située au centre du bassin parisien. La «Ville Lumière» est le cerveau du pays. C'est le centre de la vie artistique et littéraire, le premier centre commercial et industriel de la France, le centre de la mode et le premier port français de navigation intérieure.

Comme toutes les villes, le visage de Paris change de jour en jour. Tandis que la ville proprement dite compte à peu près deux millions d'habitants, la région parisienne — Paris

13 **le berceau** cradle

80 **la pelote** jai alai (court game similar to handball played with a ball and curved basket strapped to the wrist)

90 **le cerveau** brain

et ses environs — a une population d'environ dix millions d'habitants. Cette concentration humaine fait de Paris l'une des villes du monde dont la densité de population est la plus forte.

Pour son administration, Paris est divisé en vingt **arrondissements.** C'est une ville de beauté, célèbre pour ses monuments magnifiques, ses musées, ses églises et ses jardins.

La Seine divise la ville en deux parties: la rive droite et la rive gauche. **La rive droite,** au nord, est plus grande et plus animée. C'est le centre des affaires — maisons de commerce, grands magasins — et de la vie mondaine — grands boulevards, théâtres, restaurants. C'est sur la rive droite que se trouve **Montmartre.**

Le Quartier latin, où les étudiants parlaient latin au Moyen Âge, et **Montparnasse** sont sur **la rive gauche.** C'est au Quartier latin — centre de l'enseignement et d'activités culturelles — qu'on trouve la plupart des grandes écoles: la Sorbonne, le Collège de France, l'École Polytechnique, l'École de Médecine et l'École Normale Supérieure. Montparnasse et Montmartre sont connus comme centres de la vie bohémienne. Quelques-un des cafés bien connus de la rive gauche sont **le Dôme, les Deux Magots** et **le Café de Flore.**

Le Pont-Neuf, construit au XVIe siècle, est le plus ancien et le plus renommé des nombreux ponts de Paris. Il traverse la Seine à l'île de la Cité.

MUSÉES

Il y a plus de trente musées à Paris. En voici quelques-uns qui attirent un grand nombre de visiteurs:

1. **Le musée du Louvre,** dans l'ancien palais royal, est le musée d'art le plus important de France. C'est un des musées les plus vastes et les plus riches du monde. On peut y voir des chefs-d'œuvre tels que *La Joconde* (portrait de Monna Lisa) de Léonard de Vinci, la *Vénus de Milo* et *La Victoire de Samothrace.* Une pyramide de verre de 22 mètres de haut a été récemment érigée pour servir d'entrée au musée.
2. **L'Hôtel des Invalides,** construit par Louis XIV pour les anciens combattants blessés, contient le tombeau de Napoléon et un musée militaire.
3. **Le Panthéon,** au Quartier latin, était à l'origine une église construite en l'honneur de sainte Geneviève, patronne de Paris. Il sert maintenant de mausolée à de nombreux Français illustres: Voltaire, Jean-Jacques Rousseau, Victor Hugo, Émile Zola. Par conséquent, on l'appelle souvent le «Westminster Abbey de France». L'édifice porte l'inscription: «Aux grands hommes la Patrie reconnaissante». Les murs intérieurs du Panthéon sont décorés de peintures dont les plus célèbres, par Puvis de Chavannes, représentent la vie de sainte Geneviève.
4. **Le musée de Cluny,** au Quartier latin, est consacré à l'art du Moyen Âge. Il renferme aussi des ruines de bains romains.
5. **Le Centre national d'art et de culture Georges Pompidou,** inauguré en 1977, est composé de plusieurs parties. Dans le musée des arts modernes et contemporains se trouvent des collections permanentes et des expositions itinérantes. Ce centre culturel comprend aussi un institut pour l'expérimentation musicale, un centre de création industrielle, des facilités audio-visuelles et une bibliothèque d'information.
6. **Le musée d'Orsay** a été installé dans l'ancienne gare d'Orsay. On a restauré l'extérieur de la gare et transformé l'intérieur en musée. Les collections illustrent l'ensemble de la création artistique de la seconde moitié du XIXe siècle et des premières années du XXe siècle dans toute sa richesse et sa diversité.
7. **La Cité des sciences et de l'industrie** est un musée très moderne où l'on présente des expositions relatives aux sciences et à la technologie d'aujourd'hui. Dans son théâtre spectaculaire — la Géode — on joue des films à trois dimensions.

ÉGLISES

1. La cathédrale **Notre-Dame de Paris,** dans l'île de la Cité, est une merveille de l'architecture gothique. Commencée au XIIe siècle, c'est le plus bel édifice religieux de la ville.
2. L'élégante église de **la Madeleine,** avec sa majestueuse colonnade, a l'aspect d'un temple grec.

67 **Georges Pompidou** Prime Minister of France (1962–1968) and president (1969–1974). A passionate art lover, he was instrumental in the creation of the center that bears his name.

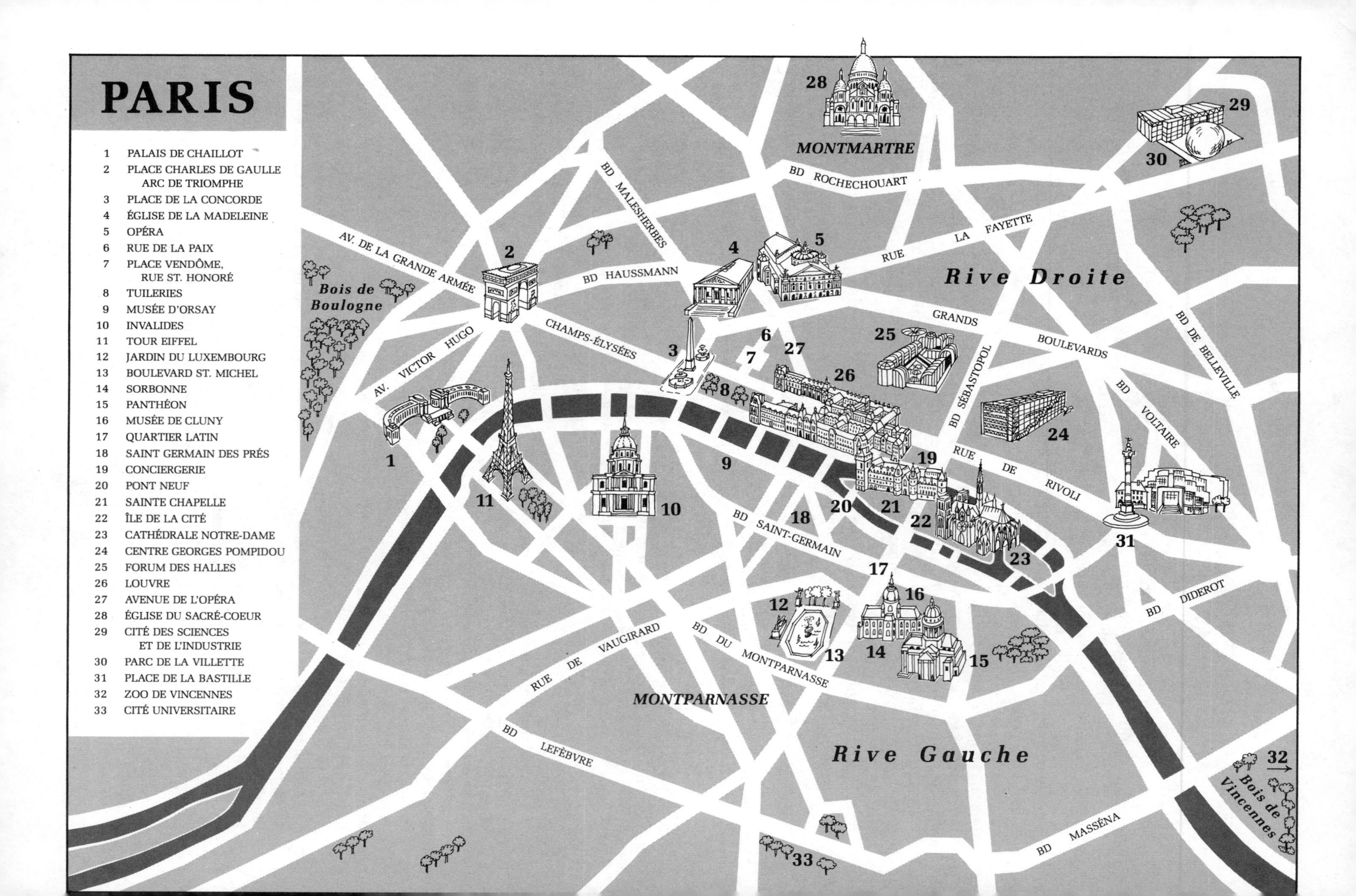
PARIS
1 PALAIS DE CHAILLOT
2 PLACE CHARLES DE GAULLE ARC DE TRIOMPHE
3 PLACE DE LA CONCORDE
4 ÉGLISE DE LA MADELEINE
5 OPÉRA
6 RUE DE LA PAIX
7 PLACE VENDÔME, RUE ST. HONORÉ
8 TUILERIES
9 MUSÉE D'ORSAY
10 INVALIDES
11 TOUR EIFFEL
12 JARDIN DU LUXEMBOURG
13 BOULEVARD ST. MICHEL
14 SORBONNE
15 PANTHÉON
16 MUSÉE DE CLUNY
17 QUARTIER LATIN
18 SAINT GERMAIN DES PRÉS
19 CONCIERGERIE
20 PONT NEUF
21 SAINTE CHAPELLE
22 ÎLE DE LA CITÉ
23 CATHÉDRALE NOTRE-DAME
24 CENTRE GEORGES POMPIDOU
25 FORUM DES HALLES
26 LOUVRE
27 AVENUE DE L'OPÉRA
28 ÉGLISE DU SACRÉ-COEUR
29 CITÉ DES SCIENCES ET DE L'INDUSTRIE
30 PARC DE LA VILLETTE
31 PLACE DE LA BASTILLE
32 ZOO DE VINCENNES
33 CITÉ UNIVERSITAIRE
MONTMARTRE
BD ROCHECHOUART
BD MALESHERBES
AV. DE LA GRANDE ARMÉE
BD HAUSSMANN
RUE LA FAYETTE
Rive Droite
Bois de Boulogne
CHAMPS-ÉLYSÉES
AV. VICTOR HUGO
GRANDS BOULEVARDS
BD DE BELLEVILLE
BD SÉBASTOPOL
BD VOLTAIRE
RUE DE RIVOLI
BD SAINT-GERMAIN
BD DIDEROT
RUE DE VAUGIRARD
BD DU MONTPARNASSE
MONTPARNASSE
BD LEFÈBVRE
Rive Gauche
Bois de Vincennes
BD MASSÉNA

3. **Le Sacré-Cœur** est une église blanche qui ressemble à une mosquée. Bâtie au XIXe siècle sur la colline de Montmartre, l'église domine la ville. De là, la vue sur Paris est magnifique.
4. **La Sainte-Chapelle,** dans l'île de la Cité, est célèbre pour ses beaux vitraux de couleurs superbes. C'est Louis IX (saint Louis) qui l'a fait construire au XIIIe siècle pour servir de chapelle à la famille royale et pour abriter des reliques précieuses. On appelle l'église «le bijou de l'architecture gothique».
5. L'église romane de **Saint-Germain-des-Prés,** au Quartier latin, est une des plus anciennes de Paris.

JARDINS ET BOIS

1. **Le bois de Boulogne,** ancienne forêt, est le vaste parc public à l'ouest de Paris. On y trouve des lacs, des jardins de fleurs, deux champs de courses et des restaurants.
2. **Le jardin des Tuileries** était autrefois un jardin particulier des rois de France. Ce parc, avec ses nombreuses statues, est situé près de la Seine, entre le Louvre et la place de la Concorde.
3. **Le jardin du Luxembourg,** sur la rive gauche, est un rendez-vous favori des étudiants.
4. Dans **le bois de Vincennes,** au sud-est de Paris, il y a un jardin zoologique célèbre.

PLACES

1. **La place de la Concorde** est la plus grande et la plus belle de Paris. C'est ici qu'on a guillotiné des centaines de Français, y compris Louis XVI et Marie-Antoinette, pendant la Révolution de 1789. Au milieu de la place se trouvent l'obélisque égyptien de Louqsor, entre deux belles fontaines, et des statues qui représentent huit grandes villes de France.
2. **La place Charles de Gaulle** portait le nom de «place de l'Étoile» jusqu'à 1970; elle s'appelait ainsi parce que les douze avenues qui rayonnent autour de **l'Arc de Triomphe** dessinent une étoile. Napoléon avait ordonné de construire cet arc gigantesque pour commémorer ses victoires. Sous l'arc, où brûle la flamme éternelle, se trouve **le tombeau du Soldat Inconnu,** mort pour la France pendant la Première Guerre mondiale. Le célèbre bas-relief, **la Marseillaise,** chef-d'œuvre de l'artiste François Rude, décore une des faces de l'arc.
3. **La place de l'Opéra** est située au cœur de la ville. Le grandiose **Opéra,** qui date de 1875, domine l'animation de la place. L'édifice splendide, avec ses façades sculptées, son grand escalier en marbre et son foyer somptueux, est l'œuvre de Charles Garnier. Au coin de la place se trouve **le Café de la Paix,** rendez-vous international, où l'on entend parler toutes les langues du monde.
4. **La place Vendôme** est le centre des magasins élégants. Au milieu de la place s'élève **la colonne Vendôme,** avec ses spirales de bronze où sont representées des scènes des campagnes militaires de Napoléon. Au sommet de la colonne se trouve la statue de l'empereur.
5. C'est sur **la place de la Bastille** que se trouvait autrefois la vieille prison que les Français ont prise et détruite en 1789. Aujourd'hui, au centre de la place se dresse **la colonne de Juillet,** élevée à la mémoire des Parisiens tués dans la révolution de juillet 1830 [3]. Tout près d'ici se trouve le nouvel **Opéra de la Bastille.**

AUTRES MONUMENTS ET CURIOSITÉS

1. **La tour Eiffel** est le monument parisien le plus universellement connu. Construite en acier par l'ingénieur Alexandre Gustave Eiffel pour l'Exposition de 1889, elle mesure 336 mètres de haut. On peut monter au sommet par des ascenseurs ou des escaliers. Les deux restaurants servent de bons repas. La tour est utilisée comme poste émetteur de radio et de télévision.
2. **La Sorbonne,** fondée en 1253 par Robert de Sorbon, chapelain de Louis IX, est la partie la plus ancienne de l'Université de Paris. C'est la Faculté des lettres et des sciences de l'université.
3. **Le palais de Chaillot,** qui date de 1937, est un des meilleurs exemples de l'architecture moderne. Le palais contient plusieurs musées et un théâtre. L'Assemblée des Nations Unies s'y est réunie.

7 **le vitrail (les vitraux)** stained-glass window(s)
10 **abriter** to shelter
13 **roman** romanesque
20 **le champ de course** race track

4. **La Cité Universitaire,** composée d'un grand nombre de bâtiments, est la section résidentielle de l'Université de Paris. Des étudiants français et étrangers y demeurent. La Cité encourage la compréhension mutuelle entre les jeunes gens de tous les pays du monde et facilite l'organisation de leur vie d'étudiant.
5. **La Conciergerie** est l'ancienne prison dans l'île de la Cité. C'est ici qu'un grand nombre de victimes de la Révolution, y compris Marie-Antoinette, ont passé leurs dernières heures.
6. **Le Forum des Halles,** à l'endroit où se trouvaient les Halles, le grand marché central de Paris, maintenant transféré dans la banlieue à Rungis, contient un centre commercial et des équipements de loisir.
7. Quelque-uns des grands magasins de Paris sont: **les Galeries Lafayette, le Bon Marché** et **Au Printemps.**
8. Il y a deux palais célèbres près de Paris. Situé dans un immense parc est le magnifique palais de **Versailles,** construit au XVIIe siècle par Louis XIV. Dans **la Galerie des Glaces,** on a signé le traité de Versailles en 1919 [4]. Le château de **Fontainebleau,** entouré d'une belle forêt, était la retraite préférée de Napoléon.

RUES

1. **L'avenue des Champs-Élysées** est la promenade large et splendide qui s'étend de la place de la Concorde à la place Charles de Gaulle. Le long de cette avenue — centre de commerce et de divertissement — se trouvent des boutiques, des magasins d'automobiles, des maisons de couture, de grands hôtels, des théâtres et des cinémas.
2. **L'avenue de l'Opéra, la rue de la Paix, la rue Royale** et **la rue St-Honoré** sont connues pour leurs boutiques élégantes.
3. Sous les arcades de **la rue de Rivoli,** qui s'étend parallèlement à la Seine, il y a des magasins de luxe qui attirent des milliers de touristes.
4. **Les grands boulevards** sont de larges avenues bordées d'arbres qui forment les artères de Paris. **Le boulevard St-Michel** est la rue principale du Quartier latin. D'autres boulevards également bien connus sont les boulevards **Montmartre, Montparnasse, Haussmann, des Capucines, de la Madeleine** et **des Italiens.**
5. Les **quais** sont les rues qui bordent les deux rives de la Seine. C'est ici que les **bouquinistes,** dont les boîtes garnissent les parapets, vendent des livres d'occasion.

TRANSPORTS

La situation commerciale de Paris est excellente. C'est le premier port fluvial de la France et le centre du réseau routier. Deux aéroports desservent la ville: Charles de Gaulle, le vaste aéroport international à Roissy, et Orly. Toutes les grandes lignes de chemin de fer passent par Paris, où se trouvent plusieurs gares. Le **TGV,** train à grande vitesse, relie Paris à Lyon, Marseille, Genève et la Bretagne.

Pour voyager dans la ville même, il y a trois moyens de transport public:

1. **Le métro (métropolitain)** est le chemin de fer souterrain. Le vaste réseau de métro relie tous les points de la ville et on peut aller n'importe où dans Paris en changeant de métro à des correspondances. Dans la plupart des stations, il y a une grande carte murale qui montre au voyageur l'itinéraire à suivre avec des lumières de couleurs différentes.
2. **Le R.E.R. (Réseau Express Régional)** est un ensemble de lignes traversant Paris et sa banlieue. Ce «super-métro» a un système de contrôle unique automatisé.
3. Un réseau d'autobus dessert la ville entière et les banlieues.

Si l'on prend un des **bateaux-mouches** qui descendent et remontent la Seine, on peut faire une belle excursion sur le fleuve et admirer plusieurs des monuments historiques de la ville. Pendant la journée, il y a aussi des bateaux qui permettent de traverser Paris en évitant les embarras de la circulation automobile.

AUTRES VILLES FRANÇAISES

Parmi les villes principales de la France, du point de vue de la population, sont **Lyon, Marseille, Lille, Toulouse, Bordeaux** et **Nice.**

56 **d'occasion** second-hand
61 **desservir** to serve
73 **la correspondance** transfer, connection
80 **la banlieue** suburb
90 **l'embarras de la circulation automobile** traffic jam

PORTS

1. **Marseille,** sur la Méditerranée, près de l'embouchure du Rhône, est le plus grand port de mer français. Marseille, qui relie la France à l'Afrique du Nord et à l'Orient, est aussi un centre industriel très actif.
2. **Le Havre,** à l'embouchure de la Seine, est le plus grand port sur la Manche. Par ce port se fait la plus grande partie du trafic orienté vers l'Amérique du Nord.
3. **Bordeaux,** à l'embouchure de la Garonne, est un port actif, surtout dans le commerce des vins renommés de la région.
4. **Nantes,** à l'embouchure de la Loire, est un centre de constructions navales.
5. D'autres ports maritimes sont:

   sur la Manche: **Cherbourg** (port militaire), **Boulogne, Calais, Dunkerque**
   sur l'Atlantique: **Brest** (port militaire), **Saint-Nazaire, La Rochelle**
   sur la Méditerranée: **Toulon** (port militaire), **Sète**

VILLES INDUSTRIELLES

1. **Lyon** se trouve au confluent du Rhône et de la Saône. C'est une ville commerciale et le centre traditionnel de l'industrie de la soie.
2. **Lille,** au nord-est de la France, est un grand centre de l'industrie textile. C'est également un centre de constructions mécaniques.
3. **Strasbourg,** sur le Rhin, est une ville industrielle et un port fluvial important. Cette ancienne capitale de l'Alsace est connue pour son pâté de foie gras. Dans la magnifique cathédrale gothique se trouve une célèbre horloge astronomique.
4. **Reims,** le centre de la préparation du champagne, possède une des plus belles cathédrales gothiques de France, un chef-d'œuvre d'architecture et de sculpture. Dans cette cathédrale, on couronnait les rois de France. D'autres villes connues pour leur cathédrale gothique sont **Chartres** et **Amiens.**
5. **Nancy,** ancienne capitale de la Lorraine, et **Metz,** également en Lorraine, se trouvent dans une ancienne région d'industrie métallurgique.
6. **Rouen,** sur la Seine en Normandie, est une ville industrielle et un port fluvial. Jeanne d'Arc y fut brûlée en 1431.
7. **Grenoble,** au sud-est, est le centre principal de la fabrication des gants.
8. **Toulouse,** sur la Garonne, est le centre industriel et commercial de la région. On y fabrique les avions de l'Airbus Industrie.
9. **Clermont-Ferrand,** dans le centre du pays, est la métropole française du caoutchouc. On y fabrique des pneus.

STATIONS D'ÉTÉ ET D'HIVER

1. **Nice,** la plus grande ville de la Côte d'Azur, et la ville avoisinante de **Cannes** sont deux stations balnéaires qui attirent beaucoup de touristes, surtout en hiver et au printemps. C'est à Cannes que le Festival international de cinéma se tient chaque année au mois de mai.
2. **Chamonix,** situé au pied du mont Blanc, est un centre important d'alpinisme et de sports d'hiver.
3. **Deauville** et **Trouville** sont des plages populaires sur la Manche.
4. **Vichy** est la grande station thermale du Massif Central. Ses eaux minérales sont exportées aux quatre coins du monde. D'autres stations thermales sont **Évian, Vittel** et **Aix-les-Bains.**
5. **Biarritz,** dans le pays basque, est une station balnéaire sur l'Atlantique, près de l'Espagne.

VILLES HISTORIQUES

1. **Carcassonne** se trouve dans le midi de la France. Célèbre pour les remparts qui l'entourent, c'est le meilleur exemple d'une ville fortifiée du Moyen Âge.
2. **Le Mont-Saint-Michel,** qu'on appelle «la Merveille de l'Occident», est situé sur un îlot rocheux de la Manche, entre les côtes de la Bretagne et de la Normandie. C'est une forteresse médiévale dominée par une abbaye bénédictine en style gothique.
3. **Avignon** est une ville provençale sur le Rhône renommée pour son **palais des Papes.** Ce palais était la résidence du pape au quatorzième siècle. **Le pont Saint-Bénézet** est bien connu, grâce à la vieille chanson fameuse, «Sur le pont d'Avignon».

61 **la station balnéaire** seaside resort
67 **l'alpinisme** mountain climbing
71 **la station thermale** spa

4. **Nîmes** et **Arles,** deux villes méridionales, conservent quelques-uns des plus beaux monuments romains de France. À Nîmes se trouvent **la Maison Carrée,** temple romain, et les arènes. Pas loin de la ville, on peut voir **le pont du Gard,** aqueduc romain. Arles également a un théâtre antique et des arènes.
5. **Lourdes,** dans les Pyrénées, est le lieu de pèlerinage le plus célèbre de France. Ce grand centre religieux attire chaque année des milliers de catholiques du monde entier. **Lisieux,** en Normandie, est un autre lieu de pèlerinage.

13 **le pèlerinage** pilgrimage

NOTES:

[1] **l'hexagone:** term used by the French to refer to France.

[2] **menhirs et dolmens:** prehistoric monuments composed of megaliths, or very large stones. Menhirs are upright stones placed singly or aligned in rows; dolmens are composed of two or more upright stones supporting a horizontal stone slab and may have been used as tombs.

[3] **Révolution de juillet 1830:** three-day revolution ending in the abdication of ultra-royalist Charles X and the creation of a new monarchy headed by Louis-Philippe Ier.

[4] **Traité de Versailles:** (June 28, 1919) Treaty between France, her allies, and Germany ending World War I.

Exercice A

Pour chaque description de la première colonne, donnez la lettre du nom correspondant de la seconde colonne:

1. courant maritime chaud ______
2. frontière principale entre la France et l'Italie ______
3. rivière qui se jette dans le Rhône ______
4. montagnes anciennes en Alsace ______
5. île française dans la Méditerranée ______
6. plaine vaste ______
7. delta du Rhône ______
8. volcans éteints ______
9. fleuve le plus navigable ______
10. chaîne de montagnes la plus ancienne ______

a. la Camargue
b. la Corse
c. la Saône
d. la Seine
e. le bassin parisien
f. le Gulf Stream
g. le Massif Central
h. les Alpes
i. les puys
j. les Vosges

Exercice B

Vrai ou faux? Indiquez si chaque phrase est vraie ou fausse. Si elle est fausse, changez-la pour la rendre vraie:

1. Le climat français est plus rigoureux près de la mer.

____

2. Généralement la France reçoit une quantité suffisante de pluie.

____

3. Le paysage et le sol de la France sont très variés.

____

4. Paris se trouve à la même latitude que Boston.

____

5. Génissiat est le nom d'un barrage sur la Loire.

____

6. La superficie de la France est supérieure à celle de l'état du Texas.

____

7. Les hautes montagnes françaises se trouvent sur les frontières.

____

8. La Seine se jette dans la Méditerannée près du Havre.

____

9. Le canal du Midi relie la France et l'Espagne.

____

10. Les montagnes françaises empêchent la communication intérieure.

____

Exercice C

Complétez en français:

1. La France est presque à égale distance du pôle nord et de ______________.
2. Les Cévennes font partie du ______________.
3. On peut voir de nombreux ______________ magnifiques dans la vallée de la Loire.
4. ______________ des faces de l'hexagone français sont des frontières maritimes.
5. La France compte ______________ millions d'habitants.
6. Les Alpes culminent au ______________, le point le plus élevé de l'Europe.
7. ______________ est la frontière principale entre la France et la Suisse.
8. La France est située tout entière dans la zone ______________.
9. ______________ est le fleuve le plus long mais le moins utile de France.
10. La seule frontière artificielle s'étend au nord-est, entre Dunkerque et le ______________.
11. ______________, qui prend naissance dans les Alpes suisses, est un fleuve qui fournit des quantités énormes d'énergie hydro-électrique.
12. Les Pyrénées séparent la France de ______________.
13. Après Bordeaux, la Garonne s'élargit dans un estuaire, la ______________.
14. ______________, qui prend sa source dans le centre de la France, traverse Paris.

Exercice D

Identifiez la province:

1. Dans cette province se trouvent les mines de fer les plus riches d'Europe. ____________
2. À cause de sa production de fruits et de légumes, on appelle cette province «le jardin de la France». ____________
3. Située sur la Manche et l'Atlantique, cette péninsule tire ses principales ressources de la mer et de la vie maritime. ____________
4. Cette province, près de la Belgique, est une région industrielle très importante. ____________
5. Une région de fermes riches et de pâturages, cette province a des plages célèbres sur la Manche. ____________
6. On y trouve beaucoup de monuments romains bien conservés. ____________
7. Cette province du Massif Central est une région d'origine volcanique. ____________
8. C'est la province principale des Alpes françaises. ____________
9. Cette province, dont Paris fut la capitale, est une région fertile et industrialisée. ____________
10. Cette province est bornée par le Rhône, la Méditerranée et les Alpes. ____________

Exercice E

Vrai ou faux? Indiquez si chaque phrase est vraie ou fausse. Si elle est fausse, changez-la pour la rendre vraie:

1. Chacune des trente-deux provinces avait ses propres traditions culturelles.

   ____

2. La Normandie est une région purement agricole.

   ____

3. L'Alsace est importante principalement au point de vue industriel.

   ____

4. Les Bretons sont généralement conservateurs.

   ____

5. La Touraine, l'Orléanais et l'Anjou se trouvent dans la vallée du Rhône.

   ____

6. En Provence on peut voir un grand nombre de pierres préhistoriques alignées l'une derrière l'autre.

   ____

7. L'agriculture est l'industrie principale de l'Auvergne.

____

8. Blois et Chenonceaux sont en Bourgogne.

____

9. L'Artois et la Picardie sont des plaines fertiles et des régions industrielles.

____

10. Le pays basque se trouve près des Alpes.

____

Exercice F

Pour chaque description de la première colonne, donnez la lettre du nom correspondant de la seconde colonne:

1. berceau de la monarchie française	______	**a.** Auvergne
2. puys	______	**b.** Basques
3. habitants d'origine celte	______	**c.** Bretons
4. béret et pelote	______	**d.** Côte d'Azur
5. littoral méditerranéen	______	**e.** Île-de-France
6. débarquement des armées alliées en 1944	______	**f.** mistral
7. langue des anciens troubadours	______	**g.** Normandie
8. vent froid qui descend la vallée du Rhône	______	**h.** provençal
9. pays des châteaux	______	**i.** Provençaux
10. Marseillais	______	**j.** vallée de la Loire

Exercice G

Complétez en français:

1. La ____________________ coule à travers la Normandie.
2. Les ____________________, qui poussent toute l'année, sont une des richesses de la Provence.
3. La femme bretonne porte souvent une ____________________ blanche sur la tête.
4. Les célèbres ____________________ d'Azay-le-Rideau et de Chambord attirent chaque année un grand nombre de touristes.
5. C'est la langue de ____________________ qui est devenue la langue officielle de la nation française.
6. Deux provinces dont les vins sont renommés dans le monde entier sont ____________________ et ____________________.
7. Le ____________________ est le nom de la fête religieuse des Bretons.
8. C'est en ____________________, connue pour la beauté de ses montagnes, que se trouve le mont Blanc.

9. En 1066, Guillaume le Conquérant, duc de ____________________, traversa la Manche et envahit l'Angleterre.

10. Deux provinces souvent disputées par la France et l'Allemagne sont ____________________ et ____________________.

Exercice H

Pour chaque description de la première colonne, donnez la lettre du nom correspondant de la seconde colonne:

1. «Aux grands hommes la Patrie reconnaissante» ______
2. tribu gauloise ______
3. jardin zoologique ______
4. palais de Louis XIV ______
5. auteur de peintures murales ______
6. colonne de Juillet ______
7. lacs, champs de courses, restaurants ______
8. sculpteur du bas-relief sur l'Arc de Triomphe ______
9. Café de la Paix ______
10. grand magasin ______
11. église blanche de Montmartre ______
12. ingénieur du XIXe siècle ______

a. bois de Boulogne
b. bois de Vincennes
c. Eiffel
d. Galeries Lafayette
e. Panthéon
f. Parisii
g. place de l'Opéra
h. place de la Bastille
i. Puvis de Chavannes
j. François Rude
k. Sacré-Cœur
l. Versailles

Exercice I

Complétez:

1. Au temps des Romains, Paris s'appelait ____________________.
2. On appelle la capitale de la France la «Ville ____________________».
3. Les grandes écoles, telles que l'École Polytechniqe et l'École de Médecine, se trouvent sur la rive ____________________.
4. On peut voir *La Joconde*, la *Vénus de Milo*, et *La Victoire de Samothrace* dans le ____________________.
5. Les étalages des bouquinistes se trouvent le long des ____________________, les rues qui bordent la Seine.
6. ____________________ et ____________________ sont les deux grands aéroports de Paris.
7. Le Panthéon sert de mausolée aux Français illustres, tels que ____________________ et ____________________.
8. La flamme éternelle brûle sur le tombeau ____________________.
9. L'avenue ____________________ s'étend de la place de la Concorde à la place Charles de Gaulle.
10. L'obélisque de Louqsor et les huit statues de villes françaises se trouvent sur la place ____________________.

Exercice J

Pour chaque description de la première colonne, donnez la lettre du nom correspondant de la seconde colonne:

1. l'édifice qui contient le tombeau de Napoléon Ier ______
2. le musée d'art médiéval au Quartier latin ______
3. le grand marché qui alimentait Paris ______
4. «le bijou de l'architecture gothique» ______
5. l'église en forme de temple grec ______
6. l'ancienne prison dans l'île de la Cité où Marie-Antoinette passa ses dernières heures ______
7. le monument qui se trouve au milieu de la place Charles de Gaulle ______
8. le musée installé dans une ancienne gare ______
9. la statue de bronze qui domine la colonne Vendôme ______
10. le monument en acier, très élevé, utilisé comme poste émetteur de télévision ______

a. Chaillot
b. le musée de Cluny
c. l'Arc de Triomphe
d. l'Hôtel des Invalides
e. la Cité des sciences et de l'industrie
f. la Conciergerie
g. la Galerie des Glaces
h. la Joconde
i. la Madeleine
j. la Sainte-Chapelle
k. la tour Eiffel
l. le Centre Pompidou
m. le château de Fontainebleau
n. le Dôme
o. le musée d'Orsay
p. les Halles
q. Montparnasse
r. Napoléon
s. Notre-Dame
t. Sainte Geneviève

Exercice K

Vrai ou faux? Indiquez si chaque phrase est vraie ou fausse. Si elle est fausse, changez-la pour la rendre vraie:

1. Paris est divisé en vingt arrondissements.

____

2. Douze avenues rayonnent de la place de la Bastille.

____

3. L'Opéra qui date de 1875 est l'œuvre de l'architecte Charles Garnier.

____

4. Paris est un grand port fluvial.

____

5. Le R.E.R. est un moyen de transport public.

____

6. «Au Printemps» est un beau jardin.

____

7. Pour entrer au Louvre, on passe par la pyramide de verre.

____

8. Le Sacré-Cœur ressemble à une mosquée.

____

9. La Cité Universitaire encourage la compréhension mutuelle entre les étudiants de tous les pays.

____

10. La rive gauche est le centre principal du commerce parisien.

____

Exercice L

Complétez les paragraphes suivants en français:

Le matin, après la visite du Louvre, nous avons traversé le plus ancien des ponts de Paris, le ______________ (1), pour voir le quartier des écoles, le Quartier ______________ (2), sur la rive ______________ (3). Le calme des petites rues contraste avec l'animation du boulevard ______________ (4), la rue principale du quartier. Nous avons visité la ______________ (5), la plus ancienne partie de l'Université de Paris. Ensuite, nous sommes entrés dans le ______________ (6) pour y admirer les peintures murales qui représentent la vie de ______________ (7), patronne de Paris. Plus tard, pour nous reposer un peu, nous nous sommes assis sur un banc au jardin ______________ (8), rendez-vous favori des étudiants.

L'après-midi, nous avons pris un de ces bateaux-______________ (9) qui descendent et remontent la ______________ (10). Quelle promenade inoubliable! La place ______________ (11), la plus grande de Paris, offre au visiteur de belles perspectives. Puis nous avons vu près du fleuve le jardin ______________ (12), ancien jardin des rois de France. En nous approchant de l'île ______________ (13), le berceau de Paris, nous avons reconnu ce chef-d'œuvre de l'architecture gothique, la cathédrale ______________ (14). Enfin, n'en pouvant plus, nous avons pris le ______________ (15), le chemin de fer souterrain, pour retourner à l'hôtel.

Exercice M

Pour chaque description de la première colonne, donnez la lettre du nom correspondant de la seconde colonne:

1. grande station thermale	______	**a.** Bordeaux
2. on y fabrique des avions	______	**b.** Cannes
3. ville normande où Jeanne d'Arc mourut	______	**c.** Le Havre
4. premier port de mer, sur la Méditerranée	______	**d.** Lourdes
5. ville industrielle sur le Rhin	______	**e.** Marseille
6. station balnéaire de la Côte d'Azur	______	**f.** Vichy
7. grand port au sud-ouest, actif dans le commerce des vins	______	**g.** Reims
8. lieu de pèlerinage dans les Pyrénées	______	**h.** Rouen
9. centre de la préparation du champagne	______	**i.** Strasbourg
10. port transatlantique à l'embouchure de la Seine	______	**j.** Toulouse

Exercice N

Vrai ou faux? Indiquez si chaque phrase est vraie ou fausse. Si elle est fausse, changez-la pour la rendre vraie:

1. À cause de la douceur de leur climat, Deauville et Trouville attirent beaucoup de touristes en hiver.

____

2. On peut voir la célèbre horloge astronomique dans la cathédrale de Chartres.

____

3. Biarritz est sur l'Atlantique, près de l'Espagne.

____

4. La ville de Carcassonne est dominée par une abbaye bénédictine.

____

5. La Maison Carrée de Nîmes fut un temple romain.

____

6. Le pont du Gard, près de Nîmes, est un aqueduc du Moyen Âge.

____

7. Le port de Marseille relie la France à l'Angleterre.

____

8. Bordeaux est renommé pour ses textiles.

____

Exercice O

Complétez en français:

1. Lyon se trouve au confluent de la Saône et ______________________.
2. ______________________, dans le Massif Central, est le centre de l'industrie du caoutchouc.
3. Deux ports sur la Manche sont ______________________ et ______________________.
4. Le palais des Papes se trouve à ______________________.
5. Le Mont-Saint-Michel est situé sur un îlot de la ______________________, entre la ______________________ et la ______________________.
6. Reims et Amiens sont célèbres pour leur ______________________ gothique.
7. ______________________ est une plage populaire sur la Manche.
8. ______________________, situé au pied du mont Blanc, est un centre de sports d'hiver.
9. Deux villes méridionales connues pour leurs beaux monuments romains sont ______________________ et ______________________.
10. Nantes, à l'embouchure de la Loire, est un centre de constructions ______________________.
11. La Rochelle et Saint-Nazaire sont deux ports sur ______________________.

Exercice P

Identifiez la ville:

1. centre principal de la fabrication des gants ______________________
2. «la Merveille de l'Occident» ______________________
3. ville principale de la Riviera ______________________
4. le meilleur exemple d'un ville fortifiée du Moyen Âge ______________________
5. grande station thermale dans le Massif Central, connue pour ses eaux minérales ______________________

34

L'Histoire de la France

LA PRÉHISTOIRE

La France est riche en vestiges de civilisations préhistoriques. On a découvert dans plusieurs grottes françaises, comme celles des Eyzies et de Lascaux [1], des squelettes d'hommes et des dessins sur pierre. Les menhirs et les dolmens — des blocs de pierre préhistoriques — sont nombreux en Bretagne.

Au premier siècle avant Jésus-Christ, la France s'appelait **la Gaule.** C'était le territoire des **Celtes,** ou **Gaulois,** qui avaient une civilisation primitive. Les Gaulois étaient divisés en un grand nombre de tribus rivales qui se faisaient souvent la guerre. Leurs prêtres, appelés **druides,** occupaient une place importante dans leur société. Les druides, qui étaient aussi médecins et juges, exerçaient une influence sociale et politique en même temps que religieuse. Ils adoraient la nature et enseignaient que le gui, plante toujours verte, était sacré et que l'âme était immortelle.

LES ROMAINS

Jules César, le général romain, profita de la désunion des Gaulois pour entreprendre la conquête du pays entier. Cette conquête se termina par la bataille d'Alésia en 52 avant J.-C. **Vercingétorix,** chef courageux et général habile, avait réussi à former une coalition des peuples gaulois contre César. Après la défaite des Gaulois à Alésia, Vercingétorix fut emmené à Rome, où il figura dans le triomphe de César. Au bout de six ans de prison, le chef gaulois fut exécuté. On considère Vercingétorix comme le premier héros national de la France.

Sous le gouvernement des Romains, qui dura plus de 400 ans, la Gaule prospéra. Les Gaulois adoptèrent les coutumes, la religion et le code de justice des vainqueurs, et ils apprirent le latin, la langue de Rome. Les Romains développèrent l'agriculture et le commerce. Ils construisirent de belles routes, des aqueducs, des amphithéâtres, des temples et d'autres bâtiments publics. La conquête romaine donna à la Gaule la paix et la sécurité.

LES FRANCS

L'empire romain était très vaste et, par conséquent, difficile à défendre. À partir du IIIe siècle, des peuplades barbares — Visigoths, Vandales, Burgondes, Huns — commencèrent à envahir la Gaule. Au Ve siècle, une tribu germanique, **les Francs,** conquit le pays et s'y installa. Ce sont eux qui ont donné leur nom à la France.

Clovis (465–511), roi des Francs, battit les Romains et se fit maître de presque toute la Gaule. Il se convertit au christianisme, qui devint la religion officielle du pays.

Sainte Geneviève est la patronne de Paris. Au Ve siècle, quand les Huns étaient sur le point d'attaquer Paris (alors Lutèce), Geneviève, une bergère, donna aux habitants le courage de rester dans la ville. Elle avait raison, car l'armée d'Attila changea de direction, et Paris fut sauvé.

En 732, **Charles Martel** sauva la France de l'invasion musulmane en écrasant les Arabes à la bataille de Poitiers.

LES CAROLINGIENS

Charlemagne, ou Charles le Grand, petit-fils de Charles Martel, fut le souverain le plus puissant du Moyen Âge. En 800, à Rome, le pape le couronna empereur d'Occident. Il gouverna un empire immense: la plus grande partie

19 **le gui** mistletoe

de l'Europe occidentale. Charlemagne était un administrateur sage qui essayait d'améliorer la condition de son peuple. Il promulgua des lois bonnes et justes. Protecteur des arts et des lettres, il encouragea l'enseignement en créant de nombreuses écoles. Ses exploits guerriers sont célébrés dans *La Chanson de Roland*, le premier chef-d'œuvre de la littérature française. Malheureusement, après la mort de Charlemagne, son vaste empire fut démembré.

LES NORMANDS

À la fin du IXe siècle, quand la France ne pouvait plus se défendre, le pays fut ravagé par **les Normands**, les hommes du Nord. Ces pirates, qui venaient par mer, remontaient les fleuves et pillaient tout sur leur passage. Ils finirent par rester dans la région qu'on appelle aujourd'hui la Normandie.

En 1066, **Guillaume le Conquérant**, duc de Normandie, traversa la Manche, fit la conquête de l'Angleterre et devint roi de ce pays.

Louis IX, ou **saint Louis**, est connu pour son amour de la justice et de la paix. Il s'intéressait à ses sujets, surtout aux pauvres. Très pieux, il prit une part active aux Croisades du XIIIe siècle. Louis IX fit beaucoup pour consolider le pouvoir royal.

LA GUERRE DE CENT ANS

Pendant la guerre de Cent Ans, de 1337 à 1453, les armées anglaises envahirent la France. Les rois d'Angleterre, qui prétendaient à la couronne de France, dévastèrent le pays. Grâce au courage d'une jeune paysanne française, la France fut sauvée.

Jeanne d'Arc, appelée «la Pucelle d'Orléans», est l'héroïne nationale de la France. Elle naquit en 1412 à Domrémy, en Lorraine. Jeanne crut entendre des voix surnaturelles qui lui commandaient de délivrer la France. À la tête d'une armée française, elle battit les Anglais à Orléans et fit sacrer Charles VII roi de France dans la cathédrale de Reims. Trahie, elle fut prise et vendue aux Anglais. Ceux-ci, l'ayant accusée d'hérésie, la brûlèrent vive à Rouen en 1431. Après la mort de Jeanne d'Arc, les Français, inspirés par son courage, chassèrent les Anglais de France.

1 **occidental** western
16 **piller** to loot
35 **la Pucelle** Maid

DU XVIe SIÈCLE AU XVIIIe SIÈCLE

Francois Ier fut roi de France pendant la première moitié du XVIe siècle, l'époque de la Renaissance. Administrateur brillant et patron des arts, il fit venir à sa cour de grands artistes italiens, des hommes de lettres et des savants. Il fonda le Collège de France, fit construire de beaux châteaux le long de la Loire et encouragea l'exploration. Sous son règne, Jacques Cartier prit possession du Canada.

Henri IV, le premier monarque de la famille des Bourbons, est le plus aimé des rois de France. On l'appelle souvent «le bon roi Henri» parce qu'il gouvernait avec intelligence et humanité. Né protestant, il se convertit au catholicisme pour mettre fin aux guerres de religion et pour restaurer la paix en France. Par le célèbre **Édit de Nantes** de 1598, il accorda aux protestants la liberté du culte. Henri IV entreprit l'œuvre de restaurer l'autorité royale, de réorganiser l'administration et de rétablir la prospérité du pays. Il encouragea l'industrie, le commerce et l'agriculture. Il fit construire des routes et des ponts. Un de ses capitaines, Samuel de Champlain, fonda Québec en 1608.

Le cardinal de Richelieu, le premier ministre intelligent et énergique de Louis XIII, fut un grand homme d'état. En abaissant la puissance des grands seigneurs et en forçant les protestants à se soumettre au roi, il fonda l'absolutisme royal. Il améliora la vie économique de la France et réforma les finances et la législation. Protecteur des lettres, des arts et des sciences, il fonda l'Académie française en 1635. Richelieu fit de la France une des plus grandes nations du monde.

Louis XIV, appelé «le roi Soleil», fut le maître absolu de la France et le monarque le plus puissant de l'Europe. Son despotisme se résume dans les fameuses paroles: «L'État, c'est moi». Son règne de soixante-douze ans fut une époque de gloire militaire et de grandeur littéraire et artistique. Le magnifique palais qu'il fit construire à Versailles devint le centre politique, social et culturel de la France. Son mi-

66 **le culte** worship

nistre brillant et infatigable Jean-Baptiste Colbert mit de l'ordre dans les finances, développa le commerce et l'industrie et encouragea les travaux publics. Mais l'égotisme et l'ambition du roi causèrent de longues guerres qui furent désastreuses pour la France. Ces guerres et la cour somptueuse du roi finirent par ruiner le pays. En 1685, Louis XIV révoqua l'Édit de Nantes et persécuta les protestants.

Louis XV régna de 1715 à 1774. Au lieu de s'intéresser aux affaires du royaume, il s'occupait de ses propres plaisirs, dépensant de grandes sommes d'argent pour s'amuser. À cette époque, la France perdit le Canada. On prête à Louis XV la phrase sinistre: «Après moi, le déluge». En effet, le mécontentement créé sous son règne fut une des causes principales de la Révolution française.

LA RÉVOLUTION DE 1789

Louis XVI, plein de bonnes intentions, mais manquant de décision, ne savait pas gouverner. Il écoutait les mauvais conseils de sa femme frivole, **Marie-Antoinette.** Ennemie des réformes, la reine perdit tout de suite l'estime du peuple. Louis était incapable de résoudre la crise financière, politique et sociale qui troublait le pays. Le 14 juillet 1789, le peuple de Paris attaqua la Bastille et prit la prison détestée. Cet événement historique marqua le commencement de la Révolution française et la chute de la royauté. En 1793, le roi et la reine furent condamnés à mort et guillotinés.

En 1789, on vota la *Déclaration des droits de l'homme et du citoyen* qui proclamait les droits fondamentaux de l'individu que le gouvernement devait respecter. **La Première République** française fut établie en 1792 dans le but de substituer à un régime fondé sur le privilège une société basée sur l'égalité de tous. Mais les premières années de la république furent une période de crises et de violence. Parmi les grandes personnalités de cette époque révolutionnaire, il faut mentionner **Mirabeau,** partisan d'une monarchie constitutionnelle; **Danton,** grand orateur; **Marat,** journaliste et député à la Convention; et **Robespierre,** chef de **la Terreur** [2].

36 **la chute** fall
43 **le but** goal, aim

NAPOLÉON BONAPARTE

Napoléon Bonaparte, né à Ajaccio, en Corse, en 1769, exerça sur son temps une grande influence. Dans l'armée de la République, il se distingua comme capitaine et plus tard comme général. Il devint Premier consul après un coup d'état et en 1804 se fit couronner Empereur des Français sous le nom de Napoléon Ier. Génie militaire d'une énorme ambition, il essaya de conquérir l'Europe et d'en faire une sorte de fédération. En 1814, les ennemis de la France envahirent le pays, et Napoléon, obligé d'abdiquer, se retira à l'île d'Elbe. Quelques mois plus tard, il retourna en France. Mais en 1815, il fut vaincu à Waterloo, en Belgique, par les armées réunies de ses ennemis. Les Anglais l'exilèrent à Sainte-Hélène, où il mourut en 1821.

Malgré ses guerres désastreuses et ses mesures despotiques qui épuisèrent la France, Napoléon fit des contributions permanentes à son pays. Il réforma l'organisation judiciaire; **le Code Napoléon** est encore aujourd'hui à la base des lois françaises. Il encouragea l'industrie et l'agriculture, établit l'administration préfectorale [3] et fit construire un réseau de routes modernes. En donnant à la France un système d'éducation centralisé, en fondant des lycées et en réorganisant l'Université de Paris, il réforma l'enseignement. Napoléon institua un nouveau système financier au moyen de **la Banque de France** et créa **la Légion d'Honneur.** C'est lui qui vendit la Louisiane aux États-Unis.

XIXe ET XXe SIÈCLES

La France proclama **la Seconde République** en 1848, et **Louis-Napoléon,** neveu de Napoléon Bonaparte, en fut élu Président. En 1852, il se fit empereur sous le nom de Napoléon III et fonda **le Second Empire.** Il enleva beaucoup des libertés qu'avaient gagnées les Français, mais il donna au pays une période de prospérité économique. Son gouvernement entreprit de nombreux travaux publics et stimula l'agriculture, l'industrie et le commerce. À cette époque Paris fut transformé et embelli. Pourtant la politique extérieure de l'empereur fut désastreuse. Après la défaite de la France dans la guerre franco-allemande de 1870–1871, les

71 **épuiser** to exhaust
77 **le réseau** network

Français renversèrent l'empire et établirent **la Troisième République.**

La Grande Guerre entre la France et l'Allemagne éclata en 1914. Le maréchal **Ferdinand Foch** fut le généralissime à la tête de toutes les troupes alliées, y compris les troupes américaines. En 1918, après une longue guerre, les armées alliées obligèrent l'Allemagne à se rendre. La France fut victorieuse, mais épuisée.

En 1940, la France fut encore une fois envahie par l'Allemagne. Ce fut la Seconde Guerre Mondiale qui marqua la fin de la Troisième République. Pendant l'occupation allemande, le maréchal **Pétain** dirigea de la ville de Vichy un gouvernement forcé de collaborer avec l'Allemagne. En juin 1940, le général **Charles de Gaulle** se réfugia en Angleterre et prit la tête d'un mouvement de résistance contre l'Allemagne. Il encouragea le peuple par son appel à tous les Français: «La France a perdu une bataille! Mais la France n'a pas perdu la guerre!» Les alliés débarquèrent en Normandie en 1944, et bientôt après la France fut libérée. **La Quatrième République** date de 1947.

En 1958, les Français ont approuvé une nouvelle constitution et Charles de Gaulle fut élu le premier Président de la **Cinquième République.** Il s'est retiré de la présidence en 1969. Depuis cette année, trois hommes ont accédé à la présidence: **Georges Pompidou** (1969–1974), **Valéry Giscard d'Estaing** (1974–1981) et **François Mitterand** (1981–).

INSTITUTIONS POLITIQUES

1. La France est une république démocratique et sociale. Elle garantit l'égalité devant la loi de tous les citoyens sans distinction d'origine, de race ou de religion. Le suffrage est universel, égal et secret. Tous les citoyens français âgés de plus de 18 ans des deux sexes ont le droit de voter.
2. **Le pouvoir exécutif** appartient au Président de la République et au Governement dirigé par le Premier Ministre.

   Le Président de la République représente l'autorité suprême de la nation. C'est le véritable chef du gouvernement. Il est élu pour sept ans directement par tous les électeurs. Le Président de la République nomme le Premier Ministre et, sur la proposition de celui-ci, les autres membres du Gouvernement. Il promulgue les lois. Il est le chef des armées. Il peut soumettre au référendum [4] des projets de loi. Il peut, après consultation du Premier Ministre et des présidents des deux Chambres du Parlement, prononcer la dissolution de l'Assemblée Nationale. En période de crise, il peut exercer des pouvoirs exceptionnels. Sa résidence officielle est **le palais de l'Élysée,** à Paris.

   Le Gouvernement, composé du Premier Ministre et de ses ministres, assure l'exécution des lois. **Le Premier Ministre** dirige l'action du Gouvernement. **Le Conseil des Ministres** détermine et conduit la politique de la nation. Il est responsable de la défense nationale. Le Gouvernement est responsable devant l'Assemblée Nationale.
3. **Le pouvoir législatif** appartient au **Parlement** qui comprend **l'Assemblée Nationale** et **le Sénat.** Les députés à l'Assemblée Nationale sont élus au suffrage direct pour cinq ans. Les sénateurs, élus pour neuf ans au suffrage indirect [5], représentent les départements et les Français établis hors de France. Le Parlement vote la loi et autorise la déclaration de guerre. L'Assemblée Nationale ne peut obliger le Gouvernement à démissionner que si une motion de censure est votée à la majorité absolue des députés.

   Le Conseil Constitutionnel a pour rôle d'assurer le respect de la constitution et la régularité des élections et des opérations de référendum. Il se prononce sur la conformité des lois à la constitution.
4. **Le pouvoir judiciaire** est indépendant des autres pouvoirs. L'autorité judiciaire, garantie par la constitution, est la gardienne de la liberté individuelle. **La Cour de cassation,** qui siège à Paris, est le tribunal suprême. **Les cours d'assises,** qui jugent les crimes, sont les seules à avoir un jury populaire composé de neuf personnes. Dans les autres tribunaux, la décision est rendue par trois juges.
5. Le territoire français est divisé en 95 **départements** au point de vue administratif. La République compte également quatre départements d'outre mer (Guadeloupe, Martinique, Réunion et Guyane). **Le préfet,** qui est nommé par le Gouvernement, est à la tête du département. Il est assisté d'un **conseil**

64 **déterminer** to formulate
64 **la politique** policy
77 **démissionner** to resign

général, élu au suffrage universel. Depuis 1982, les départements sont regroupés en 22 **régions,** formées plus ou moins d'après les anciennes provinces. Ceci a permis de décentraliser le gouvernement. À la tête de chaque région est un **conseil régional** élu au suffrage universel.

6. L'emblème national est le drapeau tricolore: bleu, blanc et rouge. L'hymne national, *La Marseillaise*, fut composé en 1792 par **Rouget de Lisle.** La devise de la République est «Liberté, Égalité, Fraternité» — la devise même de la Révolution française. Le quatorze juillet — l'anniversaire de la prise de la Bastille par le peuple de Paris en 1789 — est la date de la fête nationale française. La Bastille, prison royale, était le symbole de la tyrannie de l'ancien régime. On peut voir la clef de la Bastille à Mount Vernon en Virginie; c'est le marquis de La Fayette qui l'a donnée à George Washington. Pour célébrer la fête nationale, on danse dans les rues. Il y a aussi des revues militaires, des cérémonies au tombeau du Soldat Inconnu, des représentations gratuites dans les théâtres et des feux d'artifice dans toute la France.

LA FRANCE ET L'AMÉRIQUE DU NORD

Les explorateurs français ont joué un rôle important dans l'histoire de l'Amérique du Nord.

Jacques Cartier découvrit le Saint-Laurent en 1535 et prit possession du Canada au nom du roi de France. Plus tard il remonta le fleuve jusqu'à la montagne qu'il appela Montréal.

Samuel de Champlain fonda la ville de Québec en 1608 et découvrit le lac Champlain.

Le père Jacques Marquette explora la région des Grands Lacs et découvrit le Mississippi. Avec **Louis Joliet** il descendit le fleuve en 1673.

Robert Cavelier de La Salle explora le Mississippi jusqu'au Golfe du Mexique en 1682. Il prit possession de l'immense vallée du fleuve, la nommant «Louisiane» en l'honneur de Louis XIV.

Trois nobles français qui aidèrent les colonies américaines à conquérir leur indépendance dans la lutte contre l'Angleterre se sont assuré la reconnaissance affectueuse du peuple américain:

Le jeune **marquis de La Fayette** prit une part active à la guerre d'Indépendance en Amérique. Il devint un ami personnel du général Washington. Après la Révolution américaine, La Fayette retourna en France pour défendre les causes libérales dans son pays natal. En 1917, quand les troupes américaines débarquèrent en France, un des officiers du général Pershing exprima ces paroles célèbres: «La Fayette, nous voici».

Le comte de Rochambeau commanda l'armée française envoyée à l'aide des Américains, et **l'amiral de Grasse** commanda la flotte française.

Tous les trois contribuèrent à la défaite des Anglais à la bataille de Yorktown en 1781. On trouve aujourd'hui aux États-Unis beaucoup de noms géographiques d'origine française, tels que Bayonne, Champlain, Detroit, Eau Claire, Joliet, Havre de Grace, Louisiana, New Orleans, New Rochelle, St. Louis, Terre Haute et Vermont.

NOTES:

[1] **Eyzies et Lascaux:** caves in the Dordogne region in southwest France. Their walls are decorated with paintings and engravings of bulls and other animals dating back to the 16th century B.C. These caves were believed to have been used for rituals during prehistoric times.

[2] **la Terreur:** the period from 1793 to 1794 during the French Revolution, when ordinary laws were suspended so that Robespierre and his allies could destroy their political opponents.

[3] **l'administration préfectorale:** administrative organization set up by Napoleon to strengthen the central government. France was divided into departments, each headed by a **préfet,** who was appointed by the central government. The préfet was the agent of the central government in the department and dealt with matters affecting the department. He was assisted by a **conseil général,** a council whose members were elected by popular vote.

[4] **le référendum:** a political process that submits a measure proposed by the government for approval or rejection by popular vote.

[5] **le suffrage indirect:** an electoral system in which candidates are elected by delegates chosen by popular vote.

63 **la flotte** fleet

Exercice A

Mettez dans l'ordre chronologique:

l'invasion des Francs
la Cinquième République
la conquête de l'Angleterre par les Normands
la Déclaration des droits de l'homme
la Renaissance
la Troisième République
la vente de la Louisiane aux États-Unis
le conquête de la Gaule par les Romains
le couronnement de Charlemagne
le gouvernement de Vichy

1. ____________________
2. ____________________
3. ____________________
4. ____________________
5. ____________________
6. ____________________
7. ____________________
8. ____________________
9. ____________________
10. ____________________

Exercice B

Vrai ou faux? Indiquez si chaque phrase est vraie ou fausse. Si elle est fausse, changez-la pour la rendre vraie:

1. Henri IV, né protestant, se convertit au catholicisme.
2. Rome gouverna la Gaule pendant plus de six cents ans.
3. Le palais de Versailles fut construit pour Louis XVI.
4. Le Code Napoléon est encore aujourd'hui à la base des lois appliquées en France.
5. Louis XVI était un monarque médiocre, s'occupant surtout de ses propres plaisirs.
6. Jeanne d'Arc réussit à chasser les Romains de France.
7. Jacques Cartier découvrit le Mississippi.
8. Louis XV révoqua l'Édit de Nantes.

9. Les Celtes avaient une civilisation très avancée.

____

10. C'est Louis XI qu'on appelle saint Louis.

____

Exercice C

Pour chaque expression de la première colonne, donnez la lettre du nom correspondant de la seconde colonne:

1. ministre de Louis XIII ______
2. «La Fayette, nous voici.» ______
3. dessins préhistoriques ______
4. «L'État, c'est moi.» ______
5. île d'Elbe ______
6. Second Empire ______
7. Mississippi ______
8. grand orateur ______
9. ministre de Louis XIV ______
10. «Après moi, le déluge.» ______
11. menhirs et dolmens ______
12. roi à l'époque de la Révolution française ______

a. Bretagne
b. Jean-Baptiste Colbert
c. Danton
d. La Salle
e. Lascaux
f. Louis XIV
g. Louis XV
h. Louis XVI
i. Napoléon Bonaparte
j. Napoléon III
k. officier américain
l. cardinal de Richelieu

Exercice D

Complétez en français:

1. Autrefois la France s'appelait ______________________.
2. Les Celtes considéraient le gui, toujours vert, comme une ______________________ sacrée.
3. Quand ______________________ se convertit, le christianisme devint la religion officielle de la France.
4. Charles ______________________ repoussa l'invasion arabe en 732.
5. Les exploits de Charlemagne sont célébrés dans ______________________, le premier chef-d'œuvre de la littérature française.
6. Jeanne d'Arc, née dans le village de ______________________, en Lorraine, fut brûlée à ______________________, ville de Normandie.
7. Sous le règne de ______________________, on bâtit de nombreux châteaux sur la Loire.
8. ______________________ fonda l'Académie française.
9. ______________________ commanda l'armée française et ______________________ commanda la flotte française à la bataille de Yorktown.
10. Napoléon Bonaparte naquit en Corse et mourut à ______________________, où les Anglais l'avaient emmené en exil.

Exercice E

Identifiez:

1. le plus aimé des rois de France ______________________
2. les prêtres des Gaulois ______________________
3. le souverain le plus puissant du Moyen Âge ______________________
4. le Roi Soleil ______________________
5. la dernière bataille de Napoléon Ier ______________________
6. le roi de France pendant la Renaissance ______________________
7. le fondateur de la Légion d'Honneur ______________________
8. le fondateur de la ville de Québec ______________________
9. le général romain qui conquit les tribus gauloises ______________________
10. le chef de la résistance française en 1940 ______________________
11. la sainte patronne de Paris ______________________
12. le chef de la Terreur ______________________

Exercice F

Vrai ou faux? Indiquez si chaque phrase est vraie ou fausse. Si elle est fausse, changez-la pour la rendre vraie:

1. La France est une monarchie constitutionnelle.

   ____

2. Le Premier Ministre est le chef des armées.

   ____

3. Le Parlement vote les lois, le Président les promulgue et le Gouvernement en assure l'exécution.

   ____

4. L'Assemblée Nationale est responsable devant le Gouvernement.

   ____

5. Les ministres du Gouvernement peuvent être membres du Parlement.

   ____

6. Les sénateurs sont élus au suffrage direct.

   ____

7. Le Président est responsable de la défense nationale.

   ____

8. Un département est plus grand qu'une région.

   ____

9. La constitution française garantit l'indépendance de l'autorité judiciaire.

   ____

10. La clef de la Bastille se trouve dans la ville de Washington, D.C.

    ____

Exercice G

Complétez avec la réponse convenable:

1. Le ______ peut prononcer la dissolution de l'Assemblée Nationale.
(a) Président de la République (b) Premier Ministre (c) préfet

2. Les députés à l'Assemblée Nationale sont élus ______.
(a) au suffrage direct (b) au suffrage indirect (c) par référendum

3. Le ______ autorise la déclaration de guerre.
(a) Conseil des Ministres (b) Parlement (c) Premier Ministre

4. Quand la République est menacée d'une manière grave et immédiate, le ______ peut prendre des mesures exceptionnelles.
(a) Président de la République (b) Premier Ministre (c) Sénat

5. La résidence officielle du Président à Paris est le palais de ______.
(a) Versailles (b) Chaillot (c) l'Élysée

6. Le préfet est le chef ______.
(a) d'un arrondissement (b) d'un département (c) d'une région

7. Le préfet est ______.
(a) élu au suffrage universel (b) élu par le Parlement (c) nommé par le Gouvernement

8. La France est composée de ______ départements plus quatre départements d'outre-mer.
(a) 95 (b) 22 (c) 32

9. Le pouvoir ______ appartient à l'Assemblée Nationale et au Sénat.
(a) législatif (b) judiciaire (c) exécutif

10. Tous les citoyens français âgés de plus de ______ ans ont le droit de voter.
(a) 18 (b) 19 (c) 21

35

L'Agriculture, l'industrie, le commerce

L'AGRICULTURE

1. L'agriculture, l'industrie et le commerce font la force de l'économie française. La France, pays fortement industrialisé, est aussi le premier producteur agricole de la Communauté Européenne (CE) [1]. Une agriculture intensive et commercialisée, basée sur des techniques modernes, continue à se développer.

   La fertilité de son sol permet à la France d'être presque indépendante en matière d'alimentation. Les plaines et les bassins des fleuves sont les régions les plus fertiles. L'excellence et la variété du sol et du climat ont contribué à faire de la France un pays dont la gastronomie attire des gourmets du monde entier.
2. Le blé, dont on fait le pain — la nourriture fondamentale des Français — est un produit agricole important. Les Français sont de grands mangeurs de pain. On cultive aussi une abondance d'autres céréales et une variété de fruits et de légumes, ainsi que des plantes industrielles comme la betterave sucrière. Les bois et les forêts, qui couvrent environ 25% de la superficie totale du pays, fournissent une bonne quantité de bois pour l'industrie. La forêt française, la plus étendue de la Communauté Européenne, joue un rôle essentiel dans la protection de l'environnement.
3. La viticulture est une des grandes richesses agricoles de la France. La France fournit une grande partie de la production mondiale des vins. Parmi les vins les plus renommés sont **le champagne, le bourgogne** et **le bordeaux. Le cognac,** une eau-de-vie distillée du vin, les nombreuses liqueurs — **chartreuse, bénédictine, cointreau,** entre autres — et les apéritifs qui stimulent l'appétit — **dubonnet, lillet,** par exemple — sont très estimés. D'autres boissons produites en France sont le cidre, surtout en Normandie et en Bretagne, la bière et les eaux minérales, comme celles de Vichy, Vittel, Évian ou Perrier.
4. La France, connue pour l'excellence de sa volaille et de son bétail — vaches, bœufs, moutons, chèvres, porcs, chevaux — est un grand pays d'élevage. C'est le premier exportateur mondial de viandes et de volaille. Le pays est renommé aussi pour ses foies gras d'oie ou de canard.
5. La production de produits laitiers continue à augmenter. La Normandie, en particulier, est une région de production laitière très riche. Les Français sont experts dans la fabrication des fromages, dont les plus connus sont le **brie,** le **camembert,** le **port-salut,** le **roquefort,** qui est fabriqué avec du lait de brebis, et le **chèvre,** qui est fabriqué avec du lait de chèvre.
6. Les Français se nourissent aussi des produits de la mer. L'industrie de la pêche est active sur les côtes, spécialement en Bretagne.

   Grâce à toutes ces richesses de la terre et de la mer, les industries agroalimentaires fleurissent en France.
7. De plus, le sol fertile de la Côte d'Azur fournit des quantités de fleurs qu'on envoie à Grasse, où l'on extrait les essences parfumées. La fabrication des parfums est achevée à Paris, centre des cosmétiques. Quelques-uns des parfumeurs réputés dans le monde entier sont: **Caron, Chanel, Coty, Dior, Lancôme, Guerlain** et **Saint-Laurent.**

23 **la betterave sucrière** sugar beet
36 **l'eau-de-vie** brandy
46 **la volaille** poultry
46 **le bétail** livestock
65 **agroalimentaire** relating to the production of consumable goods from agricultural products

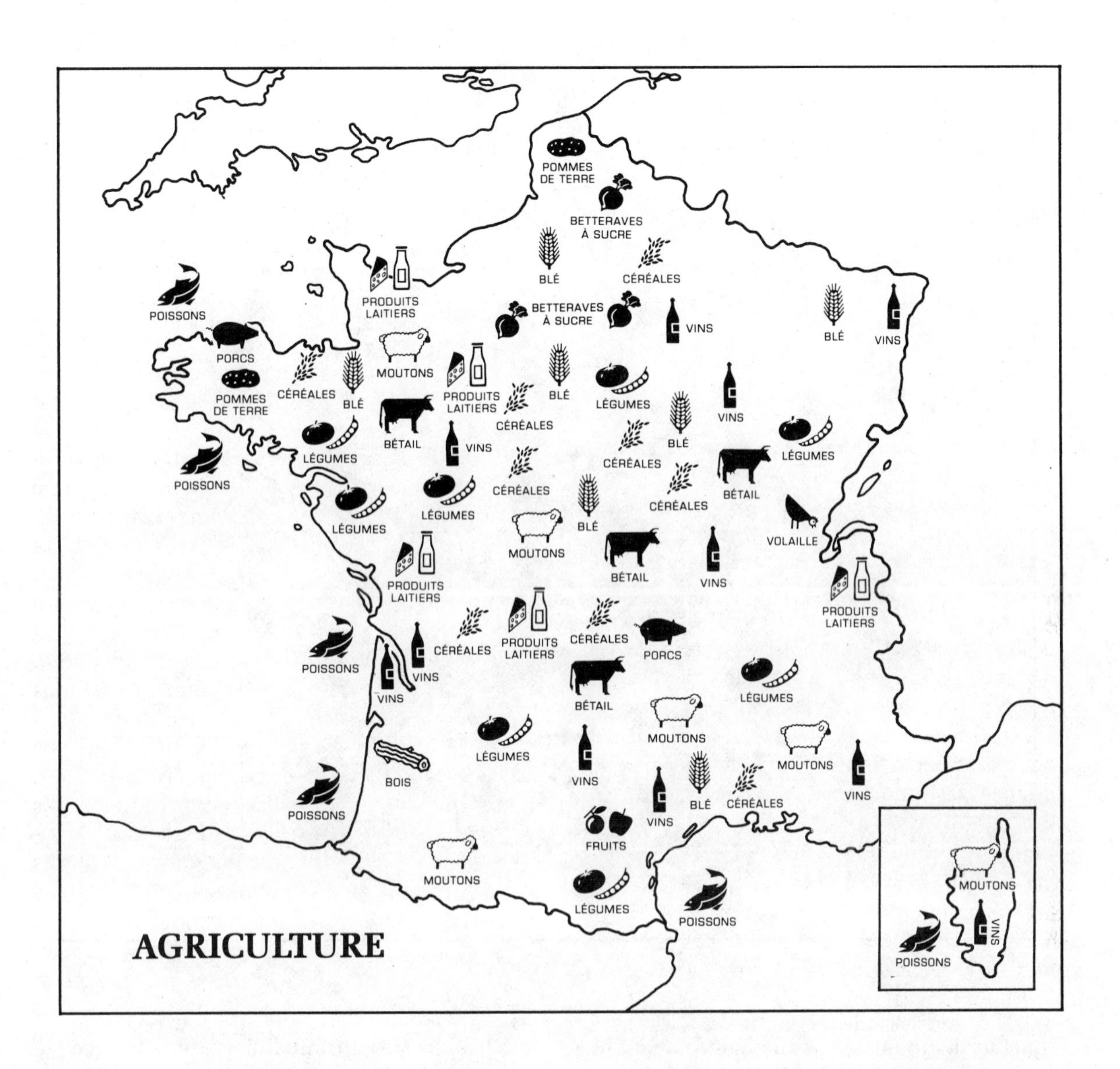

L'INDUSTRIE

1. L'industrie française est très variée, depuis la production d'équipement lourd jusqu'à la fabrication d'instruments de précision délicats, depuis l'immense usine moderne jusqu'à l'atelier du petit artisan. En général, les ouvriers français sont des artistes qui, préférant la bonne qualité à la grande quantité, sont fiers de leur travail: une combinaison d'originalité et d'habileté artistique. Pour maintenir sa position dans la compétition internationale, la France intensifie ses efforts dans le domaine des recherches scientifiques et des applications industrielles.
2. Depuis longtemps, des résultats souvent remarquables ont été atteints dans plusieurs secteurs des industries nucléaire, électrique et électronique, aéronautique, aérospatiale et ferroviaire, plaçant la France dans les premiers rangs mondiaux. Les principaux centres industriels sont Paris, Lille, Lyon et la Lorraine. La France est le sixième pays du monde pour la production de l'acier. Elle possède beaucoup de bauxite, dont on fabrique l'aluminium. La métallurgie est une industrie très importante.
3. Dans les industries mécaniques — la production de machines et d'appareils divers — ainsi que dans la construction électrique et électronique, l'activité française est remar-

19 **l'industrie ferroviaire** railroad industry

quable. L'application de la haute technique de ces industries n'a pas été limitée au territoire français. Les Français ont réalisé dans divers pays à l'étranger des œuvres de grande importance.

4. L'industrie automobile joue un rôle important dans l'équilibre de la balance commerciale. On exporte des voitures françaises dans toutes les parties du monde. Les marques principales sont: **Citroën, Peugeot** et **Renault.**
5. L'industrie aéronautique et aérospatiale construit des avions, des hélicoptères et des engins spatiaux. L'Aérospatiale fabrique les avions d'Airbus Industrie en coopération avec les Pays-Bas, l'Allemagne, la Grande Bretagne et l'Espagne. Cette industrie a réalisé des dimensions internationales avec les **Airbus** et avec l'avion franco-britannique, le supersonique **Concorde.** La plus grande ligne d'aviation européenne, **Air France,** couvre le monde entier. Dans le domaine spatial, la fusée européenne **Ariane** est un grand succès.
6. Le rôle des industries textiles, qui étaient florissantes surtout dans le nord-est, est moins important qu'au passé. Mais on continue à produire de belles soies à Lyon.
7. L'industrie chimique prend une importance de plus en plus considérable. Par conséquent, la France est maintenant un pays exportateur de produits chimiques et phar-

23 **la fusée** rocket

maceutiques. La production du verre, du caoutchouc et des matières plastiques est toujours en augmentation.

8. À cause de son manque de ressources énergétiques naturelles, la France a développé un programme nucléaire très ambitieux, l'énergie nucléaire étant devenue sa principale source de production d'électricité. On assiste au déclin du charbon et du pétrole et à la progression constante de l'énergie nucléaire, dont la France a progressivement acquis la maîtrise. On utilise l'énergie hydro-électrique des torrents ou des grands fleuves (Rhône, Rhin) pour produire de l'électricité. Le gaz naturel contribue aussi aux besoins de l'économie. De plus, le vent, le soleil et les marées de la mer contribuent un peu à la production totale de l'énergie. La France doit importer du pétrole brut, du charbon et du gaz naturel pour satisfaire ses besoins.

LE COMMERCE

1. Sa situation stratégique a fait de la France une puissance maritime. Les ports de mer sont nombreux. Il y a des constructions navales surtout dans les régions des ports de l'Atlantique et de la Manche.
2. Paris est la capitale de la haute couture. C'est ici que la mode féminine est devenue un art. Quelques-uns des couturiers les plus connus sont: **Coco Chanel, Christian Dior, Pierre Cardin, Yves Saint-Laurent, André Courrèges** et **Hubert de Givenchy.**
3. Dans un pays où l'art et l'industrie s'unissent, les ouvriers qualifiés peuvent se distinguer dans les métiers qui exigent de l'élégance et de la délicatesse — les industries de luxe. Les Français ont une renommée universelle pour la perfection de leurs produits. Paris fabrique une grande quantité d'articles de luxe: bijoux, argenterie, objets en cuir, tapisseries des Gobelins, objets d'art, produits photographiques, instruments de précision. D'autres villes aussi doivent leur réputation à des spécialités:

   Alençon — dentelles
   Aubusson et **Beauvais** — tapis
   Baccarat — cristallerie
   Besançon — montres et horloges
   Grenoble — gants
   Limoges et **Sèvres** — porcelaine de luxe

4. Le tourisme, surtout le tourisme étranger, mérite une mention spéciale puisqu'il contribue beaucoup à l'économie française.
5. La France importe des matières premières pour ses industries: pétrole, laine, coton, soie, caoutchouc; et des produits alimentaires: café, cacao, fruits tropicaux.

   Elle exporte: tissus, vêtements, automobiles, avions, produits chimiques et pharmaceutiques, articles de luxe, parfums et produits alimentaires — vins, fromages, conserves.
6. Les activités économiques sont liées aux moyens de transport intérieurs et extérieurs: le réseau fluvial, le réseau routier, les chemins de fer, la navigation maritime et la navigation aérienne.
7. La France possède un excellent réseau fluvial — l'ensemble des fleuves, des rivières et des canaux. Les nombreux canaux qui relient les fleuves et les rivières permettent un transport économique des marchandises lourdes. Les principaux ports fluviaux sont Paris, Rouen, Strasbourg et Lyon.
8. Le réseau routier est très dense. On modernise les routes et l'on crée un ensemble d'autoroutes. Les principales routes nationales rayonnent de Paris vers les frontières. Sur les routes, généralement bordées d'arbres, en plus des voitures et des camions on voit quantité de bicyclettes et de motocyclettes.
9. La **S.N.C.F. (Société Nationale des Chemins de Fer),** sous le contrôle du gouvernement, administre le réseau ferroviaire, les chemins de fer. Toutes les grandes lignes forment une toile d'araignée autour de Paris. Ce réseau relie la capitale avec les autres villes importantes de France et d'Europe. Les trains français sont les plus rapides du monde. Le **TGV (Train à Grande Vitesse)** a atteint le record mondial avec une vitesse de pointe de 260 kilomètres

28 **la haute couture** exclusive and often trend-setting fashion

56 **les matières premières** raw materials
60 **le tissu** fabric
64 **les conserves** canned food
79 **l'autoroute** superhighway
89 **la toile d'araignée** spider's web

(162 miles) à l'heure. Dans le domaine des métros, la France jouit d'une excellente réputation.

10. Certains autres moyens de communication en France sont également la responsabilité du gouvernement central. Le service postal et des télécommunications, les **P.T.T.** — postes, télégraphes et téléphones — est administré par l'État. Les P.T.T. ont récemment créé le **Minitel,** un service électronique qui permet d'obtenir toutes sortes de renseignements chez soi, au bureau ou dans les postes avec un terminal d'ordinateur. On peut acheter des timbres dans les bureaux de tabac aussi bien que dans les bureaux de poste. En France, le tabac est un monopole du gouvernement.

11. Les communications aériennes sont assurées par la **Compagnie Air France** et quelques compagnies privées. Le plus fort trafic est à destination de l'étranger. **Charles de Gaulle,** près de Paris, est le plus grand aéroport international de la France.

La France, qui fait partie de la Communauté Européenne, joue un rôle important dans la vie économique de l'Europe.

NOTE:

[1] **Communauté Européenne (CE):** The European Community was originally formed in 1957 to remove trade barriers and create a common market among its members. As of January 1993, the economies of the member countries became officially a single common market.

Exercice A

Pour chaque expression de la première colonne, donnez la lettre du nom correspondant de la seconde colonne:

1. liqueur célèbre ______
2. fromage français ______
3. produit de Vichy ______
4. maison de haute couture ______
5. porcelaine ______
6. essences pour la parfumerie ______
7. voiture française ______
8. fusée spatiale ______
9. boisson de Normandie ______
10. exportation française ______

a. Ariane
b. articles de luxe
c. bénédictine
d. brie
e. cidre
f. Christian Dior
g. eau minérale
h. Grasse
i. Limoges et Sèvres
j. Renault

Exercice B

Vrai ou faux? Indiquez si chaque phrase est vraie ou fausse. Si elle est fausse, changez-la pour la rendre vraie:

1. Il y a en France un bon équilibre entre la production agricole et la production industrielle.

____

2. En général, le sol ne fournit pas aux Français de quoi se nourrir suffisamment.

____

3. Pour la plupart des ouvriers français, la quantité compte plus que la qualité.

____

4. La principale source d'électricité en France est l'énergie hydro-électrique.

____

5. Les Français cultivent une variété de fruits et de légumes.

____

6. Les principales industries du pays sont l'industrie automobile et le tourisme.

____

7. La France est un grand pays d'élevage.

____

8. La production française de machines et d'appareils électriques est presque négligeable.

____

9. La France manque de bons ports.

____

10. La France doit importer de grandes quantités de bauxite.

____

11. Le pays est importateur de produits chimiques et de produits alimentaires.

____

12. La France joue un rôle actif dans la Communauté Européenne.

____

Exercice C

Identifiez:

1. centre de haute couture ______________
2. région de production laitière très riche ______________
3. service électronique créé par les P.T.T. ______________
4. ville connue pour sa cristallerie ______________
5. fromage fabriqué avec du lait de brebis ______________
6. région qui fournit des quantités énormes de fleurs ______________
7. aéroport international de France ______________
8. grande ligne française d'aviation ______________
9. train le plus rapide ______________
10. avion international construit en France ______________

Exercice D

Complétez en français:

1. Les plaines et les bassins des ______________________ sont les régions les plus fertiles.
2. Les routes françaises sont généralement bordées de (d') ______________________.
3. Le champagne et le ______________________ sont des vins renommés.
4. Deux grands ports fluviaux sont Paris et ______________________.
5. Les Français et les ______________________ ont coopéré pour produire le Concorde.
6. Il y a des constructions navales surtout dans les ports de l'Atlantique et de la ______________________.
7. En France, c'est l'État qui administre les postes, les télégraphes et les ______________________.
8. Deux grands centres industriels sont Paris et ______________________.
9. Un réseau de ______________________ relie les fleuves et les rivières.
10. Tous les chemins de fer forment une toile d'araignée autour de ______________________.

36

La Vie quotidienne

RELIGION

La plupart des Français sont catholiques, mais il n'y a pas de religion officielle en France. La Cinquième République respecte toutes les croyances.

ENSEIGNEMENT

L'instruction en France est gratuite et obligatoire pour tous les enfants de six à seize ans. L'enseignement est administré par le ministère de l'Éducation nationale, et à cet effet la France est divisée en régions, appelées **Académies.** À côté des écoles publiques, il y a des établissements privés, généralement catholiques. Les écoles françaises cherchent à donner à chaque élève un enseignement en rapport avec ses aptitudes.

L'enseignement préscolaire, donné dans des écoles maternelles aux enfants de deux à cinq ans, n'est pas obligatoire.

L'enseignement élémentaire, commun à tous les enfants français, dure cinq ans. Les jours de congé sont le mercredi et le dimanche. Le samedi, il y a des classes de huit heures du matin jusqu'à midi.

L'enseignement secondaire consiste en deux cycles. Le premier cycle, donné dans les collèges, est obligatoire. Il dure quatre ans. Le second cycle est facultatif et peut être **long** ou **court.** Le second cycle long, de trois ans, est donné dans les lycées. Il mène au **baccalauréat** — appelé familièrement bac ou bachot — et à l'enseignement supérieur. Le second cycle court, de deux ans, offre des cours techniques.

L'enseignement supérieur se donne dans les facultés des universités et dans les «grandes écoles», des écoles de spécialisation qui préparent aux carrières supérieures de l'administration, de l'enseignement, de l'industrie, du commerce, de l'armée, de la marine. Parmi les grandes écoles, citons: **l'École Normale Supérieure** (où sont préparés les professeurs de l'enseignement secondaire et supérieur); **l'École Polytechnique** (qui forme des ingénieurs); **l'École des Beaux-Arts; l'École des Mines;** et les écoles militaires — **l'École Interarmes** (autrefois l'École militaire de Saint-Cyr), qui est le «West Point» de France; **l'École Navale;** et **l'École de l'Air.**

LOISIRS

1. Les sports ont conquis une place importante en France, où l'on trouve aujourd'hui des milliers de sociétés sportives. Parmi les sports favoris, il faut mentionner le football, le cyclisme, l'alpinisme, le ski, la natation, la pêche et le tennis. Chaque année les sports sous-marins deviennent de plus en plus à la mode. Les Français, qui aiment vivre en plein air, font beaucoup de camping. Il y a aussi des sports régionaux: du pays basque vient **la pelote; le jeu de boules** est populaire surtout dans le Midi.

   La course de bicyclettes la plus célèbre est **Le Tour de France,** qui se dispute tous les ans en juillet. Cette épreuve internationale, qui dure plus de trois semaines, est

quotidien daily
7 **gratuit** free
9 **le ministère** ministry
18 **l'école maternelle** nursery school
22 **le jour de congé** day off
28 **facultatif** optional

53 **le football** soccer
54 **l'alpinisme** mountain climbing

sans doute l'événement auquel les Français s'intéressent le plus.

2. **Le café** joue un rôle social dans la vie quotidienne des Français. C'est le lieu social où l'on rencontre ses amis. Au café, les clients peuvent lire le journal, écrire des lettres ou jouer aux cartes. La plupart des cafés ont aussi des terrasses en plein air sur le trottoir, où sont placées des tables et des chaises.
3. Le théâtre, le cinéma, l'opéra, le ballet et les concerts attirent un grand nombre de Français. Paris est le centre de la vie théâtrale, mais il y a des centres dramatiques dans toutes les parties de la France. Les théâtres nationaux, subventionnés par l'État, sont: **l'Opéra** avec ses deux théâtres, **la Salle Garnier** et **l'Opéra de la Bastille,** et **l'Opéra Comique** qui donnent des opéras et des ballets; **la Comédie-Française** et **le Théâtre National de l'Odéon,** qui jouent des pièces classiques; et **le Théâtre National Populaire,** où l'on peut souvent voir des pièces nouvelles ou expérimentales.

   Dans les théâtres français, on annonce le lever du rideau par trois coups frappés derrière la scène. En France, on donne un pourboire aux placeurs ou ouvreuses (personnes qui placent les spectateurs dans les théâtres et les cinémas).
4. Les Français aiment aussi lire et visiter les musées et les expositions d'art. On publie des milliers de livres en France chaque année. Parmi les journaux de Paris, citons: *France-Soir*, *Le Monde*, *Le Figaro* et *Le Parisien libéré*. Le nombre de postes récepteurs de télévision augmente sans cesse. Quant à la Loterie nationale, autorisée par le gouvernement, elle est très populaire.
5. À la longue liste d'attractions, ajoutons celle qui s'appelle «Son et Lumière». C'est un spectacle dramatique qui a lieu dans le cadre d'un monument historique, comme les châteaux de la Loire, le palais des Papes à Avignon et la Cité de Carcassonne. Le *Son* est la narration des événements y ayant pris place accompagnée d'une partie musicale appropriée; la *Lumière* est constituée par des effets de lumière ou de couleurs qui soulignent l'intensité de la présentation.

FÊTES

Les Français célèbrent beaucoup de fêtes, dont la plupart sont d'origine religieuse. Les fêtes légales sont:

1. **le jour de l'An** — le 1er janvier; on donne et on reçoit des étrennes et on souhaite à tout le monde «une bonne et heureuse année».
2. **Pâques** — fête religieuse, en mars ou avril (dimanche et lundi).
3. **la fête du Travail** — le 1er mai; le muguet, qui doit porter bonheur, se vend partout dans les rues.
4. **l'Ascension** — fête religieuse célébrée quarante jours après Pâques.
5. **la fête de Jeanne d'Arc** — le deuxième dimanche du mois de mai; c'est également le jour V qui commémore la fin de la Seconde Guerre Mondiale.
6. **la Pentecôte** — fête religieuse qui a lieu le septième dimanche après Pâques (dimanche et lundi).
7. **la fête nationale** — le 14 juillet; l'anniversaire de la prise de la Bastille.
8. **l'Assomption** — fête religieuse qui tombe le 15 août.
9. **la Toussaint** — le 1er novembre; fête religieuse en l'honneur de tous les saints.
10. **la fête de la Victoire** — le 11 novembre; commémore la fin de la guerre de 1914–1918.
11. **Noël** — le 25 décembre. En France, seulement les enfants reçoivent des cadeaux. Ils déposent leurs chaussures devant la cheminée ou près de l'arbre de Noël pour la visite du Père Noël. Après la messe de minuit à l'église, la famille prend un grand repas, le réveillon.

CUISINE

Pour le Français, la cuisine est un art et une tradition. Puisque le Français est un **gourmet,** c'est-à-dire, quelqu'un qui aime la bonne chère, les repas sont toujours préparés avec soin. Il faut beaucoup de temps pour prendre un repas en France parce que manger est un grand plaisir. Comme le climat et le sol du pays, la cuisine française est très variée. Chaque région a ses propres spécialités délicieuses. Comme les Français ne peuvent rien manger

55 **une étrenne** New Year's present
58 **Pâques** Easter
60 **le muguet** lily of the valley
69 **la Pentecôte** Pentecost, Whitsuntide
91 **la bonne chère** good food

sans pain, le régime français en comprend une grande quantité.

Vers huit heures du matin, on prend le petit déjeuner: du café au lait ou du chocolat et du pain beurré, des croissants ou des brioches. Le déjeuner, qu'on prend vers midi, et le dîner, pris après sept heures du soir, consistent en plusieurs plats: hors-d'œuvre ou potage, poisson, viande ou volaille avec des légumes, salade, fromage et fruits. Pendant le repas, on boit du vin, du cidre ou de l'eau minérale. À la fin du repas, le Français préfère du café.

Quelques-uns des plats célèbres dont la France a enrichi l'art culinaire sont: la soupe à l'oignon, le pâté de foie gras, le coq au vin, le pot-au-feu, la bouillabaisse (spécialité culinaire de Marseille) et les crêpes Suzette.

Dans les restaurants français, les plats sont généralement servis sur commande. On peut commander un repas à la carte (le prix de chaque plat étant indiqué) ou à prix fixe (le prix du repas entier étant déterminé d'avance). La carte du jour se trouve bien en vue devant chaque restaurant pour faire savoir aux clients les plats du jour et les prix. Le bistro, petit restaurant simple, est très fréquenté par les Français.

1 **le régime** diet
9 **la volaille** poultry

UNITÉS DE MESURE

1. **Le système métrique** fut institué en France au début du XIXe siècle. Ce système, dont le mètre est la base, est très simple parce qu'il n'a que des multiples et des subdivisions décimales. Il est en vigueur aujourd'hui dans presque tous les pays de l'Europe et de l'Amérique du Sud. Les scientifiques du monde entier l'emploient.

   Le mètre est l'unité de longueur.
   1 mètre = 100 centimètres (39.37 inches)
   1.000 mètres = 1 kilomètre (5/8 mile)

   Le gramme est l'unité de masse.
   1.000 grammes = 1 kilogramme (2.2 pounds)

   Le litre est l'unité de mesure de capacité. Il vaut un peu plus que le «quart» américain.
2. L'unité monétaire en France est **le franc.** Il y a 100 **centimes** dans un franc.
3. Le thermomètre **centigrade**, qu'on emploie en France, comprend 100 divisions. Le point 0 correspond à la température de la glace fondante et le point 100 à celle de la vapeur d'eau bouillante.

Exercice A

Pour chaque expression de la première colonne, donnez la lettre du nom correspondant de la seconde colonne:

1. spectacle dramatique ______
2. fête des étrennes ______
3. enseignement préscolaire ______
4. spécialité culinaire ______
5. unité de capacité ______
6. croissants et brioches ______
7. repas fait dans la nuit de Noël ______
8. petit restaurant populaire ______
9. unité de masse ______
10. fête religieuse ______

a. bistro
b. école maternelle
c. gramme
d. Jour de l'An
e. litre
f. Pâques
g. pâté de foie gras
h. petit déjeuner
i. réveillon
j. Son et Lumière

Exercice B

Vrai ou faux? Indiquez si chaque phrase est vraie ou fausse. Si elle est fausse, changez-la pour la rendre vraie:

1. L'enseignement public coûte cher en France.

____

2. La plupart des Français sont protestants.

____

3. Le premier cycle de l'enseignement secondaire, qui dure quatre ans, est obligatoire.

____

4. On cherche à donner à chaque élève français la forme d'enseignement qui répond le mieux à ses aptitudes.

____

5. Pour voir des pièces de théâtre en France, il faut aller à Paris.

____

6. Le gouvernement français interdit les loteries.

____

7. Le système métrique fut institué en France pendant le règne de Louis XV.

____

8. L'École Interarmes est l'équivalent français de notre Académie Navale d'Annapolis.

____

9. En France, on donne des pourboires aux ouvreuses de cinéma et de théâtre.

____

10. D'ordinaire, les Français donnent des cadeaux à leurs amis pour la fête de Noël.

____

Exercice C

Identifiez:

1. la grande école qui forme des ingénieurs ______________
2. un sport d'origine basque ______________
3. la fleur qui se vend dans la rue le 1er mai ______________
4. une spécialité culinaire de Marseille faite avec une variété de poissons ______________
5. une personne qui aime la bonne chère ______________
6. l'unité monétaire de France ______________
7. l'événement sportif le plus suivi en France ______________
8. mille mètres ______________
9. le fête du 1er novembre en l'honneur des saints ______________
10. le thermomètre qui s'emploie en France ______________

Exercice D

Complétez en français:

1. La scolarité en France est obligatoire à partir de ______________ ans et jusqu'à l'âge de ______________ ans.
2. On donne l'enseignement supérieur dans les facultés des ______________ et dans les «______________ écoles».
3. À la fin des études de trois ans dans le lycée, on obtient le ______________, appelé aussi le bachot.
4. En France, il n'y a pas de classes le ______________ et le dimanche.
5. Beaucoup de ______________ français ont des terrasses sur le trottoir.
6. Le ______________ vaut à peu près 2.2 livres américaines.
7. On joue aux boules, sport régional, surtout dans le ______________ de la France.
8. La ______________, célèbre théâtre national où l'on joue des pièces classiques, fut fondée en 1680 par ordre de Louis XIV.
9. Les enfants français déposent leurs ______________ devant la cheminée pour la visite du ______________ Noël.
10. Deux journaux quotidiens de Paris sont ______________ et ______________.
11. On annonce le ______________ dans les théâtres par trois coups frappés derrière la scène.
12. On peut commander un repas à la ______________ ou à prix ______________.

37

La Littérature

MOYEN ÂGE

On considère traditionnellement les *Serments de Strasbourg* — le traité d'alliance conclu par Louis le Germanique et Charles le Chauve en 842 — comme le premier document en vieux français. Mais les premières œuvres littéraires, **les chansons de geste,** datent du Moyen Âge. Ces poèmes épiques célèbrent avec un enthousiasme patriotique et religieux les exploits légendaires des chevaliers de la société féodale.

La Chanson de Roland, composée au commencement du XIIe siècle, est la plus ancienne et la plus belle des chansons de geste. Ce premier chef-d'œuvre de la littérature française, dont on ne connaît pas l'auteur, raconte l'histoire idéalisée de Charlemagne et de son neveu, Roland, dans les guerres contre les Sarrasins d'Espagne.

François Villon, poète éloquent du XVe siècle, mena une vie aventureuse, une vie de bohème. On le considère comme le premier des grands poètes lyriques français. Avec un accent personnel, plein de sincérité et de sentiment, il chante ses propres fautes, les misères du temps et la mort. Dans une de ses ballades, on trouve le vers si souvent cité: «Mais où sont les neiges d'antan?»

XVIe SIÈCLE

Au XVIe siècle, la littérature française perd son caractère populaire. On découvre l'antiquité gréco-latine et on écrit pour une élite cultivée. C'est l'époque de **la Renaissance.**

François Rabelais (vers 1494–1553) exprime l'enthousiasme de la Renaissance et l'amour de la vie sous toutes les formes. Dans ses romans amusants et satiriques *Gargantua* et *Pantagruel*, où il raconte les aventures de deux géants imaginaires, il nous peint avec une verve extraordinaire la société et les mœurs de son temps. Esprit érudit, il énonce des idées modernes sur l'éducation et sur le développement complet de l'individu.

Pierre de Ronsard (1524–1585), le plus grand poète du XVIe siècle, fut le chef de **la Pléiade,** un groupe de sept jeunes poètes. S'inspirant de l'antiquité, il essaya de renouveler la forme de la poésie française à l'imitation des anciens et des Italiens.

Michel de Montaigne (1533–1592), philosophe, humaniste et moraliste, inventa un nouveau genre de littérature. Ses observations personnelles et morales se trouvent dans ses *Essais*, où il étudie l'homme en général et lui-même en particulier. Affirmant que l'homme ne peut trouver la vérité et la justice, Montaigne recommande la modération, du bon sens et un esprit de tolérance. Son scepticisme se résume dans la question: «Que sais-je?»

XVIIe SIÈCLE: L'ÂGE D'OR

Le XVIIe siècle, surtout le règne de Louis XIV, est vraiment l'âge d'or de la littérature française. C'est la période du classicisme, doctrine littéraire fondée sur le respect de la tradition antique. Le classicisme est un mouvement d'ordre et de discipline dans tous les genres. Les auteurs, en analysant les sentiments humains, cherchent une perfection de forme, d'expression et de style. Dans le théâtre, on établit la règle des trois unités: action, temps et lieu. D'après cette règle dramatique, la pièce entière doit se développer en une seule action princi-

7 **la chanson de geste** medieval epic poem
27 **«Mais où sont les neiges d'antan?»** "But where are the snows of yesteryear?"
47 **renouveler** to renew
58 **se résumer** to be summed up

pale, dans l'espace d'une journée et dans le même lieu.

Pierre Corneille (1606–1684) est le créateur de l'art classique au théâtre. Ses héros intellectuels, motivés par les sentiments les plus nobles, doivent choisir entre leur devoir et leur passion dans des situations compliquées. C'est la volonté, plutôt que l'amour, qui influence leur actions. Les tragédies remarquables de Corneille comprennent *Le Cid*, *Cinna*, *Horace* et *Polyeucte*.

Jean de la Fontaine (1621–1695), l'admirable fabuliste français, peint, sous le couvert du règne animal, un tableau de la vie humaine et de la société de son époque. Ses *Fables* en vers sont des chefs-d'œuvre de morale et de style.

Molière, pseudonyme de Jean-Baptiste Poquelin (1622–1673), est le plus grand écrivain français de comédies classiques. Appelé souvent le Shakespeare français, il peint des types éternels plutôt que des individus. Il s'attaque d'une façon comique aux vices humains dans ses chefs-d'œuvre: *Les Précieuses ridicules*, *Le Médecin malgré lui*, *Le Bourgeois Gentilhomme*, *Tartuffe*, *L'Avare*.

Jean Racine (1639–1699), le plus grand des poètes tragiques, analysa les passions humaines en état de crise. Son théâtre est l'expression la plus pure du génie classique. Parmi ses œuvres principales, citons *Andromaque*, *Athalie* et *Phèdre*.

D'autres écrivains illustres du XVIIe siècle sont les philosophes **Blaise Pascal** (1623–1662) et **René Descartes** (1596–1650) (voir chapitre 40). La philosophie de Descartes se résume dans la proposition célèbre: «Je pense, donc je suis».

XVIIIe SIÈCLE

La littérature du XVIIIe siècle est une littérature militante, presque entièrement en prose, opposant à la tradition et à l'autorité la raison humaine et l'individualisme. C'est l'époque de l'esprit critique et scientifique, l'époque des nouvelles idées politiques et sociales, l'époque des grands philosophes. Les principaux précurseurs de la Révolution française sont Montesquieu, Voltaire, Rousseau et Diderot. Les auteurs de la Constitution américaine adoptèrent plusieurs de leurs idées.

8 **la volonté** will
13 **le fabuliste** writer of fables

Charles de Secondat de Montesquieu (1689–1755) est l'auteur des *Lettres persanes*, une satire et une critique des institutions françaises, et de *L'Esprit des lois*. Dans ces livres, Montesquieu expose des idées originales sur la législation, la séparation des pouvoirs gouvernementaux et la liberté politique. Ses idées contribuèrent à renverser la monarchie française et à créer la Constitution américaine. Montesquieu est un des fondateurs de la sociologie moderne.

Voltaire (1694–1778), dont le vrai nom était François-Marie Arouet, domine le XVIIIe siècle. Esprit satirique, il attaque l'absolutisme, l'injustice sociale et les autres abus des institutions françaises. Il se fait le défenseur de l'humanité et de la liberté sous tous les aspects. Son œuvre immense et de genres variés comprend les *Lettres philosophiques* et *Candide*, roman philosophique et satirique. Voltaire a puissamment agi sur la pensée du XVIIIe siècle.

Jean-Jacques Rousseau (1712–1778) est le théoricien de la démocratie. En attaquant violemment l'ordre social, il inspire la révolte intellectuelle qui mène à la Révolution. Rousseau est le défenseur de la liberté et de l'égalité de l'individu et de la souveraineté du peuple. Ses théories pédagogiques, surtout celle du retour à la nature, ont profondément influencé l'éducation moderne. Son amour de la nature et sa sentimentalité font de Rousseau le précurseur du mouvement romantique. Ses principales œuvres sont: *La Nouvelle Héloïse*, *Le Contrat social* et *Émile*.

Denis Diderot (1713–1784) dirigea, avec Jean Le Rond d'Alembert (1717–1783), la publication de *l'Encyclopédie*, le grand arsenal de propagande des nouvelles idées philosophiques. Cette œuvre gigantesque fut écrite avec la collaboration de tous les savants et de tous les hommes de lettres du siècle. Attaquant la tradition, Diderot exprime sa foi dans le progrès de l'humanité.

XIXe SIÈCLE

La première moitié du XIXe siècle produit une réaction littéraire contre la tradition classique. C'est l'époque du **romantisme,** qui veut laisser à l'écrivain toute liberté. Ce mouvement, qui trouve son origine dans les œuvres de Rousseau, continue à se développer au début du XIXe siècle dans les théories de **Mme de Staël** (1766–1817) et dans les ouvrages de **François René de**

Chateaubriand (1768–1848). Dans la littérature romantique, qui essaie de créer l'émotion, chaque écrivain exprime librement sa personnalité et son individualisme. C'est une littérature lyrique dont les éléments essentiels sont l'imagination, le sentiment et l'amour de la nature.

Victor Hugo (1802–1885) fut le chef de l'école romantique et son plus grand poète. Il est renommé aussi pour ses pièces de théâtre et ses romans *Notre-Dame de Paris* et *Les Misérables*.

Les autres poètes romantiques de cette époque sont **Alphonse de Lamartine** (1790–1869), **Alfred de Vigny** (1797–1863) et **Alfred de Musset** (1810–1857).

Stendhal (nom de plume de Henri Beyle) (1783–1842) reflète dans ses romans psychologiques l'influence du romantisme. **George Sand** (nom de plume d'Aurore Dupin) (1804–1876) est l'auteur d'un nombre de romans lyriques.

Honoré de Balzac (1799–1850) peint un tableau des mœurs et des problèmes de son temps dans *La Comédie humaine*, une série de vingt-quatre romans admirables et de nombreuses nouvelles. Deux de ses chefs-d'œuvre sont *Eugénie Grandet* et *Le père Goriot*. Avec Balzac, le roman évolue du romantisme vers **le réalisme.** C'est un écrivain remarquable par la puissance de son observation, par sa peinture exacte de toutes les classes de la société et par son imagination féconde.

Alexandre Dumas père (1802–1870) écrivit un grand nombre de romans historiques, qui sont populaires encore aujourd'hui dans le monde entier, comme *Les Trois Mousquetaires* et *Le Comte de Monte-Cristo*.

Au milieu du XIXe siècle naissent des tendances nouvelles qui s'opposent au romantisme. La littérature se rapproche de la vie réelle, de la vérité et du matérialisme. Ce mouvement réaliste évolue vers **le naturalisme,** qui cherche à analyser et à peindre la vie et la nature telles qu'elles sont. On devient impersonnel, intellectuel et même scientifique.

Gustave Flaubert (1821–1880), quoique romancier réaliste, garde quelques traits de l'imagination romantique. Ses romans, *Madame Bovary* par exemple, sont caractérisés par une observation et une documentation minutieuses.

26 **la nouvelle** novelette

Edmond de Goncourt (1822–1896) et son frère, **Jules de Goncourt** (1830–1870), décrivent dans leurs romans des caractères en état de crise physique ou sentimentale. Leur style devint raffiné et original.

Alexandre Dumas fils (1824–1895) essaie de défendre dans ses pièces de théâtre dramatiques et brillantes une thèse de morale sociale: *La Dame aux camélias*.

Jules Verne (1828–1905) est l'auteur de romans d'aventures fantastiques et le créateur de la fiction scientifique: *Vingt mille lieues sous les mers*, *Le Tour du monde en 80 jours*.

Alphonse Daudet (1840–1897) est connu surtout pour ses romans d'une sensibilité délicate qui représentent la vie du Midi de la France, comme *Tartarin de Tarascon*, *Lettres de mon moulin* et *Le Petit Chose*.

Émile Zola (1840–1902), chef de l'école naturaliste, observa et analysa d'une façon scientifique les personnages de ses romans dans la société de son époque. Il est sans égal dans la peinture du peuple. *L'Assommoir* et *Germinal* sont parmi ses ouvrages principaux.

Guy de Maupassant (1850–1893) est le type même du romancier naturaliste. C'est le plus grand maître français de contes, tels que *La Parure* et *La Ficelle*.

Les poètes de l'époque naturaliste veulent être impersonnels, intellectuels et scientifiques. **Charles Leconte de Lisle** (1818–1894) est le chef des **Parnassiens,** poètes qui défendent le formalisme et l'art pour l'art. **Charles Baudelaire** (1821–1867), **Stéphane Mallarmé** (1842–1898) et **Paul Verlaine** (1844–1896) contribuent à la fondation du **mouvement symboliste,** qui recherche la valeur symbolique et musicale des mots, l'essence des choses. **Sully Prudhomme** (1839–1907), un poète didactique, reçut le premier prix Nobel de littérature en 1901 et **Frédéric Mistral** (1830–1914), qui écrivit son œuvre en dialecte provençal, le reçut en 1904.

XXe SIÈCLE

C'est un nouvel âge d'or pour la littérature française. De nombreux écrivains exercent par

66 **la sensibilité** feeling
67 **le Midi** south (of France)
79 **la parure** necklace
79 **la ficelle** piece of string

leurs œuvres variées une profonde influence sur leurs contemporains.

Parmi les romanciers il faut citer:

Anatole France (1844–1924) est un romancier, satiriste et philosophe plein d'érudition. Ses ouvrages sont d'une ironie délicate et d'un style parfait. Citons: *Le Crime de Sylvestre Bonnard* et *Le Livre de mon ami*.

Pierre Loti (1850–1923), romancier impressionniste, est attiré par les paysages et les civilisations exotiques. Il est l'auteur de *Pêcheur d'Islande*.

Romain Rolland (1866–1944) est l'auteur de romans et de pièces de théâtre. Il inaugure le genre du **roman-fleuve,** un roman très long, organisé en épisodes successifs et souvent en plusieurs volumes. *Jean-Christophe*, dont l'ensemble compte 10 volumes, lui gagne le Grand Prix de l'Académie Française. Rolland croit en l'indépendance de l'esprit et la foi en l'humanité (Prix Nobel de littérature 1915).

André Gide (1869–1951) est l'écrivain le plus important de la France entre les deux guerres mondiales. Il a fondé avec un groupe d'amis *La Nouvelle Revue française*. Son œuvre, qui compte plus de soixante titres, est étonnamment variée: contes, récits, romans, drames. Dans ses romans célèbres, *La Symphonie pastorale* et *Les Faux monnayeurs*, Gide se révèle comme un humaniste au style lucide, médité et subtil. Son œuvre est dominée par la haine du mensonge et le rejet de la tradition et de l'hypocrisie. Trois de ses récits bien connus sont *Si le Grain ne meurt*, *L'Immoraliste* et *La Porte étroite*. Ses récits sont souvent autobiographiques. Parfois il aime exprimer ses idées sous forme de fables et de mythes. Gide a un style entièrement original, avec un vocabulaire très étudié. Ses goûts artistiques l'attirent vers le classicisme. Son influence a été considérable (Prix Nobel de littérature 1947).

Marcel Proust (1871–1922), dans son vaste roman *À la recherche du temps perdu*, qui compte douze volumes, utilise des faits de sa vie pour une recherche allégorique de la vérité. Tout ce qui est transitoire dans la vie, la recherche du bonheur à travers la vie sociale, l'amour, l'art conduisent au désappointement et à la tristesse. Mais la mémoire inconsciente conserve la réalité à la fois présente et passée de tout ce qui est beau ou bon, qui devient ainsi indestructible et éternel comme une œuvre d'art.

Roger Martin du Gard (1881–1958), romancier et dramaturge, analyse les problèmes intellectuels et moraux de son époque. Il a écrit *Jean Barois* en 1913 et un vaste roman-fleuve, *Les Thibault*, en huit volumes. Martin du Gard est peut-être, de tous les romanciers du XXe siècle, celui qui a le plus cherché à rapprocher le roman de l'histoire. C'est un historien moraliste. Parmi ses grands thèmes sont le destin, la justice, le dialogue de l'esprit et du cœur et le mystère de la mort (Prix Nobel de littérature 1937).

Georges Duhamel (1884–1966), médecin-biologiste et romancier, a une profonde compassion pour l'humanité. Il conseille de cultiver la vie intérieure sur laquelle est basée la fraternité du genre humain. Dans son roman-cycle en dix volumes, *La Chronique des Pasquier*, il peint une tapisserie romanesque d'une société en état de crise et essaie de concilier le réalisme et l'idéalisme.

André Maurois (1885–1967) est l'auteur de souvenirs de guerre romancés, de romans, d'essais, d'études historiques et de biographies littéraires. Il a écrit des histoires de l'Angleterre et des États-Unis. Il s'est rendu célèbre comme biographe d'écrivains anglais et français: Shelley, Byron, Proust, George Sand, Hugo, Dumas. Très connu à l'étranger, il trouve une large audience dans les pays de langue anglaise.

François Mauriac (1885–1970), romancier, dramaturge et essayiste catholique se plaît à analyser les âmes tourmentées. Ses romans, comme *Thérèse Desqueyroux* ou *Nœud de vipères*, offrent la vision d'un monde humain en lutte contre le mal et la douleur, mais aidé par la grâce. Il écrit également des pièces de théâtre et des articles critiques et politiques. Son style est riche, puissant, varié, tour à tour chargé d'orages et harmonieux (Prix Nobel de littérature 1952).

Jules Romains (1885–1972) est l'initiateur de l'unanimisme. Cette théorie affirme l'absorption de la personnalité individuelle par le groupe, la foule, la ville, le pays. C'est une fraternité universelle où le groupe, et non l'individu, domine. Romains est l'auteur de pièces de théâtre (*Knock*), de poèmes, d'essais et d'un roman monumental, *Les Hommes de bonne volonté*. Dans ce roman-cycle, Romains peint en vingt-sept volumes la multiplicité des activités humaines.

Antoine de Saint-Exupéry (1900–1944), pilote de ligne, puis pilote de guerre, évoque dans ses romans la vie héroïque des aviateurs civils et militaires. Il tire son œuvre directement de son métier, l'aviation, et c'est son métier qui lui donne un monde nouveau à peindre, celui du danger perpétuel, des aventures mortelles et des joies de l'aviation. Dans ses romans, *Vol de nuit*, *Pilote de guerre*, *Terre des hommes*, il ressent dans le contact avec le vent, le sable et la mer une solidarité fraternelle avec la terre des hommes. *Le Petit Prince* est un conte destiné aux adultes comme aux enfants. Saint-Exupéry est légendaire pour son courage et son charme. En 1944, il disparaît sur le front méditerranéen au retour d'une mission.

André Malraux (1901–1976) considère le roman comme un moyen d'exprimer le tragique et la noblesse de l'espèce humaine. Il étudie les passions qui conduisent ses héros à lutter et à mourir pour un idéal. Agnostique, il fait de la fraternité une religion. Il participe à la guerre des républicains espagnols contre Franco et pendant la libération de la France, il commande la célèbre brigade «Alsace-Lorraine». Il participe à la vie politique aux côtés du général de Gaulle et devient ministre de l'Information et plus tard ministre des Affaires culturelles. Pour le roman qui domine son œuvre, *La Condition humaine*, on lui a décerné le prix Goncourt en 1933.

Marguerite Yourcenar (1903–1987) est l'auteur de romans historiques d'analyse pénétrante: *Les Mémoires d'Hadrien*, *L'Abysse*. Ses romans évoquent un passé qui illumine le présent. Son œuvre reflète en détails précis et pittoresques ses voyages à travers le monde. Yourcenar, érudite et philosophe, est un écrivain de tendance classique. Elle est la première et la seule femme admise à l'Académie Française. Elle était citoyenne de la France et des États-Unis où elle a passé de nombreuses années.

Georges Simenon (1903–1989), né en Belgique, est l'auteur de multiples romans policiers reliés par le personnage du Commissaire Maigret.

À partir de 1957, un groupe d'écrivains français crée un nouveau genre de roman qu'on appelle le «nouveau roman». Ces auteurs rejettent les éléments qui ont fait l'intérêt et la valeur du roman traditionnel. Il ne s'agit plus d'amuser le lecteur par des histoires et de l'intriguer par des complications psychologiques. Ce qui compte, c'est la manière plutôt que l'idée, c'est l'objectivité. En employant des descriptions méticuleuses et répétées, on veut faire sentir les mystérieux rapports des objets, des gestes, des personnages, même si leurs traits restent vagues. Le sujet n'est que suggéré; le lecteur doit le découvrir. Des membres de ce groupe sont:

Nathalie Sarraute (1902–   ) Son refus de la psychologie traditionnelle et sa recherche des sensations à l'état naissant font d'elle un des initiateurs du «nouveau roman» (*Tropismes*).

Claude Simon (1913–   ) a obtenu le prix Nobel de littérature en 1985. Ses romans, *La Route des Flandres*, par exemple, sont caractérisés par un style fluide de longues phrases compliquées, souvent sans ponctuation. Ils donnent des descriptions précises et détaillées d'impressions sensuelles.

Marguerite Duras (1914–   ) présente les événements du point de vue de leur importance psychologique. Ses romans et son théâtre composent une dénonciation des aliénations culturelles et sociales (*L'Amant*).

Alain Robbe-Grillet (1922–   ), le théoricien et le représentant le plus complet de cette nouvelle école. Il est l'auteur de romans d'où est bannie la psychologie traditionnelle et qui opposent l'homme à une réalité impénétrable. Il écrit aussi des scénarios pour le cinéma. Son meilleur roman, *La Jalousie*, est un récit dans l'espace et dans le temps par un narrateur qui n'a pas de nom, qui n'est pas décrit. Ce récit, avec de longues phrases, a lieu dans un décor exotique de mystère, de sensualité et de fortes passions.

Michel Butor (1926–   ) donne une apparence poétique au roman qu'il veut renouveler. Il explore la culture et le chaos naturel des humains. Dans *La Modification*, le narrateur se parle de lui-même à lui-même: son Vous est un Je qui observe et un Il observé.

Jean-Marie Le Clézio (1940–   ) décrit dans un style très personnel la diversité de la vie et l'aventure d'être vivant. L'idée de la mort et l'insatisfaction préoccupent souvent ses personnages, comme dans *Le Livre des fuites*.

Patrick Modiano (1945–   ) recherche l'identité de ses caractères à travers des passés douloureux et des présents énigmatiques. Il reçut le prix Goncourt en 1978 pour *Rue des boutiques obscures*.

Parmi les auteurs dramatiques, il faut noter:

Edmond Rostand (1868–1918), un écrivain brillant dont le *Cyrano de Bergerac* a inspiré plusieurs films.

Paul Claudel (1868–1955), poète mystique et dramaturge puissant, fut ambassadeur aux États-Unis, au Japon et en Belgique. Profondément catholique, il croyait que la vie est un mystère religieux. Son œuvre entière, théâtre et poésie, est un hymne à la confiance de l'homme en Dieu. C'est une œuvre difficile et parfois obscure, mais toujours optimiste. *L'Annonce faite à Marie*, *Partage de Midi* sont des pièces importantes.

Samuel Beckett (1906–1990), écrivain irlandais, compose des pièces de théâtre et des romans en anglais et en français, mais sa carrière littéraire est principalement en France. Dans ses drames, il dénonce l'absurdité de la condition humaine et crée une allégorie comiquement pessimiste (*En attendant Godot*). Il reçut le prix Nobel de littérature en 1969.

Jean Anouilh (1910–1987) est un célèbre auteur dramatique. Son théâtre va de la fantaisie et de l'humour à la satire et au pessimisme dans *Antigone*, par exemple. Ses pièces, même brillantes, ne sont jamais loin d'une vue pessimiste de l'humanité.

Eugène Ionesco (1912–   ) peint dans ses pièces la tragédie dérisoire de l'homme (*Rhinocéros*). On trouve dans son œuvre une compassion satirique face à un monde irrationnel. C'est le théâtre de l'absurde.

Parmi les écrivains philosophes, il faut mentionner:

Henri Bergson (1859–1941) qui a eu une grande influence sur la pensée française. Il a défini l'intuition comme le moyen d'atteindre toute connaissance et il a créé une morale basée sur la liberté (*L'Évolution créatrice*). Il a reçu le prix Nobel de littérature en 1927.

Jean-Paul Sartre (1905–1980), philosophe et écrivain, est le brillant théoricien de **l'Existentialisme.** Il affirme que l'existence de l'homme exclut l'existence de Dieu. Il dit que l'homme doit construire sa propre destinée, que l'homme est ce qu'il se fait. Il parle de l'absurdité de la vie. Il a développé ses thèses dans des romans (*La Nausée*), des nouvelles et des essais. Mais c'est au théâtre que Sartre a le mieux réussi (*Les Mouches*, *Huis Clos*). On lui a décerné le prix Nobel de littérature en 1964, mais il l'a refusé.

Simone de Beauvoir (1908–1986), principale disciple de Sartre, est l'auteur de romans (*Les Mandarins*), d'essais et de mémoires. Elle a consacré une volumineuse étude à la condition de la femme (*Le deuxième sexe*). Elle a reçu le prix Goncourt en 1954.

Albert Camus (1913–1960), philosophe et moraliste, est tour à tour essayiste (*Le mythe de Sisyphe*), romancier (*L'Étranger*, *La Peste*) et auteur dramatique. Un des représentants de la «philosophie de l'absurde», il parle de l'absence de toute raison profonde de vivre, du non-sens de la vie, du caractère machinal de l'existence sans but. D'après lui, la condition humaine est absurde (Prix Nobel de littérature 1957).

Roland Barthes (1915–1980). L'œuvre de ce philosophe s'inspire des travaux de la linguistique, de la psychanalyse et de l'anthropologie modernes. Il a créé une «nouvelle» critique en réaction contre la critique universitaire.

Parmi les poètes du XXe siècle, il faut mentionner:

Paul Valéry (1871–1945) qui combine le goût de la littérature et l'étude des mathématiques. Il publie des vers, des dialogues et des essais. Valéry veut être maître de sa pensée et de ses émotions. Il a une passion pour la culture de l'intellect et considère la poésie comme un exercice discipliné (*La Jeune Parque*, *Le Cimetière marin*). Valéry écrit une poésie d'un symbolisme difficile, d'un art subtil, brillant et mystérieux.

Saint-John Perse (1887–1975), diplomate et poète. Il montre dans ses vers une joie triomphale de la conquête du monde par l'homme. Il y crée des images exotiques, le reflet de ses voyages et de sa culture. Ses recueils lyriques composent une méditation sur le destin de l'homme à la poursuite de lui-même (Prix Nobel de littérature 1960).

Paul Éluard (1895–1952) est l'auteur de poèmes aux sonorités et aux couleurs délicates. Il participe à la création du groupe surréaliste, puis devient pendant l'occupation allemande un des poètes de la Résistance. Il y a dans toute la poésie d'Éluard une sincérité simple et forte, un mélange intime de vérité et d'imagination, une harmonie de clarté et de mystère.

Louis Aragon (1897–1982) porte en lui un tempérament d'homme d'action. Un des fondateurs du mouvement surréaliste, il s'est consacré à l'illustration des thèmes du communisme et de la Résistance. Plus tard, il est revenu au réalisme et au lyrisme traditionnels.

Jacques Prévert (1900–1977), poète et brillant scénariste au cinéma, mêle le rêve et le réel, le rire et la révolte. Il est l'auteur de poèmes où la fantaisie anticonformiste s'allie à la gouaille populaire. Sa poésie, souvent en forme de caricature et de satire, attaque les sottises de l'époque, la guerre en particulier. Elle peint aussi l'amour et la tendresse humaine et sert de texte à de nombreuses chansons.

3 **la gouaille** banter

Exercice A

Vrai ou faux? Indiquez si chaque phrase est vraie ou fausse. Si elle est fausse, changez-la pour la rendre vraie:

1. Le classicisme est fondé sur le respect de la tradition antique.

   ____

2. Charlemagne a écrit *La Chanson de Roland.*

   ____

3. Le plus grand poète tragique du XVIIe siècle est François Rabelais.

   ____

4. Molière peint des types éternels plutôt que des individus.

   ____

5. Les auteurs de la Constitution américaine influencèrent les idées des grands philosophes français du XVIIIe siècle.

   ____

6. Alphonse de Lamartine, Alfred de Musset et Alfred de Vigny sont des poètes symbolistes.

   ____

7. L'auteur des *Trois Mousquetaires* et du *Comte de Monte-Cristo* est Honoré de Balzac.

   ____

8. Le chef de l'existentialisme est Jean-Jacques Rousseau.

   ____

9. Pierre de Ronsard fut le chef de la Pléiade, un groupe de jeunes poètes du XXe siècle.

   ____

10. André Gide, François Mauriac et Albert Camus ont reçu le prix Nobel.

    ____

Exercice B

Complétez avec la réponse convenable:

1. Le philosophe du XVIIIe siècle qui a influencé l'enseignement moderne est ______.
   (a) Voltaire (b) Jean-Jacques Rousseau (c) Montesquieu

2. Les chansons de geste datent ______.
   (a) du Moyen Âge (b) de la Renaissance (c) du classicisme

3. Le premier des grands poètes lyriques est ______.
   (a) François Villon (b) Alfred de Musset (c) Pierre de Ronsard

4. ______ dirigea la publication de *L'Encyclopédie*.
(a) Montesquieu (b) Voltaire (c) Denis Diderot

5. Le ______ siècle est l'époque de la Renaissance.
(a) seizième (b) dix-septième (c) dix-huitième

6. Le premier document en vieux français s'appelle ______.
(a) *les Serments de Strasbourg* (b) *La Chanson de Roland* (c) *Pantagruel*

7. «Que sais-je» est une question posée par ______.
(a) Molière (b) Montaigne (c) Montesquieu

8. L'auteur de biographies littéraires est ______.
(a) Jean-Paul Sartre (b) Albert Camus (c) André Maurois

9. Les auteurs ______ cherchaient une perfection de forme et d'expression.
(a) romantiques (b) symbolistes (c) classiques

10. Deux poètes du XIXe siècle sont Paul Verlaine et ______.
(a) Charles Baudelaire (b) Gustave Flaubert (c) Pierre Loti

Exercice C

Pour chaque œuvre de la première colonne, donnez la lettre de l'auteur de la seconde colonne:

1. *Émile* ______
2. *Gargantua* ______
3. *La Comédie humaine* ______
4. *Madame Bovary* ______
5. *Candide* ______
6. *La Dame aux camélias* ______
7. *À la recherche du temps perdu* ______
8. *Le Bourgeois Gentilhomme* ______
9. *Les Misérables* ______
10. *Cyrano de Bergerac* ______

a. Honoré de Balzac
b. Alexandre Dumas fils
c. Gustave Flaubert
d. Victor Hugo
e. Molière
f. Marcel Proust
g. François Rabelais
h. Edmond Rostand
i. Jean-Jacques Rousseau
j. Voltaire

Exercice D

Complétez en français:

1. C'est ______________________ qui a écrit: «Mais où sont les neiges d'antan?»
2. ______________________ est souvent appelé le Shakespeare français.
3. C'est le ______________________ siècle qu'on appelle l'âge d'or de la littérature française.
4. Le scepticisme de Michel de Montaigne lui faisait se demander: « ______________________ ?»
5. Le mouvement littéraire dont les éléments essentiels sont l'imagination, le sentiment et l'amour de la nature est le ______________________.

6. La règle des trois unités concerne l'________________, le ________________ et le ________________.
7. Le grand ouvrage de propagande du XVIIIe siècle, écrit avec la collaboration de nombreux savants, est ________________.
8. Montesquieu, dans ________________, critique les institutions françaises.
9. Les principaux précurseurs de la Révolution française sont ________________, ________________, ________________ et Denis Diderot.
10. Le grand romancier qui peint dans ses œuvres un tableau de toutes les classes de la société de la première moitié du XIXe siècle est ________________.

Exercice E

Identifiez:

1. grand écrivain satirique du XVIIIe siècle ________________
2. le chef de l'école naturaliste ________________
3. l'auteur de *La Peste* ________________
4. le chef du romantisme littéraire ________________
5. le créateur de la fiction scientifique ________________
6. le célèbre fabuliste français ________________
7. la plus belle des chansons de geste ________________
8. le plus grand maître de contes ________________
9. les deux frères qui faisaient partie de l'école naturaliste ________________
10. le plus grand écrivain de comédies classiques ________________

38

Les Beaux-Arts

L'histoire des beaux-arts [1] en France remonte aux temps préhistoriques. Dans les cavernes du Périgord on a trouvé les premières œuvres d'art — d'admirables peintures d'animaux dessinées sur les murs par l'homme primitif.

À l'époque gallo-romaine, des édifices remarquables furent construits: des temples, des arènes, des amphitéâtres. Les meilleurs exemples de ces monuments romains se trouvent aujourd'hui dans les régions de Nîmes et d'Arles, en Provence.

Au Moyen Âge, les arts étaient associés à la religion. Les églises romanes étaient des édifices lourds à cause de l'épaisseur des murs. Puisque les ouvertures étaient rares et petites, l'intérieur était nécessairement obscur. C'est aussi à cette époque que la reine Mathilde, femme de Guillaume le Conquérant, aurait brodé la célèbre *tapisserie de Bayeux*, qui représente la conquête de l'Angleterre par les Normands.

Pour remplacer la sombre église romane, la France créa un nouveau style d'architecture qui montre le génie artistique français. **L'architecture gothique**, née au XIIe siècle en Île-de-France, permet la construction d'édifices de vastes dimensions. Cette architecture, avec l'arc de voûte pointu supporté par des piliers et des arcs-boutants à l'extérieur, permet d'amincir l'épaisseur des murs, de les percer de nombreuses ouvertures et d'élever les édifices à de grandes hauteurs. Pour ne pas avoir un excès de lumière à l'intérieur des églises, on couvre les ouvertures de vitraux dont les couleurs sont souvent magnifiques. L'architecture gothique est ornée de sculpture, de statues et de gargouilles.

Quelques-uns des chefs-d'œuvre de cette architecture essentiellement religieuse sont: la Sainte-Chapelle, la cathédrale Notre-Dame de Paris et les cathédrales d'Amiens, de Chartres et de Reims.

PEINTRES

Poussin, Watteau, David et Ingres sont les principaux représentants du **classicisme.**

Nicolas Poussin (1594–1665), qui composait avec le plus grand soin ses «paysages historiques», combinait l'antiquité et la nature. On trouve dans ses tableaux la perfection de la forme et de la couleur.

Antoine Watteau (1684–1721), le plus grand peintre du XVIIIe siècle, créa des scènes pastorales pleines de charme. Ses tableaux des fêtes galantes sont des reflets de la société élégante de son époque. Watteau est un coloriste de premier ordre.

Louis David (1748–1825), chef de l'école néo-classique, était le peintre de la Révolution française et plus tard de la cour de Napoléon. Il peignait avec précision des scènes de l'histoire grecque aussi bien que des portraits.

Dominique Ingres (1780–1867), élève de David, devint le champion de la peinture académique: l'exactitude de l'observation, la perfection du dessin et la pureté de la ligne.

Au XIXe siècle, la peinture française jouissait d'une célébrité universelle. Plusieurs écoles fleurissaient et Paris devint un centre mondial de la peinture.

23 **roman** Romanesque
29 **l'arc de voûte** vaulted arch
30 **l'arc-boutant** flying buttress

55 **la fête galante** merry celebration

Le romantisme, voulant rompre avec la discipline et les règles du classicisme, réagit contre l'art antique de David. L'école romantique, qui s'intéressait au sentiment et à la couleur, fut dirigée par Géricault et Delacroix.

Théodore Géricault (1791–1824), le premier des peintres romantiques, peignait surtout des scènes historiques pleines de mouvement et de grandeur.

Eugène Delacroix (1798–1863), le chef de l'école romantique et son plus grand peintre, était un coloriste extraordinaire. Ses tableaux allégoriques, orientaux ou historiques débordent de vitalité et de mouvement dramatique.

Le réalisme fut la réaction à la fois contre le romantisme et le classicisme. Les artistes réalistes voulaient peindre la vie quotidienne et la nature telles qu'ils les voyaient et sans les idéaliser.

Honoré Daumier (1808–1879) est connu surtout pour ses caricatures politiques et sociales. C'était un peintre réaliste de talent.

Gustave Courbet (1819–1877), le champion du réalisme, préférait des scènes de la vie réelle et des paysages.

Plusieurs paysagistes qui s'établirent à Barbizon, un petit village près de Fontainebleau, formèrent un groupe connu sous le nom de **l'École de Barbizon.**

Jean-Baptiste Corot (1796–1875), le plus grand paysagiste de l'École de Barbizon, savait peindre avec un charme poétique la lumière et l'atmosphère d'un paysage.

Jean-François Millet (1814–1875), chef de l'École de Barbizon, aimait peindre la vie des paysans: *L'Angélus, Les Glaneuses.*

Dans la seconde moitié du XIXe siècle, **l'impressionnisme** évolua à partir du réalisme. Les impressionnistes essayaient de traduire leurs sensations visuelles. Ils choisissaient leur sujets dans la vie moderne, rendaient l'impression dans tous les détails et faisaient de la lumière l'objet essentiel de leur peinture.

Édouard Manet (1832–1883), un maître du naturalisme, fut un des fondateurs de l'école impressionniste. Il aimait travailler en plein air.

Edgar Degas (1834–1917) savait exprimer les formes et le mouvement. Il est bien connu pour ses tableaux des danseuses de l'Opéra.

13 **déborder** to overflow
30 **le paysagiste** landscape painter
36 **la glaneuse** gleaner

Claude Monet (1840–1926) était le plus grand paysagiste de l'impressionnisme. Il se plaisait à rendre les jeux de la lumière, à représenter le même sujet diversement éclairé à des moments différents du jour: *Cathédrale de Rouen.*

Auguste Renoir (1841–1919) était un des maîtres de l'impressionnisme. On lui doit un grand nombre de portraits de femmes et de jeunes filles.

Georges Seurat (1859–1891) fonda **le pointillisme,** une technique néo-impressionniste qui consiste à peindre en se servant d'une multitude de points de couleurs pures.

Malgré les nouveaux mouvements artistiques du XIXe siècle, il y avait des artistes qui préféraient le traditionalisme.

Rosa Bonheur (1822–1899) peignait les travaux de la ferme et la vie des champs: *Le Marché aux Chevaux.*

Pierre Puvis de Chavannes (1824–1898) est l'auteur de peintures murales qui décorent le Panthéon — *La Vie de Sainte Geneviève* — et la Sorbonne. Ses œuvres, aux sobres couleurs, ont une douceur et une noblesse admirables.

Le post-impressionnisme, le mouvement moderne de la fin du XIXe siècle, fut la réaction contre les excès de l'impressionnisme et du réalisme. Les modernistes, en évitant la représentation photographique, n'hésitent pas à déformer la nature et le corps humain. Chacun de ces artistes est un individualiste qui peint à sa manière particulière.

Paul Cézanne (1839–1906) est le père de l'art moderne et l'inspirateur de la nouvelle peinture. Ses paysages et ses natures mortes, où il déforme souvent les objets, donnent l'impression d'une troisième dimension.

Paul Gauguin (1848–1903) voulait exprimer des émotions d'ordre spirituel dans ses peintures. Après avoir fait des paysages bretons, il partit pour Tahiti, où il composa des scènes tahitiennes d'un style décoratif en vives couleurs. *«D'où venons-nous? Que sommes-nous?»* est le titre d'une de ses peintures.

Vincent van Gogh (1853–1890), peintre expressionniste d'origine hollandaise, trouva son inspiration en Provence, dans la région d'Arles. Ses toiles — natures mortes, paysages, portraits — sont pleines de couleurs brillantes et de soleil.

86 **la nature morte** still life

Henri de Toulouse-Lautrec (1864–1901), peintre de scènes de music-hall et de cirque, fit du dessin des affiches un nouvel art.

Henri Matisse (1869–1954) était le chef du **fauvisme,** mouvement artistique de la première moitiè du XXe siècle. Les artistes qui s'appelaient **les Fauves** (animaux sauvages) réagirent contre l'analyse impressionniste et décidèrent de peindre à leur gré, en couleurs pures très vives. On considère Matisse, qui aimait la simplicité et l'harmonie, comme un des plus grands peintres de son époque. Son chef-d'œuvre d'art décoratif est la chapelle de Vence.

Parmi les fauves, il faut également citer **Maurice de Vlaminck** (1876–1958) et **André Derain** (1880–1954).

Pablo Picasso (1881–1973), d'origine espagnole, est l'artiste le plus illustre de l'époque moderne. Il a exercé une influence profonde sur l'évolution de l'art moderne. Essayant une variété de techniques, il a réalisé une synthèse entre le cubisme et le surréalisme.

Georges Braque (1882–1963), un grand peintre de natures mortes, était le fondateur du **cubisme.** Cette école d'art se proposait de représenter les objets sous des formes géométriques en plusieurs angles de vue simultanés.

Le surréalisme s'opposait à toutes les formes d'ordre et de conventions et voulait atteindre le fonctionnement réel de la pensée par l'automatisme, la libre association des idées et le rêve. Parmi les surréalistes, **André Masson** (1896–1987) et **René Magritte** (1898–1967) sont importants. **Henri Rousseau,** dit **le Douanier** (1844–1910), peintre primitif et poétique, était apprécié par les surréalistes.

D'autres artistes du XXe siècle sont: **Georges Rouault** (1871–1958) peintre d'un expressionnisme mystique; **Fernand Léger** (1881–1955), le peintre de la vie moderne et des éléments mécaniques; **Maurice Utrillo** (1883–1955), peintre des coins de Montmartre; **Marc Chagall** (1887–1985) dont les peintures sont pleines d'une fantaisie poétique; **Nicolas de Staël** (1914–1955), peintre abstrait très raffiné.

À l'heure actuelle, **l'école de Paris** continue à rassembler de nombreux artistes, de tendance abstraite comme **Hans Hartung** (1904–1989), **Georges Mathieu** (1921–), ou de tendance figurative comme **Balthus** (1908–) et **Bernard Buffet** (1928–).

SCULPTEURS

Jean-Antoine Houdon (1741–1828), sculpteur réaliste, exécuta les bustes de plusieurs personnages célèbres: Voltaire, Rousseau, Diderot, La Fayette, Washington, Franklin et Jefferson.

François Rude (1784–1855), sculpteur de l'école romantique, est l'auteur de *La Marseillaise*, le merveilleux bas-relief qui décore une des faces de l'Arc de Triomphe de l'Étoile.

Jean-Baptiste Carpeaux (1827–1875) donna le mouvement et le rythme à ses œuvres. Son groupe de *La Danse* embellit la façade de l'Opéra Garnier de Paris.

Frédéric-Auguste Bartholdi (1834–1904) est le sculpteur de la statue colossale qui se trouve à l'entrée du port de New York, *La Liberté éclairant le monde.*

Auguste Rodin (1840–1917), le plus grand sculpteur des temps modernes, savait exprimer en marbre les émotions et la puissance de la vie. Ses œuvres principales sont: *Le Penseur*, *Les Bourgeois de Calais*, et *La Porte de l'Enfer.*

Aristide Maillol (1861–1944) allie la grâce et la simplicité à des formes solides. Il est connu surtout pour ses statues de femmes.

Jacques Lipchitz (1891–1973) donnait à ses sculptures cubistes une puissante expressivité lyrique.

ARCHITECTES

Jules Hardouin Mansard, (1646–1708), premier architecte de Louis XIV, construisit la plus grande partie du palais de Versailles, le dôme des Invalides et la place Vendôme.

Eugène Viollet-le-Duc (1814–1879) restaura de nombreux monuments historiques du Moyen Âge, tels que Notre-Dame de Paris, la cathédrale d'Amiens et la cité de Carcassonne.

Le Corbusier (1887–1965) est le chef de l'école moderne. Architecte créateur, il chercha des solutions nouvelles pour l'habitation, surtout pour les ensembles urbains.

Jean Prouvé (1901–1984) fut un pionnier de la construction métallique et de l'emploi des murs-rideaux, murs extérieurs non porteurs, généralement construits avec des éléments préfabriqués.

3 **l'affiche** poster

96 **non porteur** nonbearing

Bernard Zehrfuss (1911–) est un des architectes contemporains qui donnent à de nouveaux quartiers, comme celui de la Défense à Paris, une apparence toute nouvelle.

Les grands projets d'architecture exécutés à Paris au cours des dernières années ont permis la réalisation d'œuvres importantes, comme la Cité de la Musique de **Christian de Portzamparc** (1944–), l'Institut du Monde arabe de **Jean Nouvel** (1945–) et la Grande Bibliothèque de France de **Dominique Perrault** (1953–).

NOTE:

[1] Quelques-uns des musées célèbres de Paris où l'on peut voir des chefs-d'œuvre de l'art sont: le musée du Louvre, le Centre Pompidou, le musée d'Orsay, le musée Rodin, le musée Picasso.

Exercice A

Vrai ou faux? Indiquez si chaque phrase est vraie ou fausse. Si elle est fausse, changez-la pour la rendre vraie:

1. Les murs des églises romanes sont plus minces que ceux des églises gothiques.

____

2. L'art du Moyen Âge est surtout religieux.

____

3. L'architecture gothique remonte à l'époque gallo-romaine.

____

4. Jules Hardouin Mansard était le premier architecte de Louis XVI.

____

5. *Les Bourgeois de Calais* et *La Porte de l'Enfer* sont deux chefs-d'œuvre d'Aristide Maillol.

____

6. Claude Monet était un des plus célèbres paysagistes de l'école de Paris.

____

7. La cathédrale de Reims est un chef-d'œuvre de l'architecture romane.

____

8. L'artiste qu'on appelle «le père de l'art moderne» est Paul Cézanne.

____

9. Le pointillisme est un style d'architecture populaire en France.

____

10. Pablo Picasso est l'artiste le plus célèbre du vingtième siècle.

____

Exercice B

Pour chaque œuvre de la première colonne, donnez la lettre de l'artiste de la seconde colonne:

1. scènes de ballet ______
2. *L'Angélus* ______
3. ensembles urbains ______
4. caricatures politiques et sociales ______
5. scènes de Tahiti ______
6. la chapelle de Vence ______
7. *Le Penseur* ______
8. *La Marseillaise* (bas-relief) ______
9. *La Liberté éclairant le monde* ______
10. bustes de Voltaire et de Washington ______

a. Frédéric-Auguste Bartholdi
b. Honoré Daumier
c. Edgar Degas
d. Paul Gauguin
e. Jean-Antoine Houdon
f. Le Corbusier
g. Henri Matisse
h. Jean-François Millet
i. Auguste Rodin
j. François Rude

Exercice C

Complétez avec la réponse convenable:

1. On trouve les meilleurs exemples de monuments romains en ______.
   (a) Provence (b) Normandie (c) Bretagne
2. L'architecture ______ permet de percer un grand nombre d'ouvertures dans les murs.
   (a) romane (b) gallo-romaine (c) gothique
3. Henri Matisse était le chef du ______.
   (a) pointillisme (b) fauvisme (c) cubisme
4. *La tapisserie de Bayeux* représente la conquête de ______.
   (a) la Gaule (b) l'Angleterre (c) l'Allemagne
5. Les artistes de l'École de Barbizon peignaient surtout des ______.
   (a) portraits (b) natures mortes (c) paysages
6. L'objet essentiel de la peinture impressionniste est ______.
   (a) la lumière (b) le détail (c) le sentiment
7. L'architecture gothique a pris naissance en ______.
   (a) Tourraine (b) Provence (c) Île-de-France
8. Le «grand siècle» de la peinture française est le ______.
   (a) dix-septième (b) dix-huitième (c) dix-neuvième
9. Le plus grand sculpteur des temps modernes est ______.
   (a) Auguste Rodin (b) Rosa Bonheur (c) François Rude
10. L'architecte du XIXe siècle qui a restauré Carcassonne et Notre Dame est ______.
    (a) Jules Hardouin Mansard (b) Le Corbusier (c) Viollet-le-Duc

Exercice D

Complétez en français:

1. Les peintures murales de Puvis de Chavannes décorent le Panthéon et ____________________.
2. L'arc de voûte pointu est une caractéristique de l'architecture ____________________.
3. Les peintres ____________________ tenaient à représenter la nature telle qu'elle est sans chercher à l'idéaliser.
4. Le palais de Versailles et la place Vendôme sont les œuvres de ____________________.
5. Maurice ____________________, qui peint des scènes de Montmartre, et Fernand ____________________, le peintre de la vie moderne, sont deux artistes bien connus du XXe siècle.
6. Le ____________________, dont le premier peintre fut Théodore Géricault, réagit contre la discipline du classicisme.
7. Le sculpteur moderne Aristide Maillol est connu surtout pour ses statues de ____________________.
8. Georges Braque a fondé le ____________________, une école d'art qui représente les objets sous des formes géométriques.
9. Le peintre expressionniste ____________________, né en Hollande, trouva son inspiration en Provence.
10. Le Corbusier est le chef de l'école moderne d'____________________.

39

La Musique

COMPOSITEURS

Jean-Baptiste Lully, ou **Lulli** (1632–1687), Italien de naissance, fut le créateur de l'opéra français. Il était le compositeur de la cour de Louis XIV, qui le nomma directeur de l'Opéra de Paris. Pour amuser le roi, il écrivit de la musique pour plusieurs comédies de Molière.

Les grands musiciens classiques sont Couperin et Rameau:

François Couperin (1668–1733), le plus grand maître français du clavecin, composa des morceaux charmants pour cet instrument.

Jean-Philippe Rameau (1683–1764), claveciniste et organiste, était le plus célèbre compositeur français de son temps. Il fit une contribution importante à la science de l'harmonie.

Au XIXe siècle, la musique française brilla d'un grand éclat.

Hector Berlioz (1803–1890), le plus grand compositeur de l'époque romantique, était un maître de l'orchestration. Ses œuvres, comme *La Damnation de Faust* et *La Symphonie fantastique*, sont remarquables par la force du sentiment dramatique.

César Franck (1822–1890), Belge de naissance, était un organiste de grand renom. Il a formé de nombreux disciples et composé de nombreuses œuvres.

Camille Saint-Saëns (1835–1921) était un virtuose du piano et de l'orgue. Il écrivit des poèmes symphoniques, tels que *La Danse macabre*, *Le Carnaval des animaux* et des opéras, dont le mieux connu est son chef-d'œuvre, *Samson et Dalila*.

Claude Debussy (1862–1918), le plus illustre des compositeurs modernes, fut influencé par les symbolistes et par les impressionnistes. Sa musique est raffinée et délicate. Parmi ses œuvres principales sont *L'Après-midi d'un faune*, *La Mer*, *Clair de lune* et l'opéra *Pelléas et Mélisande*.

Maurice Ravel (1875–1937), un des grands artistes de la musique moderne, écrivit des œuvres marquées par la virtuosité et la sensibilité. Il composa des pièces pour le piano et pour l'orchestre symphonique: *Ma mère l'Oye*, *Boléro*, *Daphnis et Chloé*.

D'autres compositeurs d'opéras célèbres sont:

Georges Bizet (1838–1875): *Carmen*, *Les Pêcheurs de perles*

Gustave Charpentier (1860–1956): *Louise*

Léo Delibes (1836–1891): *Lakmé*

Charles Gounod (1818–1893): *Faust*, *Roméo et Juliette*

Jules Massenet (1842–1912) *Manon*, *Thaïs*

Jacques Offenbach (1819–1880): *Les Contes d'Hoffmann*

Ambroise Thomas (1811–1896): *Mignon*

Au XXe siècle, la musique française reste toujours vivante avec des compositeurs de talent comme **Arthur Honegger** (1892–1955), **Darius Milhaud** (1892–1974), **Francis Poulenc** (1899–1963) et **George Auric** (1899–1983). **Edgard Varèse** (1883–1965), **Olivier Messiaen** (1908–1992) et **Pierre Boulez** (1925–) sont des musiciens contemporains qui s'orientent vers une musique originale et non traditionnelle.

11 **le clavecin** harpsichord

Exercice A

Choisissez la réponse correcte:

1. Le plus grand maître français du clavecin. ______
(a) François Couperin (b) Francis Poulenc (c) Jean-Baptiste Lully

2. Opéra célèbre de Jacques Offenbach. ______
(a) *Manon* (b) *Les Pêcheurs de perles* (c) *Contes d'Hoffmann*

3. Organiste et claveciniste qui contribua à la science de l'harmonie. ______
(a) Léo Delibes (b) Hector Berlioz (c) Jean-Philippe Rameau

4. Organiste illustre qui a écrit un opéra célèbre. ______
(a) César Franck (b) Georges Auric (c) Camille Saint-Saëns

5. Le plus célèbre des compositeurs modernes, dont la musique est très raffinée. ______
(a) Ambroise Thomas (b) Maurice Ravel (c) Claude Debussy

6. Deux opéras français bien connus sont *Faust* et ______.
(a) *Carmen* (b) *La Dance macabre* (c) *Ma mère l'Oye*

Exercice B

Complétez en français:

1. Jean-Baptiste Lully écrivit de la musique pour plusieurs comédies de ______________.

2. Hector Berlioz est le plus grand compositeur de l'époque ______________.

3. L'opéra prit naissance en France au XVIIe siècle, sous le règne de ______________.

4. On entend souvent jouer le *Boléro*, belle pièce orchestrale de ______________.

5. Darius Milhaud et Arthur Honegger sont deux compositeurs du ______________ siècle.

Exercice C

Pour chaque œuvre de la première colonne, donnez la lettre du compositeur de la seconde colonne:

1. *Carmen* ______
2. *Samson et Dalila* ______
3. *Clair de lune* ______
4. *Faust* ______
5. *Manon; Thaïs* ______
6. *La Damnation de Faust* ______

a. Camille Saint-Saëns
b. Charles Gounod
c. Claude Debussy
d. Georges Bizet
e. Hector Berlioz
f. Jean-Baptiste Lully
g. Jules Massenet

40

Les Sciences

SAVANTS: HOMMES ET FEMMES DE SCIENCE

La civilisation française a toujours fait preuve d'une curiosité intellectuelle qui a aidé au développpement d'un esprit scientifique fondé sur la raison et le goût de la recherche. De grands noms ont assuré, et continuent d'assurer, une place de premier plan à la science française.

LES MATHÉMATIQUES

René Descartes (1596–1650), philosophe, mathématicien et physicien, fonda la méthode scientifique, basée sur le raisonnement. Il expliqua son point de vue dans le *Discours de la méthode*. Descartes est le créateur de la géométrie analytique.

Pierre de Fermat (1601–1665) fut un précurseur dans la géométrie analytique, la théorie des nombres et le calcul des probabilités.

Blaise Pascal (1623–1662), mathématicien, physicien et philosophe, formula les lois de la pression atmosphérique et de l'équilibre des liquides. Il est l'inventeur de la presse hydraulique, de la première machine à calculer et du calcul des probabilités.

Pierre-Simon Laplace (1749–1827) fit des travaux sur la mécanique céleste, le calcul des probabilités et conçut une théorie importante sur la formation du système planétaire.

Henri Poincaré (1854–1912), un des plus grands mathématiciens de tous les temps, fit des contributions importantes aux mathématiques, à la physique et à l'astronomie.

LA PHYSIQUE

Charles-Augustin de Coulomb (1736–1806) établit les lois de l'électrostatique et du magnétisme. (Le *coulomb* est l'unité de quantité d'électricité).

André Ampère (1775–1836) créa l'électrodynamique. On lui doit l'invention de l'électro-aimant et les principes de la télégraphie électrique. L'*ampère*, l'unité d'intensité des courants électriques, porte son nom.

Joseph Gay-Lussac (1778–1850) découvrit les lois de la dilatation et de la combinaison des gaz.

Henri Becquerel (1852–1908) découvrit la radioactivité en 1896 (Prix Nobel 1903).

Pierre Curie (1859–1906) (Prix Nobel 1903) et sa femme, **Marie Curie** (1867–1934) (Prix Nobel de physique 1903, de chimie 1911), découvrirent le radium en 1899. Leur découverte a complètement changé nos idées sur la constitution de la matière et les sources de l'énergie. Leur fille, **Irène Joliot-Curie** (1897–1956), et son mari, **Frédéric Joliot** (1900–1958), poursuivirent ces recherches sur la structure de l'atome et découvrirent la radioactivité artificielle (Prix Nobel 1935).

Jean Perrin (1870–1942) apporta la preuve définitive de l'existence des atomes (Prix Nobel 1926).

Louis de Broglie (1892–1976) développa la théorie de la mécanique ondulatoire (Prix Nobel 1929).

LA CHIMIE

Antoine-Laurent de Lavoisier (1743–1794) est un des fondateurs de la chimie moderne. Il établit la nomenclature chimique, découvrit les lois de la combustion et détermina la composition de l'air. Il exprima la loi de la conservation de la matière en ces mots: «Rien ne se perd, rien ne se crée; dans la nature tout se transforme». Lavoisier fut guillotiné sous la Terreur.

Marcelin Berthelot (1827–1907) fit des travaux sur la chimie organique.

LES SCIENCES NATURELLES

Jean-Baptiste de Lamarck (1744–1829), le grand précurseur de Darwin, énonça une théorie sur les transformations des êtres vivants.

Georges Cuvier (1769–1832) est le créateur de l'anatomie comparée et de la paléontologie, la science qui traite des fossiles.

LA BIOLOGIE ET LA MÉDECINE

Claude Bernard (1813–1878) est le fondateur de la physiologie moderne et de la médecine expérimentale. Il définit les principes fondamentaux de toute recherche scientifique.

Louis Pasteur (1822–1895), chimiste et biologiste, fut un grand bienfaiteur de l'humanité. En établissant que les fermentations sont causées par des cellules vivantes, les microbes, il fonda la bactériologie moderne. Il prouva que les maladies contagieuses sont dues à la transmission de microbes et trouva des vaccins pour les combattre. Il trouva le moyen de guérir la rage et le charbon des moutons. Il découvrit les procédés de la pasteurisation, l'élimination des fermentations dangereuses. Ses travaux remarquables ont révolutionné la médecine.

L'Institut Pasteur de Paris fut fondé en 1886 par souscription internationale dans le but d'étudier les maladies infectieuses et pour perfectionner la chimie biologique. Aujourd'hui, avec plusieurs laboratoires, cet institut continue les travaux de Pasteur dans le monde entier.

Émile Roux (1853–1933) fit la découverte d'un sérum pour guérir la diphtérie.

Alexis Carrel (1873–1944) fit des recherches importantes sur la conservation, la culture et la greffe des tissus (Prix Nobel 1912). Il écrivit *L'Homme, cet inconnu*.

En d'autres domaines, il faut citer ces savants français et leurs contributions:

Jean-François Champollion (1790–1832) réussit à déchiffrer les hiéroglyphes égyptiens de la pierre de Rosette.

Louis-Jacques Daguerre (1789–1851) perfectionna la photographie.

Louis Braille (1809–1852) créa un système d'écriture et de lecture en relief pour les aveugles qui porte son nom.

Alphonse Bertillon (1853–1914) suggéra l'usage des empreintes digitales pour établir l'identité des criminels.

Plus récemment, le prix Nobel a été attribué à plusieurs Français pour leurs travaux en de nombreux domaines:

1965: **François Jacob, André Lwoff** et **Jacques Monod** pour leurs recherches sur les mécanismes de la génétique bactérienne, la synthèse des protéines et le rôle de l'acide ribonucléique.

1966: **Alfred Kastler** pour la découverte du pompage optique (l'effet laser).

1970: **Louis Néel** pour l'ensemble de ses travaux concernant le magnétisme.

1980: **Jean Dausset** pour ses recherches sur les antigènes et les tissus dans les transplantations d'organes.

1983: **Gérard Debreu** pour ses études sur l'application des méthodes statistiques en économie.

1987: **Jean-Marie Lehn** pour la synthèse des molécules artificielles.

1988: **Maurice Allais** pour ses études sur l'équilibre économique de la monnaie et du crédit.

1991: **Pierre-Gilles de Gennes,** pour l'ensemble de ses recherches en physique, notamment sur le magnétisme, la supraconductivité, les cristaux liquides et l'hydrodynamique.

La recherche scientifique est aujourd'hui concentrée dans le **Centre national de la recherche scientifique (CNRS),** qui regroupe plus de 1000 laboratoires et des milliers de chercheurs à travers toute la France. Le CNRS a pour mission de développer et de coordonner les recherches de tous ordres.

Exercice A

Complétez avec la réponse convenable:

1. L'unité de quantité d'électricité porte le nom de ______.
(a) Charles-Augustin de Coulomb (b) Marcelin Berthelot (c) Marie Curie

2. Irène Joliot-Curie et son mari, Frédéric Joliot, découvrirent ______.
(a) la radioactivité artificielle (b) le radium (c) le magnétisme

3. Un savant français découvrit un sérum pour guérir ______.
(a) les fermentations dangereuses (b) la diphtérie (c) la pneumonie

4. Alphonse Bertillon imagina l'usage des empreintes digitales pour établir l'identité des ______.
(a) hiéroglyphes (b) criminels (c) moutons

5. ______ a défini les principes fondamentaux de la recherche scientifique.
(a) Claude Bernard (b) Louis de Broglie (c) André Ampère

6. Henri Becquerel gagna le prix Nobel pour sa découverte ______.
(a) de la radioactivité (b) de la paléontologie (c) de l'électrodynamique

7. Le naturaliste ______ fonda des théories que reprit Charles Darwin sur les transformations des êtres vivants.
(a) Georges Cuvier (b) Joseph Gay-Lussac (c) Jean-Baptiste de Lamarck

Exercice B

Complétez en français:

1. Louis-Jacques Daguerre contribua au perfectionnement de la ______________________.
2. Jean-François Champollion réussit à déchiffrer les hiéroglyphes ______________________ de la pierre de Rosette.
3. Henri Poincaré, qui fit des contributions à la physique et à l'astronomie, était un des plus grands ______________________ de tous les temps.
4. Louis Pasteur prouva que les ______________________ sont la cause de maladies contagieuses et trouva des ______________________ pour les combattre.
5. Louis Braille inventa l'alphabet en relief à l'usage des ______________________.
6. Georges Cuvier, le créateur de l'anatomie comparée, fut aussi un fondateur de la paléontologie, la science qui traite des ______________________.

Exercice C

Identifiez:

1. Ils découvrirent le radium en 1899. ______________________
2. Chimiste et biologiste, il créa la bactériologie moderne. ______________________
3. Ce grand philosophe, auteur du *Discours de la Méthode*, fonda la méthode scientifique et la géométrie analytique. ______________________
4. Cet établissement scientifique fut fondé en 1886 pour étudier les maladies infectieuses. ______________________

5. Mathématicien et philosophe, il inventa la presse hydraulique et la première machine à calculer. ______________________

6. Un des fondateurs de la chimie moderne, ce savant dit que dans la nature «Rien ne se perd, rien ne se crée». ______________________

7. Inventeur de l'électrodynamique, il donna son nom à l'unité d'intensité des courants électriques. ______________________

Civilization Quiz

A. Soulignez la réponse convenable:

1. Premier chef-d'œuvre de la littérature française:
(a) *La Comédie humaine* (b) *Son et Lumière* (c) *La Chanson de Roland* (d) *Le Figaro*

2. Lieu d'exil de Napoléon Bonaparte:
(a) Waterloo (b) Sainte-Hélène (c) Tahiti (d) Corse

3. Patronne de Paris:
(a) Sainte Geneviève (b) Jeanne d'Arc (c) Marie-Antoinette (d) Marie Curie

4. Langue romane:
(a) bas-allemand (b) basque (c) celtique (d) portugais

5. Tour de France:
(a) sport sous-marin (b) course de bicyclette (c) jeu de boules (d) ascension en montagne

6. Druides:
(a) tribu germanique (b) prêtres gaulois (c) spécialités délicieuses (d) fêtes religieuses

7. Explorateur:
(a) Jacques Cartier (b) Maximilien de Robespierre (c) Ferdinand Foch (d) Denis Diderot

8. Bistro:
(a) espèce de pain (b) unité de mesure (c) restaurant simple (d) sport populaire

9. Empereur d'un vaste empire:
(a) Clovis (b) Jean-Baptiste Colbert (c) Charlemagne (d) Charles de Gaulle

10. Ancien nom de la France:
(a) Gaule (b) Languedoc (c) Lascaux (d) Versailles

11. Le 14 juillet 1789:
(a) Légion d'Honneur (b) prise de la Bastille (c) fête du Travail (d) Grande Guerre

12. Sculpteur:
(a) Jean-François Millet (b) Marc Chagall (c) Alphonse Daudet (d) Frédéric-Auguste Bartholdi

13. Le baccalauréat, examen qui termine les études dans:
(a) les écoles maternelles (b) les universités (c) les grandes écoles (d) les lycées

14. Premier document en vieux français:
(a) *Serments de Strasbourg* (b) *Le Contrat social* (c) *Pêcheur d'Islande* (d) *Édit de Nantes*

15. Architecte:
(a) Aristide Maillol (b) Anatole France (c) Jules Hardouin Mansard (d) Édouard Manet

16. Élément essentiel du mouvement romantique:
(a) la précision (b) la vérité (c) la science (d) le sentiment

17. Grand maître de contes:
(a) Mirabeau (b) Antoine Watteau (c) Guy de Maupassant (d) François René de Chateaubriand

18. Artiste:
(a) Eugène Delacroix (b) Jules de Goncourt (c) Mme de Staël (d) Marcelin Berthelot

19. Opéra:
(a) *Madame Bovary* (b) *Pêcheurs de perles* (c) *Gargantua* (d) *Médecin malgré lui*

20. Compositeur:
(a) Camille Saint-Saëns (b) Georges Braque (c) Lutèce (d) Danton

21. Bas-relief de l'Arc de Triomphe:
(a) *La Danse* (b) *La Marseillaise* (c) *Les Glaneuses* (d) *La Vie de Sainte Geneviève*

22. Chef-d'œuvre de l'architecture gothique:
(a) le Louvre (b) la Sorbonne (c) l'École de Barbizon (d) Notre-Dame de Paris

23. Le roi le plus aimé:
(a) Charlemagne (b) Henri IV (c) Louis XV (d) Charles Martel

24. Bouillabaisse:
(a) spécialité culinaire (b) boisson populaire (c) espèce de volaille (d) gâteau délicieux

25. Savant:
(a) Jean-Antoine Houdon (b) Rosa Bonheur (c) Darius Milhaud (d) Claude Bernard

B. Choisissez l'expression qui complète le sens de la phrase:

1. La chaîne de montagnes la plus ancienne de France est ______.
(a) le Jura (b) les Alpes (c) le Massif Central (d) les Vosges

2. Victor Hugo et Paul Verlaine se distinguèrent dans le domaine de ______.
(a) la poésie (b) la tragédie (c) la vie politique (d) la philosophie

3. L'amiral des forces navales françaises pendant la Révolution américaine fut ______.
(a) La Fayette (b) Rochambeau (c) Louis Napoléon (d) de Grasse

4. L'adjectif qui caractérise le mieux le français est ______.
(a) doux (b) difficile (c) clair (d) riche

5. La pelote et les boules sont des ______.
(a) fêtes régionales (b) sports (c) desserts (d) danses provinciales

6. Le roi français qui a donné son nom à la Louisiane est ______.
(a) Louis XIV (b) Louis IX (c) Louis XV (d) Louis XVI

7. «Les quarante immortels» sont ______.
(a) les plus grands poètes de France (b) les écrivains de *L'Encyclopédie* (c) les impressionnistes (d) les membres de l'Académie française

8. Le peintre des scènes de music-hall qui éleva le dessin des affiches au niveau de l'art est ______.
(a) Henri de Toulouse-Lautrec (b) Paul Gauguin (c) Pierre Puvis de Chavannes (d) Henri Matisse

9. Mirabeau et Danton ont joué des rôles importants pendant ______.
(a) la bataille de Yorktown (b) la défaite de Napoléon (c) la Révolution française (d) les guerres de religion

10. L'explorateur qui découvrit le Saint-Laurent en 1535 et prit possession du Canada au nom du roi de France est ______.
(a) Robert Cavalier de La Salle (b) Louis Joliet (c) Jacques Cartier (d) Samuel de Champlain

11. Louis Braille a créé ______.
(a) la chimie moderne (b) un sérum pour guérir la diphtérie (c) l'alphabet en relief à l'usage des aveugles (d) les lois de la dilatation des gaz

12. Le Code Civil des lois françaises d'aujourd'hui date du temps de ______.
(a) Charlemagne (b) Richelieu (c) Henry IV (d) Napoléon

13. *L'Aurore* et *Le Monde* sont les noms de deux ______.
(a) théâtres (b) journaux (c) bistros (d) grands magasins

14. Le breton est un dialecte celtique parlé en ______.
(a) Irlande (b) Espagne (c) Bretagne (d) Grande-Bretagne

15. Le pointillisme et le fauvisme sont des mouvements ______.
(a) artistiques (b) musicaux (c) littéraires (d) scientifiques

16. Le Rhône se jette dans ______.
(a) l'Atlantique (b) la Manche (c) la Méditerranée (d) la mer du Nord

17. Honoré Daumier est renommé pour ses ______.
(a) paysages (b) animaux (c) natures mortes (d) caricatures

18. Jean-Baptiste Colbert est le ministre qui a bien servi ______.
(a) Francois Ier (b) Louis XV (c) Napoléon (d) Louis XIV

19. André Ampère fit des découvertes importantes en ______.
(a) médecine (b) électricité (c) biologie (d) chimie

20. Une phrase célèbre de René Descartes est ______.
(a) «Que sais-je?» (b) «Ce qui n'est pas clair n'est pas français.» (c) «Je pense, donc je suis.» (d) «Mais où sont les neiges d'antan?»

21. Le principal représentant de la littérature provençale est ______.
(a) Frédéric Mistral (b) Pierre de Ronsard (c) Alphonse Daudet (d) Alphonse de Lamartine

22. Le fleuve puissant qui fournit beaucoup d'énergie hydro-électrique est ______.
(a) le Rhin (b) la Seine (c) le Rhône (d) la Loire

23. La région de fermes fertiles où les armées alliées ont débarqué en 1944 est ______.
(a) la Côte d'Azur (b) la Normandie (c) la Camargue (d) la Bretagne

24. Les chansons de geste datent ______.
(a) de l'âge classique (b) du Moyen Âge (c) de la période gallo-romaine (d) de la Renaissance

25. La France doit son nom à ______.
(a) une tribu germanique (b) François Ier (c) un chef gaulois (d) un général romain

C. Choisissez l'expression qui complète le sens de la phrase:

1. Le Jura s'étend ______.
(a) du Rhin aux Alpes (b) entre la France et l'Italie (c) du Rhin à la Manche (d) entre l'Alsace et la Lorraine

2. Le peintre des danseuses de l'Opéra est ______.
(a) Claude Monet (b) Edgar Degas (c) Jean-Baptiste Corot (d) Auguste Renoir

3. Les trois coups qu'on entend dans une salle de spectacle annoncent ______.
(a) le lever du rideau (b) la fin de la pièce (c) le commencement de l'entracte (d) une situation dangereuse

4. Molière fut ______.
(a) le meilleur écrivain de la Renaissance (b) le père de la tragédie française (c) le premier écrivain du XVIIIe siècle (d) le créateur de la comédie en France

5. La Banque de France et la Légion d'Honneur sont des créations de ______.
(a) Louis XIV (b) Napoléon Ier (c) la Troisième République (d) la Révolution française

6. Le fleuve français le plus navigable est ______.
(a) la Loire (b) le Rhône (c) la Seine (d) la Garonne

7. Le savant qui découvrit un vaccin contre la rage est ______.
(a) Claude Bernard (b) André Ampère (c) Louis Pasteur (d) Georges Cuvier

8. L'école impressionniste, qui doit son nom au tableau de Monet intitulé *Impression*, fleurissait au ______.
(a) XVIe siècle (b) XVIIe siècle (c) XVIIIe siècle (d) XIXe siècle

9. Le chef du mouvement existentialiste s'appelle ______.
(a) André Gide (b) Jean-Paul Sartre (c) François Mauriac (d) Émile Zola

10. Le premier mai, en France, on vend dans les rues ______.
(a) du muguet (b) des violettes (c) des roses (d) des pensées

11. Corot est renommé pour ses ______.
(a) portraits (b) paysages (c) animaux (d) scènes de Montmartre

12. Les volcans éteints qu'on appelle puys se trouvent dans ______.
(a) le Massif Central (b) les Alpes (c) les Pyrénées (d) les Vosges

13. Le premier héros national de la France fut ______.
(a) Charlemagne (b) Clovis (c) Saint Louis (d) Vercingétorix

14. La France a des frontières naturelles excepté ______.
(a) au nord-est (b) au sud-est (c) au nord-ouest (d) au sud-ouest

15. Le chef-d'œuvre d'Honoré de Balzac dans lequel il peint un tableau de la société du XIXe siècle s'appelle ______.
(a) *Les Misérables* (b) *L'Encyclopédie* (c) *La Comédie humaine* (d) *Les Lettres philosophiques*

16. Henri Becquerel et Antoine-Laurent de Lavoisier sont connus pour leurs contributions au domaine ______.
(a) de la musique (b) des sciences (c) des beaux-arts (d) de la philosophie

17. L'influence la plus profonde de la culture romaine est encore évidente en ______.
(a) Provence (b) Normandie (c) Bretagne (d) Alsace

18. Les Français dansent dans les rues chaque année pour célébrer ______.
(a) Pâques (b) la fête de la Victoire (c) la fête du Travail (d) la fête nationale

19. Celui qu'on appelle «le père de la fiction scientifique» est ______.
(a) Guy de Maupassant (b) Jules Verne (c) Voltaire (d) Alexandre Dumas fils

20. L'école romantique fut profondément influencée par ______.
(a) Molière (b) Voltaire (c) Jean-Jacques Rousseau (d) Montesquieu

21. Le Corbusier est connu pour ______.
(a) son architecture originale (b) sa musique symphonique (c) ses théories scientifiques (d) ses romans psychologiques

22. Le fleuve le plus long, mais le moins utile de France est ______.
(a) la Loire (b) la Seine (c) le Rhône (d) la Garonne

23. Des rois suivants, celui qui a contribué le moins à la grandeur de la France est ______.
(a) Henri IV (b) Louis XV (c) François Ier (d) Louis XIV

24. Le premier des grands poètes lyriques français est ______.
(a) François Villon (b) Paul Verlaine (c) Alfred de Musset (d) Pierre de Ronsard

25. Jules Massenet a composé la musique de ______.
(a) *Louise* (b) *Thaïs* (c) *Mignon* (d) *Samson et Dalila*

PART

Comprehensive Testing

Speaking
Listening Comprehension
Reading Comprehension
Writing

FIVE

1. Speaking: Oral Communication Tasks [24 points]

Your teacher will administer two communication tasks. Each task prescribes a simulated conversation in which you play yourself and the teacher assumes the role indicated in the task.

Each task requires six utterances on your part. An utterance is any spoken statement that is comprehensible and appropriate and leads to accomplishing the stated task. Assume that in each situation you are speaking with a person who speaks French.

2. Listening Comprehension

2a MULTIPLE CHOICE (ENGLISH) [18 points]

Part 2a consists of nine questions. For each question, you will hear some background information in English. Then you will hear a passage in French twice, followed by a question in English. Listen carefully. After you have heard the question, read the question and the four suggested answers in your book. Choose the best suggested answer and write its number in the space provided.

1 How much does this test cost? _______

1. 11 francs 2. 30 francs 3. 0 francs 4. 15 francs

2 To what type of event are the listeners being invited? _______

1. An important dinner.
2. The opening of a new store.
3. A military parade.
4. A fashion show.

3 What conclusion does the study referred to make? _______

1. Cold cereal is a good breakfast.
2. Cold cereals have too much sugar.
3. Breakfast is an important meal.
4. Cold cereal is unhealthy.

4 What does this advertisement promise? _______

1. A wonderful trip around the world.
2. A reliable overseas moving service.
3. A dependable housekeeper.
4. A fast messenger service.

5 What is included in this guidebook for the first time? _______

1. The names of 10,500 luxury restaurants.
2. The names of the most famous tours in France.
3. The names of hotels where smoking is prohibited.
4. The names of gas stations that sell unleaded gas.

6 What does this announcement propose to do? _______

1. Sell French books to students.
2. Buy French books for the public library.
3. Introduce children to French literature.
4. Improve children's English reading skills.

7 Who would benefit from this treatment? _______

1. People who want to look younger.
2. People who don't like the shape of their nose.
3. Overweight people.
4. People with heart conditions.

8 What does the son explain? ______

1. How to take photographs.
2. How to send a visual message to a friend.
3. How to make use of the present.
4. How to take the appliance apart.

9 What is the purpose of this auction? ______

1. To raise funds for child-care centers.
2. To feed hungry children.
3. To buy toys for poor children.
4. To send poor children to summer camp.

2b MULTIPLE CHOICE (FRENCH) [12 Points]

Part 2b consists of six questions. For each question, you will hear some background information in English. Then you will hear a passage in French *twice*, followed by a question in French. Listen carefully. After you have heard the question, read the question and the four suggested answers in your book. Choose the best suggested answer and write its number in the space provided.

1 À qui est-ce que cette association offre des prix? ______

1. À ceux qui savent chanter en français.
2. À ceux qui ont bien réussi leurs études de français.
3. À ceux qui sont de bons acteurs en français.
4. À ceux qui veulent devenir traducteurs.

2 Pourquoi va-t-on établir ce musée? ______

1. Pour rendre hommage aux chanteurs.
2. Pour honorer les étoiles du ballet français.
3. Pour commémorer les vedettes de cinéma du passé.
4. Pour exhiber des peintures françaises anciennes.

3 À quoi sert Dexter? ______

1. À remplacer le téléphone.
2. À faire fonctionner les ordinateurs.
3. À aider les handicapés.
4. À rendre plus facile le travail mécanique.

4 Qui s'intéresserait à cette annonce? ______

1. Une personne qui voudrait emprunter de l'argent.
2. Une personne qui cherche du travail.
3. Une personne qui a envie de devenir riche.
4. Une personne qui désire épargner de l'argent.

5 Que peut-on dire de l'industrie fromagère en France? ______

1. Elle offre peu de variété.
2. Elle prospère.
3. Elle est de moindre importance.
4. Elle est très limitée.

6 Quelle est l'opinion de la plupart des élèves? ______

1. Ils n'aiment pas l'école.
2. Ils pensent que leurs vacances sont trop courtes.
3. Ils préfèrent aller à l'école pendant toute l'année.
4. Ils aiment mieux garder les grandes vacances.

3. Reading Comprehension

3a LONG CONNECTED PASSAGE [10 Points]

Part 3a consists of a passage followed by five questions or incomplete statements in French. For each, choose the expression that best answers the question or completes the statement *according to the meaning of the passage* and write its *number* in the space provided.

La structure des marchés français a peu changé depuis le Moyen Âge où les villages à travers le pays organisaient un marché tous les huit jours pour vendre et échanger de tout. Dans certaines régions il y avait même des foires aux célibataires annuelles où l'on allait dans l'espoir de se trouver une épouse ou un mari.

Aujourd'hui l'importance des marchés varie selon la ville où ils prennent place. Tous les marchés ont lieu une fois par semaine, le matin, et se terminent vers midi. Le marché n'est ouvert que le matin parce que les marchands passent le reste de la journée à s'occuper de leurs fermes ou à acheter leurs propres marchandises. Quand on va au marché, il ne faut pas oublier d'apporter un filet ou un grand sac pour y mettre les achats car les marchands ne donnent que des petits sacs.

Le marché a souvent lieu sur la place principale de la ville ou du village. Chaque ville a un jour de marché déterminé. Les marchés français offrent des légumes, des fruits frais, des fromages, de la viande et du poisson. Mais vous pouvez aussi y trouver des plantes, des vêtements, des chaussures et des ustensiles de cuisine. Les marchés sont un lieu de rencontre très animé et cela vaut la peine de les visiter.

1 On a établi les premiers marchés ______

1. récemment.
2. dans les années vingt.
3. pendant la Renaissance.
4. il y a très longtemps.

2 De qui pouvait-on faire la connaissance au marché dans le passé? ______

1. De sa future femme.
2. D'un homme célèbre.
3. D'un fermier important.
4. Du facteur.

3 On doit aller au marché le matin de bonne heure ______

1. parce que le marché est très grand.
2. pour avoir les meilleurs choix.
3. parce que le marché se termine à midi.
4. pour être libre le soir.

4 Quand on va au marché, il faut ______

1. vendre de la marchandise.
2. aller voir les fermiers.
3. aller loin du centre du village.
4. prendre un sac à provisions.

5 Quand ont lieu les marchés? ______

1. Tous les jours.
2. Une fois par mois.
3. Une fois par semaine.
4. Tous les après-midis.

3b SHORT READINGS (MULTIPLE CHOICE, ENGLISH) [10 Points]

Part 3b consists of five short readings. For each selection, there is a question or incomplete statement in English. For each, choose the expression that best answers the question or completes the statement and write its number in the space provided. Base your choice on the content of the reading selection.

LES «AÉROPORTS DE PARIS»

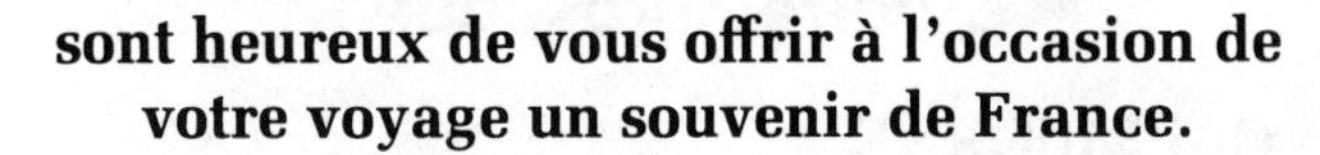

sont heureux de vous offrir à l'occasion de votre voyage un souvenir de France.

Ce souvenir vous sera remis gratuitement sur présentation de cette annonce et de votre carte d'embarquement dans toute boutique hors-taxe de la zone franche.

Il ne pourra être remis qu'un seul cadeau par passager.

1 To what does this card entitle you? ______

1. A free gift.
2. A discount on souvenir items.
3. Use of the duty-free shop.
4. A transfer from the airport to your hotel.

CURIOSITÉ DU JOUR

Il pleut à verse. Vous pouvez essayer de courir, mais vous ne resterez pas beaucoup plus sec qu'une personne marchant à un pas normal. Quelqu'un courant à 22 miles à l'heure sera mouillé 10% de moins seulement que quelqu'un marchant à une allure de 7 miles à l'heure.

2 What does this article suggest? ______

1. Run for cover in the rain.
2. You will get sick if you stay out in the rain.
3. Rain can cause very severe problems.
4. You might as well walk and not run in the rain.

Nous recherchons des personnes

pour organiser des échanges entre établissements scolaires français et américains. Nous désirons trouver des familles qui puissent loger les étudiants français. Pour tous renseignements, écrire à:

ORGANISATION DES ÉTUDIANTS AMÉRICAINS ET FRANÇAIS
16, rue Georges Washington
75000 Paris, France

3 Who would be interested in this notice? ______

1. A French student who wants to work in America.
2. Bilingual tour guides.
3. French and American summer-school students.
4. American teachers who want to organize student exchange programs.

ASTROVISION
votre horoscope

CAPRICORNE

Travail: Encore un petit effort et vous atteindrez le but que vous vous étiez fixé au début de l'année. Ce n'était pas si difficile que ça!

Amour: Vous tomberez amoureux d'une personne très originale et d'un âge très différent du vôtre.

Santé: Beaucoup de fatigue, mais vous ne la sentirez pas. Trois ou quatre heures de sommeil par nuit vous suffiront.

4 What do the stars predict for a person born under this sign? ______

1. Difficulties at work.
2. Falling in love with a much older or younger person.
3. Fatigue and much needed sleep and rest.
4. A bad accident.

La revue «*La Bonne Chère*» annonce un concours:

Participez à notre concours gastronomique. Envoyez-nous votre recette favorite et gagnez un de ces prix extraordinaires:

GRAND PRIX:

- un voyage en France, tous frais compris

AUTRES PRIX:

- un stage de 3 semaines, tous frais compris, à l'institut canadien des études françaises
- 50 parfums offerts par Chenonceaux
- 4 abonnements à *Voici Paris,* le magazine vidéo sur la France
- 35 disques des derniers succès
- 20 boîtes de chocolats d'une livre offertes par M. Praline

5 What do you have to do to win a prize? ______

1. Be a good runner.
2. Participate in a sports event.
3. Know how to cook.
4. Send in your favorite horoscope.

3c SLOT COMPLETION [10 Points]

For the following passage, there are five blank spaces numbered 1 through 5. Each blank represents a missing word or expression. For each blank space, four possible completions are provided. Only one of them makes sense in the context of the passage.

First, read the passage in its entirety to determine its general meaning. Then read it a second time. For each blank space, choose the completion that makes the best sense and write its number in the space provided.

Dans une ville en Suisse, un robot intelligent est devenu l'auxiliaire de la police.

Les conducteurs de voiture qui pensent pouvoir éviter une contravention pour avoir dépassé les limites de __(1)__ devraient reconsidérer leurs intentions s'ils comptent conduire en Suisse.

Dans une ville en Suisse, on a installé un robot dont le seul __(2)__ est d'attraper ceux qui font des excès de vitesse. Ce robot fonctionne en combinant radar et photographie. Un signal radar est orienté vers la circulation routière. S'il détecte une voiture qui roule trop vite, il __(3)__ un appareil qui photographie la voiture.

Les agents de police développent le film et peuvent identifier __(4)__ de la voiture grâce au numéro de la plaque d'immatriculation. Ils lui envoient alors une contravention par la poste.

Les deux premiers mois de sa mise en place, le robot a intercepté plus de 3.000 conducteurs et les autorités affirment qu'il y a eu beaucoup moins __(5)__.

(1) 1 vitesse
2 politesse
3 moralité
4 lenteur ______

(2) 1 tort
2 problème
3 chance
4 but ______

(3) 1 travaille
2 fait
3 actionne
4 montre ______

(4) 1 la rapidité
2 le propriétaire
3 la taille
4 l'âge ______

(5) 1 de circulation
2 de vols
3 de chauffeurs
4 d'accidents ______

4. Writing

4a INFORMAL NOTE [6 Points]

Choose one of the topics below and write a well-organized note in French as directed. Your note must consist of at least six clauses. A clause must contain a verb, a stated or implied subject, and additional words necessary to convey meaning. The six clauses may be contained in fewer than six sentences if some of the sentences have more than one clause:

Examples:

One clause:	Hier j'ai fait des courses.
Two clauses:	Hier j'ai fait des courses et j'ai rencontré Jean dans la rue.
Three clauses:	Hier j'ai fait des courses et j'ai rencontré Jean qui m'a invité à une boum chez lui.

Note that the salutation and closing will *not* count as part of the six clauses.

1. You need a book from the library. Write a short note to your brother/sister asking him/her to get it for you.

Use the following:

Salutation: [your brother/sister's name]
Closing: [your name]

____

____

____

____

____

____

2. A pen pal is going to visit you for the first time. Write a note in which you give him/her directions to your house.

Use the following:

Salutation: [your pen pal's name]
Closing: [your name]

____

____

____

____

____

____

4b NARRATIVE OR LETTER [10 Points]

Write a well-organized composition as directed below. Choose either the narrative or formal letter. Follow the specific instructions for the topic you select. Each composition must consist of at least ten clauses. A clause must contain a verb, a stated or implied subject, and additional words necessary to convey meaning. The ten clauses may be contained in fewer than ten sentences if some of the sentences have more than one clause.

A. NARRATIVE

Write a STORY in French about the situation shown in the picture. It must be a story about the situation in the picture, not a description of the picture.

Key words:		
	le bureau de poste	post office
	peser	to weigh
	la balance	scale
	le timbre	stamp
	la poche	pocket

____

____

____

____

____

____

____

____

____

____

B. FORMAL LETTER

Write a LETTER in French. Follow the specific instructions. Note that the dateline, salutation, and closing will *not* count as part of the required ten clauses.

You have just returned from a visit to Paris and realize that you forgot one of your possessions in your hotel room. Write a letter to the management in which you request its assistance in locating the item.

The suggested subtopics are: nature of the problem; article you left behind; description of the item; room you occupied; where you may have left it; how it can be returned to you.

You may use ideas suggested by any or all of the subtopics listed above or you may use your own ideas. Either way, you must accomplish the purpose of the letter, which is *to inquire about a lost item and to make arrangements for its return.*

Use the following:

Dateline: le ____ ____ 19__
Salutation: Monsieur/Madame,
Closing: Veuillez agréer, Monsieur/Madame, l'expression de mes sentiments les meilleurs.

____

____

____

____

____

____

____

____

____

____

____

____

Appendix

1. Verbs with Regular Forms

a. Simple Tenses

INFINITIVE			
parl**er**	fin**ir**	vend**re**	**s'**amuser
PAST PARTICIPLE			
parl**é**	fin**i**	vend**u**	amusé
PRESENT PARTICIPLE			
parl**ant**	finiss**ant**	vend**ant**	**s'**amusant
PERFECT PARTICIPLE			
ayant parlé	ayant fini	ayant vendu	**s'**étant amusé(e)(s)
PRESENT			
parl**e** parl**es** parl**e** parl**ons** parl**ez** parl**ent**	fin**is** fin**is** fin**it** fin**issons** fin**issez** fin**issent**	vend**s** vend**s** vend vend**ons** vend**ez** vend**ent**	**m'**amuse **t'**amuses **s'**amuse **nous** amusons **vous** amusez **s'**amusent
IMPERATIVE			
parle parl**ons** parl**ez**	fin**is** fin**issons** fin**issez**	vend**s** vend**ons** vend**ez**	amuse-**toi** amusons-**nous** amusez-**vous**
IMPERFECT			
parl**ais** parl**ais** parl**ait** parl**ions** parl**iez** parl**aient**	finiss**ais** finiss**ais** finiss**ait** finiss**ions** finiss**iez** finiss**aient**	vend**ais** vend**ais** vend**ait** vend**ions** vend**iez** vend**aient**	**m'**amusais **t'**amusais **s'**amusait **nous** amusions **vous** amusiez **s'**amusaient

PASSÉ SIMPLE			
parl**ai**	fin**is**	vend**is**	**m'**amusai
parl**as**	fin**is**	vend**is**	**t'**amusas
parl**a**	fin**it**	vend**it**	**s'**amusa
parl**âmes**	fin**îmes**	vend**îmes**	**nous** amusâmes
parl**âtes**	fin**îtes**	vend**îtes**	**vous** amusâtes
parl**èrent**	fin**irent**	vend**irent**	**s'**amusèrent

FUTURE			
parler**ai**	finir**ai**	vendr**ai**	**m'**amuserai
parler**as**	finir**as**	vendr**as**	**t'**amuseras
parler**a**	finir**a**	vendr**a**	**s'**amusera
parler**ons**	finir**ons**	vendr**ons**	**nous** amuserons
parler**ez**	finir**ez**	vendr**ez**	**vous** amuserez
parler**ont**	finir**ont**	vendr**ont**	**s'**amuseront

CONDITIONAL			
parler**ais**	finir**ais**	vendr**ais**	**m'**amuserais
parler**ais**	finir**ais**	vendr**ais**	**t'**amuserais
parler**ait**	finir**ait**	vendr**ait**	**s'**amuserait
parler**ions**	finir**ions**	vendr**ions**	**nous** amuserions
parler**iez**	finir**iez**	vendr**iez**	**vous** amuseriez
parler**aient**	finir**aient**	vendr**aient**	**s'**amuseraient

PRESENT SUBJUNCTIVE			
parl**e**	finiss**e**	vend**e**	**m'**amuse
parl**es**	finiss**es**	vend**es**	**t'**amuses
parl**e**	finiss**e**	vend**e**	**s'**amuse
parl**ions**	finiss**ions**	vend**ions**	**nous** amusions
parl**iez**	finiss**iez**	vend**iez**	**vous** amusiez
parl**ent**	finiss**ent**	vend**ent**	**s'**amusent

b. Compound Tenses

PASSÉ COMPOSÉ			
ai parlé	ai fini	ai vendu	me suis amusé(e)
as parlé	as fini	as vendu	t'es amusé(e)
a parlé	a fini	a vendu	s'est amusé(e)
avons parlé	avons fini	avons vendu	nous sommes amusé(e)s
avez parlé	avez fini	avez vendu	vous êtes amusé(e)(s)
ont parlé	ont fini	ont vendu	se sont amusé(e)s

PLUPERFECT			
avais parlé	avais fini	avais vendu	m'étais amusé(e)
avais parlé	avais fini	avais vendu	t'étais amusé(e)
avait parlé	avait fini	avait vendu	s'était amusé(e)
avions parlé	avions fini	avions vendu	nous étions amusé(e)s
aviez parlé	aviez fini	aviez vendu	vous étiez amusé(e)(s)
avaient parlé	avaient fini	avaient vendu	s'étaient amusé(e)s

FUTURE PERFECT			
aurai parlé	aurai fini	aurai vendu	me serai amusé(e)
auras parlé	auras fini	auras vendu	te seras amusé(e)
aura parlé	aura fini	aura vendu	se sera amusé(e)
aurons parlé	aurons fini	aurons vendu	nous serons amusé(e)s
aurez parlé	aurez fini	aurez vendu	vous serez amusé(e)(s)
auront parlé	auront fini	auront vendu	se seront amusé(e)s

PAST CONDITIONAL			
aurais parlé	aurais fini	aurais vendu	me serais amusé(e)
aurais parlé	aurais fini	aurais vendu	te serais amusé(e)
aurait parlé	aurait fini	aurait vendu	se serait amusé(e)
aurions parlé	aurions fini	aurions vendu	nous serions amusé(e)s
auriez parlé	auriez fini	auriez vendu	vous seriez amusé(e)(s)
auraient parlé	auraient fini	auraient vendu	se seraient amusé(e)s

PAST SUBJUNCTIVE			
aie parlé	aie fini	aie vendu	me sois amusé(e)
aies parlé	aies fini	aies vendu	te sois amusé(e)
ait parlé	ait fini	ait vendu	se soit amusé(e)
ayons parlé	ayons fini	ayons vendu	nous soyons amusé(e)s
ayez parlé	ayez fini	ayez vendu	vous soyez amusé(e)(s)
aient parlé	aient fini	aient vendu	se soient amusé(e)s

2. *-er* Verbs With Spelling Changes

	-cer verbs	**-ger** verbs	**-yer** verbs*	**-eler** / **-eter** verbs		**e + consonant + er** verbs	**é + consonant(s) + er** verbs
INFINITIVE	pla**cer**	man**ger**	emplo**yer**	app**eler**	**jeter**	**mener**	esp**érer**
PRESENT	place places place **plaçons** placez placent	mange manges mange **mangeons** mangez mangent	**emploie** **emploies** **emploie** employons employez **emploient**	**appelle** **appelles** **appelle** appelons appelez **appellent**	**jette** **jettes** **jette** jetons jetez **jettent**	**mène** **mènes** **mène** menons menez **mènent**	**espère** **espères** **espère** espérons espérez **espèrent**
IMPERFECT	**plaçais** **plaçais** **plaçait** placions placiez **plaçaient**	**mangeais** **mangeais** **mangeait** mangions mangiez **mangeaient**					
FUTURE			**emploierai** **emploieras** **emploiera** **emploierons** **emploierez** **emploieront**	**appellerai** **appelleras** **appellera** **appellerons** **appellerez** **appelleront**	**jetterai** **jetteras** **jettera** **jetterons** **jetterez** **jetteront**	**mènerai** **mèneras** **mènera** **mènerons** **mènerez** **mèneront**	
CONDITIONAL			**emploierais** **emploierais** **emploierait** **emploierions** **emploieriez** **emploieraient**	**appellerais** **appellerais** **appellerait** **appellerions** **appelleriez** **appelleraient**	**jetterais** **jetterais** **jetterait** **jetterions** **jetteriez** **jetteraient**	**mènerais** **mènerais** **mènerait** **mènerions** **mèneriez** **mèneraient**	
PRESENT SUBJUNCTIVE			emploie emploies emploie **employions** **employiez** emploient	appelle appelles appelle **appelions** **appeliez** appellent	jette jettes jette **jetions** **jetiez** jettent	mène mènes mène **menions** **meniez** mènent	espère espères espère **espérions** **espériez** espèrent
COMMANDS	place plaçons placez	mange mangeons mangez	emploie employons employez	appelle appelons appelez	jette jetons jetez	mène menons menez	espère espérons espérez
PASSÉ SIMPLE	**plaçai** **plaças** **plaça** **plaçâmes** **plaçâtes** placèrent	**mangeai** **mangeas** **mangea** **mangeâmes** **mangeâtes** mangèrent					

*Verbs ending in **-ayer**, like **payer** and **balayer**, may be conjugated like **employer** or retain the **y** in all conjugations: je **paye** or je **paie.**

3. Verbs With Irregular Forms

NOTE: 1. Irregular forms are printed in bold type.
2. Verbs conjugated with **être** in compound tenses are indicated with an asterisk (*).

INFINITIVE, PARTICIPLES	PRESENT	IMPERATIVE	IMPERFECT	PASSÉ SIMPLE
accueillir *to welcome* (like **cueillir**)				
aller* *to go* allant allé	**vais** **vas** **va** allons allez **vont**	va allons allez	allais allais allait allions alliez allaient	allai allas alla allâmes allâtes allèrent
s'asseoir* *to sit* s'asseyant **assis**	m'**assieds** t'**assieds** s'**assied** nous **asseyons** vous **asseyez** s'**asseyent** *or* m'**assois** t'**assois** s'**assoit**	assieds-toi asseyons-nous asseyez-vous *or* assois-toi assoyons-nous assoyez-vous	m'asseyais t'asseyais s'asseyait nous asseyions vous asseyiez s'asseyaient *or* m'assoyais t'assoyais s'assoyait	m'**assis** t'**assis** s'**assit** nous **assîmes** vous **assîtes** s'**assirent**
admettre *to admit* (like **mettre**)				
apercevoir *to notice* (like **recevoir**)				
apparaître *to appear* (like **connaître**)				
appartenir *to belong* (like **tenir**)				
apprendre *to learn* (like **prendre**)				
atteindre *to reach* (like **peindre**)				
avoir *to have* **ayant** **eu**	**ai** **as** **a** **avons** **avez** **ont**	**aie** **ayons** **ayez**	avais avais avait avions aviez avaient	**eus** **eus** **eut** **eûmes** **eûtes** **eurent**

FUTURE	CONDITIONAL	SUBJUNCTIVE	COMPOUND TENSES
irai	**irais**	**aille**	PASSÉ COMPOSÉ: je suis allé(e)
iras	**irais**	**ailles**	PLUPERFECT: j'étais allé(e)
ira	**irait**	**aille**	FUTURE PERFECT: je serai allé(e)
irons	**irions**	**allions**	PAST CONDITIONAL: je serais allé(e)
irez	**iriez**	**alliez**	PAST SUBJUNCTIVE: je sois allé(e)
iront	**iraient**	**aillent**	
m'**assiérai**	m'**assiérais**	m'asseye	PASSÉ COMPOSÉ: je me suis **assis**(e)
t'**assiéras**	t'**assiérais**	t'asseyes	PLUPERFECT: je m'étais **assis**(e)
s'**assiéra**	s'**assiérait**	s'asseye	FUTURE PERFECT: je me serai **assis**(e)
nous **assiérons**	nous **assiérions**	nous asseyions	PAST CONDITIONAL: je me serais **assis**(e)
vous **assiérez**	vous **assiériez**	vous asseyiez	PAST SUBJUNCTIVE: je me sois **assis**(e)
s'**assiéront**	s'**assiéraient**	s'asseyent	
or	or	or	
m'**assoirai**	m'**assoirais**	m'assoie	
t'**assoiras**	t'**assoirais**	t'assoies	
s'**assoira**	s'**assoirait**	s'assoie	
aurai	**aurais**	**aie**	PASSÉ COMPOSÉ: j'ai **eu**
auras	**aurais**	**aies**	PLUPERFECT: j'avais **eu**
aura	**aurait**	**ait**	FUTURE PERFECT: j'aurai **eu**
aurons	**aurions**	**ayons**	PAST CONDITIONAL: j'aurais **eu**
aurez	**auriez**	**ayez**	PAST SUBJUNCTIVE: j'aie **eu**
auront	**auraient**	**aient**	

INFINITIVE, PARTICIPLES	PRESENT	IMPERATIVE	IMPERFECT	PASSÉ SIMPLE
battre *to beat* battant battu	**bats** **bats** **bat** battons battez battent	bats battons battez	battais battais battait battions battiez battaient	battis battis battit battîmes battîtes battirent
boire *to drink* buvant **bu**	bois bois **boit** **buvons** **buvez** **boivent**	bois buvons buvez	buvais buvais buvait buvions buviez buvaient	**bus** **bus** **but** **bûmes** **bûtes** **burent**
combattre *to fight* (like **battre**)				
comprendre *to understand* (like **prendre**)				
conduire *to drive* conduisant **conduit**	conduis conduis **conduit** **conduisons** **conduisez** **conduisent**	conduis conduisons conduisez	conduisais conduisais conduisait conduisions conduisiez conduisaient	**conduisis** **conduisis** **conduisit** **conduisîmes** **conduisîtes** **conduisirent**
connaître *to know* connaissant **connu**	**connais** **connais** connaît **connaissons** **connaissez** **connaissent**	connais connaissons connaissez	connaissais connaissais connaissait connaissions connaissiez connaissaient	**connus** **connus** **connut** **connûmes** **connûtes** **connurent**
construire *to build* (like **conduire**)				
contenir *to contain* (like **tenir**)				
courir *to run* courant **couru**	**cours** **cours** **court** **courons** **courez** **courent**	cours courons courez	courais courais courait courions couriez couraient	**courus** **courus** **courut** **courûmes** **courûtes** **coururent**
couvrir *to cover* (like **ouvrir**)				
craindre *to fear* craignant **craint**	**crains** **crains** **craint** **craignons** **craignez** **craignent**	crains craignons craignez	craignais craignais craignait craignions craigniez craignaient	**craignis** **craignis** **craignit** **craignîmes** **craignîtes** **craignirent**

FUTURE	CONDITIONAL	SUBJUNCTIVE	COMPOUND TENSES
battrai	battrais	batte	PASSÉ COMPOSÉ: j'ai battu
battras	battrais	battes	PLUPERFECT: j'avais battu
battra	battrait	battes	FUTURE PERFECT: j'aurai battu
battrons	battrions	battions	PAST CONDITIONAL: j'aurais battu
battrez	battriez	battiez	PAST SUBJUNCTIVE: j'aie battu
battront	battraient	battent	
boirai	boirais	boive	PASSÉ COMPOSÉ: j'ai **bu**
boiras	boirais	boives	PLUPERFECT: j'avais **bu**
boira	boirait	boive	FUTURE PERFECT: j'aurai **bu**
boirons	boirions	**buvions**	PAST CONDITIONAL: j'aurais **bu**
boirez	boiriez	**buviez**	PAST SUBJUNCTIVE: j'aie **bu**
boiront	boiraient	boivent	
conduirai	conduirais	conduise	PASSÉ COMPOSÉ: j'ai **conduit**
conduiras	conduirais	conduises	PLUPERFECT: j'avais **conduit**
conduira	conduirait	conduise	FUTURE PERFECT: j'aurai **conduit**
conduirons	conduirions	conduisions	PAST CONDITIONAL: j'aurais **conduit**
conduirez	conduiriez	conduisiez	PAST SUBJUNCTIVE: j'aie **conduit**
conduiront	conduiraient	conduisent	
connaîtrai	connaîtrais	connaisse	PASSÉ COMPOSÉ: j'ai **connu**
connaîtras	connaîtrais	connaisses	PLUPERFECT: j'avais **connu**
connaîtra	connaîtrait	connaisse	FUTURE PERFECT: j'aurai **connu**
connaîtrons	connaîtrions	connaissions	PAST CONDITIONAL: j'aurais **connu**
connaîtrez	connaîtriez	connaissiez	PAST SUBJUNCTIVE: j'aie **connu**
connaîtront	connaîtraient	connaissent	
courrai	**courrais**	coure	PASSÉ COMPOSÉ: j'ai **couru**
courras	**courrais**	coures	PLUPERFECT: j'avais **couru**
courra	**courrait**	coure	FUTURE PERFECT: j'aurai **couru**
courrons	**courrions**	courions	PAST CONDITIONAL: j'aurais **couru**
courrez	**courriez**	couriez	PAST SUBJUNCTIVE: j'aie **couru**
courront	**courraient**	courent	
craindrai	craindrais	craigne	PASSÉ COMPOSÉ: j'ai **craint**
craindras	craindrais	craignes	PLUPERFECT: j'avais **craint**
craindra	craindrait	craigne	FUTURE PERFECT: j'aurai **craint**
craindrons	craindrions	craignions	PAST CONDITIONAL: j'aurais **craint**
craindrez	craindriez	craigniez	PAST SUBJUNCTIVE: j'aie **craint**
craindront	craindraient	craignent	

INFINITIVE, PARTICIPLES	PRESENT	IMPERATIVE	IMPERFECT	PASSÉ SIMPLE
croire *to believe* croyant **cru**	crois crois **croit** **croyons** **croyez** croient	crois croyons croyez	croyais croyais croyait croyions croyiez croyaient	**crus** **crus** **crut** **crûmes** **crûtes** **crurent**
cueillir *to pick* cueillant cueilli	**cueille** **cueilles** **cueille** **cueillons** **cueillez** **cueillent**	**cueille** cueillons ceuillez	cueillais cueillais cueillait cueillions cueilliez cueillaient	cueillis cueillis cueillit cueillîmes cueillîtes cueillirent
décevoir *to disappoint* (like **recevoir**)				
découvrir *to discover* (like **ouvrir**)				
décrire *to describe* (like **écrire**)				
détruire *to destroy* (like **conduire**)				
devenir* *to become* (like **tenir**)				
devoir *to have to; to owe* devant **dû, due, dus, dues**	**dois** **dois** **doit** **devons** **devez** **doivent**	dois devons devez	devais devais devait devions deviez devaient	**dus** **dus** **dut** **dûmes** **dûtes** **durent**
dire *to say, tell* disant **dit**	dis dis **dit** **disons** **dites** **disent**	dis disons dîtes	disais disais disait disions disiez disaient	**dis** **dis** **dit** **dîmes** **dîtes** **dirent**
disparaître *to disappear* (like **connaître**)				
dormir *to sleep* dormant dormi	**dors** **dors** **dort** **dormons** **dormez** **dorment**	dors dormons dormez	dormais dormais dormait dormions dormiez dormaient	dormis dormis dormit dormîmes dormîtes dormirent

FUTURE	CONDITIONAL	SUBJUNCTIVE	COMPOUND TENSES
croirai	croirais	croie	PASSÉ COMPOSÉ: j'ai **cru**
croiras	croirais	croies	PLUPERFECT: j'avais **cru**
coira	croirait	croie	FUTURE PERFECT: j'aurai **cru**
croirons	croirions	**croyions**	PAST CONDITIONAL: j'aurais **cru**
croirez	croiriez	**croyiez**	PAST SUBJUNCTIVE: j'aie **cru**
croiront	croiraient	croient	
cueillerai	**cueillerais**	cueille	PASSÉ COMPOSÉ: j'ai cueilli
cueilleras	**cueillerais**	cueilles	PLUPERFECT: j'avais cueilli
cueillera	**cueillerait**	cueille	FUTURE PERFECT: j'aurai cueilli
cueillerons	**cueillerions**	cueillions	PAST CONDITIONAL: j'aurais cueilli
cueillerez	**cueilleriez**	cueilliez	PAST SUBJUNCTIVE: j'aie cueilli
cueilleront	**cueilleraient**	cueillent	
devrai	**devrais**	doive	PASSÉ COMPOSÉ: j'ai **dû**
devras	**devrais**	doives	PLUPERFECT: j'avais **dû**
devra	**devrait**	doive	FUTURE PERFECT: j'aurai **dû**
devrons	**devrions**	**devions**	PAST CONDITIONAL: j'aurais **dû**
devrez	**devriez**	**deviez**	PAST SUBJUNCTIVE: j'aie **dû**
devront	**devraient**	doivent	
dirai	dirais	dise	PASSÉ COMPOSÉ: j'ai **dit**
diras	dirais	dises	PLUPERFECT: j'avais **dit**
dira	dirait	dise	FUTURE PERFECT: j'aurai **dit**
dirons	dirions	disions	PAST CONDITIONAL: j'aurais **dit**
direz	diriez	disiez	PAST SUBJUNCTIVE: j'aie **dit**
diront	diraient	disent	
dormirai	dormirais	dorme	PASSÉ COMPOSÉ: j'ai dormi
dormiras	dormirais	dormes	PLUPERFECT: j'avais dormi
dormira	dormirait	dorme	FUTURE PERFECT: j'aurai dormi
dormirons	dormirions	dormions	PAST CONDITIONAL: j'aurais dormi
dormirez	dormiriez	dormiez	PAST SUBJUNCTIVE: j'aie dormi
dormiront	dormiraient	dorment	

INFINITIVE, PARTICIPLES	PRESENT	IMPERATIVE	IMPERFECT	PASSÉ SIMPLE
écrire *to write* écrivant **écrit**	écris écris **écrit** **écrivons** **écrivez** **écrivent**	écris écrivons écrivez	écrivais écrivais écrivait écrivions écriviez écrivaient	**écrivis** **écrivis** **écrivit** **écrivîmes** **écrivîtes** **écrivirent**
envoyer *to send* envoyant envoyé	**envoie** **envoies** **envoie** envoyons envoyez **envoient**	envoie envoyons envoyez	envoyais envoyais envoyait envoyions envoyiez envoyaient	envoyai envoyas envoya envoyâmes envoyâtes envoyèrent
éteindre *to turn off* (like **craindre**)				
être *to be* **étant** **été**	**suis** **es** **est** **sommes** **êtes** **sont**	**sois** **soyons** **soyez**	**étais** **étais** **était** **étions** **étiez** **étaient**	**fus** **fus** **fut** **fûmes** **fûtes** **furent**
faire *to do, make* faisant **fait**	fais fais **fait** **faisons** **faites** **font**	fais faisons faites	faisais faisais faisait faisions faisiez faisaient	**fis** **fis** **fit** **fîmes** **fîtes** **firent**
falloir *to be necessary* fallu	**il faut**		**il fallait**	**il fallut**
interdire *to forbid* (like **dire**)				
joindre *to join* (like **craindre**)				
lire *to read* lisant **lu**	lis lis **lit** **lisons** **lisez** **lisent**	lis lisons lisez	lisais lisais lisait lisions lisiez lisaient	**lus** **lus** **lut** **lûmes** **lûtes** **lurent**
maintenir *to maintain* (like **tenir**)				
mentir *to lie* (like **sentir**)				

FUTURE	CONDITIONAL	SUBJUNCTIVE	COMPOUND TENSES
écrirai écriras écrira écrirons écrirez écriront	écrirais écrirais écrirait écririons écririez écriraient	écrive écrives écrive écrivions écriviez écrivent	PASSÉ COMPOSÉ: j'ai **écrit** PLUPERFECT: j'avais **écrit** FUTURE PERFECT: j'aurai **écrit** PAST CONDITIONAL: j'aurais **écrit** PAST SUBJUNCTIVE: j'aie **écrit**
enverrai **enverras** **enverra** **enverrons** **enverrez** **enverront**	**enverrais** **enverrais** **enverrait** **enverrions** **enverriez** **enverraient**	envoie envoies envoie **envoyions** **envoyiez** envoient	PASSÉ COMPOSÉ: j'ai envoyé PLUPERFECT: j'avais envoyé FUTURE PERFECT: j'aurai envoyé PAST CONDITIONAL: j'aurais envoyé PAST SUBJUNCTIVE: j'aie envoyé
serai **seras** **sera** **serons** **serez** **seront**	**serais** **serais** **serait** **serions** **seriez** **seraient**	**sois** **sois** **soit** **soyons** **soyez** **soient**	PASSÉ COMPOSÉ: j'ai **été** PLUPERFECT: j'avais **été** FUTURE PERFECT: j'aurai **été** PAST CONDITIONAL: j'aurais **été** PAST SUBJUNCTIVE: j'aie **été**
ferai **feras** **fera** **ferons** **ferez** **feront**	**ferais** **ferais** **ferait** **ferions** **feriez** **feraient**	**fasse** **fasses** **fasse** **fassions** **fassiez** **fassent**	PASSÉ COMPOSÉ: j'ai **fait** PLUPERFECT: j'avais **fait** FUTURE PERFECT: j'aurai **fait** PAST CONDITIONAL: j'aurais **fait** PAST SUBJUNCTIVE: j'aie **fait**
il faudra	**il faudrait**	**il faille**	PASSÉ COMPOSÉ: il a **fallu** PLUPERFECT: il avait **fallu** FUTURE PERFECT: il aura **fallu** PAST CONDITIONAL: il aurait **fallu** PAST SUBJUNCTIVE: il ait **fallu**
lirai liras lira lirons lirez liront	lirais lirais lirait lirions liriez liraient	lise lises lise lisions lisiez lisent	PASSÉ COMPOSÉ: j'ai **lu** PLUPERFECT: j'avais **lu** FUTURE PERFECT: j'aurai **lu** PAST CONDITIONAL: j'aurais **lu** PAST SUBJUNCTIVE: j'aie **lu**

INFINITIVE, PARTICIPLES	PRESENT	IMPERATIVE	IMPERFECT	PASSÉ SIMPLE
mettre	**mets**	mets	mettais	**mis**
to put	**mets**	mettons	mettais	**mis**
mettant	**met**	mettez	mettait	**mit**
mis	mettons		mettions	**mîmes**
	mettez		mettiez	**mîtes**
	mettent		mettaient	**mirent**
mourir*	**meurs**	meurs	mourais	**mourus**
to die	**meurs**	mourons	mourais	**mourus**
mourant	**meurt**	mourez	mourait	**mourut**
mort	**mourons**		mourions	**mourûmes**
	mourez		mouriez	**mourûtes**
	meurent		mouraient	**moururent**
naître*	**nais**	nais	naissais	**naquis**
to be born	**nais**	naissons	naissais	**naquis**
naissant	naît	naissez	naissait	**naquit**
né	**naissons**		naissions	**naquîmes**
	naissez		naissiez	**naquîtes**
	naissent		naissaient	**naquirent**
obtenir *to obtain* (like **tenir**)				
offrir *to offer* (like **ouvrir**)				
ouvrir	**ouvre**	**ouvre**	ouvrais	ouvris
to open	**ouvres**	ouvrons	ouvrais	ouvris
ouvrant	**ouvre**	ouvrez	ouvrait	ouvrit
ouvert	**ouvrons**		ouvrions	ouvrîmes
	ouvrez		ouvriez	ouvrîtes
	ouvrent		ouvraient	ouvrirent
paraître *to seem, appear* (like **connaître**)				
partir* *to leave* (like **sortir**)				
peindre *to paint* (like **craindre**)				
permettre *to allow* (like **mettre**)				
plaindre *to pity* (like **craindre**)				
plaire	plais	plais	plaisais	**plus**
to please	plais	plaisons	plaisais	**plus**
plaisant	**plaît**	plaisez	plaisait	**plut**
plu	**plaisons**		plaisions	**plûmes**
	plaisez		plaisiez	**plûtes**
	plaisent		plaisaient	**plurent**

FUTURE	CONDITIONAL	SUBJUNCTIVE	COMPOUND TENSES
mettrai	mettrais	mette	PASSÉ COMPOSÉ: j'ai **mis**
mettras	mettrais	mettes	PLUPERFECT: j'avais **mis**
mettra	mettrait	mette	FUTURE PERFECT: j'aurai **mis**
mettrons	mettrions	mettions	PAST CONDITIONAL: j'aurais **mis**
mettrez	mettriez	mettiez	PAST SUBJUNCTIVE: j'aie **mis**
mettront	mettraient	mettent	
mourrai	**mourrais**	meure	PASSÉ COMPOSÉ: je suis **mort**(e)
mourras	**mourrais**	meures	PLUPERFECT: j'étais **mort**(e)
mourra	**mourrait**	meure	FUTURE PERFECT: je serai **mort**(e)
mourrons	**mourrions**	**mourions**	PAST CONDITIONAL: je serais **mort**(e)
mourrez	**mourriez**	**mouriez**	PAST SUBJUNCTIVE: je sois **mort**(e)
mourront	**mourraient**	meurent	
naîtrai	naîtrais	naisse	PASSÉ COMPOSÉ: je suis **né**(e)
naîtras	naîtrais	naisses	PLUPERFECT: j'étais **né**(e)
naîtra	naîtrait	naisse	FUTURE PERFECT: je serai **né**(e)
naîtrons	naîtrions	naissions	PAST CONDITIONAL: je serais **né**(e)
naîtrez	naîtriez	naissiez	PAST SUBJUNCTIVE: je sois **né**(e)
naîtront	naîtraient	naissent	
ouvrirai	ouvrirais	ouvre	PASSÉ COMPOSÉ: j'ai **ouvert**
ouvriras	ouvrirais	ouvres	PLUPERFECT: j'avais **ouvert**
ouvrira	ouvrirait	ouvre	FUTURE PERFECT: j'aurai **ouvert**
ouvrirons	ouvririons	ouvrions	PAST CONDITIONAL: j'aurais **ouvert**
ouvrirez	ouvririez	ouvriez	PAST SUBJUNCTIVE: j'aie **ouvert**
ouvriront	ouvriraient	ouvrent	
plairai	plairais	plaise	PASSÉ COMPOSÉ: j'ai **plu**
plairas	plairais	plaises	PLUPERFECT: j'avais **plu**
plaira	plairait	plaise	FUTURE PERFECT: j'aurai **plu**
plairons	plairions	plaisions	PAST CONDITIONAL: j'aurais **plu**
plairez	plairiez	plaisiez	PAST SUBJUNCTIVE: j'aie **plu**
plairont	plairaient	plaisent	

INFINITIVE, PARTICIPLES	PRESENT	IMPERATIVE	IMPERFECT	PASSÉ SIMPLE
pleuvoir *to rain* **plu**	**il pleut**		**il pleuvait**	**il plut**
poursuivre *to pursue* (like **suivre**)				
pouvoir *to be able* pouvant **pu**	**peux (puis)** **peux** **peut** **pouvons** **pouvez** **peuvent**		pouvais pouvais pouvait pouvions pouviez pouvaient	**pus** **pus** **put** **pûmes** **pûtes** **purent**
prendre *to take* prenant **pris**	prends prends prend **prenons** **prenez** **prennent**	prends prenons prenez	prenais prenais prenait prenions preniez prenaient	**pris** **pris** **prit** **prîmes** **prîtes** **prirent**
produire *to produce* (like **conduire**)				
promettre *to promise* (like **mettre**)				
recevoir *to receive* recevant **reçu**	**reçois** **reçois** **reçoit** **recevons** **recevez** **reçoivent**	reçois recevons recevez	recevais recevais recevait recevions receviez recevaient	**reçus** **reçus** **reçut** **reçûmes** **reçûtes** **reçurent**
reconnaître *to recognize* (like **connaître**)				
relire *to reread* (like **lire**)				
remettre *to put/give back* (like **mettre**)				
ressentir *to feel keenly* (like **sortir**)				
retenir *to hold back* (like **tenir**)				
revenir* *to come back* (like **tenir**)				

FUTURE	CONDITIONAL	SUBJUNCTIVE	COMPOUND TENSES
il pleuvra	**il pleuvrait**	**il pleuve**	PASSÉ COMPOSÉ: il a **plu** PLUPERFECT: il avait **plu** FUTURE PERFECT: il aura **plu** PAST CONDITIONAL: il aurait **plu** PAST SUBJUNCTIVE: il ait **plu**
pourrai **pourras** **pourra** **pourrons** **pourrez** **pourront**	**pourrais** **pourrais** **pourrait** **pourrions** **pourriez** **pourraient**	**puisse** **puisses** **puisse** **puissions** **puissiez** **puissent**	PASSÉ COMPOSÉ: j'ai **pu** PLUPERFECT: j'avais **pu** FUTURE PERFECT: j'aurai **pu** PAST CONDITIONAL: j'aurais **pu** PAST SUBJUNCTIVE: j'aie **pu**
prendrai prendras prendra prendrons prendrez prendront	prendrais prendrais prendrait prendrions prendriez prendraient	prenne prennes prenne **prenions** **preniez** prennent	PASSÉ COMPOSÉ: j'ai **pris** PLUPERFECT: j'avais **pris** FUTURE PERFECT: j'aurai **pris** PAST CONDITIONAL: j'aurais **pris** PAST SUBJUNCTIVE: j'aie **pris**
recevrai **recevras** **recevra** **recevrons** **recevrez** **recevront**	**recevrais** **recevrais** **recevrait** **recevrions** **recevriez** **recevraient**	reçoive reçoives reçoive **recevions** **receviez** reçoivent	PASSÉ COMPOSÉ: j'ai **reçu** PLUPERFECT: j'avais **reçu** FUTURE PERFECT: j'aurai **reçu** PAST CONDITIONAL: j'aurais **reçu** PAST SUBJUNCTIVE: j'aie **reçu**

INFINITIVE, PARTICIPLES	PRESENT	IMPERATIVE	IMPERFECT	PASSÉ SIMPLE
rire	ris	ris	riais	**ris**
to laugh	ris	rions	riais	**ris**
riant	**rit**	riez	riait	**rit**
ri	rions		riions	**rîmes**
	riez		riiez	**rîtes**
	rient		riaient	**rirent**
savoir	**sais**	**sache**	savais	**sus**
to know, know how to	**sais**	**sachons**	savais	**sus**
sachant	**sait**	**sachez**	savait	**sut**
su	**savons**		savions	**sûmes**
	savez		saviez	**sûtes**
	savent		savaient	**surent**
sentir *to feel* (like **sortir**)				
servir *to serve* (like **sortir**)				
sortir*	**sors**	sors	sortais	sortis
to go out	**sors**	sortons	sortais	sortis
sortant	**sort**	sortez	sortait	sortit
sorti	**sortons**		sortions	sortîmes
	sortez		sortiez	sortîtes
	sortent		sortaient	sortirent
souffrir *to suffer* (like **ouvrir**)				
suivre *to follow* (like **rire**)				
surprendre *to surprise* (like **prendre**)				
se taire* *to be quiet* (like **plaire**)				
tenir	**tiens**	tiens	tenais	**tins**
to hold	**tiens**	tenons	tenais	**tins**
tenant	**tient**	tenez	tenait	**tint**
tenu	**tenons**		tenions	**tînmes**
	tenez		teniez	**tîntes**
	tiennent		tenaient	**tinrent**
traduire *to translate* (like **conduire**)				
valoir	**vaux**	vaux	valais	**valus**
to be worth	**vaux**	valons	valais	**valus**
valant	**vaut**	valez	valait	**valut**
valu	**valons**		valions	**valûmes**
	valez		valiez	**valûtes**
	valent		valaient	**valurent**

INFINITIVE, PARTICIPLES	PRESENT	IMPERATIVE	IMPERFECT	PASSÉ SIMPLE
rirai	rirais	rie	PASSÉ COMPOSÉ: j'ai **ri**	
riras	rirais	ries	PLUPERFECT: j'avais **ri**	
rira	rirait	rie	FUTURE PERFECT: j'aurai **ri**	
rirons	ririons	riions	PAST CONDITIONAL: j'aurais **ri**	
rirez	ririez	riiez	PAST SUBJUNCTIVE: j'aie **ri**	
riront	riraient	rient		
saurai	**saurais**	**sache**	PASSÉ COMPOSÉ: j'ai **su**	
sauras	**saurais**	**saches**	PLUPERFECT: j'avais **su**	
saura	**saurait**	**sache**	FUTURE PERFECT: j'aurai **su**	
saurons	**saurions**	**sachions**	PAST CONDITIONAL: j'aurais **su**	
saurez	**sauriez**	**sachiez**	PAST SUBJUNCTIVE: j'aie **su**	
sauront	**sauraient**	**sachent**		
sortirai	sortirais	sorte	PASSÉ COMPOSÉ: je suis sorti(e)	
sortiras	sortirais	sortes	PLUPERFECT: j'étais sorti(e)	
sortira	sortirait	sorte	FUTURE PERFECT: je serai sorti(e)	
sortirons	sortirions	sortions	PAST CONDITIONAL: je serais sorti(e)	
sortirez	sortiriez	sortiez	PAST SUBJUNCTIVE: je sois sorti(e)	
sortiront	sortiraient	sortent		
tiendrai	**tiendrais**	tienne	PASSÉ COMPOSÉ: j'ai **tenu**	
tiendras	**tiendrais**	tiennes	PLUPERFECT: j'avais **tenu**	
tiendra	**tiendrait**	tienne	FUTURE PERFECT: j'aurai **tenu**	
tiendrons	**tiendrions**	**tenions**	PAST CONDITIONAL: j'aurais **tenu**	
tiendrez	**tiendriez**	**teniez**	PAST SUBJUNCTIVE: j'aie **tenu**	
tiendront	**tiendraient**	tiennent		
vaudrai	**vaudrais**	**vaille**	PASSÉ COMPOSÉ: j'ai **valu**	
vaudras	**vaudrais**	**vailles**	PLUPERFECT: j'avais **valu**	
vaudra	**vaudrait**	**vaille**	FUTURE PERFECT: j'aurai **valu**	
vaudrons	**vaudrions**	valions	PAST CONDITIONAL: j'aurais **valu**	
vaudrez	**vaudriez**	valiez	PAST SUBJUNCTIVE: j'aie **valu**	
vaudront	**vaudraient**	**vaillent**		

INFINITIVE, PARTICIPLES	PRESENT	IMPERATIVE	IMPERFECT	PASSÉ SIMPLE
venir* *to come* (like **tenir**)				
vivre *to live* vivant **vécu**	**vis** **vis** **vit** vivons vivez vivent	vis vivons vivez	vivais vivais vivait vivions viviez vivaient	**vécus** **vécus** **vécut** **vécûmes** **vécûtes** **vécurent**
voir *to see* voyant **vu**	vois vois voit **voyons** **voyez** **voient**	vois voyons voyez	voyais voyais voyait voyions voyiez voyaient	**vis** **vis** **vit** **vîmes** **vîtes** **virent**
vouloir *to want* voulant **voulu**	**veux** **veux** **veut** voulons voulez **veulent**	**veuille** **veuillons** **veuillez**	voulais voulais voulait voulions vouliez voulaient	**voulus** **voulus** **voulut** **voulûmes** **voulûtes** **voulurent**

4. Reflexive Verbs

a. Common reflexive verbs:

s'acheter *to buy for oneself*
s'agir de *to be a question of*
s'améliorer *to improve*
s'amuser à *to have fun, enjoy*
s'apercevoir de *to realize, become aware of*
s'appeler *to be named*
s'approcher de *to approach, come near*
s'arrêter de *to stop*
s'asseoir *to sit*
s'attendre à *to expect to*
se baigner *to bathe*
se battre *to fight*
se blesser *to hurt oneself*
se bronzer *to tan*
se brosser *to brush*
se brûler *to burn oneself*
se cacher *to hide oneself*
se casser *to break*
se changer de *to change clothes*
se coiffer *to do one's hair*
se conduire *to behave*
se contenter de *to be satisfied with*
se coucher *to go to bed*
se couper *to cut oneself*
se décider à *to decide to*
se déguiser en *to disguise oneself as*
se demander *to wonder*
se dépêcher de *to hurry to*
se déshabiller *to undress*
se dire *to tell oneself*
se disputer *to quarrel*
se douter de *to suspect*
s'échapper *to escape*
s'écrire *to write to one another*
s'éloigner de *to move away from*
s'embrasser *to hug, kiss*
s'endormir *to go to sleep*
s'ennuyer à/de *to get bored*
s'entendre *to get along*
s'entraider *to help one another*
s'étonner de *to be surprised at*
s'exercer à *to practice*
s'exprimer *to express oneself*
se fâcher contre *to get angry with*
se fiancer avec *to get engaged to*

FUTURE	CONDITIONAL	SUBJUNCTIVE	COMPOUND TENSES
vivrai vivras vivra vivrons vivrez vivront	vivrais vivrais vivrait vivrions vivriez vivraient	vive vives vive vivions viviez vivent	PASSÉ COMPOSÉ: j'ai **vécu** PLUPERFECT: j'avais **vécu** FUTURE PERFECT: j'aurai **vécu** PAST CONDITIONAL: j'aurais **vécu** PAST SUBJUNCTIVE: j'aie **vécu**
verrai **verras** **verra** **verrons** **verrez** **verront**	**verrais** **verrais** **verrait** **verrions** **verriez** **verraient**	voie voies voie **voyions** **voyiez** voient	PASSÉ COMPOSÉ: j'ai **vu** PLUPERFECT: j'avais **vu** FUTURE PERFECT: j'aurai **vu** PAST CONDITIONAL: j'aurais **vu** PAST SUBJUNCTIVE: j'aie **vu**
voudrai **voudras** **voudra** **voudrons** **voudrez** **voudront**	**voudrais** **voudrais** **voudrait** **voudrions** **voudriez** **voudraient**	**veuille** **veuilles** **veuille** **voulions** **vouliez** **veuillent**	PASSÉ COMPOSÉ: j'ai **voulu** PLUPERFECT: j'avais **voulu** FUTURE PERFECT: j'aurai **voulu** PAST CONDITIONAL: j'aurais **voulu** PAST SUBJUNCTIVE: j'aie **voulu**

s'habiller *to dress*
s'habituer à *to get used to*
s'impatienter *to become impatient*
s'inquiéter de *to worry about*
s'installer *to settle down; to set up shop*
se laver *to wash*
se lever *to get up*
se loger *to lodge*
se maquiller *to put on makeup*
se marier avec *to get married to*
se mettre à *to begin to*
s'occuper de *to take care of*
se parler *to talk to each other*
se passer *to happen*
se passer de *to do without*
se peigner *to comb*
se plaindre de *to complain about*
se plaire à *to enjoy, be fond of*
se préparer à *to get ready to*
se présenter *to introduce oneself*
se promener *to take a walk*
se rappeler *to remember*
se raser *to shave*
se réconcilier *to reconcile*
se regarder *to look at oneself/each other*
se rencontrer *to meet*
se reposer *to rest*
se résigner à *to resign oneself to*
se respecter *to respect oneself/one another*
se retrouver *to meet again, be back again*
se réunir *to meet*
se réveiller *to wake up*
se sauver *to run away*
se sentir *to feel*
se servir de *to use*
se spécialiser en *to specialize in*
se taire *to be quiet, become silent*
se téléphoner *to telephone each other*
se tromper *to be mistaken*
se trouver *to be, happen to be*
se vanter de *to boast about*
se voir *to see oneself/one another*

b. Verbs always used reflexively in French but not usually in English:

s'écrier *to exclaim, cry out*
s'écrouler *to collapse*
s'efforcer de *to strive to*
s'empresser de *to hasten to*
s'en aller *to leave, go away*
s'enfuir *to flee*
s'évanouir *to faint*
se fier à *to trust*
se lamenter de *to lament, grieve*
se méfier de *to mistrust*
se moquer de *to make fun of*
se soucier de *to care about, concern oneself about*
se souvenir de *to remember*

5. Common Prepositions

a. Simple prepositions:

à *to, at, in*
après *after*
avant *before*
avec *with*
chez *to/at in the house (place) of (a person)*
contre *against*
dans *in, into, within*
de *of, from, by*
depuis *since, for*
derrière *behind*
devant *in front of*
en *in, into, as*
entre *among, between*
malgré *despite*
par *by, through*
parmi *among*
pendant *during, for*
pour *for*
sans *without*
sauf *except*
selon *according to*
sous *under*
sur *on*
vers *toward*

b. Compound prepositions:

à cause de *because of, on account of*
à côté de *next to, beside*
à droite *on (to) the right*
à force de *by, by means of, by repeated efforts*
à gauche *on (to) the left*
à part *aside from*
à partir de *beginning with*
à propos de *about, concerning*
à travers *through, across*
afin de *in order to*
au bas de *at the bottom of*
au bout de *at the end of, after*
au fond de *in the bottom of*
au lieu de *instead of*
au milieu de *in the middle of*
au sujet de *about, concerning*
au-dessous de *below, beneath*
au-dessus de *above, over*
autour de *around*
avant de *before*
du côté de *in the direction of, near, around*
en arrière de *backward(s), behind*
en face de *opposite*
grâce à *thanks to*
jusqu'à *until*
loin de *far from*
près de *near*
quant à *as for*

6. Punctuation

French punctuation, though similar to English, has the following major differences:

(a) The comma is not used before **et** or **ou** in a series:

Elle a laissé tomber le livre, le stylo et le crayon.	*She dropped the book, the pen, and the pencil.*

(b) In numbers, French uses a comma where English uses a period and a period where English uses a comma:

7.100 (sept mille cent)	*7,100 (seven thousand one hundred)*
7,25 (sept virgule vingt-cinq)	*7.25 (seven point twenty five)*

(c) French final quotation marks, contrary to English, precede the comma or period; however, the quotation mark follows a period if the quotation mark closes a completed statement:

Elle demande: **«Est-ce que tu m'aimes?»** — **«Oui»**, répond-il.	*She asks: "Do you love me?" — "Yes," he answers.*

7. Syllabication

French words are generally divided at the end of a line according to units of sound or syllables. A French syllable generally begins with a consonant and ends with a vowel.

(a) If a single consonant comes between two vowels, the division is made before the consonant:

ba-la-der pré-cis cou-teau

NOTE: A division cannot be made either before or after **x** or **y** when they come between two vowels:

tuyau **exact**

(b) If two consonants are combined between the vowels, the division is made between the two consonants:

es-poir **al-ler** **chan-ter**

NOTE: If the second consonant is **r** or **l**, the division is made before the two consonants:

sa-**ble** pro-**pre**

(c) If three or more consonants are combined between the vowels, the division is made after the second consonant:

obs-tiné **comp-t**er **ins-t**aller

(d) Two vowels may not be divided:

oa-sis **théâ**-tre es-p**io**n

French-English Vocabulary

The French-English Vocabulary is intended to be complete for the contexts of this book. Basic terms usually taught in first-level courses and some obvious cognates are not included.

Irregular noun plurals are given in full: **œil** *m.* (*pl.* **yeux**). Irregular feminines of adjectives are also given in full: **amer** (*f.* **amère**).

ABBREVIATIONS

f.	feminine	*pl.*	plural
inf.	infinitive	*p.p.*	past participle
m.	masculine		

abaisser to lower
abbaye *f.* abbey, monastery
abdiquer to abdicate
abeille *f.* bee
abîmé damaged, ruined
abonnement *m.* subscription
abord: d'abord (at) first; **tout d'abord** first of all
abri *m.* shelter
abriter to shelter
absolu absolute
absolutisme *m.* absolute rule
abstrait abstract
abus *m.* abuse
accéder to enter upon the office of
accentué accentuated
accidenté rough, uneven
accord *m.* agreement; **d'accord** agreed, OK
accorder to grant
accompagner to accompany
accomplir to accomplish
accomplissement *m.* accomplishment
accoster to approach
accueil *m.* welcome; **famille d'accueil** *f.* host family
accueillir to welcome
accusé *m.* accused
achat *m.* purchase; **faire des achats** to go shopping
acheter to buy; **s'acheter** to buy for oneself
achever to finish, complete
acier *m.* steel
acquis *p.p. of* **acquérir** to acquire
actionner to set in motion, activate
actualités *f. pl.* news
actuel: à l'heure actuelle at the present time
admettre to admit
adroit skillful
aérien (*f.* **aérienne**) air
aérospatial aerospace
affaire *f.* affair; business; **affaires** *pl.* business; things; **avoir affaire à** to deal with
affectueux (*f.* **affectueuse**) affectionate
affiche *f.* poster
affreux (*f.* **affreuse**) dreadful
afin de in order to
agacé annoyed
agent (de police) *m.* police officer
agir to act; **s'agir de** to be a question of, deal with
agneau *m.* (*pl.* **agneaux**) lamb
agrandir to enlarge
agréer to accept
agricole agricultural
aide-soignant *m.* nurse's aide
aider to help
aigu sharp
aiguille *f.* needle
ailleurs elsewhere; **d'ailleurs** besides, moreover
aimable friendly
aimer to like, love
aîné eldest; **aîné** *m.* older, eldest
ainsi thus; **et ainsi de suite** and so on
air *m.* air; **en plein air** outdoor(s)
ajouter to add
aligné aligned
alimentaire alimentary, food
alimentation *f.* food
alimenter to feed
Allemagne *f.* Germany
allemand German
aller to go; **s'en aller** to go away, leave
allié allied; **allié** *m.* ally
s'allier to ally (oneself)
allumer to light
allumette *f.* match
alors so
alpinisme *m.* mountain climbing
amant *m.* lover
ambitieux (*f.* **ambitieuse**) ambitious
âme *f.* soul
améliorer to improve
aménager to arrange, remodel
amener to bring; to lead
amer (*f.* **amère**) bitter
ami *m.* friend; **petit ami** *m.* boyfriend; **petite amie** *f.* girlfriend
amical friendly
amincir to slenderize
amiral *m.* admiral

amitié *f.* friendship; **faire ses amitiés à** to give one's regards to; **se lier d'amitié** to become friends
amour *m.* love
amoureux (*f.* **amoureuse**) in love
amusant amusing, fun
amuser to amuse; **s'amuser** to have fun; to have a good time
an *m.* year
ananas *m.* pineapple
ancien (*f.* **ancienne**) old; former
anglais English
Angleterre *f.* England
animé animated, lively
année *f.* year
anniversaire *m.* birthday; anniversary
annulé cancelled
anorak *m.* windbreaker
anticonformiste *m. & f.* nonconformist
apercevoir to notice; **s'apercevoir de** to become aware of
apparaître to appear
appareil *m.* appliance
appareil-photo *m.* (*pl.* **appareils-photo**) camera
apparence *f.* appearance
appartenir to belong
appel *m.* call
appeler to call; **s'appeler** to call oneself, be named
appliqué industrious, studious; applied
apporter to bring
apprécier to value, appreciate
apprendre to learn; to teach
approcher to approach; **s'approcher de** to approach
approprié appropriate
après after; **d'après** according to
après-midi *m.* afternoon
araignée *f.* spider
arbre *m.* tree
arc-boutant *m.* flying buttress
arc-en-ciel *m.* rainbow
arène *f.* arena, amphitheater
argent *m.* silver; money; **argent de poche** spending money
argenterie *f.* silverware
aride arid, dry
armoire *f.* wardrobe; **armoire à pharmacie** medicine cabinet
arracher to tear out
arrêt *m.* stop
(s')arrêter (de) to stop
arrière behind; **en arrière** backward(s)
arrière-grand-mère *f.* great-grandmother
arrière-grand-père *m.* great-grandfather
arrondissement *m.* district, borough
arroser to water
artère *f.* artery
artifice: feu d'artifice *m.* fireworks
ascenseur *m.* elevator
aspirateur *m.* vacuum cleaner
assaut *m.* assault; **prendre d'assaut** to seize by force
s'asseoir to sit down
assez enough
assiette *f.* plate, dish
assister à to attend
associé *m.* (*f.* **associée**) associate
assurance *f.* insurance
assureur *m.* insurer
astronef *m.* spaceship
astronome *m. & f.* astronomer
atelier *m.* studio; workshop
atteindre to reach
attendre to wait; **s'attendre à** to expect
attente *f.* wait
atterrir to land
attirer to attract
attraper to catch
aucun (not) any, no
audacieux (*f.* **audacieuse**) daring
au-dessous below, beneath
au-dessus above, over
augmentation *f.* raise, increase
augmenter to increase
aujourd'hui today
auparavant before, previously
auprès de close to, near
auquel to which, to whom
aussitôt que as soon as
autant as much, as many
auteur *m.* author
automatisé automated
autoriser to authorize
autoroute *f.* highway
autour around
autrefois formerly, of old
Autriche *f.* Austria
auxiliaire auxiliary, subsidiary
avancer to advance; to introduce; to move ahead; **s'avancer vers** to move toward; **d'avance** in advance, early; **en avance** beforehand; fast (*clocks*)
avant-hier *m.* day before yesterday
avare stingy, miserly
avenir *m.* future
avertir to warn
aveugle blind
avion *m.* airplane
avis *m.* opinion
avocat *m. & f.* lawyer
avoir to have
avoisinant neighboring, near

bac, baccalauréat, bachot *m.* high-school diploma
bactérien bacterial
bague *f.* ring
baigner to wash; **se baigner** to go bathing
bain *m.* bath
bal *m.* ball, dance
baladeur *m.* (portable) transistor radio
balai *m.* broom
Balance *f.* Libra
balayer to sweep
ballon *m.* balloon, ball
balnéaire: station balnéaire *f.* seaside resort
banc *m.* bench
bande dessinée *f.* comic strip
banlieue *f.* suburb
bannir to banish, exile
banque *f.* bank
barbare barbarous, uncivilized
bas *m.* stocking
bas (*f.* **basse**) low; softly, down; **là-bas** down there
bas-relief *m.* sculptural relief
bataille *f.* battle
bateau *m.* (*pl.* **bateaux**) boat; **bateau à voiles** sailboat; **faire du bateau à voile** to go sailing
bateau-mouche *m.* (*pl.* **bateaux-mouches**) excursion boat
bâtiment *m.* building
bâtir to build
batterie *f.* battery
battre to beat; **se battre** to fight
bavard talkative
bavarder to chat
bavaroise *f.* Bavarian cream
beau, bel (*f.* **belle**) beautiful; **faire beau** to be nice out
beaux-arts *m. pl.* fine arts
belge Belgian
Belgique *f.* Belgium
Bélier *m.* Aries
bénéficier to benefit
berceau *m.* (*pl.* **berceaux**) cradle
berger *m.* shepherd
besoin *m.* need; **avoir besoin de** to need
bétail *m.* livestock

bêtise *f.* foolishness, stupidity
betterave *f.* beet
beurre *m.* butter
bibliothécaire *m. & f.* librarian
bibliothèque *f.* library
bicentenaire *m.* bicentennial
bienfaiteur *m.* (*f.* **bienfaitrice**) benefactor
bientôt soon
bière *f.* beer
bijou *m.* (*pl.* **bijoux**) jewel
bijouterie *f.* jewelry; jewelry shop
bilingue bilingual
billet *m.* ticket; **billet doux** love note
blague *f.* joke
blanc (*f.* **blanche**) white
blé *m.* wheat
blesser to hurt, injure; **se blesser** to hurt oneself
bloquer to block
bœuf *m.* beef, ox
boire to drink
bois *m.* wood; woods
boisson *f.* drink
boîte *f.* box, can; **boîte aux lettres** mailbox
bol *m.* bowl
bonbon *m.* candy
bonheur *m.* happiness
bonté *f.* goodness, kindness
bord *m.* edge, border
borner to mark out the boundary of
botte *f.* boot
bouc *m.* billy goat
boucher *m.* (*f.* **bouchère**) butcher
boucherie *f.* butcher shop
boucle d'oreille *f.* earring
bouclé curly
boucler to buckle; to curl
boue *f.* mud
bouger to move
bougie *f.* candle
bouillabaisse *f.* fish stew
bouillant boiling
boulanger *m.* (*f.* **boulangère**) baker
boulangerie *f.* bakery
boule *f.* ball
bouleversé upset
boum *f.* party
bouquiniste *m. & f.* secondhand bookdealer
bourse *f.* scholarship
bout *m.* end
bouteille *f.* bottle
bouton *m.* button
bras *m.* arm; **bras de mer** sound, inlet
brancher to plug in, connect
brebis *f.* ewe, sheep
bref (*f.* **brève**) brief
breton (*f.* **bretonne**) Breton, from Brittany
bricoleur *m.* jack-of-all-trades; **bricoleuse** *f.* jane-of-all-trades
brièvement briefly
briller to shine
brioche *f.* breakfast roll
briser to break
britannique British
broder to embroider
bronzer to tan
brosser to brush; **se brosser** to brush oneself
bruit *m.* noise
brûler to burn
brun brown
bruyant noisy
buissonnière: faire l'école buissonnière to play hooky
bureau *m.* (*pl.* **bureaux**) desk; office
but *m.* aim, goal, purpose

cabine *f.* cabin; booth
cabinet *m.* office
cacher to hide
cadeau *m.* (*pl.* **cadeaux**) gift
cadet youngest; **cadet** *m.* (*f.* **cadette**) younger, youngest
caillou *m.* (*pl.* **cailloux**) pebble
caissier *m.* (*f.* **caissière**) cashier
calcul *m.* calculation; calculus
camarade de classe *m. & f.* schoolmate
cambrioler to burglarize, break into
camion *m.* truck
camionnette *f.* van
campagne *f.* country; campaign
canard *m.* duck
caoutchouc *m.* rubber
capricieux (*f.* **capricieuse**) capricious
capter to seize, capture
captiver to captivate
car because
carnet *m.* notebook; memo pad
carré *m.* square
carrefour *m.* intersection
cartable *m.* schoolbag
carte *f.* menu; card; map; **carte d'embarquement** boarding pass; **carte de séjour** residency document; **carte de vœux** greeting card; **carte d'identité** I.D. card; **carte du jour** menu of the day; **carte murale** wall map; **carte orange** monthly subway ticket; **carte postale** post card; **jouer aux cartes** to play cards
cas *m.* case, event; **en cas de** in the event of; **selon le cas** as the case may be; **en tout cas** in any case
cassation: Cour de cassation *f.* Supreme Court (in France)
(se) casser to break
caverne *f.* cave, cavern
ceci this
ceinture *f.* belt; **ceinture de sécurité** seat belt
cela that
célèbre famous
célébrer to celebrate
céleste heavenly
célibataire single
cellule *f.* cell
celui (*f.* **celle**) the one; **celui-ci** the latter; **celui-là** the former
centaine about one hundred
centième hundredth
centime *m.* cent
cependant however
cercle *m.* club; circle
cerf-volant *m.* kite
cerise *f.* cherry
cerisier *m.* cherry tree
cerveau *m.* (*pl.* **cerveaux**) brain
cesser (de) to stop; **sans cesse** incessantly
chacun each, every
chambre *f.* room; chamber
championnat *m.* championship
champ *m.* field; **champ de courses** racetrack
chance *f.* luck
chanceux (*f.* **chanceuse**) lucky
chanson *f.* song
chanter to sing
chanteur *m.* (*f.* **chanteuse**) singer
chapeau *m.* (*pl.* **chapeaux**) hat
chaque each, every
charbon *m.* coal
charcuterie *f.* delicatessen
charger (de) to entrust with, assign
charmant charming
charrette hippomobile *f.* horse-drawn wagon
chasse *f.* hunt
chasser to chase, hunt

château *m.* (*pl.* **châteaux**) castle
chaud warm, hot; **avoir chaud** to feel hot; **faire chaud** to be hot
chauffeur *m.* driver
chaussette *f.* sock
chaussure *f.* shoe
chauve bald
chef-d'œuvre *m.* (*pl.* **chefs-d'œuvre**) masterpiece
chemin *m.* way, road; **chemin de fer** railroad
cheminée *f.* fireplace
chemise *f.* shirt
cher (*f.* **chère**) dear; expensive
chercher to look for
chercheur scientifique *m.* scientific researcher
chère *f.* food and drink
cheval *m.* (*pl.* **chevaux**) horse; **à cheval** on horseback
cheveux *m. pl.* hair
cheville *f.* ankle
chèvre *f.* goat
chez at the house (business) of
chic stylish
chimie *f.* chemistry
chimique chemical
chimiste *m.* & *f.* chemist
chinois Chinese
choisir to choose
choix *m.* choice
chômage *m.* unemployment
chose *f.* thing
chou *m.* (*pl.* **choux**) cabbage
choucroûte *f.* sauerkraut
chronique *f.* chronicle
cicatrice *f.* scar
ciel *m.* sky
cimetière *m.* cemetery
circulation *f.* traffic
cirque *m.* circus
ciseaux *m. pl.* scissors
cité *f.* city, large town
citer to quote
citoyen *m.* (*f.* **citoyenne**) citizen
citronnade *f.* lemonade
clarté *f.* clearness, brightness
classer to file
classeur *m.* file; looseleaf binder
clavecin *m.* harpsichord
claveciniste *m.* & *f.* harpsichord player
clé, clef *f.* key
clignotant *m.* directional signal
climatisé air-conditioned
climatisation *f.* air conditioning
climatiseur *m.* air conditioner
cloche *f.* bell
clou *m.* (*pl.* **cloux**) nail
cœur *m.* heart; **de bon cœur** willingly. gladly
coffre-fort *m.* safe
coiffe *f.* headdress
coiffer to style hair; **se coiffer** to do one's hair
coiffeur *m.* (*f.* **coiffeuse**) hairdresser
coiffure *f.* hairstyle
colère *f.* anger; **en colère** angry
colis *m.* package
collier *m.* necklace
colline *f.* hill
colonie de vacances *f.* summer camp
colonne *f.* column
combattre to fight
combien how much, how many
combinaison *f.* combination
commande *m.* order; **(faire) sur commande** (to make) to order
commander to order
comme like, as
comment how
commérage *m.* gossip
commun common
complet *m.* suit
comportement *m.* behavior
se comporter to behave
composer to dial; to compose
compositeur *m.* composer
comprendre to understand; to include
compris including; **frais compris** expenses included
comptable *m.* & *f.* accountant
compte *m.* account; **se rendre compte de** to realize; **ce qui compte** what matters
compter to intend; to count; to number, have
comte *m.* count
comtesse *f.* countess
concilier to reconcile
conclure to conclude
concours *m.* contest
condamner to condemn
conduire to drive, conduct; **se conduire** to behave
conduite *f.* conduct
confiance *f.* confidence
congé *m.* leave, vacation
congédier to fire
connaissance *f.* acquaintance; knowledge; **faire la connaissance de** to meet (for the first time)
connaître to know; to be acquainted with
conquérir to conquer
conquête *f.* conquest
consacrer to consecrate; to devote, dedicate
conscientieux (*f.* **conscientieuse**) conscientious
conseil *m.* advice
conseiller to advise, recommend; *m.* (*f.* **conseillère**) counselor
constamment constantly
constitué constituted
construction navale *f.* shipbuilding
construire to construct
conte *m.* short story
conte de fées *m.* fairy tale
contenir to contain
contraire *m.* opposite
contravention *f.* traffic ticket
contre against
contredire to contradict
convenable appropriate
copain *m.* (*f.* **copine**) friend
coq *m.* rooster; **coq au vin** chicken with wine sauce
coquillage *m.* shell
cordonnier *m.* (*f.* **cordonnière**) shoemaker
correspondant *m.* **correspondante** *f.* pen pal
corriger to correct
costume *m.* suit; costume
côte *f.* coast; **Côte d'Azur** French Riviera
coucher to put to bed; **se coucher** to go to bed
couler to flow; to run
couleur *f.* color
couloir *m.* corridor, hallway
coup *m.* blow; stroke; **coup de feu** shot, gunshot; **coup de poing** punch; **coup de téléphone** telephone call; **coup de vent** gust of wind; **du coup** as a result; **tout à (d'un) coup** suddenly
coupable guilty
couper to cut
cour *f.* court; **Cour de cassation** Supreme Court (in France)
courageux (*f.* **courageuse**) courageous
couramment fluently
courant *m.* current; **au courant** informed, up to date; **mettre au courant** to inform
courir to run

couronne *f.* crown
couronnement *m.* coronation
couronner to crown
courrier *m.* mail
cours *m.* course
course *f.* race; **champ de courses** *m.* racetrack; **faire les courses** to go shopping
court short
couteau *m.* (*pl.* **couteaux**) knife
coûter to cost
coutume *f.* custom
couvert covered; *m.* flatware; **mettre le couvert** to set the table
couverture *f.* cover, blanket
couvrir to cover
craindre to fear
crainte *f.* fear
crâne *m.* skull
crapaud *m.* toad
cravate *f.* tie
créer to create
crème fraiche *f.* heavy cream
crier to scream
crise cardiaque *f.* heart attack
cristallerie *f.* glassworks
critère *m.* criterion
critique *m.* critic; *f.* criticism
critiquer to criticize
croire to believe
croisière *f.* cruise; **aller en croisière** to go on a cruise
croix *f.* cross
croyance *f.* belief
cueillir to pick
cuillère *f.* spoon
cuir *m.* leather
cuire to cook
cuisine *f.* kitchen; cooking; **faire la cuisine** to cook
cuisiner to cook
cuisinier *m.* (*f.* **cuisinière**) cook
cuit cooked
culpabilité *f.* guilt
cyclisme *m.* cycling

d'abord at first; **tout d'abord** first of all
dactylo *f.* typist
dame *f.* lady; **jouer aux dames** to play checkers
dater (de) to date back (to)
davantage more
se débarrasser de to get rid of
débarquement *m.* disembarkation; landing
débarquer to land
déborder to overflow
debout standing, upright
début *m.* beginning
décerner to award, confer
décevoir to disappoint
déchets *m. pl.* waste products
déchiffrer to decipher
décoiffé with disheveled hair
découper to cut up
découverte *f.* discovery
découvrir to discover
décrire to describe
décrocher to take off the hook (*telephone*)
dedans within, inside
dédier to dedicate
défaite *f.* defeat
défaut *m.* defect
défendre to defend; to prohibit, forbid
défenseur *m.* defendant
défilé *m.* parade
définir to define
dégât *m.* damage
se déguiser to disguise oneself
dehors outside
déjà already
déjeuner to eat (have) lunch; *m.* lunch; **petit déjeuner** breakfast
délivrer to deliver
déluge *m.* flood
demain tomorrow
demander to ask; **se demander** to wonder
démarrer to start
démembrer to dismember
déménager to move
demeurer to live, reside
demi half
demi-heure *f.* half-hour
démissioner to resign
dénoncer to denounce
dentelle *f.* lace
départ *m.* departure
dépasser to exceed
se dépêcher to hurry
dépenser to spend (*money*)
dépensier (*f.* **dépensière**) spendthrift
déposer to drop, leave off
déprimé depressed
depuis since; for; from
déranger to bother, disturb
dérisoire derisive, ridiculous
dernier (*f.* **dernière**) last
derrière behind
dès since; **dès que** as soon as
désagréable unpleasant, disagreeable
descendre to go down
se déshabiller to undress
désobéir to disobey
désolé sorry
désordre *m.* disorder
despotique despotic
desservir to serve
dessin *m.* drawing, sketch
dessiner to draw; **bande dessinée** *f.* cartoon strip
dessous beneath, under
dessus above
désunion *f.* dissention
détaillé detailed
se détendre to relax
détruire to destroy
dette *f.* debt
devant in front of
dévaster to devastate
devenir to become
devoir to have to; to owe; *m.* duty; *m. pl.* homework
diamant *m.* diamond
Dieu *m.* God
digérer to digest
diminuer to decrease
diriger to direct
discours *m.* speech
discret (*f.* **discrète**) discreet
discuter to discuss
disparaître to disappear
disparition *f.* disappearance
dispute *f.* argument
(se) disputer to argue
disque *m.* record
distrait distracted, absent-minded
divan *m.* sofa, couch
divers changing, varied; different, several, diverse
diversement diversely, differently
divertir to amuse, distract
divertissement *m.* amusement, diversion
diviser to divide
dizaine *f.* about ten
doigt *m.* finger
dommage *m.* shame, pity
don *m.* gift
donc therefore
donner to give
dont of which, of whom, whose
dormir to sleep
dos *m.* back; **sac à dos** *m.* backpack
douane *f.* customs, duty
douanier *m.* (*f.* **douanière**) custom's official
doucement softly, quietly
douceur *f.* softness; mildness
doué talented

douleur *f.* pain
douloureux (*f.* **douloureuse**) painful
douter to doubt; **se douter de** to suspect
douteux (*f.* **douteuse**) doubtful
doux (*f.* **douce**) soft, gentle; sweet; mild
douzaine *f.* dozen
doyen *m.* (*f.* **doyenne**) dean
dramaturge *m.* & *f.* dramatist
drame *m.* drama
drap *m.* sheet
drapeau *m.* (*pl.* **drapeaux**) flag
se dresser to stand
droit straight; *m.* right; law
droite: à droite to the right
drôle funny, strange
duc *m.* duke
dur hard
durant during
durée *f.* duration
durer to last, endure

eau *f.* water
eau-de-vie *f.* brandy
échanger to exchange
échappement *m.* exhaust; leak
s'échapper to escape, run away
écharpe *f.* scarf
échec *m.* defeat; *pl.* chess; **jouer aux échecs** to play chess
échelle *f.* ladder
éclair *m.* lightning
éclaircir to clear up
éclairer to light; to illuminate
éclat *m.* ray; burst
éclater to break out; **éclater de rire** to burst out laughing
école *f.* school
économe thrifty
économique economical
économiser to save
Écosse *f.* Scotland
écouter to listen (to)
écraser to crush
s'écrier to cry out, exclaim
écrire to write; **écrire sous la dictée** to take dictation
écriture *f.* writing
écrivain *m.* writer
s'écrouler to collapse
édifice *m.* building
effacer to erase
effet *m.* effect
s'efforcer de to strive to
effrayant frightening
égal equal
également likewise
égalité *f.* equality
égard: à l'égard de with regards to
égoïsme *m.* selfishness
égoïste selfish
(s') élargir to stretch, widen
électeur *m.* voter
électro-aimant *m.* electromagnet
élevage *m.* breeding, rearing
élevé high, elevated
élever to bring up, raise; **mal élevé** ill-bred
élire to elect
s'éloigner to move away
emballage *m.* wrapping
embarquement: carte d'embarquement *f.* boarding pass
embarras de circulation *m.* traffic jam
embarrasser to embarrass
embaucher to hire
embellir to embellish
embêter to annoy, bother
embouchure *f.* mouth (*of river*)
embouteillage *m.* traffic jam
embrasser to hug; to kiss
émetteur *m.* transmitter
émission *f.* broadcast
emmener to lead away; to take out
empêcher to prevent
emploi *m.* use; job; **emploi du temps** program, schedule
employé *m.* employee
employer to use
emporter to take (away)
empreinte digitale *f.* fingerprint
s'empresser de to hasten to
emprunter to borrow
ému moved
en in; by; at
enchanté enchanted, pleased
encore still; yet; again; **encore une fois** again; **encore que** although
endommagé damaged
endormir to put to sleep; **s'endormir** to fall asleep
endroit *m.* place
énerver to annoy, bother
enfer *m.* hell
enfermer to lock up
enfin finally
s'enfuir to flee
engagé engaged, hired
enlever to take off; to remove
ennui *m.* boredom
ennuyer to bore; to bother; **s'ennuyer** to get bored
ennuyeux (*f.* **ennuyeuse**) boring
énoncer to state
énorme enormous
enquête *f.* inquiry; **faire une enquête** to conduct an investigation
enregistrement: reçu d'enregistrement *m.* baggage claim check
enregistrer to record; to check
enrhumé having a cold
enseignement *m.* teaching; education
enseigner to teach
ensemble together; *m.* ensemble; whole, totality; system
ensoleillé sunny
ensuite then
entendre to hear; **s'entendre** to get along
entendu understood; **bien entendu** of course
entier (*f.* **entière**) entire
entourer to surround
entracte *m.* intermission
s'entraider to help one another
s'entraîner to train, practice
entre between
entrée *f.* entrance
entreprendre to undertake
entrevue *f.* interview
envahir to invade
envers toward
envie *f.* desire; **avoir envie de** to feel like; to want
environ about
envisagé envisioned; expected
s'envoler to fly away
épaisseur *f.* thickness
épargner to save
épatant terrific
épice *f.* spice
épicerie *f.* grocery store
épicier *m.* (*f.* **épicière**) grocer
épingle *f.* pin
époque *f.* epoch; time; period; **à l'époque de** at the time of
épouser to marry
époux *m.* (*f.* **épouse**) spouse
épreuve *f.* test; ordeal
épuisant exhausting
épuisé exhausted
équilibre *m.* balance, equilibrium
équipe *f.* team
ériger to erect
érudit scholarly
escalader to scale; to climb
escalier *m.* stairs, staircase
escargot *m.* snail

esclave *m. & f.* slave
espace *f.* space
Espagne *f.* Spain
espagnol Spanish
espèce *f.* species; **espèces en voie de disparition** endangered species
espérer to hope
espion *m.* (*f.* **espionne**) spy
espoir *m.* hope
esprit *m.* spirit; mind; intelligence; wit
essai *m.* essay; trial, test
essayer to try, attempt
essence *f.* essence; gasoline
essuyer to wipe
est *m.* east
établir to establish
établissement *m.* establishment
étage *m.* story, floor (*of building*)
étagère *f.* set of shelves
étalage *m.* display
état *m.* state; **homme/femme d'état** statesman/stateswoman
États-Unis *m. pl.* United States
été *m.* summer
éteindre to extinguish; **s'éteindre** to go out; to blow out
étendue *f.* expanse, spread
étoffe *f.* fabric, material
étoile *f.* star; **à la belle étoile** out of doors
étonnant astonishing
étonner to astonish; **s'étonner** to be surprised
étrange strange
étranger foreign; *m.* (*f.* **étrangère**) foreigner; stranger; **à l'étranger** abroad
être to be; **être à** to belong to
étrenne *f.* (New Year's) gift
étroit narrow
étude *f.* study
s'évanouir to faint
éveillé awake
événement *m.* event
éviter to avoid
évoluer to evolve
exactitude *f.* exactness
exclure to exclude
excursion *f.* excursion, trip; **faire une excursion** to go on a trip
excuse *f.* excuse; **faire des excuses** to apologize
exercer to exercise; **s'exercer à** to practice
exercice *m.* exercise; **faire de l'exercise** to exercise
exhiber to exhibit
exigeant demanding
exiger to demand
expliquer to explain
exprès on purpose
exprimer to express
extra-terrestre extraterrestrial
extrait *m.* extract

fabriquer to manufacture
fabuliste *m. & f.* fabulist, person who writes fables
façade *f.* front
fâché angry
se fâcher to become angry
facile easy
façon *f.* way, manner; **de façon que** so that
facteur *m.* (*f.* **factrice**) mail carrier
facture *f.* bill
facultatif (*f.* **facultative**) optional
faculté *f.* faculty, capacity, power
faible weak
faillir + *inf.* to almost do something
faillite *f.* bankruptcy; **faire faillite** to go bankrupt
faim *f.* hunger; **avoir faim** to be hungry
faire to make; to do; **faire** + *inf.* to have (make) + *inf.*; **ça ne fait rien** it doesn't matter; **ça fait** it's been
fait *m.* fact; **en fait** in fact, as a matter of fact; **tout à fait** entirely; quite
falloir to be necessary
farce *f.* trick, joke; **faire des farces** to play tricks
farine *f.* flour
fatigué tired
fauché broke
faute *f.* mistake
faux (*f.* **fausse**) false
fécond fertile
fée *f.* fairy; **conte de fées** *m.* fairytale
félicitations *f. pl.* congratulations
féliciter to congratulate
femelle *f.* female
fente *f.* slot
féodal feudal
fer *m.* iron; **chemin de fer** *m.* railroad; **fil de fer** *m.* metal wire
fermer to close
fermier *m.* (*f.* **fermière**) farmer
féroce ferocious
ferroviaire railway
fête *f.* party
fêter to celebrate
feu *m.* (*pl.* **feux**) fire; **feu (rouge)** traffic light; **coup de feu** *m.* shot, gunshot; **feu d'artifice** fireworks; **feu de joie** bonfire
feuille *f.* leaf; sheet (*of paper*)
feuilleton *m.* soap opera
fiançailles *f. pl.* engagement
se fiancer avec to become engaged to
fiche *f.* form; **fiche d'hôtel** hotel registration form
fidèle faithful
fier (*f.* **fière**) proud
se fier à to trust
fièvre *f.* fever
figure *f.* face
figurer to appear
fil *m.* wire; **fil de fer** metal wire
filant: étoile filante *f.* shooting star
file *f.* line; **file d'attente** waiting line
filet *m.* net (shopping) bag
fille *f.* girl; daughter
fils *m.* son
fin *f.* end; **à la fin** finally
financier (*f.* **financière**) financial
finir to finish
flatté flattered
fleur *f.* flower
fleurir to flourish
fleuriste *m. & f.* florist
fleuve *m.* river
florissant flourishing
flotter to float
fluvial river
foi *f.* faith
foie *m.* liver; **foie gras** goose liver
foire *f.* fair
fois *f.* time; **à la fois** at the same time
fol, folle: see **fou**
foncé dark, deep
fonctionnement *m.* functioning, working
fonctionner to function, work (*machine*)
fondant melting
fondateur *m.* (*f.* **fondatrice**) founder
fonder to found
fontaine *f.* fountain
forêt *f.* forest
formidable great
fort strong; high (*fever*); large (*sum, quantity*); very; **parler fort** to speak loudly
forteresse *f.* fortress

fou, fol (*f.* **folle**) crazy; **fou** *m.* madman; **folle** *f.* madwoman
fouiller to dig, search
foule *f.* crowd
four *m.* oven
fourchette *f.* fork
fournir to furnish, supply
fournisseur *m.* supplier
fourrure *f.* fur
foyer *m.* home
frais (*f.* **fraîche**) fresh, cool; **crème fraîche** *f.* heavy cream; *m. pl.* expenses; **frais compris** expenses included
fraise *f.* strawberry
franc (*f.* **franche**) frank, sincere; *m.* franc *(unit of currency)*
français French
franchement frankly
franco-allemand Franco-German
francophone French-speaking
frapper to hit, knock, strike
frein *m.* brake
frère *m.* brother
frigo *m.* refrigerator
frites *f. pl.* french fries
frivole frivolous
froid cold; **avoir froid** to feel cold; **faire froid** to be cold
fromage *m.* cheese
fromager (*f.* **fromagère**) cheese
frotter to rub
fruiterie *f.* fruit store
fumer to smoke
fusée *f.* rocket

gagner to win; to earn
gant *m.* glove
garantir to guarantee
garçon *m.* boy; waiter
garder to keep; to guard; **se garder de** to take care not to; **garder le lit** to stay in bed
gare *f.* station
gargouille *f.* gargoyle
garni garnished, decorated
garnir to garnish; to decorate
gaspiller to waste
gâteau *m.* (*pl.* **gâteaux**) cake
gauche: à gauche to the left
gaulois Gallic; *m.* Gaul
gaz *m.* gas
géant *m.* giant
geler to freeze
Gémeaux *m. pl.* Gemini
gendarme *m.* police officer
gêner to bother
génie *m.* genius
genou *m.* (*pl.* **genoux**) knee
gens *m. pl.* people
gentil (*f.* **gentille**) nice
gentilhomme *m.* gentleman
gentillesse *f.* kindness
gérant *m.* (*f.* **gérante**) manager
geste *m.* gesture; **chanson de geste** *f.* medieval epic song
gigantesque gigantic
glace *f.* ice cream; mirror
gloire *f.* glory
gomme *f.* eraser
gorge *f.* throat; **avoir mal à la gorge** to have a sore throat
gouaille *f.* banter
goût *m.* taste
goûter to taste
grâce *f.* grace, charm; **jour d'action de grâce** *m.* Thanksgiving
gracieux (*f.* **gracieuse**) graceful
grand-chose: pas grand-chose not much
grand-mère *f.* grandmother
grands-parents *m. pl.* grandparents
grand-père *m.* grandfather
grandir to grow up
gras (*f.* **grasse**) fatty; greasy; **en caractères gras** bold-faced; **foie gras** *f.* goose liver
gratte-ciel *m.* skyscraper
gratter to scratch
gratuit free of charge
gré *m.* will; **à son gré** to one's liking
grec (*f.* **grecque**) Greek
greffe *f.* grafting, graft
grenier *m.* attic
grenouille *f.* frog
grève *f.* strike; **faire grève** to go on strike
griller to toast; to grill
grimper to climb
grippe *f.* flu
gris gray
gronder to scold
gros (*f.* **grosse**) fat
grossir to become fat
grotte *f.* cave
guère hardly
guérir to cure
guerre *f.* war
guerrier *m.* warrior
gui *m.* mistletoe
gym *f.* gym; **faire de la gym** to exercise

habile skillful, clever
habiller to dress; **s'habiller** to dress oneself, get dressed
habitant *m.* inhabitant
habiter to live in
habitude *f.* habit
habituer to accustom; **s'habituer à** to become accustomed to
haine *f.* hate, hatred
hameau *m.* (*pl.* **hameaux**) hamlet
hanté haunted
haricot *m.* bean
hasard *m.* chance; **par hasard** by chance
hâte *f.* haste; **avec hâte** hurriedly
haut high; **à haute voix** out loud; **en haut** upstairs
hauteur *f.* height
heure *f.* hour; time; **à l'heure** on time; **à tout à l'heure** see you later
heureux (*f.* **heureuse**) happy
hibou *m.* (*pl.* **hiboux**) owl
hier yesterday
histoire *f.* story; history
hiver *m.* winter
homme *m.* man
honnête honest
honte *f.* shame; **avoir honte** to be ashamed
horaire *m.* schedule
horloge *m.* clock
hors out, outside
hors-d'œuvre *m.* appetizer
hors-taxe duty-free
hôte *m.* host
hôtesse *f.* hostess
huile *f.* oil
humeur *f.* mood

ici here; **d'ici** from here; **d'ici** (+ *time*) by (+ *time*); **par ici** this way
idée *f.* idea
identique identical
identité: carte d'identité *f.* I.D. card
idiome *m.* idiom; language
île *f.* island
illustre famous
immatriculation: plaque d'immatriculation *f.* license plate
immeuble *m.* apartment building
s'impatienter to lose patience
imperméable *m.* raincoat
impoli impolite
importateur *m.* importer
impôt *m.* tax
impressionnant impressive
inaugurer to inaugurate, open

incendie *m.* fire
inconnu unknown
inconscient unconscious
inconstant fickle
indécis indecisive; uncertain
indice *m.* clue
indiquer to indicate
indulgent tolerant
infatigable tireless
infirmier *m.* (*f.* **infirmière**) nurse
informations *f. pl.* news
ingénieur *m.* engineer
injuste unfair
inonder to inundate, flood
inoubliable unforgettable
inquiet (*f.* **inquiète**) worried
inquiétant worrisome
s'inquiéter to worry
inquiétude *f.* worry
inscription *f.* inscription; enrollment
inscrire to enroll, register
instituteur *m.* (*f.* **institutrice**) schoolteacher
interdire to forbid, prohibit
intérêt *m.* interest
interrompre to interrupt
intime intimate
intimidé intimidated
intitulé entitled
introduire to introduce
inutile useless
invité *m.* guest
irlandais Irish
Irlande *f.* Ireland
isolé isolated
itinérant traveling

jalousie *f.* jealousy
jaloux (*f.* **jalouse**) jealous
jamais never; ever; **à jamais** forever
jambe *f.* leg
jardin *m.* garden
jardinier *m.* (*f.* **jardinière**) gardener
jeter to throw
jeton *m.* token
jeu *m.* (*pl.* **jeux**) game; **jeu de cartes** card game; **jeu d'échecs** chess
jeune young; **jeune fille** *f.* girl
jeunesse *f.* youth
joie *f.* joy
joindre to join
joli pretty
jongleur *m.* juggler
joue *f.* cheek
jouer to play; to act; **jouer à** to play (*game, sport*); **jouer de** to play (*instrument*)
jouet *m.* toy
joueur *m.* player
jouir to enjoy
joujou *m.* (*pl.* **joujoux**) toy
jour *m.* day; **jour d'action de grâce** Thanksgiving; **jour de congé** day off
journée *f.* day
joyeux (*f.* **joyeuse**) joyous, happy
judiciaire judicial
juge *m.* judge
juger to judge
jumeau *m.* (*f.* **jumelle**) (*pl.* **jumeaux, jumelles**) twin
jupe *f.* skirt
juré *m.* juror
jurer to swear
jus *m.* juice
jusqu'à until
juste fair; right

kiosque *m.* newsstand

là there; **là-bas** down there
lac *m.* lake
laid ugly
laine *f.* wool
laisser to leave; to let, allow; **laisser tomber** to drop
lait *m.* milk
laitier (*f.* **laitière**) dairy
se lamenter to complain
lampe *f.* lamp; **lampe de poche** flashlight
lancer to throw
langue *f.* tongue; language
lapin *m.* rabbit
large wide
larme *f.* tear
lavabo *m.* sink
laver to wash; **se laver** to wash oneself
lave-vaisselle *m.* dishwasher
lecteur *m.* (*f.* **lectrice**) reader
léger (*f.* **légère**) light
légume *m.* vegetable
lentement slowly
lenteur *f.* slowness
lessive *f.* laundry; **faire la lessive** to do the laundry
lever to raise; **se lever** to get up; *m.* rising
libérer to liberate
librairie *f.* bookstore
libre free
lier to tie, bind
lieu *m.* place; **avoir lieu** to take place; **au lieu de** instead of
lieue *f.* league
ligne *f.* line
linge *m.* linen
Lion *m.* Leo
lire to read
lit *m.* bed
livraison *f.* delivery
livre *m.* book; *f.* pound
livreur *m.* (*f.* **livreuse**) delivery person
loger to lodge
loi *f.* law
loisir *m.* leisure; *pl.* diversions
long (*f.* **longue**) long, lengthy; **le long de** along
longtemps a long time
longueur *f.* length
lors de at the time of
lorsque when
louer to rent
lourd heavy
lumière *f.* light
lune *f.* moon; **lune de miel** honeymoon
lunettes *f. pl.* glasses
lutter to fight
luxe *m.* luxury
luxueux (*f.* **luxueuse**) luxurious
lycée *m.* high school
lyrique lyrical

mâcher to chew
machin *m.* thingamajig
machinal mechanical, unconscious
maçon *m.* mason
magasin *m.* store; **grand magasin** department store
magnétoscope *m.* video cassette recorder
maigre lean, thin, skinny
maigrir to become thin
maillot *m.* tee shirt; **maillot de bain** bathing suit
maintenant now
maintenir to maintain
maire *m.* mayor
mairie *f.* town hall
maison *f.* house
maître *m.* master; teacher
maîtresse *f.* mistress; teacher
maîtrise *f.* mastery
majestueux (*f.* **majestueuse**) majestic

mal bad; badly; **mal elevé** ill-bred; *m.* (*pl.* **maux**) ache; harm; **avoir du mal à** + *inf.* to have a hard time; **avoir mal à** to hurt; **se faire mal** to hurt oneself
malade sick
maladroit clumsy
malchance *f.* bad luck
mâle *m.* male
malentendu *m.* misunderstanding
malgré despite
malheur *m.* misfortune
malheureusement unfortunately
malheureux (*f.* **malheureuse**) unfortunate; unhappy
malle *f.* trunk
manche *f.* sleeve
manger to eat
manière *f.* manner
mannequin *m.* fashion model
manquer to lack, be short of; to miss; **manquer de** to lack
manteau *m.* (*pl.* **manteaux**) coat
maquillage *m.* make-up
se maquiller to put on make-up
marbre *m.* marble
marchand *m.* merchant
marchandise *f.* merchandise
marché aux puces *m.* flea market
marcher to walk; to run, operate; to work
maréchal *m.* marshal
marée *f.* tide
mari *m.* husband
marié *m.* groom; **jeunes mariés** *pl.* newlyweds
mariée *f.* bride
se marier avec to get married to
marin seagoing; *m.* sailor
marine *f.* navy; **marine marchande** merchant marine; **marine militaire** navy
marmite *f.* pot
marque *f.* brand
marquer to mark
marraine *f.* godmother
marron chestnut brown
marteau *m.* (*pl.* **marteaux**) hammer
matelas *m.* mattress
matière *f.* matter; subject matter; **matière première** raw material
matin *m.* morning
mauvais bad; **faire mauvais (temps)** to be bad weather
méchant wicked, naughty
mécontent unhappy
médaille *f.* medal
médecin *m.* doctor
médecine *f.* medicine
médicament *m.* medication, medicine
se méfier de to distrust
meilleur best
mélange *m.* mixture
mêler to mix
même same, even; (*after a noun*) very; **tout de même** nevertheless
mémoire *m.* report, thesis; *f.* memory
menaçant menacing, threatening
menacer to menace, threaten
ménage *m.* household; **faire le ménage** to do housecleaning
ménager (*f.* **ménagère**) household
mener to lead
mensonge *m.* lie
mentir to lie
mer *f.* sea; seaside; **bras de mer** sound, inlet
méridional southern, south
mériter to deserve
merveille *f.* marvel, wonder; **à merveille** wonderfully
merveilleux (*f.* **merveilleuse**) marvelous
messager *m.* (*f.* **messagère**) messenger
messe *f.* mass
métal *m.* (*pl.* **métaux**) metal
météo *f.* weather forecast
métier *m.* trade, craft
métro *m.* subway
métropole *f.* metropolis
metteur en scène *m.* director (*movie, theater*)
mettre to put, set; to put on (*clothes*); to take (*time*); **se mettre à** to begin to
meuble *m.* piece of furniture; *pl.* furniture
meubler to furnish
meurtre *m.* murder
micro-onde *m.* microwave
micro-ordinateur *m.* desktop computer
midi *m.* noon; south
miel *m.* honey
mieux better
mignon (*f.* **mignonne**) cute
milieu *m.* middle
mille *m.* thousand; mile
milliard *m.* billion
milliardaire *m.* billionaire
millier *m.* thousand
minceur *f.* thinness, slimness
minerai de fer *m.* iron ore
minuit *m.* midnight
minutieux (*f.* **minutieuse**) meticulous
mode *m.* method; *f.* style, fashion; **à la mode** fashionable
mœurs *f. pl.* customs
moindre least
moins less
mois *m.* month
moitié *f.* half
monde *m.* world; **tout le monde** everyone
mondial worldwide
moniteur *m.* (*f.* **monitrice**) counselor
monnaie *f.* change, money
mont *m.* mountain
montagne *f.* mountain; **montagnes russes** roller coaster
montagneux (*f.* **montagneuse**) mountainous
monter to climb; **monter à cheval** to go horseback riding
montre *f.* watch
montrer to show
se moquer de to mock, make fun of
moquette *f.* wall-to-wall carpet
morceau *m.* (*pl.* **morceaux**) piece
mort *f.* death
mosquée *f.* mosque
mot *m.* word; note
mou, mol (*f.* **molle**) soft; limp
mouche *f.* fly
mouchoir *m.* handkerchief
mouillé wet
mourir to die
mousquetaire *m.* musketeer
mouton *m.* sheep
moyen *m.* means
moyenne *f.* average
muguet *m.* lily of the valley
mur *m.* wall; **mur-rideau** curtain wall
mural mural; **carte murale** *f.* wall map; **peinture murale** *f.* mural painting
musculation: faire de la musculation to work out
musée *m.* museum
musulman Muslim, Moslem

nager to swim
naïf (*f.* **naïve**) naive
naissance *f.* birth
naître to be born
nappe *f.* tablecloth
natal native
natation *f.* swimming; **faire de la natation** to swim, go swimming

nationalité *f.* citizenship
nautique: ski nautique *m.* water skiing
navette *f.* shuttle
navire *m.* ship
néanmoins nonetheless
négliger to neglect
neige *f.* snow
neiger to snow
nettoyer to clean
neuf (*f.* **neuve**) new
neveu *m.* nephew
nez *m.* nose
nièce *f.* niece
n'importe it doesn't matter
niveau *m.* (*pl.* **niveaux**) level
noces *f. pl.* wedding; **voyage de noces** *m.* honeymoon
nœud *m.* knot
noir black
noisette hazel
nom *m.* name; **nom de plume** pen name
nombre *m.* number
nombreux (*f.* **nombreuse**) numerous
nommer to name
nord *m.* north
Norvège *f.* Norway
notamment notably
nourrir to nourish
nourriture *f.* food
nouveau, nouvel (*f.* **nouvelle**) new; **de nouveau** again
nouvelles *f. pl.* news
nuit *f.* night
nulle part nowhere
numéro *m.* number

obéir to obey
obéissant obedient
obscur obscure, dark
observateur *m.* (*f.* **observatrice**) observer
obstiné stubborn
obtenir to obtain, get
occasion *f.* opportunity; **d'occasion** used
occident *m.* west
occidental (*pl.* **occidentaux**) western
s'occuper de to be busy with; to take care of
œil *m.* (*pl.* **yeux**) eye
œuf *m.* egg
œuvre *f.* work
offrir to offer
oie *f.* goose
oiseau *m.* (*pl.* **oiseaux**) bird
olivier *m.* olive tree
ombre *f.* shade; shadow
onde *f.* wave
ongle *m.* nail
or *m.* gold
orage *m.* storm
orange orange; **carte orange** monthly subway ticket
ordinateur *m.* computer
ordonner to order
oreille *f.* ear
oreiller *m.* pillow
orgue *m.* organ
orgueil *m.* pride
originaire de native of
orné adorned
orphelin *m.* orphan
oser to dare
oublier to forget
ouest *m.* west
outil *m.* tool
outre-mer overseas
ouvert open
ouverture *f.* opening
ouvrage *m.* work
ouvreuse *f.* usher
ouvrier *m.* (*f.* **ouvrière**) worker
ouvrir to open

pain *m.* bread; **petit pain** roll
paix *f.* peace
palais *m.* palace
panier *m.* basket
panique *f.* panic
panne *f.* breakdown; **tomber en panne** to break down
pantalon *m.* pants
pape *m.* pope
papier *m.* paper; document
papier peint *m.* wallpaper
Pâques *f. pl.* Easter
paquet *m.* package
paraître to seem; to appear
parallèlement parallel, in a parallel direction
parapluie *m.* umbrella
parc *m.* park; **parc d'attractions** amusement park
pardessus *m.* overcoat
pardonner to pardon; to forgive
paresseux (*f.* **paresseuse**) lazy
parfait perfect
parfois sometimes
parfum *m.* flavor; perfume
parfumerie *f.* perfume store
parler to speak
parmi among
partager to share
partie *f.* part; game; **faire partie de** to belong to, be part of
partir to leave
partout everywhere
pas *m.* step; **faire un pas** to take a step
passager *m.* (*f.* **passagère**) passenger; passing, momentary
passer to pass (by); to take (*test*); to spend (*time*); **se passer** to happen; **se passer de** to do without
passionnant exciting
passionner to excite
pastoral pastoral; country
pâté de foie gras *m.* minced goose liver
pâtes *f. pl.* pasta, noodles
patiner to skate
pâtisserie *f.* pastry; pastry shop
patissier *m.* (*f.* **patissière**) pastry cook; pastry-shop owner
patrie *f.* home country, homeland
patron *m.* (*f.* **patronne**) boss; patron; patron saint
pâturage *m.* pasture
pauvre poor
pauvreté *f.* poverty
payer to pay
paysage *m.* landscape
paysagiste *m.* landscape painter
paysan *m.* (*f.* **paysanne**) peasant
peau *f.* skin
pêche *f.* fishing; **faire de la pêche** to fish; **pêche sous-marine** underwater fishing
pêcheur *m.* fisherman
se peigner to comb one's hair
peindre to paint
peine *f.* pain; difficulty; **à peine** hardly; **cela vaut la peine** it's worthwhile
peintre *m.* painter
peinture *f.* painting
pèlerinage *m.* pilgrimage
pelote *f.* ball
pelouse *f.* lawn
pendant during
penser to think
penseur *m.* thinker
percer to pierce, break through
perdre to lose
père *m.* father
perfectionnement *m.* perfecting
perfectionner to perfect, improve
perle *f.* pearl

permettre to permit
permis *m.* permit; **permis de conduire** driver's license
perruque *f.* wig
personnage *m.* character
peser to weigh
peste *f.* plague
pétanque *f. French ball game*
petit small; **petit ami** *m.* boyfriend; **petite amie** *f.* girlfriend; **petit déjeuner** *m.* breakfast; **petit pain** *m.* roll; **petit pois** *m.* pea
petits-enfants *m. pl.* grandchildren
peu few; little; **à peu près** nearly, about; **peu à peu** little by little
peuplade *f.* small tribe
peuple *m.* people
peur *f.* fear; **avoir peur** to be afraid; **faire peur** to scare
phare *f.* headlight
pic *m.* peak
pièce *f.* play; room
pied *m.* foot
pierre *f.* stone
pieux (*f.* **pieuse**) pious, religious
pile sharp
pilier *m.* pillar
piller to loot
pion *m.* pawn
pique-nique *m.* picnic; **faire un pique-nique** to go on a picnic
piquer to sting
piqûre *f.* injection
pire worse
piscine *f.* swimming pool
pittoresque picturesque
place *f.* city square; seat; position; room; **à la place de** instead of
placer to place, set
placeur *m.* (*f.* **placeuse**) usher
plage *f.* beach
plaindre to pity; **se plaindre de** to complain about
plainte *f.* complaint
plaire to please; **se plaire à** to enjoy
plaisir *m.* pleasure; **faire plaisir à** to please
planche *f.* board; **faire de la planche à voile** to windsurf
plancher *m.* floor
plaque *f.* plate; bar (*chocolate*); **plaque d'immatriculation** license plate
plat *m.* dish
plateau *m.* (*pl.* **plateaux**) plateau; tray
plein full; **plein de** a lot of; **en plein air** outdoor(s)
pleurer to cry; **pleurer à chaudes larmes** to cry one's eyes out
pleurnicher to whine
pleuvoir to rain; **pleuvoir à verse** to rain cats and dogs
plombier *m.* plumber
plongeon *m.* diving
plonger to dive
pluie *f.* rain
plupart *f.* most, majority
plusieurs several
plutôt rather
pneu *m.* (*pl.* **pneus**) tire
poche *f.* pocket; **argent de poche** *m.* spending money; **lampe de poche** *f.* flashlight
poêle *f.* frying pan
poésie *f.* poetry
poids *m.* weight
poing *m.* fist; **coup de poing** *m.* punch
point *m.* period; point; **sur le point de** on the verge of, about to; **mettre au point** to develop, perfect; to tune up; **ne ... point** not (at all)
pointe: vitesse de pointe *f.* maximum speed
pointu pointed
poire *f.* pear
poireau *m.* (*pl.* **poireaux**) leek
pois *m. pl.* peas
poisson *m.* fish; **Poissons** Pisces
poissonnerie *f.* fish store
poivre *m.* pepper
poli polite
police d'assurance *f.* insurance policy
politesse *f.* politeness
Pologne *f.* Poland
pomme *f.* apple; **pomme de terre** potato
pompage *m.* pumping
pompier *m.* fire fighter
ponctuel (*f.* **ponctuelle**) punctual
pont *m.* bridge
porc *m.* pig; pork
porte *f.* door
portefeuille *m.* wallet
porte-monnaie *m.* change purse
porter to wear; to carry
portier *m.* doorman
portugais Portuguese
poser to place; **poser une question** to ask (a question)
posséder to possess, own
postale: carte postale *f.* post card
poste *m.* position, job; *f.* post office; **poste de police** police station; **poste de télévision** television set
potage *m.* soup
potasse *f.* potash
pou *m.* (*pl.* **poux**) louse
poubelle *f.* garbage can
pouce *m.* thumb; inch
poule chicken; hen
poulet *m.* chicken
poupée *f.* doll
pourboire *m.* tip, gratuity
pourri rotten
poursuite *f.* pursuit
poursuivre to pursue
pourtant however
pourvu que provided that
pousse *f.* shoot (*of a plant*)
pousser to push, shove; to grow
poussière *f.* dust
poussin *m.* chick
pouvoir *m.* power; to be able to, can; **n'en pouvoir plus** to be exhausted; **n'y pouvoir rien** to be unable to do anything
précédant preceding
précieux (*f.* **précieuse**) precious
se précipiter to hurl oneself
précis precise; sharp
préciser to specify; to be precise
prédire to predict
préfectoral prefectorial
préfet *m.* prefect, head (*of a* **département**)
préhistoire *f.* prehistory
pré-inscription *f.* preregistration
préjugé *m.* prejudice
premier (*f.* **première**) first; prime
prendre to take, take on; **prendre naissance** to originate; **prendre sa retraite** to retire; **prendre soin** to take care
se préoccuper de to be concerned about
préparatif *m.* preparation
près near; **à peu près** nearly, about
préscolaire preschool
présentateur *m.* (*f.* **présentatrice**) presenter
présenter to present; to introduce
presque almost
pression *f.* pressure
prêt ready
prétendre to claim
prêter to lend; **prêter attention** to pay attention
prêtre *m.* priest

preuve *f.* proof
prévenir to warn
prier to beg, ask to; to pray
primaire primary
primitif (*f.* **primitive**) primitive
principalement principally
principe *m.* principle
printemps *m.* spring
prise *f.* taking
privé private
prix *m.* price; prize
procédé *m.* process
prochain next
producteur *m.* producer
produire to produce
produit *m.* product
profond deep
programme *m.* program; schedule
projet *m.* project; plan
promenade *f.* walk; **faire une promenade** to go for a walk
promener to walk; **se promener** to go for a walk
promesse *f.* promise
promettre to promise
promulguer to promulgate, enact
pronom *m.* pronoun
propos *m.* purpose; **à propos** by the way
propre clean; own
proprement dit specifically, proper
propreté *f.* cleanliness
propriétaire *m.* & *f.* owner
protéger to protect
provisions *f. pl.* foodstuffs; **sac à provisions** shopping bag; **faire les provisions** to go food shopping
prudent prudent, wise
prune *f.* plum
publier to publish
puis then
puisque since, as
puissamment powerfully
puissant strong, powerful
puits *m.* well
punir to punish
pur pure
pureté *f.* purity
puy *m.* volcanic peak

quai *m.* embankment, wharf
quand when
quant à as for
quart *m.* quarter
quartier *m.* neighborhood
quel (*f.* **quelle**) which
quelque some, any; (*pl.*) a few
quelquefois sometimes
quelques-un(e)s a few
quelqu'un someone
querelle *f.* quarrel
queue *f.* line; **faire la queue** to stand in line, line up
quille *f.* (bowling) pin; **jouer aux quilles** to bowl
quitter to leave
quoi what; **il n'y a pas de quoi** you're welcome, don't mention it
quoique although
quotidien (*f.* **quotidienne**) daily

rabais *m.* discount
raccompagner to see home
raccrocher to hang up
raconter to tell
raffiné refined
ragoût *m.* stew
raison *f.* reason; **avoir raison** to be right
raisonnable reasonable
raisonnement *m.* reasoning
ramasser to pick up; to gather
ramener to bring back
ramoner to sweep (*a chimney*)
rang *m.* rank; row
ranger to put in order
rappeler to call again; **se rappeler** to recall, remember
rapport *m.* report; relationship
rapprocher to bring closer together; **se rapprocher de** to get closer to; to resemble
se raser to shave
rasoir *m.* razor
rassembler to reassemble, bring together
rassurer to reassure
ratatouille *f. vegetable dish*
raté failed
rater to fail; to miss
ravi delighted
rayonner to sparkle, radiate
réagir to react
réalisable achievable, feasible
récemment recently
récepteur *m.* receiver
recette *f.* recipe
recevoir to receive
réchauffer to warm up, heat
recherche *f.* research; **à la recherche de** in search of
rechercher to research
récit *m.* narrative, story
réciter to recite
recommencer to begin again
récompenser to reward
réconcilier to reconcile; **se réconcilier** to become friends again
réconforter to comfort
reconnaissant grateful
reconnaître to recognize
recouvrir to cover
reçu d'enregistrement *m.* baggage claim check
recueil *m.* collection; compilation
rédaction *f.* composition; editing
rédiger to write
réduction *f.* discount; **faire une réduction** to give a discount
réduire to reduce
réel real
refaire to redo
réfléchir to reflect, think
reflet *m.* gleam, reflection
réfugier to take refuge
refus *m.* refusal
regarder to look at
régime *m.* diet; **suivre un régime** to be on a diet
registre *m.* register
règle *f.* rule; ruler
règlement *m.* rules
régler to regulate; to tune (*car*)
régner to rule
régulariser to regulate
reine *f.* queen
rejeter to reject
réjouir to rejoice
relier to link
relire to reread
remarque *f.* remark
remarquer to notice
remercier to thank
remettre to put (give) back; to postpone
remonter to go up again; to date back
rempart *m.* rampart, fortification
remplaçant *m.* substitute, replacement
remplacer to replace
remplir to fill (out)
rencontrer to meet
rendre to return; **rendre (un) service** to do a favor; **se rendre compte de** to realize
renfermer to lock (shut) in; to contain
renom *m.* renown
renommé renowned
renouveler to renew
rénover to renovate
renseignements *m. pl.* information

rentrée *f.* return; reopening
rentrer to return; to go/come home
renverser to knock over; to spill; to overthrow
renvoyer to fire
répandu widespread
réparer to repair
répartir to divide, share
repas *m.* meal
repasser to review; to iron
répéter to repeat; to rehearse, practice
réplique *f.* reply
répondeur téléphonique *m.* answering machine
répondre to answer
réponse *f.* answer
se reposer to rest
repousser to push back
reprendre to take back; to take up again; to reprimand
reproche *f.* reproach; **faire des reproches** to reproach
réputé reputed, well-known
réseau *m.* (*pl.* **réseaux**) network, system
résigner to resign; **se résigner à** to resign oneself to
résolu resolved
résoudre to resolve
respectueux (*f.* **respectueuse**) respectful
ressembler (à) to resemble
ressentir to feel
ressource *f.* resource
rester to remain, to stay
restes *m. pl.* leftovers
résultat *m.* result
résumer to summarize
rétablir to reestablish
retard *m.* delay; **en retard** late
retarder to be slow
retenir to retain; to hold, keep back
retentir to ring
retirer to withdraw
retour *m.* return; **être de retour** to be back
retourner to return
retraite *f.* retreat; retirement; **prendre sa retraite** to retire
retrouver to find again; **se retrouver** to meet again, be back again
réunion *f.* meeting
(se) réunir to meet; to join
réussir to succeed
rêve *m.* dream
réveil, réveille-matin *m.* alarm clock
(se) réveiller to wake up
réveillon *m.* Christmas/New Year's Eve party
révéler to reveal
revenir to come back
rêver to dream
réviser to revise; to review
revoir to see again
révoquer to cancel, revoke
revue *f.* magazine
rhume *m.* cold
richesse *f.* wealth
rideau *m.* (*pl.* **rideaux**) curtain
rien nothing, not anything; **ça ne fait rien** it doesn't matter; **de rien** you're welcome, don't mention it
rigoureux (*f.* **rigoureuse**) rigorous
rigueur: de rigueur (socially) obligatory
rire to laugh; *m.* laughter
risquer to risk
rive *f.* bank (*river*)
rivière *f.* river, stream
riz *m.* rice
roche *f.* rock
rocheux (*f.* **rocheuse**) rocky
roi *m.* king
romain Roman
roman *m.* novel; **roman policier** detective story
romancé in novel form
romancier *m.* (*f.* **romancière**) novelist
rompre to break; to break off
rond round
ronger to bite
rôti *m.* roast
rôtir to roast
roue *f.* wheel
rouge red
rougir to blush
rouler to roll along; to ride
roumain Rumanian
route *f.* road, route; **se mettre en route** to start out
routier (*f.* **routière**) road
royaume *m.* kingdom
royauté *f.* royalty
rue *f.* street
russe Russian

sabot *m.* wooden shoe
sac *m.* pocketbook, bag; **sac à dos** backpack; **sac à provisions** shopping bag; **sac de couchage** sleeping bag
sacré holy, sacred
sacrer to crown
sage wise; well-behaved
Sagittaire *m.* Sagittarius
sain healthy; **sain et sauf** safe and sound
saisir to seize, capture, catch
saison *f.* season
salaire *m.* salary
sale dirty
salle *f.* room; hall; **salle d'attente** waiting room
salon *m.* living room; exhibition; **salon de beauté** beauty parlor
saluer to greet
salut hi
sans-abri *m.* homeless person
santé *f.* health
satisfaire to satisfy
satisfait satisfied
saucisse *f.* sausage
sauf except
sauvage savage, wild
sauver to save; **se sauver** to flee, run away
savant *m.* scientist
savoir to know (how)
savon *m.* soap
scénario *m.* script, screenplay
scénariste *m. & f.* screenwriter
scène *f.* scene; stage; **mettre en scène** to direct, produce
scolaire scholastic; school
scolarité *f.* school attendance, student status
Scorpion *m.* Scorpio
sculpter to sculpt, carve
sec (*f.* **sèche**) dry
secondaire secondary
secours *m.* help, aid; **sortie de secours** *f.* emergency exit
seigneur *m.* lord
séjour *m.* stay, visit; **carte de séjour** *f.* residency document
selon according to
semaine *f.* week
sembler to seem
sénat *m.* senate
sens *m.* sense; meaning
sensibilité *f.* sensitivity
sensible sensitive
sentir to smell; to feel; **se sentir** to feel
sérieux (*f.* **sérieuse**) serious
serrure *f.* lock
serveur *m.* waiter
service *m.* service; **rendre (un) service** to do a favor
serviette *f.* napkin; towel

servir to serve; **se servir de** to use
seul alone; only
sévère strict
siècle *m.* century
siège *m.* seat
sieste *f.* afternoon nap
siffler to whistle
signer to sign
silencieux (*f.* **silencieuse**) silent
simultané simultaneous
sinistre sinister, evil
sinon or else
situé situated
sobre sober; subdued
sœur *f.* sister
soi oneself, himself, herself, itself
soie *f.* silk
soif *f.* thirst; **avoir soif** to be thirsty
soigner to take care of
soigneux (*f.* **soigneuse**) careful, meticulous
soin *m.* care
soir *m.* evening
soirée *f.* evening; evening party
sol *m.* soil; ground
solaire solar
soldat *m.* soldier
solde *f.* sale; **en solde** on sale
soleil *m.* sun
sommeil *m.* sleep; **avoir sommeil** to be sleepy
sommet *m.* summit, top
somptueux (*f.* **somptueuse**) lavish, sumptuous
sondage *m.* opinion poll
songer à to think of; to imagine; to dream of
sonner to ring
sonnette *f.* doorbell
sonorité *f.* resonance, sound
sorte *f.* sort, kind
sortie *f.* exit; quitting time
sortir to leave, go out; to take out
sot (*f.* **sotte**) stupid
sottise *f.* foolishness, stupidity
souci *m.* anxiety, worry
se soucier de to be concerned, worry about
soucoupe *f.* saucer
soudain suddenly
souffrir to suffer
souhait *m.* wish
souhaiter to wish
soulagement *m.* relief
soulier *m.* shoe
souligner to underline
soumettre to submit
sourire to smile; *m.* smile
sous under
souscription *f.* subscription, membership
sous-marin underwater
souterrain underground
se souvenir de to remember
souvent often
souverain sovereign
souveraineté *f.* sovereignty
spacieux (*f.* **spacieuse**) spacious
spatial space
spatule *f.* spatula
spécialement especially
spécialité *f.* specialty
sportif (*f.* **sportive**) athletic; *m.* (*f.* **sportive**) athlete
squelette *m.* skeleton
stade *m.* stadium
stage *m.* training period
standardiste *f.* switchboard operator
statut *m.* statute, regulation
studieux (*f.* **studieuse**) studious
stylo *m.* pen
subventionné subsidized
sucer to suck
sucette *f.* lollypop
sucré sweet
sucrerie *f. pl.* candy
sucrier *m.* sugar bowl
sud *m.* south
Suède *f.* Sweden
suffire to be enough
suffisant sufficient
suggérer to suggest
suisse Swiss
suite *f.* continuation; **et ainsi de suite** and so on; **tout de suite** at once, immediately
suivant following; next
suivre to follow
superficie *f.* area
superflu superfluous
supermarché *m.* supermarket
supporter to tolerate
supraconductivité *f.* superconductivity
sur on
sûr sure; **bien sûr** of course
surnaturel (*f.* **surnaturelle**) supernatural
surnom *m.* last name
surprenant surprising
surprendre to surprise
surtout especially
surveiller to watch over
survivre to survive
sympathique nice
synthèse *f.* synthesis
tabac *m.* tobacco
tableau *m.* (*pl.* **tableaux**) painting; chalkboard
tâcher to try
taille *f.* size
se taire to be quiet
tandis que while; whereas
tant so much, so many; **tant bien que mal** rather badly, so-so; **tant mieux** so much the better; **tant pis** too bad
tante *f.* aunt
taper à la machine to type
tapis *m.* rug, carpet
tapisser to wallpaper
tapisserie *f.* tapestry
tapissier *m.* (*f.* **tapissière**) paperhanger
tapoter to tap
tard late; **plus tard** later; **il se fait tard** it's getting late
tartine *f.* slice of bread and butter
tas *m.* pile; **un tas de** a lot of
tasse *f.* cup
Taureau *m.* Taurus
tel (*f.* **telle**) such; **tel que** as
téléphone *m.* telephone; **coup de téléphone** *m.* telephone call
téléphonique telephone; **cabine téléphonique** *f.* telephone booth; **répondeur téléphonique** *m.* answering machine
témoin *m.* witness
tempéré tempered, moderate
tempête *f.* storm
temps *m.* weather; time; tense; **à temps** on time; **combien de temps** how long; **de temps à autre, de temps en temps** from time to time
tendance *f.* tendency
tendre tender
tendresse *f.* tenderness
tenir to hold; **tenir à** to really want to, insist on; to value; **tenir de** to take after
terminer to finish
terrain *m.* field; **terrain de camping** campground
terre *f.* earth; ground
terrestre terrestrial, earthly
terrine *f.* potted meat
tête *f.* head; **mal à la tête** *m.* headache; **faire à sa tête** to do as one pleases
têtu stubborn
thé *m.* tea
théâtral theatrical

théoricien *m.* (*f.* **théoricienne**) theorist
thèse *f.* thesis
thon *m.* tuna fish
tiers *m.* third
tirer to pull; to draw
tiroir *m.* drawer
tissu *m.* material, fabric
titre *m.* title
toile *f.* linen; cloth; **toile d'araignée** spiderweb
tombeau *m.* (*pl.* **tombeaux**) tomb
tomber to fall, fall down; **laisser tomber** to drop
tonalité *f.* dial tone
tonnerre *m.* thunder
tôt soon; early
toucher to touch
toujours always; still
tour *m.* tour; turn; **faire le tour** to go around; **jouer des tours** to play tricks; *f.* tower
tourne-disque *m.* record player
tourner to turn; to shoot (*film*)
Toussaint: la veille de la Toussaint Halloween
tousser to cough
tout all; very; **pas du tout** not at all; **tout à coup, tout d'un coup** suddenly; **tout à fait** quite; completely; **tout de même** nevertheless; **tout de suite** right away; **tout le monde** everyone; **à tout à l'heure** see you in a little while
traducteur *m.* translator
traduire to translate
trahir to betray
train *m.* train; **être en train de** to be in middle of (*doing something*)
traîneau *m.* (*pl.* **traîneaux**) sled
traîner to drag
traité *m.* treaty
traitement de texte *m.* word-processing
traiter to treat; to deal with
trajet *m.* trip, journey
tranquille calm; **laisser tranquille** to leave alone
trapéziste *m.* & *f.* trapeze artist
travail *m.* work
travailler to work
travailleur (*f.* **travailleuse**) hard-working
travers: à travers across
traverser to cross
tremblement de terre *m.* earthquake
très very
trésor *m.* treasure
tribu *f.* tribe
tribunal *m.* law court
tricolore tricolored
triomphal triumphant
triomphe *m.* triumph
triste sad
tristesse *f.* sadness
tromper to deceive; **se tromper** to be mistaken
trop too much, too many
trottoir *m.* sidewalk
trou *m.* hole
trousse *f.* pencil case
trouver to find; **se trouver** to be found, be located
tuyau *m.* (*pl.* **tuyaux**) tube, pipe
typique typical
tyrannie *f.* tyrany

unique unique, only
(s') unir to unite, come together
unités de valeur *f. pl.* school credits
univers *m.* universe
universitaire university
urgence *f.* emergency
usine *f.* factory
ustensile *m.* utensil
utile useful
utiliser to use

vacances *f. pl.* vacation
vaccin *m.* vaccine
vache *f.* cow
vaincre to defeat, conquer
vainqueur *m.* victor
vaisselle: faire la vaisselle to do the dishes
valeur *f.* value, worth
valise *f.* suitcase; **faire les valises** to pack
vallée *f.* valley
valoir to be worth
valse *f.* waltz
vaniteux (*f.* **vaniteuse**) vain
(se) vanter to boast
vapeur *m.* boat; *f.* steam
varicelle *f.* chicken pox
varié varied
varier to vary, change
vase *m.* vase; *f.* mud
vaut: il vaut mieux it is better; **cela vaut la peine** it's worthwhile
veau *m.* veal
vedette *f.* film star
vélo *m.* bicycle
vendeur *m.* (*f.* **vendeuse**) salesclerk
vendre to sell
venimeux (*f.* **venimeuse**) venomous, poisonous
venir to come; **venir de** to have just
vent *m.*wind; **faire du vent** to be windy; **coup de vent** *m.* gust of wind
vente *f.* sale; **vente aux enchères** auction
ventre *m.* stomach; **mal au ventre** *m.* stomach ache
vérifier to verify, check
véritable true, real
vérité *f.* truth
verre *m.* glass; **verre de contact** contact lens
vers toward; about
Verseau *m.* Aquarius
verser to pour
vert green
vestiaire *m.* checkroom; locker room
vêtements *m. pl.* clothing
veuillez please, kindly
viande *f.* meat
victoire *f.* victory
victorieux (*f.* **victorieuse**) victorious
vide empty
vider to empty
vie *f.* life
vieil (*f.* **vieille,** *pl.* **vieux**) old
vieillard *m.* old man
vierge *f.* virgin; **Vierge** Virgo
vieux (*f.* **vieille**) old
vif (*f.* **vive**) lively; alive
vigne *f.* vine
vignoble *m.* vineyard
vigueur *f.* vigor; **en vigueur** in force
vilain nasty; ugly
ville *f.* city
vin *m.* wine
violon *m.* violin
vipère *f.* viper, snake
virage *m.* turn
virtuose *m.* & *f.* virtuoso
virtuosité *f.* virtuosity
vite quickly, fast
vitesse *f.* speed; **faire de l'excès de vitesse** to go over the speed limit; **vitesse de pointe** maximum speed
viticulture *f.* wine growing

vitrail *m.* (*pl.* **vitraux**) stained-glass window
vitrine *f.* store window
vivant alive, living
vivre to live
vœu *m.* (*pl.* **vœux**) wish; vow; **carte de vœux** *f.* greeting card
voici here is (are)
voilà there is (are)
voile *f.* sail; **faire de la voile** to go sailing
voir to see
voisin *m.* neighbor; neighboring
voiture *f.* car
voix *f.* voice; **à haute voix** aloud
vol *m.* theft, robbery; flight
volaille *f.* poultry
volant *m.* steering wheel; flying
volcan *m.* volcano
volcanique volcanic
voler to steal; to fly
voleur *m.* thief
volonté *f.* will
volumineux (*f.* **volumineuse**) voluminous
voué dedicated, devoted
vouloir to want; **veuillez** + *inf.* kindly, please
voûte *f.* vault, arch
voyager to travel
voyageur *m.* (*f.* **voyageuse**) traveler
voyante *f.* clairvoyant
vrai true
vue *f.* view

yaourt *m.* yogurt

English-French Vocabulary

The English-French Vocabulary includes those words that occur in the English-French exercises.

ABBREVIATIONS

adj.	adjective	*inf.*	infinitive
adv.	adverb	*m.*	masculine
f.	feminine	*pl.*	plural

a lot beaucoup
abandon abandonner
able: to be able to pouvoir + *inf.*
about de; **about** + *number* environ; **at about** vers
accept accepter
accompany accompagner
acquaintance connaissance *f.*
act agir
active actif (*f.* active)
activity activité *f.*
administration administration *f.*
administrative administratif (*f.* administrative)
adore adorer
advice conseil *m.*
affectionately affectueusement, de manière affectueuse
after après
afternoon après-midi *m.*
again de nouveau
age âge *m.*
airport aéroport *m.*
alarm clock réveil *m.*
album album *m.*
all tout; **at all** du tout
allow permettre
alone seul
also aussi
always toujours
a.m. du matin
ambitious ambitieux (*f.* ambitieuse)
American américain
amusement park parc d'attractions *m.*
angry fâché; **to get angry** se fâcher
announcement annonce *f.*
another un(e) autre
answer répondre
anxious anxieux (*f.* anxieuse)
any aucun; **at any price** à n'importe quel prix
anymore ne ... plus
anyone quelqu'un, ne ... personne
anything quelque chose, ne ... rien
appear apparaître; paraître; avoir l'air
applaud applaudir
April avril
architect architecte *m.*
argument dispute *f.*
arm bras *m.*
arrive arriver
artist artiste *m.* & *f.*
as comme; **as well** aussi; **as ... as** aussi ... que
ask (for) demander
asleep: to fall asleep s'endormir; **to fall asleep again** se rendormir
association association *f.*
astronaut astronaute *m.* & *f.*
at à; chez; dans
attack attaquer
attend assister à
attention: to pay attention faire/prêter attention
attract attirer
August août
aunt tante *f.*
authoritative autoritaire
authority autorité *f.*
avenue avenue *f.*
average moyen (*f.* moyenne)
avoid éviter
away: right away à l'instant
awful affreux (*f.* affreuse)

bakery boulangerie *f.*
ball balle *f.*
based basé
basement sous-sol *m.*
basket corbeille *f.*
bathing suit maillot de bain *m.*
battle bataille *f.*
be être
beautiful beau, bel (*f.* belle)
because parce que, car; **because of** à cause de
become devenir
begin commencer
believe croire
besides d'ailleurs
best meilleur; **to do one's best** faire de son mieux
better meilleur (*adj.*), mieux (*adv.*); **to be better** valoir mieux
bird oiseau *m.*
birthday anniversaire *m.*
bite mordre
black noir
blue bleu
bone os *m.*
book livre *m.*
bookstore librairie *f.*
bore ennuyer; **to get bored** s'ennuyer
born: to be born naître
bother gêner, énerver
box boîte *f.*

boyfriend petit ami *m.*
break casser; **to break one's arm/ leg** se casser le bras/la jambe
breakfast petit déjeuner *m.*; **to eat/have breakfast** déjeuner, prendre le petit déjeuner
bring amener (*people*), apporter (*things*); **to bring back** rapporter; ramener
broken cassé
brother frère *m.*
brush brosse *f.*
bus autobus *m.*; **bus stop** arrêt d'autobus *m.*
but mais
buy acheter
by avant; par; d'ici (+ *time*)

cafeteria cantine *f.*
cake gâteau *m.* (*pl.* gâteaux)
California Californie *f.*
call appeler; téléphoner
calorie calorie *f.*
Canadian canadien (*f.* canadienne)
car voiture *f.*; **sports car** voiture de sport
carrot carotte *f.*
catalog catalogue *m.*
cause causer
cent centime *m.*
certain certain
chair chaise *f.*
chalkboard tableau *m.* (*pl.* tableaux)
change monnaie *f.*
charming charmant
chat bavarder
check chèque *m.*; **traveler's check** chèque de voyage
chicken poulet *m.*
child enfant *m. & f.*
childhood enfance *f.*
chocolate chocolat *m.*
choose choisir
city ville *f.*
claim réclamer
class classe *f.*
classmate camarade de classe *m. & f.*
clean propre; **to clean** nettoyer
close près de; **to close** fermer
clothes vêtements *m. pl.*
coat manteau *m.* (*pl.* manteaux); **fur coat** manteau de fourrure
coffee café *m.*
college université *f.*; **college degree** diplôme universitaire *m.*
Columbus Christophe Colomb
come venir; **to come back home** rentrer; **to come out** sortir
company compagnie *f.*
complain se plaindre
completely complètement
computer ordinateur *m.*
confident assuré; **to be confident** avoir confiance
consequently par conséquent
consume consommer
contain contenir
cook cuisiner
correct corriger
cost coûter
costume costume *m.*
counselor (*school*) conseiller *m.*, conseillère *f.* (*camp*) moniteur *m.*, monitrice *f.*
country pays *m.*
courageous courageux (*f.* courageuse)
course cours *m.*; **to take a course** suivre un cours
cousin cousin *m.*, cousine *f.*
creative inventif (*f.* inventive)
credits (*school*) unités de valeur *f. pl.*
croissant croissant *m.*
cultivate cultiver
cup tasse *f.*
curiosity curiosité *f.*
curtain rideau *m.* (*pl.* rideaux)
custom coûtume *m.*
customer client *m.*

date dater; date *f.*
day jour *m.*, journée *f.*; **the following day** le jour suivant
dear cher (*f.* chère)
decide décider
decision décision *f.*
degree diplôme *m.*; **college degree** diplôme universitaire
delicious délicieux (*f.* délicieuse)
demand exiger
demonstrative démonstratif (*f.* démonstrative)
department département *m.*
describe décrire
deserve mériter
desk bureau *m.*; **student's desk** pupitre *m.*
dessert dessert *m.*
destroy détruire
determined déterminé
diamond diamant *m.*
dictionary dictionnaire *m.*
different différent
difficulty difficulté *f.*
dining room salle à manger *f.*
dinner dîner *m.*; **to eat/have dinner** dîner
dirty sale
disappear disparaître
discover découvrir
discuss discuter
dish plat *m.*
divide diviser
do faire; **to do one's best** faire de son mieux; **to do without** se passer de
dog chien *m.*
dollar dollar *m.*
domineering dominateur (*f.* dominatrice)
dormitory dortoir *m.*
dozen douzaine *f.*
dream rêver
drink boire
drive conduire
during pendant
Dutch hollandais

each chaque; **each one** chacun *m.*
early tôt, de bonne heure
earn gagner
easy facile
eat manger; **to eat lunch** déjeuner
education éducation *f.*
either ... or soit ... soit; **not ... either** non plus; **not ... either ... or** ni ... ni
employee employé *m.*, employée *f.*
end fin *f.*; **at the end of** au bout de
energetic énergique
energy énergie *f.*
English anglais
enjoy aimer; **to enjoy oneself** s'amuser
enough assez
enthusiasm enthousiasme *m.*
entire entier (*f.* entière), tout
entirely entièrement
erase effacer
essential essentiel (*f.* essentielle)
establish établir
even même; **even if** même si
evening soir *m.*
ever jamais
every chaque, tout; **every day** tous les jours; **everyone** tout le monde; **everything** tout
evident évident
exaggerate exagérer

exchange rate cours de change *m.*
exercise exercice *m.*
expect s'attendre à
expenses frais *m. pl.*
expensive cher (*f.* chère)
experience expérience *f.*
explain expliquer
extremely extrêmement
eye œil *m.* (*pl.* yeux)

face: to make a face faire une grimace
faithful fidèle
fall automne *m.*; **to fall** tomber; **to fall asleep** s'endormir; **to fall asleep again** se rendormir
family famille *f.*
father père *m.*
favorite favori *m.*, favorite *f.* (*adj. & noun*); préféré
fear avoir peur, craindre
few: a few quelques-un(e)s
fewer moins de/que
finally enfin, à la fin
find trouver
finish finir
fire incendie *m.*; **to fire** renvoyer
first premier (*f.* première)
fish pêcher
fix réparer
flooded inondé
follow suivre
following suivant
food nourriture *f.*
foot: on foot à pied
for pour, pendant
forget oublier
former ancien (*f.* ancienne); celui-là, celle-là
fortunately heureusement
franc franc *m.*
France France *f.*
free libre
French français
Friday vendredi *m.*
friend ami *m.*, amie *f.*; copain *m.*, copine *f.*
friendly aimable
from de; (*among*) parmi
fruit fruit *m.*
fun: to make fun of se moquer de; **have fun** s'amuser
fur coat manteau de fourrure *m.*
furious furieux (*f.* furieuse)

gain gagner
garage garage *m.*
general général *m.*
generally généralement, d'habitude
generous généreux (*f.* généreuse)
gentle doux (*f.* douce)
get obtenir; **to get angry** se fâcher; **to get bored** s'ennuyer; **to get up** se lever
gift cadeau *m.*
girl fille *f.*, jeune fille *f.*
girlfriend amie *f.*; petite amie *f.*
give donner
glass verre *m.*
go aller; **to go out** sortir
good bon *m.*, bonne *f.*
good-looking beau, bel (*f.* belle)
government gouvernement *m.*
grandfather grand-père *m.*
grandmother grand-mère *f.*
grandparents grands-parents *m. pl.*
great formidable
green vert
group groupe *m.*
guide guide *m.*

hair cheveux *m. pl.*
half moitié *f.*
Halloween veille de la Toussaint *f.*
happen arriver, se passer
happy heureux (*f.* heureuse), content
hard dur
hard-working travailleur (*f.* travailleuse)
hardly à peine; ne ... guère
hat chapeau *m.* (*pl.* chapeaux)
hate détester
have avoir; **to have to** devoir, falloir; **to have just** venir de
healthy sain
hear entendre
heartily de bon appétit
help aide *m.*; **to help to** aider à; **to help oneself** s'aider soi-même; **to help one another** s'entraider
here ici; **here is/are** voici
hero héros *m.*
hey tiens
himself lui-même
home: to return home rentrer (à la maison)
homework devoirs *m. pl.*
honest honnête
hope espérer
hotel hôtel *m.*
hour heure *f.*
house maison *f.*
how comment; **how much/many** combien (de); **how long** depuis quand
hungry: to be hungry avoir faim

ice cream glace *f.*
idea idée *f.*
if si
imagine imaginer
immediately tout de suite, immédiatement
impatient impatient
important important
impossible impossible
impulsively impulsivement
increase augmenter
independent indépendant
individual personne *f.*; individu *m.*
influenced influencé
inform informer; **informed** au courant
insist insister
intelligent intelligent
interesting intéressant
interview entrevue *f.*
invent inventer
island île *f.*
Italian italien (*f.* italienne)
Italy Italie *f.*

jeans jean *m.*
job poste *m.*
joy joie *f.*
July juillet
jump with joy sauter de joie
June juin
just: to have just venir de

kind aimable
king roi *m.*
kitchen cuisine *f.*
know connaître; savoir; **to know how to** savoir

lake lac *m.*
land terre *f.*
large grand
last dernier (*f.* dernière), passé
later plus tard
Latin latin *m.*
latter celui-ci, celle-ci
laugh rire
learn apprendre
least: at least au moins

leave partir, quitter
leg jambe *f.*
less moins
lesson leçon *f.*
let laisser
letter lettre *f.*
library bibliothèque *f.*
lie mentir
lightning foudre *f.*
like comme; **to like** aimer
limit limiter
line queue *f.*
listen écouter
live habiter; vivre
logical logique
long long (*f.* longue)
look regarder; **to look for** chercher
lose perdre
lot: a lot beaucoup
lottery loterie *f.*; **lottery ticket** billet de loterie *m.*
love aimer
lunch déjeuner *m.*; **to eat/have lunch** déjeuner

mail carrier facteur *m.*, factrice *f.*
make faire; **to make someone do something** faire + *inf.* + quelque chose à quelqu'un
man homme *m.*
manager gérant *m.*, gérante *f.*
manufacturer fabricant *m.*, fabricante *f.*
many beaucoup de, plusieurs; **how many** combien de
map carte *f.*
market marché *m.*
marry épouser, se marier avec
math les maths *f. pl.*
May mai
meal repas *m.*
meet rencontrer; **to meet** (*for the first time*) faire la connaissance de
melancholy mélancolique
memory mémoire *f.*
menu carte *f.*
meticulous méticuleux (*f.* méticuleuse)
middle milieu *m.*
million million *m.*
millionaire millionnaire *m.*
minute minute *f.*
Monday lundi *m.*
money argent *m.*
month mois *m.*
Montreal Montréal
more plus
morning matin *m.*
most le plus; la plupart de + *noun*
mother mère *f.*
move déplacer
movies cinéma *m.*
Mr. monsieur
Mrs. madame
much beaucoup; **how much** combien; **as much as** autant que

name nom *m.*; **to name** nommer
naturally naturellement
necessary nécessaire; **to be necessary** être nécessaire, falloir
necklace collier *m.*
need besoin *m.*; **to need** avoir besoin de
neighbor voisin *m.*
neither non plus; **neither ... nor** ni ... ni
nervous nerveux (*f.* nerveuse)
never jamais; ne ... jamais
nevertheless cependant
new nouveau (*f.* nouvelle)
news nouvelles *f. pl.*
newspaper journal *m.* (*pl.* journaux)
next prochain; **next to** près de, à côté de
nice sympathique, aimable
night nuit *f.*; soir *m.*; **last night** hier soir
no: no longer ne ... plus; **no one** ne ... personne
none aucun; ne ... aucun
noon midi *m.*
nor non plus
normal normal
nothing rien; ne ... rien
novel roman *m.*
now maintenant
number numéro *m.*; (*quantity*) nombre *m.*

obey obéir
office bureau *m.* (*pl.* bureaux); (*of doctor*) cabinet *m.*
often souvent
old vieil, vieux (*f.* vieille)
on dans, sur
once une fois *f.*
one un; on
oneself soi-même
only seulement, ne ... que
open ouvrir
opinion avis *m.*
order: to put in order mettre en ordre
other autre
ourselves nous-mêmes
over plus de
owe devoir
owner propriétaire *m.* & *f.*

paint peindre
painting tableau *m.*
pair paire *f.*
paper papier *m.*
parent parent *m.*
participate participer
passionate passionné
passport passeport *m.*
past passé *m.*
patiently patiemment
pay payer; **to pay attention** faire/prêter attention
people gens *m. pl.*
per par
person personne *f.*
phone téléphone *m.*
photo(graph) photo(graphie) *f.*
physical physique
picture photo *f.*
pineapple ananas *m.*
place endroit *m.*
plan projet *m.*
planet planète *f.*
plate assiette *f.*; **paper plate** assiette en papier
play jouer; (*sport*) jouer à; (*instrument*) jouer de
please s'il vous plaît; veuillez + *inf.*; **to please** plaire à
p.m. de l'après-midi, du soir
popular populaire
possible possible
pound livre *f.*
practical pratique
precisely précisément
prefer préférer
prejudice préjugé *m.*
prepare préparer
present cadeau *m.* (*pl.* cadeaux)
president président *m.*, présidente *f.*
pretty joli
price prix *m.*
principal directeur *m.*, directrice *f.*
prize prix *m.*
problem problème *m.*
program programme *m.*
proud fier (*f.* fière)
provided that pourvu que

punish punir
put mettre; **to put on** mettre

Quebec Québec
question question *f.*
quickly vite
quiet silencieux (*f.* silencieuse)

radio radio *f.*
rain pluie *f.*; **to rain** pleuvoir
raise augmenter
react réagir
read lire
really vraiment
receive recevoir
recent récent
recommend recommander
reduce réduire
reference référence *f.*
refuse refuser de
remain rester
remember se rappeler, se souvenir de
reserve réserver
resolve résoudre
respect respecter
rest se reposer
restaurant restaurant *m.*
return retourner; revenir
right away à l'instant
ring sonner
river fleuve *m.*
room (*space*) place *f.*; pièce *f.*; **dining room** salle à manger *f.*
rule règle *f.*

sad triste
salad salade *f.*
salesclerk vendeur *m.*, vendeuse *f.*
salt sel *m.*
same même
satisfied satisfait
Saturday samedi *m.*
sauce sauce *f.*
say dire
scare effrayer
scholarship bourse *f.*
school école *f.*
science fiction science-fiction *f.*
scientist chercheur scientifique *m.*, chercheuse scientifique *f.*
scream crier
second deuxième; second
see voir
seem paraître, avoir l'air
sell vendre
send envoyer
sensitive sensible
September septembre
serious sérieux (*f.* sérieuse)
serve servir
several plusieurs
shampoo shampooing *m.*
share partager
shine briller
shoe chaussure *f.*, soulier *m.*
shop faire les courses
shopkeeper marchand *m.*, marchande *f.*
show montrer
shower, take a shower prendre une douche
since puisque; depuis
sincere sincère
sing chanter
sister sœur *f.*
sit down s'asseoir
sleep dormir; **to fall asleep** s'endormir
small petit
smart intelligent
smile sourire *m.*
soap savon *m.*
solution solution *f.*
some quelque(s), du; **some of them** quelques-un(e)s; **some others** d'autres
someone quelqu'un
something quelque chose
sometimes quelquefois
son fils *m.*
soon bientôt; **as soon as** aussitôt que, dès que
souvenir souvenir *m.*
Spain Espagne *f.*
Spanish espagnol
speak parler
spend (*time*) passer
sport sport *m.*
sports car voiture de sport *f.*
spring printemps *m.*
stain tache *f.*
star étoile f
start commencer
stay rester
steak bifteck *m.*
stocking bas *m.*
stop arrêter; **bus stop** arrêt d'autobus *m.*
store magasin *m.*
storm orage *m.*, tempête *f.*
story histoire *f.*
street rue *f.*
strict sévère
strong fort
stubborn obstiné, têtu
studies études *f. pl.*
study étudier
succeed réussir
success succès *m.*
such si
suggest suggérer
suit costume *m.*; **bathing suit** maillot de bain *m.*
suitcase valise *f.*
summer été *m.*; **summer program** programme d'été *m.*
sun soleil *m.*
Sunday dimanche *m.*
sunrise lever du jour *m.*
sure sûr
surprise surprendre
swim nager
sympathetic compatissant
sympathetically de manière compatissante

table table *f.*
take prendre
talented doué
talk parler
taxi taxi *m.*
teacher professeur *m.* & *f.*
tell dire
terrible terrible
that cela; ça
theater théâtre *m.*
then puis, ensuite, alors
there là; y; **there is/are** il y a
thing chose *f.*
think penser
thirsty: to be thirsty avoir soif
this ce; ceci
those ces; ceux-là
thought pensée *f.*
thousand mille
throw jeter
Thursday jeudi *m.*
ticket billet *m.*; **lottery ticket** billet de loterie *m.*
time fois *f.*; heure *f.*; temps *m.*; **at the same time** en même temps; **at what time** à quelle heure; **free time** temps libre; **from time to time** de temps en temps; **on time** à l'heure; **to have a good time** s'amuser; **to spend time** passer du temps
tobacco tabac *m.*
today aujourd'hui
together ensemble
tomorrow demain

too trop; aussi
toward vers; (*in regard to*) envers
tradition tradition *f.*
travel voyager
traveler's check chèque de voyage *m.*
tree arbre *m.*
trip voyage *m.*; **to take a trip** faire un voyage
troop troupe *f.*
trust se fier à
truth vérité *f.*; **to tell the truth** à vrai dire
try essayer de
Tuesday mardi *m.*
turn on allumer
twice deux fois

understand comprendre
university université *f.*, universitaire
until jusqu'à
upon en
use employer, utiliser, se servir de
useful utile
usually d'habitude, généralement

vacation vacances *f. pl.*
veal veau *m.*
vegetable légume *m.*
very très
visit (*place*) visiter; (*people*) rendre visite à
vocabulary vocabulaire *m.*
voice *f.* voix; **in a low voice** à voix basse
volunteer work travail bénévole *m.*

wait (for) attendre
waiter garçon *m.*, serveur *m.*
waitress serveuse *f.*
wake up se réveiller
walk: to take a walk faire une promenade
want vouloir, désirer
war guerre *f.*
warn prévenir
wash laver; **to wash (oneself), get washed** se laver
watch regarder
water eau *f.*
wear porter
weather temps *m.*
week semaine *f.*; **last week** la semaine dernière
weekend week-end *m.*
weight poids *m.*; **to lose weight** perdre du poids
well bien
well-mannered bien élevé
what que, qu'est-ce que; ce que; quel; **at what time** à quelle heure
when quand
where où
which quel; lequel
while pendant
who qui, qui est-ce qui
whole entier, tout
whose à qui; dont, de qui; duquel
why pourquoi
wife femme *f.*
willing prêt; **to be willing** vouloir bien; **willingly** de bon cœur
win gagner
winning gagnant
wish vouloir, désirer; souhaiter
without sans; **to do without** se passer de
woman femme *f.*
wonder se demander
wonderful formidable, magnifique
woods bois *m. pl.*
work travail *m.*; **to work** travailler; (*operate*) marcher, fonctionner; **volunteer work** travail bénévole *m.*
write écrire; **to write to each other** s'écrire

year an *m.*, année *f.*
yesterday hier
young jeune

Index

NOTE: For specific verb conjugations, see the Appendix.